Pearson 英国培生酒店管理教育经典
四川旅游学院希尔顿酒店管理学院核心课程教材

住宿管理基础

FOUNDATIONS OF LODGING MANAGEMENT

（美）大卫·海耶斯　杰克·奈米尔　艾丽莎·米勒 / 著
李力　江南　马英　李智 / 译

广东旅游出版社
GUANGDONG TRAVEL & TOURISM PRESS
悦读书·悦旅行·悦享人生
中国·广州

Authorized translation from the English language edition, entitled FOUNDATIONS OF LODGING MANAGEMENT, 2nd Edition, ISBN: 9780132560894 by HAYES, NINEMEIER, MILLER, published by Pearson Education, Inc, Copyright ©2012.

广东省版权局著作权合同登记号：图字 19-2022-030 号

本书简体中文版由培生教育股份有限公司授权出版。英文版本书名为 FOUNDATIONS OF LODGING MANAGEMENT 第 2 版，海耶斯，奈米尔，米勒著，国际标准书号 9780132560894。版权 ©2012。

丛书总序

我国高等教育酒店管理专业建设与发展中的问题很多，其中核心专业课程体系设计是重点，核心课程的教学内容及相应的教材选择是重中之重。尽管国内常有一些酒店管理专业系列教材出版，但基于我国酒店管理专业教学与教材建设的实际情况，仍有亟待解决的一些问题。

令人欣慰的是，虽然目前国内有学者对应用型大学这一称呼也有微辞，但以四川旅游学院希尔顿酒店管理学院为代表的国内一批应用型大学酒店管理专业在教学改革及教材建设方面的一些探索是积极而有益的。“四川旅游学院希尔顿酒店管理学院核心课程教材”是由四川旅游学院与英国培生教育出版集团、广东旅游出版社合作策划、编译出版的一套酒店管理本科专业教材。结合这套教材的策划与组织，就酒店管理专业大学学位教育核心课程体系设计与核心专业课程的教学内容及这套教材的特点，有几个问题，我想说在前面。

（一）

从酒店管理专业教育产生的历史来看，该专业领域的大学教育起源于酒店从业人员的岗位培训，也来自酒店部门管理人员职业培训的需要。今天，无论是现代酒店服务业和酒店管理专业教育都发生了巨大变化，高校酒店管理专业核心课程体系的设计要反映这一现实。

自20世纪初开始，随着酒店业的发展，在酒店规模不断扩大及酒店部门管理职业化的过程中，欧洲和英美等国家的酒店管理教育，先是集中于工作岗位服务人员的岗位培训，之后，有了以管理岗位培训为基础的职业教育；在英国，这形成了以基于工作的学习方式（work-based learning）为主要教学内容与过程的国家标准与大学学院（College）相结合的高等职业教育国家证书制度（National Diploma）。20世纪50年代左右，在英美一些大学相继开设酒店管理专业之后，职业教育与专业教育相结合，以酒店部门管理（department management）为主要教学内容的专业教学成为大学学位教育（Degree）的基础，其主要特征是管理学在酒店（hotel）管理部门领域的应用。

我国最早的以浙江大学（原杭州大学）吕建中教授为主编译的从美国引进的酒店管理核心课程教材，就是以酒店部门管理为主要教学内容的专业系列课程教材，它对我国早期的旅游管理专业建设及酒店管理核心课程的教学产生了积极而深远的影响。但是，今天看来，随着酒店管理理论与实践的发展，大学的学位教育继续沿用这一体系，面临许多问题：

首先，近20年来，酒店产业发生了深刻的变化。大学酒店管理教育由原来的以酒店（hotel）部门管理为主的教学内容，转向以住宿（包括酒店）、饮食、消遣娱乐与活动产业等更广泛的、综合性个人消费服务产业的教学与研究。自20世纪90年代末期开始，国际上几乎所有大学专业系或学院的名称均陆续以"Hospitality"代替"Hotel"，反映了这一行业及学位教育深刻变化的现实。酒店管理专业的核心课程体系设计及课程内容，再仅以酒店部门管理内容为主，是无法适应行业发展的实际情况和人才培养的需要的。

其次，应用型大学的酒店管理专业教育要与职业教育相结合，但它毕竟是学位教育。因此，以酒店前厅、餐饮和客房等部门管理为主体的课程体系，难以形成自身的、以特殊的研究现象为基础的科学的学科概念与理论框架。当然，这也不是说酒店管理专业的某一门课程就能够全部承担这一任务，但酒店管理专业的核心课程体系，既来自实践，也必须反映学科建设的规律，必须适应大学学位教育的要求，这是应有之义。

应该说明的是，应用型大学酒店管理专业的发展要鼓励跨学科、跨专业的合作，要走校企合作、产教融合、国际合作与发展之路。因此，大学酒店管理专业教育，一方面必须结合国际著名酒店集团企业成功的管理实践与人才培养经验，另一方面在酒店管理人才培养的过程中，如果仅仅用酒店企业的标准或学生的酒店管理实习来代替学位教育的过程也是不合适的，一定会影响大学酒店管理专业学科建设的水平，也难以适应整个社会对专业人才培养的要求。

显然，酒店管理专业课程体系设计，要将专业学科的基础、人才培养的目标与大学自身不同的教育资源及内外部支持条件有机结合。酒店管理核心课程体系的主要内容要在反映酒店产业发展实际的基础上，以学位教育标准为主，兼顾国际行业及企业的标准，形成独特的学科及专业的知识要求与课程体系。

（二）

毋庸讳言，目前我国酒店管理专业的建设与发展并不平衡。在高等教育中，研究型大学酒店管理专业的建设与教学，无论老师和学生，其实都处于尴尬的境地。这与该专业的学科定位和学科建设水平有关，也与我国长期以来旅游学科发展的历史及现实有关。与此相比，随着我国高等教育发展战略的变化与高等教育的改革，我国应用型大学酒店管理专业教育日益呈现出积极的发展势态。本套教材的体系，就是以我国应用型大学的酒店管理专业核心课程体系设计的要求为基础的。

从本质上说，应用型本科大学酒店管理专业学科建设的基础是工商管理。也就是说酒店管理专业的学位教育的基础课程要以管理学科为基础，专业基础课程要能反映现代酒店产业发展理论与实践的最新成果，而核心专业课程的教学内容必须反映现代酒店运营与管理所需要的知识结构及相应的专业素质及能力培养要求。与此相适应，应用型大学酒店管理专业课程体系设计及教学内容，要能涵盖现代酒店企业生产、技术、服务、企业运作与管理等涉及酒店商业管理的主要过程。这要求其学位教育的标准要与国家职业教育的标准以及国际著名酒店管理企业的标准相结合，这是人才培养的规模、层次与需求决定的。而研究型大学中，该专业教学与研究领域的方向主要是基于学科建设与研究的需要，例如，接待服务的教学与研究，除了商业管理问题之外，还会更多地关注接待服务交换过程中的个人与社会发展的其他相关问题，其研究方法除了经济学及商业研究的方法之外，还会更多地应用社会学、人类学及跨文化研究的方法，为此，任重而道远。

欲实现上述要求，目前国内许多高校仍有许多困难或不足：一是学科专业发展的定位不清楚，一些“转型”大学事实上无论转为学位教育或转为职业教育都面临发展的瓶颈。二是专业教学的基础薄弱，一些高校较少或者根本不具备相应的专业课程教学的资源与能力，无法实施像烹饪艺术、专业餐饮服务技术、酒店运营管理、顾客服务管理等核心课程的教学。三是师资不足，不具备专业建设与发展的基础，例如一些高校只有少数，甚至是没有相应管理学学位及酒店管理专业教学经验的教师讲授酒店管理核心专业课程。这也是我国高校人才培养质量不高，不能获得酒店业内或国际著名教育机构认可的主要原因。从专业发展的角度，随着国内酒店管理国际化水平的不断提高，应用型大学与国际酒店行业及企业的深入合作至关重要，合作的基础应该由企业的用人需要逐步转化成核心课程体系特别是核心实践课程体系的共同设计、人才培养过程的全方位合作以及制度化的专业建设与教学的合作交流等，这也是四川旅游学院与希尔顿集团独特的整建制、一体化合作建设四川旅游学院希尔顿酒店管理学院所达成的共识与目标。

在应用型大学酒店管理专业课程体系设计过程中，教学与实践的关系、学位教育与职业教育的关系一直是无法回避的问题。大学学位教育的过程显然是以理论教学为主的过程，但认为实践教学仅仅是方法也有失偏颇。因为知识来自理论，也来自实践。就某些专业教育来说，如学生在医学或工学等实践中的学习过程，仍然是非常重要的。应该引起重视的是，酒店管理专业的高等教育实践教学不应当仅仅归为学生实习。为此，要借鉴国际著名酒店管理企业的国际化人才培养经验，结合职业教育的国际或国家标准，通过设置核心实践课程体系及教学来培养学生专业能力及素质。目前，在我国尚无可持续的与学位教育相结合的职业教育等级标准的情况下，课程体系设计可以考虑借鉴国际的与学位教育相结合的职业教育等级标准的要求，这也是本套教材编译选择的标准及特色。同时，本套教材涉及的实践课程教学，需要有与其相适应的开放与实际运营的实践教学环境，并采用基于工作的学习方式的教学方法实施教学过程。为此，具体教学内容的组织，理论教学与实践教学的比例，教学的实践环境及设施设备条件的“真实性”，都具有重要意义。

另外，目前我国的高等教育旅游管理类专业的课程设置指导或规范要求也是应用型大学酒店管理课程体系设计不得不考虑的重要因素。与欧美等国家酒店管理专业几乎一枝独秀不同，我国酒店管理专业的学科与专业建设一直是旅游管理专业的附属部分，甚至没有相对独立的专业基础课程。需要注意的是，一个专业的建设既与这个专业的学科发展要求及人才需求取向有关，也意味着一个专业过多地承载相关的学科内容是有困难的。例如，“会展经济与管理”和“旅游管理与服务教育”实际上涉及了经济、管理和教育三个不同的学科领域，这为专业教学与学生培养带来许多问题和困惑。我们承认就一个专业来说，特别是旅游与酒店管理类专业有学科交叉问题，但通过并行的或附属的专业设置来解决交叉学科的专业设置问题，可能不利于专业教学与学科的发展。特别是在“大旅游”的大学科背景下，我国高校酒店管理专业有被边缘化的危险，尽管学术界一直为此争论不休。基于此，本套丛书试图结合目前我国旅游与酒店管理专业设置的实际情况和四川旅游学院酒店管理专业建设改革内容，将酒店管理专业的专业基础课程集中于住宿与餐饮业管理相关的核心领域，以其抛砖引玉。

作为四川旅游学院希尔顿酒店管理学院核心专业课程教材，本套丛书是在英国培生教育与出版集团近年来出版的众多酒店管理经典教材中选择的，其选择编译的核心要求是以现代酒店业生产、服务与运营管理过程中需要的知识结构为基础，将学位教育标准与国际职业教育标准相结合，将酒店管理独特的专业能力与职业素质要求相结合，并使该体系成为大学学位教育所要求的综合与创新型人才培养的一部分。同时，该套教材也反映了四川旅游学院希尔顿酒店管理学院人才培养模式及课程体系的主要特色，即基于培养国际酒店商业管理领导人才的目标，以学生未来个人职业发展为中心的结构型人才培养方案为基础，以形成人才培养目标与教学目标相结合的酒店管理核心课程体系及相应的核心课程的教学内容，这也是该套教材值得在国内使用及推广的价值所在。

（三）

为适应应用型大学教学的需要，本套教材集中了国际酒店管理教育的最新成果，也能反映以管理学科为基础的应用型大学酒店管理专业课程体系设计的要求及教学内容的特色，例如，本套教材多数是英国大学教育与国家高等职业教育证书（HND）的推荐教材；同时，这一体系也是目前四川旅游学院希尔顿酒店管理学院人才培养方案关于专业基础课程、核心专业实践课程、核心专业运营与管理课程体系设计要求及主要教学内容的集中体现。

本套丛书在体系构建与内容的关系上包括以下一些特点。

第一部分：本套丛书选择了《国际接待服务业概论》《住宿管理基础》《餐饮服务组织》三本教材作为专业基础课程教材。《国际接待服务业概论 》是美国著名学者 John R. Walker 的著作，他在这一领域著述颇丰，这本选用的教材是该书的第七版。它以接待服务（Hospitality）这一特殊的研究现象及管理科学的理论为基础，通过大量的第一手资料，以实证研究的方法，在宏观上，集中阐述了接待服务业所包含的酒店与住宿、餐饮服务、休闲娱乐以及会展与活动等产业发展与管理的广泛内容。该教材能帮助学生以全新的视野来重新看待接待服务业这个世界上最大的产业，并通晓这一产业未来发展所需要的知识结构，以及学生个人未来在该产业的职业发展路径和应承担的领导角色。特别说明的是，该书可以作为国家教指委指定的“旅游接待业”的专业教材使用。

从整个产业发展的角度，国际酒店商业管理所涉及的教学与研究的主要领域是住宿业与餐饮业管理。“酒店管理概论”这一课程在中国酒店管理专业教育中沿用多年。该课程的最大问题在于，它是以住宿业的典型代表“酒店”、旅游饭店或旅馆的企业运营管理过程为主要教学研究领域的。首先，它的教学内容已经不能反映住宿业发展的多样化，特别是接待服务业的行业发展现状与实践；其次，它的教学内容也不适宜作为酒店管理专业的基础课程，且不利于酒店管理学科专业的发展。为此，我们选用了《住宿管理基础》作为酒店管理专业住宿业管理的专业基础教材，将系统介绍住宿管理企业、住宿业务管理系统和住宿综合管理的基础知识。

作为本套丛书的特别之处，丛书选择了《餐饮服务组织》作为酒店管理专业的专业基础课程教材之一。它从宏观的角度，运用系统管理的方法，将整个餐饮服务业作为一个系统，分析如何最佳地将人力、材料、设备及运营等相关要素的投入转化为餐食、顾客满意度、员工效率与质量的输出，其内容涵盖了餐饮服务组织（商业餐饮与社会公共餐饮）运营管理系统包括的餐饮采购、生产、流通、服务、安全及卫生等运营管理的基础知识。同时，它还集中阐述了对餐饮服务组织系统控制及对管理者有重大作用的管理原则、领导能力、交流沟通及资源配置等管理与技术的相关问题。

第二部分：酒店管理专业“核心专业实践课程”的设计是四川旅游学院希尔顿酒店管理学院课程体系设计的主要特色之一。目前该核心实践课程体系的主要教学内容以“烹饪艺术”“专业餐饮服务技术”和“酒水商业管理”的酒水基础部分为主。其教学过程是通过基于工作过程的学习方式，要求学院能够提供真实的生产与运营环境进行教学。本套教材选用的《烹饪艺术》和《专业餐饮服务技术》是国内酒店管理教育欠缺的内容，前者系统阐述了作为管理者应具备的烹饪艺术与管理的知识，其中，专业烹饪与专业烘培两个领域是酒店管理专业学生学习的主要内容；《专业餐饮服务技术》则是从专业服务的角度，以专业服务者素质与能力要求为基础，使学生系统掌握专业餐饮服务的服务礼仪、服务技术与服务沟通的工作和实践的知识与技术。

特别需要指出的是，本套涉及核心专业实践课程的教材，都不是从传统的酒店部门管理角度出发，而是以餐饮与住宿活动管理对学生专业能力及素质的要求出发的。为此，特别强调了对学生在酒店业生产与服务职业能力提升训练的内容。在四川旅游学院希尔顿酒店管理学院，上述核心实践课程的教材是与希尔顿集团职业培训项目的国际标准配合使用的，其课程设置、教学目标、课程进度计划、教学方式及教学内容均充分体现了四川旅游学院与希尔顿集团的全方位合作要求的人才培养及国际酒店管理实践的特色。

第三部分：根据四川旅游学院希尔顿酒店管理学院强调运营管理（operations management）教学内容的设计要求，本套丛书重点选用了《住宿运营管理》《餐馆管理》和《酒水商业管理》三本教材。《住宿运营管理》始于住宿管理的一般要求，从分析顾客、员工与产品供应的关系入手，论述如何提高员工的工作能力与表现，不断提高酒店生产能力；通过成本与收益管理的分析，论述如何增加住宿企业收入及效益，以及如何通过解决顾客服务与质量管理中的主要问题，最终实现运营管理的目标。与此相对应，《酒水商业管理》教材涉及了学生未来在相对独立的酒水服务设施管理专业领域，诸如酒吧与俱乐部、休闲与娱乐活动运营管理活动中应掌握的理论和知识。应该说明，酒水商业管理作为相对独立的专业活动领域，也是现代接待服务业管理中日益重要的组成部分。

显然，酒店管理核心专业运营的管理课程设置及教学内容，也应更多地从学生未来专业发展和职业选择的角度出发。例如，本套丛书选择的《餐馆管理》教材，可以使学生通晓一个餐馆从规划开业、员工招聘培训与管理、菜单设计、餐饮生产准备、食品质量、餐饮服务、成本控制到设施设备管理活动的整个运营过程。其内容基于餐馆企业整体运作的规律，使学生掌握作为一个餐馆所有者或职业管理者应具备的专业背景与素质要求及相应的理论与实践的知识结构。

第四部分：在酒店运营管理课程的基础上，四川旅游学院希尔顿酒店管理学院核心专业管理课程，主要是基于管理科学在接待服务专业职能管理领域的应用。本套涉及酒店核心专业职能管理的教材选择了大家熟知的《酒店业人力资源战略管理》和《顾客服务管理》等。除了目前大学普遍开始的市场营销、财务管理等核心专业管理理论课程外，本套教材选用的上述教材具有特殊的意义。这两本教材的特色在于：它们都突破了传统的人力资源管理与酒店服务管理方面课程的教学内容，并赋予这一专业领域新的概念与理论构架，我们可以期待学生未来职业生涯中，从新的专业目标和专业方向领域的视角，形成分析与解决接待服务业理论与实际问题的专业能力。

最后，我们知道，借这套教材，说清楚我国应用型大学酒店管理专业课程体系设计的要求和教学内容及其相互关系是困难的。且这套编译教材也是“借花献佛”，但其重要的价值，也许是它结合了四川旅游学院希尔顿酒店管理学院教学改革的实践与思考。而我们更多的是希望国内大学酒店管理专业的师生能共享国际酒店管理教育一些成熟的经验与成果；我们期待抛砖引玉，跟各位同行一起，能为我国大学酒店管理专业的建设与发展贡献一份力量。

应该说明，这样一套教材的策划、编译及出版，是一个庞大的系统工作。四川旅游学院领导的大力支持，老师们教学改革的决心与努力，编译者的辛苦付出，都可想而知。

感谢广东旅游出版社的精诚合作与持续努力。

这套丛书无论在书目选编还是在内容的编译上，一定有许多缺点或瑕疵，我们真诚地希望国内的同行和读者不吝赐教，批评指正。

李力
于成都
2018年6月

译者序

《住宿管理基础》作为现代酒店与住宿管理领域经典性教材之一，是旅游与酒店管理本科教学的核心专业教材。本书是该著作的第二版。

目前我国酒店管理本科专业普遍开设“酒店管理概论”和以酒店部门管理为主要内容的相关专业课程。就其内容而言，事实上，“酒店管理概论”授课的内容主要是以住宿业管理知识与实践为基础的，但这一课程涉及的管理基础理论和酒店业务管理的内容，在目前的大学课程体系设计中，存在着大量的与该专业相关课程的“前”（管理学）“后”（客房或餐饮管理等）重复；且就专业基础课程而言，在餐饮管理成为一个日益相对独立的教学研究领域，并拥有其自己的专业基础课程后（如本系列丛书中的《餐饮服务组织》），“酒店管理概论”的课程教学就显得左右为难，有关这一课程的改革也一直步履维艰。

本书的独特之处，在于它是从“住宿”管理现象研究与“住宿产业领域”的实践出发，来论述住宿管理的基础理论知识的。全书基于“全服务”和“有限服务”等核心概念的诠释，其住宿管理基础理论适用于所有不同类型住宿服务设施的管理活动与过程，既包括现代酒店，也包括小型旅馆、民宿、特许经营的住宿设施或公寓等其他住宿产业设施等。主要内容有：现代住宿产业与结构、住宿业的服务与员工、前厅管理、销售与市场管理、房务管理、有限服务酒店餐饮、全服务酒店餐饮、会计与安全管理等。它为学生通晓现代住宿业管理基础理论与实践，打开了一个更为广阔的天地。

本教材可以与本系列丛书中的《国际接待服务业概论》《住宿运营管理》一起，成为酒店管理专业学生或在职人员学习住宿业管理完整知识体系的基础。

参加本书编译的作者有：华南理工大学李力教授（第1章、第2章、第10章、第11章、第14章），广东金融学院江南博士（第3章、第4章、第5章），昆明学院马英副教授（第6章、第7章、第8章），四川旅游学院李智教授（第9章、第12章、第13章），最后由李力教授负责全书的统稿及修改工作。考虑到国内的使用要求，本书的部分内容有删减。

李　力

于广州大学城

2022年3月

前 言

住宿是酒店业最激动人心且变化最快的部分之一，当今的酒店经营者面临着近代史上前所未有的挑战：不断变化的消费者需求，全球经济衰退，互联网和社交网络的不断扩展（这些都是影响营销和销售部门工作的主要因素），前厅的先进运营技术，甚至全球恐怖主义的威胁等，都持续对酒店工作和管理人员的日常活动产生重大影响。

与第一版《住宿管理基础》一样，第二版的独特之处在于，它认识到酒店行业由许许多多的小型酒店构成。当今的住宿业的典型特征是，小型的、提供有限服务的特许经营酒店的数量增加，而大型的、提供全面服务的单体酒店的数量下降。尽管这种变化带来了更多的酒店物业和更多的管理机会，但有些人可能会认为，与大型的全服务酒店相比，这些规模较小的酒店更易经营。但本书作者不同意这一点。有限服务酒店的运营可能会非常具有挑战性，因为酒店员工、主管和经理往往需要同时处理多项任务。因此，许多员工必须经过密集的交叉培训，以便拥有应付工作所需的极大的灵活性和多元化才能。强调培训员工的重要性是贯穿本书的一个基本主题。事实上，作者认为，《住宿管理基础》第二版应该成为所有酒店经营者的必读书目，无论酒店的规模大小，也无论他们担任的是什么部门的具体职位，因为这将帮助他们更好地了解整个酒店运营的复杂性。

值得注意的是，过去，如果一位酒店经理想知道如何管理客房部、前厅部或销售与市场营销部，可以很容易找到一本有关这些部门特定主题的新书。对于酒店的所有其他单个运营部门来说，情况也是如此。但是，如果酒店经营者的目标是了解整个酒店的运作，以及各部门之间相互联系，则很少有现成的出版材料。作者在第一版中直接解决了这种对综合方法的需求，与该版一样，第二版《住宿管理基础》的主要重点是再次提供一个准确的、基础性的但又包罗万象的对住宿业管理的研究。

第二版的新功能

自从几年前这本书的第一版出版以来，住宿业发生了许多变化。住宿业中“绿色”计划的出现，在线旅行代理商（OTA）角色的改变以及社交网络对酒店客房销售的爆炸性影响，这些都是新版本中提到的与住宿业相关的因素和趋势。

作者还从用户的反馈中受益匪浅。这一反馈使我们能够确定，如果将书中某些章节进行修订和重组，将大大增强其可读性和清晰度。由于酒店管理环境不断改变，加上读者的精辟建议，我们很高兴在本版作出以下改善：

1. 增加了艾丽莎·米勒的作者团队。她在客房服务部门管理以及销售与市场营销方面的运营经验，帮助她确保了许多章节的内容相关性。

2. 更新了所有与住宿业行业相关的财务和统计数据。

3. 新增“绿色住宿”的内容。

4. 开展了关于收入优化、房间定价和库存管理的扩展讨论。

5. 纳入2008—2010年全球经济衰退对住宿业的影响的相关内容。

6. 审查国内和国际恐怖主义行为对酒店及其客人的真正威胁。

7. 在本书中与餐饮管理相关的两章中的第10章，增加了与食品安全温度相关的内容。

8. 第7章新增包含有关社交媒体网站的重要性以及用户生成内容（UGC）网站重要性的大量材料。

通过这些修改，作者确信，《住宿管理基础》第二版将继续实现其最初的目标，即以一种易于阅读、理解和记忆的方式介绍重要的酒店行业信息。

目标受众

教师

采用这本书授课的教师将为他们的课程再次找到一个基本而全面的文本，它用简单的语言描述了酒店的所有运营部门。此外，它还讲述了有关酒店业的历史以及酒店在大型酒店业中所扮演的角色。对于那些刚刚开始研究酒店行业的人，以及目前在该行业工作、希望通过继续教育来推进自己职业生涯的人来说，这书本都是合适之选。

为本书开发编写的补充教学材料非常丰富，且经过了作者的广泛审查和编辑。特别制作的PowerPoint文件可使文本材料易于理解和记忆，提高学生的学习效果。

要在线访问补充材料，教师需要索取教师访问代码。请访问www. pearsonhighered. com/irc，您可以在此处注册以获取教师访问码。注册后的48小时内，您将收到一封确认电子邮件，其中包括教师访问密码。收到代码后，请访问网站并登录以获取有关下载所需材料的完整说明。

学生

认真学习酒店管理的学生希望了解像酒店这样庞大而复杂的实体是如何运作的。《住宿管理基础》第二版以易于阅读的形式提供了这些信息。不管读者对酒店行业的哪个领域感兴趣，他们都能迅速了解酒店的所有部门（和员工）是如何合作的，以确保客人得到的服务始终超越预期。

对于那些即将从事酒店业的人，以及那些仅仅考虑以酒店业作为职业选择之一的人来说，对酒店业的基本了解都是至关重要的。本书的第 14 章“住宿业的职业生涯”将会引起这一部分人群的极大兴趣。此外，在相关企业工作的读者，如旅行社、会议和旅游局，以及其他与旅游相关的领域，也将从了解住宿业各组成部分如何结合中受益。

在大多数情况下，在住宿业工作的学生将从酒店的某个职能领域开始。随着职业的发展，他们将获得更丰富的专业知识和更多的责任。这本书可以直接帮助这些学生迅速了解他们在酒店所做的工作将如何影响其他员工的工作，并最终影响客人的整体体验，因此，它是任何酒店经营者的专业图书馆的重要补充。

行业专业人员

许多人对酒店经营者的工作感兴趣。酒店投资者需要了解酒店经营者可以做些什么来帮助确保他们的酒店投资的质量和增长。员工期待酒店的管理层做出有利于他们短期职业目标和长期就业利益的决策。当然，客人也依赖于专业的酒店经营者来确保他们的住宿支出获得相应的价值和质量。最后，作为专业人士，酒店管理者寻求更好地了解自己的工作力是如何补充整个酒店员工的共同努力的。在任何一家酒店里，部门主管、主管和小时工都会在了解彼此的工作方式后受益。对所有这些读者来说，《住宿管理基础》第二版都是一本很有价值的书。

章节顺序和内容

要真正了解住宿业，首先必须了解其历史（第 1 章）和结构（第 2 章）。因为酒店最终必须提供卓越的服务才能获得成功，所以这一主题在本书中得到了充分的阐述（第 3 章）。卓越的客户服务是优秀的酒店管理的结果，因此接下来将讨论这一主题（第 4 章），然后是对主管和员工所扮演的重要角色进行全方位的阐述（第 5 章）。

虽然在住宿设施的运营功能的最佳研究顺序这个问题上并没有达成普遍共识，但作者选择从前厅（第 6 章）开始，然后是销售与市场营销（第 7 章）。接下来，作者分别讨论了房务管理（第 8 章）和维护（第 9 章），因为它们对于了解这些关键功能区域如何满足客人的需求非常重要。

由于餐饮服务在住宿设施中所起的独特作用，本书对有限服务酒店（第10章）和全服务酒店（第11章）中的餐饮领域分别进行了考察。接下来是会计问题（第12章），然后是住宿安全和保障等至关重要的领域（第13章）。本书还包括一个精心设计的章节，以便读者能够详细了解那些住宿管理从业人员可以获得的职业机会（第14章）。

章节内容

《住宿管理基础》第二版的每一章都包含以下教学内容：

本章大纲

每章的分级大纲均经过精心设计，以最大限度地为读者简化查找重要信息的过程。

本章概述

每章都以简短的叙述性摘要开头，描述了本章将要介绍的内容，以及为什么了解这些信息很重要。

教学目标

每章均以一些具体的学习目标作为开始。这些以一句话概括的目标可以帮助学生了解通过阅读本章应该掌握什么。

关键词汇

正如许多专业领域一样，酒店业者通常会有自己独特的行业术语。例如，将对RevPar进行分析，GDS将确保预订的连通性，DND将指示客房服务员稍后打扫房间，一个可重新编码锁将帮助确保客人的安全，等等。当书中使用住宿专用术语时，我们将在第一次出现时对其进行定义，通常还附有直接使用的例子，以帮助进一步阐明其含义。全书共收录了约300个针对住宿业的定义，这些独特的词汇是本书和本行业的重要组成部分。

这些行业特定术语的完整列表将根据出现的位置分布在各章的末尾，读者可以快速查看这些术语以确保它们被理解，并可以在适当的上下文中使用。读者在其他阅读中遇到行业术语和行话时，会发现这些词汇表是有用的参考。

工作日记：一天的工作

酒店经营者经常会面临一些独特的问题和情况，需要出色的决策技巧。本文中的“工作日记：一天的工作”版块设置了一些真实的住宿问题场景，并相应提供可能的解决方案。这些小故事往往会成为出色的课堂讨论主题，并且在此版本中，它们已按章节编号，便于识别。

知识拓展：绿色住宿！

这是第二版的新内容，讨论了住宿行业越来越自觉地致力于环保工作的商业实践。酒店管理者采用可持续的经营方式，不仅对环境有利，对企业也有利。这一要素在大部分章节均有设置，探讨了住宿管理者如何解决其企业和客人日益关注的领域。

作者相信，《住宿管理基础》第二版将继续满足酒店业文献的需求。它对住宿业所有领域的最新、全面而详尽的介绍，使它成为严肃的酒店业学生的专业图书馆的重要补充。

我们希望学生、教师和行业专业人士会发现它是对酒店管理领域的一个重要贡献。在这个令人兴奋的领域工作多年，并通过出版本书这样的学习材料，为我们的酒店业同行和未来的行业领导者的专业发展做出自己的贡献，我们深感荣幸。

目 录

第1章　住宿业概述

本章内容

本章概述

住宿业有着悠久的发展历史。在古代，旅行者一直希望有一个安全和宁静的地方过夜；今天，外出旅行的人越来越多，由于各种原因而需要住宿服务的人也越来越多，庞大的酒店及住宿行业因此得以发展，以满足顾客日益多样化的住宿服务需求。

人们旅行的原因有很多，包括观光、度假、商务旅行和个人休闲旅行等。不同类型的酒店及住宿服务可以满足这些旅行者的不同需求。对各种各样的酒店选择进行分类的方法有数种。本章将介绍这些分类系统中最重要的部分。

在本章中，你还将了解到，住宿业一直被视作更大的接待服务业的一部分。接待服务业包括所有那些旨在为旅行者和非旅行者提供住宿服务、餐饮服务及其他相关服务的企业。

你还将了解到，接待服务业是更大的旅游业的一部分。旅行及旅游业包括所有那些为休闲、度假或商务目的而发生、发展的行业。例如，旅行的人必须被运送到他们将要停留的地方，因此，旅行和旅游业包括航空公司、公共汽车、火车和汽车租赁公司，这些公司的员工与他们的住宿业同行们共同协作，以帮助确保旅行的安全、快捷和方便。

此外，旅行社也是旅行及旅游业的一个重要组成部分，因为它们致力于帮助那些需要旅行规划援助的人。旅游经营者对旅行者也有重大影响。例如，他们与旅行社合作，提供有吸引力的度假套餐，使旅行变得简单和经济。

教学目标

- 描述住宿业在其悠久的历史中是如何发展的。
- 解释住宿行业中酒店是如何分类的。
- 描述住宿业与接待服务业以及旅游业之间的关系。
- 确定并解释行业协会的重要性。

1.1 早期的住宿业

住宿业[1]由所有为过夜的客人提供住宿服务的酒店及其他企业组成。**酒店**[2]或旅馆是住宿服务业的典型代表，是为旅行的公众提供住宿服务以及其他各种服务的场所。例如，许多**酒店经营者**[3]除了提供住宿服务，还为他们的客人提供食物、饮料及其他娱乐活动服务。

早期，人们会出于宗教或商业原因旅行。在通向宗教圣地或寺庙的道路以及重要的贸易路线上，遍布着这些古代客栈或旅馆。这些住宿服务场所通常由家庭经营，有时也由教会或其他宗教组织运营，为旅客提供基本的居所与食物。

随着社会生活越来越发展，人们开始更多的出于个人或家庭的原因外出旅行，例如去看外国风光或体验异域文化。今天，在那些非常受欢迎的旅游目的地，住宿业通常规模庞大且发展良好。这类旅游目的地或旅游景区包括海滩及附近地区、滑雪胜地、历史遗产地或其他旅游目的地的地区，以及人口众多的城市等。但是，即使是农村地区和游客较少的小社区，其实也是需要住宿业的，其规模应足以满足因公、因私或其他原因来访的人们的住宿服务需求。

1.2 住宿业的发展

住宿业从其产生的一开始就处于发展变化中，而且毫无疑问还将继续发展。这也是它为什么是一个令人兴奋和充满活力的行业的主要原因。要了解现代住宿业，考察美国酒店业的发展变化是很有帮助的，因为高速增长的酒店业是美国最大的行业之一，其发展在很多情况下都最具代表性，是现代住宿设施以顾客为导向创新发展的缩影。

表 1.1 为 1900—2010 年美国酒店业发展变化情况表。

表 1.1　美国酒店业近现代史上的亮点（熊猫专业酒店教育和培训公司提供）

1900 年 酒店数：不到 1 万家； 客房数：75 万～85 万。	1900 年　典型的一流酒店提供蒸汽供暖、燃气燃烧器、电铃、浴室和卫生间（所有楼层）、台球室和样品室、理发店，以及马车房。 1904 年　纽约市圣里吉斯酒店为每个客房提供独立控制的供暖和制冷设备。 1908 年　斯塔特勒连锁酒店在布法罗开业。所有客房均配有私人浴室、全身镜和电话，是未来 40 年酒店建设的典范。
1910 年 酒店数：1 万家以上； 客房数：100 万间； 员工人数：30 多万人。	1910 年　新的旅馆开始安装电力设备，用于烹饪和照明。但大多数酒店仍会在每个房间里放置烛台、新蜡烛和火柴，不管有没有装电灯。
1920 年 酒店入住率：85%； 随着新的州际和联邦高速公路沿线客房的增加，酒店建设达到了历史最高水平。	1920 年　展览业开始。 1922 年　特雷德韦公司与一些小型学院旅馆签订最早的管理合同。 1925 年　第一家路边“汽车旅馆”在加州圣路易斯奥比斯波开业，每晚收费 2.5 美元。 1927 年　波士顿斯塔特勒酒店成为第一家提供无线电接收的酒店。客房配有单独的耳机，可以接收来自中央控制室的广播。 1929 年　奥克兰机场酒店成为美国首家机场酒店。

（续上表）

1930 年 酒店入住率：65%； 酒店数：AHA 酒店红皮书列出了近 2 万家； 典型酒店客房数：46 间； 平均房价：5.60 美元。	1930 年　美国五分之四的酒店进入破产管理程序。 1933 年　由于大萧条，酒店的平均入住率创下历史新低（51%）。施工逐渐停滞。 1934 年　底特律斯塔特勒酒店成为首家拥有中央空调系统的酒店。
1940 年 酒店入住率：64%； 平均房价：3.21 美元。	1940 年　酒店的空调和“冷气”变得普遍。 1945 年　喜来登成为首家在纽约证券交易所上市的酒店管理集团。 1946 年　威斯汀酒店首次推出客人信用卡。第一家赌场酒店“火烈鸟”在拉斯维加斯开业。 1947 年　威斯汀酒店建立了第一个酒店预订系统。纽约市罗斯福酒店在所有客房安装电视机。 1949 年　波多黎各圣胡安的卡里波希尔顿酒店开业，成为第一家国际连锁酒店。
1950 年 酒店入住率：80%； 典型酒店客房数：17 间； 平均房价：5.91 美元。	1951 年　希尔顿酒店是第一家在所有客房安装电视机的连锁酒店集团。 1952 年　肯蒙斯·威尔逊的第一家假日酒店在田纳西州的孟菲斯开业。 1954 年　霍华德·迪林·约翰逊在佐治亚州的萨凡纳开办了第一家汽车旅馆专营店。康拉德·希尔顿以 1.11 亿美元收购斯塔特勒酒店公司，是史上最大的房地产交易。 20 世纪 50 年代中期　阿特拉斯酒店开发了首个室内咖啡概念。 1957 年　J. 万豪在弗吉尼亚州阿灵顿开设了他的第一家酒店——双桥万豪汽车酒店。杰伊·普利茨克买下了他位于洛杉矶机场外的第一家酒店——凯悦之家。希尔顿酒店提供直拨电话服务。 1958 年　喜来登酒店推出了业内第一个自动化电子预订系统，也是第一个免费预订号码。
1960 年 酒店入住率：67%； 销售额：30 亿美元； 客房总数：240 万零 450 间； 典型酒店客房数：39 间，独立和本地拥有； 平均房价：9.99 美元。	20 世纪 60 年代初　德国西加斯（Siegas）公司推出了第一款真正的迷你吧（展示产品的小冰箱）。 1964 年　旅行者酒店首次推出无障碍客房。 1966 年　洲际酒店集团首次在客房淋浴室引入烘干设备及商务酒廊，同时在客用走廊上提供制冰机与自动贩卖机等，并让酒店餐厅能直通主要街道。 1967 年　亚特兰大凯悦酒店开业，拥有一个 21 层高的中庭，开创了高档酒店的设计新理念。 1969 年　威斯汀成为第一家推行 24 小时客房服务的酒店集团。

（续上表）

1970 年 酒店入住率：65%； 销售额：80 亿美元； 客房总数：162 万零 7473 间； 平均房价：19.83 美元。	1970 年　希尔顿成为第一家价值 10 亿美元的住宿和餐饮服务公司，并且是第一家进入拉斯维加斯市场的公司。 1973 年 阿纳海姆喜来登酒店率先提供免费室内电影。 1974 年　能源危机席卷整个行业。旅馆把外部标志变暗，停止给无人入住的客房供暖，并要求客人节约用电。 1975 年　四季酒店是第一家提供客房用品（如名牌洗发水）的酒店公司。凯悦酒店开设礼宾俱乐部，为贵宾提供最高级的 VIP 服务。塞西尔·B. 戴创立的戴斯酒店建立了第一个老年人计划。
1980 年 酒店入住率：70%； 销售额：259 亿美元； 客房总数：206 万零 8377 间； 平均房价：45.44 美元。	1983 年　威斯汀酒店是第一家使用信用卡进行预订和结账的大型酒店集团。维卡（VingCard）公司发明了光学电子钥匙卡。 1984 年　假日酒店是第一家提供集中式旅行和佣金计划的酒店。精选酒店引入了市场细分和无烟客房的概念。汉普顿酒店是第一家提供全套便利设施的酒店。 1986 年　德利达公司推出了第一款专为酒店客房设计的电话。戴斯酒店推出连锁酒店互订系统。 1988 年　万豪酒店的万豪公寓和希尔顿酒店集团的家木套房酒店推出了旅客常住计划。 1989 年　凯悦酒店为 3～12 岁的儿童推出了全连锁的儿童计划，并在芝加哥凯悦酒店设立了商务中心。汉普顿酒店是第一家推出 100% 满意保证的连锁酒店。
1990 年 酒店入住率：64%； 销售额：607 亿美元； 客房总数：306 万零 5685 间； 酒店数：4 万零 502 家； 平均房价：58.70 美元。	1990 年　洛斯酒店“睦邻政策”成为该行业第一个也是最全面的社区外展计划。 1991 年　威斯汀酒店首家提供客房语音信箱服务。酒店行业亏损创历史新高。 1992 年　在连续六年亏损后，酒店行业实现财务收支平衡。 1993 年　丽笙酒店集团在全球率先推出商务客房。 1994 年 第一个在线酒店——TravelWeb.com 预订首次亮相。希尔顿 Promus 酒店和凯悦酒店是最早在互联网上建立网站的连锁店。 1995 年　精选酒店集团和希尔顿旗下的普罗米斯酒店成为第一批向客人提供“实时”访问其中央预订系统的公司。精选酒店和假日酒店率先引入在线预订功能。 1999 年　精选酒店集团是第一家将房内 PC 变成客人标准便利设施的测试公司（它们自己并不生产 PC）。

（续上表）

2000 年 酒店入住率：63%； 销售额：970 亿美元。	2000 年　希尔顿集团公布了第一家太空豪华酒店的计划。 2001 年　9 月 11 日，纽约世界贸易中心遭受袭击，导致城市酒店入住率直线下降。 2002 年　随着机场安全的提高，旅游业逐渐从恐怖袭击中恢复。 2004 年　客房内接入高速互联网（HIS）成为吸引商务旅客的必要便利。 2005 年　公寓式酒店预计将成为未来的酒店模式。 2009 年　“大萧条”的爆发使全国每间可用客房平均收益下降了 15%～20%。公寓式酒店客房市场崩溃。
2010 年 酒店入住率（预测）：55.5%； 平均房价（预测）：93.00 美元。	2010 年　预计酒店行业的复苏将是缓慢的，但在未来五年中将保持稳定。

1.3 住宿业市场细分

今天的住宿业寻求为各类旅行者提供产品和服务。寻求住宿服务的人们几乎都具有几个共同要求：安全、整洁，偏爱的地点和价值。另外，不同类型的旅行者在他们的过夜住宿中也对某些特定特征有所期待。例如，富裕的旅行者往往需要高质量的住宿服务，长期住宿的宾客可能需要厨房设施，而商务旅行者则可能希望在他们下榻的酒店里有一个商务中心。

显然，当大多数人提到“酒店”时，首先想到的是拥有可提供住宿服务的客房的建筑物。从最狭义的意义上说，这个定义是正确的。但是，还有其他几种方式可以对酒店的类型进行分类。例如，它们可以按大小分类。在美国，小型酒店（75 间客房以下）占所有酒店的 52%，中型酒店（75～150 间客房）占所有酒店的 33%，大型酒店（150～300 间客房）占所有酒店的 10%，大于 300 间客房的酒店则占所有酒店的 5%。根据这些定义，中小型酒店在美国所有酒店中约占 85%，在英国，这一比例也不低于 55%。有鉴于此，本书将更深入地研究中小型酒店的运营状况。

对酒店进行分类的另一种行之有效的方法则与所提供的服务有关。一些旅客除了睡房外还需要食物和饮料服务。大多数情况下，可向旅客提供食物、饮料和会议场所的酒店被归类为提供全方位服务的酒店（简称“**全服务酒店**[4]”）。最大的全服务酒店通常设有宴会厅、展览厅和宽敞的宴会厅，可容纳一般会议、商务会议、婚宴和其他社交聚会。一般会议和商务会议是这些酒店的主要收入来源，有些全服务酒店甚至是专门为大型会议和商务会议而设计的。全服务酒店均设有餐厅和休息室。此外，许多酒店还为客人提供客房服务。

与全服务酒店相对的，是**有限服务酒店**[5]。顾名思义，一家有限服务酒店所提供的餐饮服务也非常有限。一些有限服务酒店不为客人提供食物或饮料。有限服务酒店往往是独立的物业，不拥有现场餐厅。它们通常提供免费早餐、自动售货机或小包装食品，也有互联网接入，有时还提供每日客房清洁服务以及无人看管的游戏室或游泳池。这些酒店通常只提供很有限的空间（如果有的话）供团体集会。美国的大多数酒店均属有限服务型酒店，且其数量增长速度一直快于全服务型酒店，因为这种酒店的建造和维护成本均大大低于全服务型酒店。有限服务酒店通常对那些精打细算的家庭度假者以及愿意牺牲大量餐饮服务来换取低价客房的旅行者具有较大吸引力。本书中，你将了解到许多关于这些酒店的运作情况，包括有关它们所提供的食品、饮料和会议服务的详细信息。

到目前为止，我们一直在研究所有旅行大众都可以使用的住宿服务设施。当然，也有一些其他类型的设施是为特定类型的人（离家一夜或多夜）提供过夜住宿服务的。这些设施包括非商业性业务，例如提供住宿服务的学校、学院和大学，医疗保健（医院和疗养院）设施，惩教机构（监狱）和军事基地等。本书中的材料是为酒店业从业人员所编写，但其中包含的信息也适用于本章中提到的许多住宿设施。

1.4　住宿业与接待服务业

住宿业是接待服务业的一部分，还是更大的旅行业或旅游业的一部分。在美国，旅游业是全国第三大产业，只有汽车业和零售业能超越其规模。

接待服务业[6]是所有以个人消费需求为基础的，为人们外出提供住宿、饮食、闲暇活动及其他服务的企业的总称。你已经了解到，全服务酒店通常会为客人提供住宿、会议和餐饮服务产品，而有限服务酒店则主要提供住宿服务。由于酒店管理人员可能会在其职业生涯的不同时间段中进入上述两种类型的酒店中工作，因此全面熟悉和了解餐饮业对于住宿服务运营管理者来说就非常重要了。最重要的是，要形成这一认知，即住宿服务经营者和餐馆老板都是致力于为客人提供优质产品和服务的专业人士。因此，住宿服务业经理也应学习如何为客人提供优质的餐饮服务。在本书中，你将学习到一位提供餐饮服务的住宿经理必须了解的一些关键问题。

美国饭店与住宿协会（AH&LA）在旅行研究中发现，入住酒店的客人，25% 的人是为了参加大型会议或小组会议；29% 是商务旅客；24% 的人正在度假；22% 的人则是出于其他原因（例如，个人、家庭原因，或参加特殊活动）的旅行者。这些旅行者可以按多种方式进行分类，例如根据性别或年龄等；他们可以乘汽车或飞机到达，可以自由消费或精打细算……然而，在住宿业中，最常见的分类法，是将客人区分为休闲旅行者和商务旅行者。

休闲旅行者[7]指前往旅游目的地度假、购物、观光、参加音乐会以及进行其他各种活动的人。休闲旅行者可以是团体，也可以是家庭或个人；可以是乘坐旅游车参观历史遗迹的老年人，也可以是与家人同行参加区域足球比赛的年轻人。休闲旅行者经常在周末旅行，但也可能（特别是在夏天）需要一周甚至更长时间。

根据酒店的地理位置，有些酒店可能会发现其大部分客人均为休闲旅行者。例如，佛罗里达海滩上的一家酒店吸引客人的主要原因就是海滩。当然，吸引休闲旅行者的酒店也可能吸引那些商务旅行者——反之亦然，主要为商务旅行者设计的酒店也可能接待大量休闲旅行者。

商务旅行者[8]在旅行业务中所占比重很大，且对住宿业来说极为重要。如上所述，在美国，因出席会议（25%）或商务原因（29%）而旅行的客人占全部旅客的一半以上。商务旅行者包括那些参加与工作有关的会议、研讨会的人士，以及那些必须前往与客户见面，展示新产品并学习新技能的业务销售人员等。

商务旅行者们往往倾向于花更多的钱来过夜，寻求休闲旅游酒店所不常提供的设施和客户服务。通常来说，商务旅行涉及的多为大城市，但即使是最小的城镇和位于这些城镇的酒店也有可能吸引商务旅行者，因为他们很可能需要开车经过这些小城镇，以便前往最终目的地——城市。

1.5 住宿业与相关行业

许多组织、团体乃至整个行业都在协助住宿服务经营者为过夜的客人提供服务。例如交通运输行业可帮助客人往返酒店；旅行社可帮助旅行者选择适合的交通方式，并就哪些酒店最适合特定旅行者的需求提供建议；旅游运营商可协助旅行社开展工作，等等。如今，互联网越来越广泛地影响着旅游业服务的销售和购买方式，因此，网站运营商在住宿服务业中的作用也越来越重要。

1.5.1 运输服务

旅行者一旦决定旅行，选择什么样的交通工具就成为首要要解决的问题之一。可达性、速度、舒适度和成本都会影响其选择。通常，最快的交通方式往往也是最昂贵的。从历史上看，驿站马车、轮船和铁路发展出了可容纳邮件、货运和乘客的旅行路线。如今，运输行业中的某些企业，例如联合包裹运送服务（UPS）和联邦快递（FedEx），仅专注于货物运输。另一些企业则强调客运，还有一些企业两者兼而有之。在美国，最受欢迎的客运形式是飞机、火车和汽车，它们也是最有可能在业务上与酒店经营者紧密合作的。

航空服务。对于大多数远离目的地的休闲和商务旅客来说，航空旅行是首选方式。这种速度极快的旅行方式的受欢迎程度如今还在持续增长中。航空业是住宿服务业的合作伙伴，许多旅客到达机场后，由酒店拥有并运营的酒店专车会接机并将旅客送往酒店入住。当旅客准备退房离开时，酒店还提供专车送返机场的服务。

公交服务。公共汽车是旅游业的重要组成部分，可以对酒店的入住率产生重大影响。与使用飞机、火车、租车等交通方式的旅客相较，使用公共汽车进行长途旅行的旅行者要少得多。但是，经济型旅客以及那些穿梭于机场、火车站和停车区之间的旅客都习惯使用公共汽车这一交通方式。对于许多酒店经营者来说，公共汽车最重要的作用是运送包价旅行团。

包价旅行团经常包租公共汽车运送一组组的旅行者——只要他们到达的是同一个目的地，那么所花的钱就可以节约得多。事实上，在相距 100 ～ 200 公里以内的城市之间定期运行的包车线路，往往可能比空中旅行还要快，尤其是在执行新的机场安全措施之后。因此，在这种情况下，乘坐公共汽车旅行通常既便宜又快捷。

政府将公共汽车定义为载客车辆，尽管对包括驾驶员在内可容纳的客人数没有统一的定义，但公交行业的专业人员普遍认可以下公交车类型：

• 经济型巴士。经济型巴士是团体旅游者中成本最低的选择。这些车辆的座椅通常为长凳（非独立座位），且无洗手间设施。

• 豪华大巴。这是长途旅行或寻求比经济型巴士更舒适体验的旅行团体的最佳选择。这种车型拥有 40 ～ 55 个具有 VCR/DVD 功能的独立座位、多台显示器、先进的音响系统及洗手间设施。

• 行政级别巴士或中巴。这种高档巴士是喜欢超豪华巴士旅行者的最佳选择。行政巴士是定制的，通常包括完整的卧室、淋浴室、厨房以及社交和会议空间。此类巴士的最大载客量为 5 ～ 20 人。

高铁或火车服务。虽然现在喜欢乘火车旅行的人数远少于乘飞机或汽车旅行的人数，但在中国，由于高速铁路建设的迅速发展，在一些地区，尤其是人口稠密的地区，高铁在旅游互动中发挥着越来越重要的作用。历史上，住宿设施一度多分布在火车站附近，后来随着高速公路系统的建立，受益于对公共道路和高速公路的巨额投资，汽车行业得到长足发展，新建酒店也纷纷选址于这些高速公路的交叉口或出口附近，但近年来，高铁的快速发展又使得这一状况发生了巨大变化。

租车服务。汽车旅行是最受人们欢迎的旅行方式，它对酒店住宿服务业务的影响是巨大的。目前许多中国家庭已拥有一辆或多辆汽车，并广泛应用于短途旅行。乘飞机旅行的人到达目的地后，经常也会租车或使用其他交通工具。

汽车租赁业务是交通运输行业的重要组成部分，包括所有租赁乘用车、货车、卡车和公用事业拖车的业务。有些公司只提供短期租赁，或仅提供长期租赁，当然也同时提供这两种服务的。与当地汽车租赁业务密切相关的酒店经营者经常发现，旅行者在租赁车辆时往往也会顺便询问有关住宿地点的问题，因此，酒店可以通过出租中介的推荐来获得相关业务。

1.5.2　旅行社

对于许多旅行者而言，专业旅行规划师的知识和技能对于旅行的成功是至关重要的。不断变化的机票价格和旅行时间表，数以千计的可用度假套餐，以及互联网上可供选择的大量信息等，都可能导致旅行计划变得耗时耗力，令人沮丧。为了理清自己的旅行选择，不少休闲和商务旅行者更愿意寻求**旅行社**[9]的建议。

过去许多人使用旅行社预订商务或休闲旅行、航班、酒店客房、租车和旅游，但是现在旅行者越来越多地通过互联网来了解和购买旅行服务，因此，使用旅行社服务的数量已有所下降。此外，使用旅行社服务的人群中，年长的消费者多于年轻的消费者，高收入人群多于低收入人群，且其旅行时间更长，旅行频率更高。

旅行社可以是各种各样的公司中的任何一个，它们大量购买旅行服务，并建议旅行者购买特定的旅行套餐。旅游运营商必须开发旅游套餐，进行市场营销并出售给旅行社客户。也就是说，假设一个旅行社希望创建一个前往某一旅游目的地的旅行套餐，它将首先选择一家航空公司，提供多个出发点的交通服务，以便将旅客运送至目的地。包车将在机场接送旅行团的成员，然后将他们运送至旅行社预先选定的酒店。所使用的餐馆和将要进行的团体活动，也均由旅游经营者预先计划，此外还包括选择好导游陪同游客到旅游套餐内指定的地点等。

旅行社还可以应客户要求为其安排量身定制的旅行，并向为客户提供的酒店和航空公司服务收取佣金。酒店向为客户预订房间的旅行社支付的佣金通常是酒店客房价格的10%。旅行社代表其客户与酒店签订服务合同，因此，它们有法律责任保障客户的最大利益。因此，酒店经营者应谨记，虽然旅行社从酒店收取佣金，但它们实际上是为旅行者服务的。明智的酒店经营者都深知，与当地和国家旅行社以及他们所属的团体建立良好的工作关系，对于它们的成功来说是至关重要的。

1.5.3 在线旅行代理

个人和公司运营的网站允许旅行者在线预订酒店房间，对酒店经营者来说，在线预订这一模式已变得越来越重要了，而对旅行者来说，这些**在线旅行代理（OTA）**[10]网站也越来越受欢迎。酒店管理者可以创建自己的网站，将其客房直接出售给使用互联网预订客房的消费者。许多酒店则利用中介网站运营商，例如携程和同程旅行网等在线销售酒店客房。

消费者喜欢在选择酒店之前访问这些网站以比较酒店的价格、功能和位置。就像过去酒店一直依靠旅行社“出售”客房一样，酒店经营者现在也依靠OTA来做到这一点。OTA不像传统旅行社那样为佣金而工作，而是会因出售的每间客房而向酒店收取费用。这些费用通常是可以商量的，它们基于OTA为酒店预订的房间数量、酒店的房价以及OTA网站上酒店的有利位置。OTA与酒店的合作主要有以下两种模式：

不透明房价模式：在此模式中，只有在客人成功“出价”后才能看到房价，客人决定要支付的金额后，OTA将客人的要求与愿意以该价格出售房间的酒店进行匹配。Priceline. com可以算得上是使用这种方法的最著名的OTA。

商户模式：在此模式中，潜在客户可以轻松地在线查看房价（通常会大幅打折）。他们通过 OTA 预订客房，然后 OTA 向酒店收取每次预订的费用。此类 OTA 如 Hotels. com，Travelocity. com 和 Expedia. com 等。

互联网上旅行服务的销售是一项巨大的生意，预计还将继续增长。专家预测，未来所有酒店预订中的50%以上都将通过互联网完成。因此，酒店经营者和 OTA 运营商之间的合作关系对于酒店的成功运营将继续起着至关重要的作用。

1.5.4　行业协会

你已经了解到酒店经营者会与旅游业的其他专业人员合作，以满足公众的旅游需求。酒店经营者还会与同行合作，以满足自身的专业发展需求，并向公众、政府以及影响其行业的其他决策实体传达他们的观点。国际上，有几个行业协会可以协助并代表住宿业：

美国酒店及旅馆业协会。前身为美国酒店和汽车旅馆协会，是美国最大、最古老的全国性酒店行业协会。它成立于 1910 年，现在总部位于华盛顿特区，是一个州级酒店协会的集合，致力于满足其会员的教育、社会和法律方面的需求。该组织由董事会监督，董事会成员包括主席、副主席、秘书/财务主管、董事（由各自的州选举产生）、一名联盟成员、一名公司董事会董事，以及一名来自全国餐馆协会的代表。

美国亚裔酒店业主协会。这个团体的目的是提供“一个积极的论坛，在这个论坛上，美籍亚裔酒店业主通过统一的声音交流思想，可以沟通、互动，确保他们在酒店业中的适当地位，并通过教育和社区参与促进专业性和卓越性，成为灵感的来源”。

国际酒店和餐馆协会。该组织总部设于法国巴黎，是一个专门致力于促进和维护全球酒店和餐饮业利益的国际协会。这是一个非营利性会员组织，可帮助其成员实现其商业目标并为未来做准备。

美国酒店及旅馆业协会的教育学院（E. I.）。虽然从技术上讲，这不是一个独立的行业协会，但这个位于美国佛罗里达州的奥兰多市的团体隶属于美国酒店及旅馆业协会，为酒店行业创建并营销专业发展和培训计划。E. I. 旨在帮助酒店业主和经理人得到更好的培训，并提供资源，使他们能够提升酒店员工的知识和工作技能。酒店经营者可以加入 E. I.，在各个具体的酒店运营领域获得认证，包括销售与市场营销、食品和饮料，以及客房清洁和安保。

关键词汇

1. 住宿业（Lodging industry）：所有为客人提供过夜住宿服务的酒店及其他企业组成的行业。

2. 酒店（Hotel）：为旅行的公众提供住宿服务以及其他各种服务的场所。

3. 酒店经营者（Hotelier）：一家或多家酒店的所有者或管理者。

4. 全服务酒店（Full-service hotel）：提供住宿、餐饮及其他全套服务的住宿设施。

5. 有限服务酒店（Limited-service hotel）：不提供或提供有限的餐饮服务的住宿设施。

6. 接待服务业（Hospitality industry）：为人们外出提供住宿、饮食、闲暇活动及其他服务的企业的总称。

7. 休闲旅行者（Leisure Travelers）：前往旅游目的地度假、购物、观光、参加音乐会以及进行其他各种活动的人。

8. 商务旅行者（Business Travelers）：为工作及业务需要，参加与工作有关的会议、研讨会的人士。

9. 旅行社或旅行代理商（Travel agent）：协助客户制订旅行计划和购买旅行服务的专业公司或个人。

10. 在线旅行代理（Online travel agent，简称 OTA）：在互联网上提供旅行预订服务的组织。

第 2 章　住宿管理企业

本章内容

2.1　酒店业主
2.2　酒店管理公司
2.3　特许经营与住宿业
2.4　酒店所有权与管理

本章概述

了解酒店及住宿服务企业运营方式的最佳方法，首先是要了解谁拥有企业，谁管理企业以及谁拥有酒店的运营权。在实践中，许多个人和公司投资于酒店。一些投资者经验丰富，而另一些人可能是新手。投资者可能拥有全部或部分酒店；一些投资者可能同时拥有许多酒店，或者某一酒店是由多个投资者共同拥有。在某些情况下，投资者在如何管理自己拥有的酒店方面可能会发挥积极作用。但在更多情况下，投资者建造或购买酒店完全是一种金融投资，他们既没有兴趣也没有运营管理酒店所需的经验，这就需要专业人员或专业管理公司为他们运营管理酒店。

酒店管理公司是为那些不希望自己管理酒店的业主经营酒店的企业。一家酒店管理公司可能由一个、几个或多个单独的酒店经营者组成。从技术上讲，一个酒店经理，为一个酒店业主经营酒店，即可以被视作一个酒店管理公司。在其他情况下，随着现代住宿业的发展，一个酒店管理公司可以非常庞大，雇佣人员达数百或数千人，同时为许多不同的业主经营数百家酒店。了解酒店管理公司为业主实际经营酒店的方式，以及双方执行的管理合同中是如何制定经营这些酒店的规则，对于了解住宿业来说，非常重要。

特许经营的酒店管理方式，在现代酒店的营销和运营管理中发挥着越来越大的作用。了解特许经营人和他们的加盟者如何共同努力提升酒店品牌的地位，从而增加其价值，对于掌握酒店的运营管理方式也至关重要。在本章中，你将了解特许经营协议对酒店业的重要性。

教学目标

- 了解拥有酒店的不同类型的投资者。
- 了解酒店管理公司如何帮助酒店业主经营他们的酒店。
- 了解管理合同在酒店运营中的重要性。
- 了解特许经营对住宿业的影响。
- 了解特许经营者和被特许经营者如何在特许经营协议中相互协助，共同推广酒店品牌。

2.1　酒店业主

通常，个人或企业投资酒店有两个原因：首先是为了满足旅行者的需求。然而，从长远来看，只有当酒店同时满足酒店业主的**投资回报率（ROI）**[1]目标时，这个目标才能实现。因此，既要为客人服务，又要有利可图，这才是酒店业主的重要关注点。

不同的酒店业主可能会根据其特定目标寻求不同的投资回报率。但是，在任何情况下，ROI 均使用以下公式计算：

$$\frac{\text{税后利润}}{\text{酒店总投资}} = \%\text{投资回报率（ROI）}$$

例如，某家酒店的业主在一年内获得了 600 万元的税后利润。如果业主在该酒店上共投资了 5000 万元，则该年的投资回报率将计算为：

$$\frac{600\text{ 万}}{5000\text{ 万}} = 12\%$$

要实现可观的 ROI 并不容易，这需要明智的酒店选择与投资，积极的销售努力，以及专业的酒店运营管理。当业主的投资回报率达到预期时，才会继续投入足以维持酒店的吸引力的资金，从而确保酒店的持续成功。

重要的是，要了解酒店业主实际上拥有两项截然不同的资产。第一项资产是酒店涉及的房地产，包括组成酒店的土地、建筑物和家具等。第二项资产来自酒店的经营业务本身。例如，一家正在运营的酒店，其价值包括酒店的房地产价值和经营所产生的利润（如果有的话）；而对于尚未建成的酒店，房地产的价值可能是已知的，建筑成本是可以估算的，但经营业务的价值则是必须预计的。这就意味着，和一家尚未建成的酒店相比，要确定一家正在运营的酒店的价值和收购价格，通常更容易一些。一家表现良好的酒店，其销售价格往往可以反映其业绩。而一家表现不佳的酒店，则其单间房价通常会较低，因为即使有适当的投资和管理，也无法保证它能够比目前执行得更好。

个人可以拥有酒店，依法成立的合伙企业和公司也可以拥有酒店。在某些情况下，酒店业主还可以通过“出售”每年一定时间内占用房间的权利（即分时度假）与客户共享住宿物业的所有权。许多个人和公司投资并拥有酒店，通过分析参与酒店的实际运作的程度，可以很方便地分辨出投资并拥有酒店的这个多样化群体。根据这种方法，酒店业主可以被归类为投资者或业主/经营者。

投资者。如前所述，投资者投资酒店的原因有很多，包括房地产升值的长期影响，以及酒店的日常运营所能获得的利润。不管建造或购买酒店的动机如何，这里定义的投资者通常并不积极参与酒店的管理。投资者可以是个人、公司、政府实体，也可以是出于自身目的资助或寻求收购酒店的任何其他实体。根据投资水平的不同，投资者可能拥有酒店的全部或部分股权。在某些情况下，一些投资者也会汇集资金，购买一个比他们中任何一个人所能单独购买的都要更大或更昂贵的酒店。

业主/经营者[2]。业主/经营者是指那些既投资拥有酒店又运营管理其所投资酒店的个人或公司。有些个人的业主/经营者还可以由投资人的家庭成员来担任，他们中的一些人可能每天在酒店工作，或在世界各地设有办事处的大型跨国酒店公司工作。在这两种情况下，业主/经营者区别于其他酒店投资者的特征是他们对自己所拥有的酒店的管理责任。

2.2 酒店管理公司

现代意义的酒店及住宿业的投资者通常并不运营管理自己完全拥有或持股拥有的住宿物业，因此他们必须聘请专业的经理人来经营酒店。在这种情况下，如果只需运营管理一家酒店，则聘用一位**总经理（GM）**[3]即可。但如果拥有多家酒店，则投资者可能会选择雇用**管理公司**[4]，因为管理公司是专门为管理一个或多个酒店而成立的专业组织。

2.2.1 管理公司的角色和结构

任何住宿服务设施的财务成功在很大程度上取决于其现场管理的质量和技能。在20世纪50年代中期之前，酒店业主通常会聘请他们所能找到的最好的管理者来经营自己所拥有的酒店。但是，即使是再才华横溢的总经理，也可能与业主的期望值不能完全一致。在这种情况下，住宿运营管理的结果往往既不能令业主，有时也不能让酒店总经理满意。

20世纪50年代以后，酒店业主集团购买的酒店越来越多，所需总经理也越来越多，但它们无法逐一招募、培训和监督。这就导致了酒店管理公司的迅速发展，这些公司的成立只是为了在普通或特殊情况下管理酒店。如今，随着大型（或小型）管理公司的发展，酒店的业主通常会发现，拥有众多专业人员的酒店管理公司可以为其提供所寻找的确切管理经验。

在许多情况下，业主在经营自己所拥有的酒店时会遇到许多特殊问题。这些特殊问题包括：

- 管理/指导酒店的重大（彻底）装修。
- 在**萧条的市场**[5]环境下经营酒店。
- 酒店破产/**收回**[6]。
- 管理可能永久关闭的酒店。
- 由于总经理的意外辞职而接手管理酒店。
- 为选择不直接参与酒店日常运营的业主长期管理酒店。

根据管理公司与酒店业主之间的标准财务安排，管理公司会收取预定的服务费。这个费用的多少并不固定，但通常占酒店月收入的1%～5%之间。因此，无论酒店的经营业绩如何，都将向管理公司支付其服务费，酒店业主的利润（如果有的话）是在支付上述费用之后获得的。

有时，酒店业主与管理公司之间通过谈判达成协议，同意至少在某种程度上将管理公司的报酬与酒店的实际经营业绩挂钩。在某些情况下，这是可以接受的，特别是对于那些已证明其盈利能力的酒店。然而，一般来说，要把一个不盈利的酒店变成一个盈利的酒店，管理方可能需要花费数月甚至数年时间。而通常情况下，往往正是那些不盈利或市场萧条的酒店的业主会寻求管理公司的帮助。因此，可以理解的是，很少有酒店管理公司愿意签订上述有风险的管理协议，因为这可能会导致它们不得不对那些拥有过往经营不善或在目前状况下无法盈利的酒店的投资者提供金钱补偿。

如你所知，一些酒店投资者并不想亲自管理这些物业。许多非经营性酒店业主选择聘请管理公司，因为他们对酒店管理，甚至对酒店的持续所有权毫无兴趣。例如，假设某银行贷款给酒店投资者以开发房地产，酒店开业后，投资者在很长一段时间内仍未能偿还贷款。最终，银行被迫收回酒店。在这种情况下，作为现任业主，银行可能会寻求一家专门经营不良资产的管理公司的帮助。管理公司将管理酒店，直到将其出售，并由新业主接手其运营管理为止。

由于酒店业存在周期性，因此有时其入住率和平均房价这两种酒店运营指标会有所下降，其他时候又可能会大大增加。在某些情况下，这种周期性可能会导致酒店无法偿还购买时的贷款，然后贷方通过重新占有成为非自愿所有者。这种情况在2009年末到2010年的美国较为多发，当时许多酒店无法偿还建造或购买酒店的贷款。在这种情况下，有效管理酒店就仅意味着在出售酒店的同时，优化其价值。

专门帮助贷款人维护被收回的酒店直至其可以转售的管理公司通常将承担以下工作：

- 检查酒店安全。如果酒店已经关闭，则重新开放。
- 实施销售与市场营销计划，以最大限度地提高酒店的短期和长期盈利能力。
- 生成有关酒店的可靠财务数据。
- 合理配置人员，以最大限度地提高客人和员工的满意度。
- 向潜在买家展示酒店。
- 定期向业主报告酒店的财务状况。

显然，在上述情况下，管理公司为贷方提供了至关重要的服务。尽管单个总经理也许能够提供相同的服务（且通常以较低的初始成本），但许多不愿意获取酒店经营权的投资者仍更愿意雇用管理公司来经营其产业，直到将其出售或关闭。

当然，管理公司也可以为希望保留其酒店所有权的投资者经营酒店。优秀管理公司的服务始终是受欢迎的，因为投资者希望通过它们最大限度地提高酒店的投资回报率。

审视一个优秀酒店管理公司的结构可以有多个不同的角度。一种方法是考虑它们是第一梯队还是第二梯队。要注意的是，这里所说的“梯队”仅指管理公司所经营的酒店上有谁的名字，与管理公司或为其工作的总经理的技能或质量无关。

在**第一梯队管理公司**[7]中，管理公司的名称也就是酒店的名称。例如，凯悦（Hyatt）、喜来登（Sheraton）和希尔顿（Hilton）。**第二梯队管理公司**[8]则可以同时经营许多不同品牌的酒店，因为管理公司的名称与酒店所使用的名称是并不一致的。

检验管理公司的另一种方法是看其规模。规模可以通过几种方式来衡量，例如，通过经营的酒店数量或产生的收入金额。要知道，经营一家大型酒店的管理公司可能会比经营三家小型酒店的管理公司产生更多的收入，所以酒店管理公司的规模常常取决于所管理的客房数量，而不是酒店数量。酒店业媒体会定期公布根据管理的房间数量对各酒店管理公司进行的排名。

和规模这个因素相比，根据酒店管理公司参与或不参与的方式，对其所管理酒店的实际风险和所有权进行细分的检验方法通常更为有效。因此，可以根据其符合以下一项还是多项情况来检验这些管理公司：

- 管理公司既不是所管理酒店的合伙人，也不是其所有者。在这种情况下，酒店的投资者会雇用管理公司——尤其是当贷方在被动情况下拥有酒店时。在其他情况下，出于自身业务原因，管理公司可以选择只专注于管理酒店，而不参与酒店投资（获得所有权）。
- 管理公司是所管理酒店的所有权上的合作伙伴。在业界有一种常见的安排，即管理公司与投资者合作，共同拥有和管理一个或多个酒店。在这种情况下，管理公司要么购买酒店所有权，要么获得其所有权的一部分（通常为1%～20%），然后接管该酒店的管理权。喜欢这种安排的酒店业主认为，管理公司享有部分所有权可以为酒店带来更好的业绩。这是因为酒店一旦遭受损失，管理公司需共同分担，而这势必会激励管理公司努力做好经营管理。
- 管理公司仅管理其拥有的酒店。部分管理公司成立的初衷，是为了管理其实际拥有的酒店，希望能以投资者和管理者的身份参与到酒店的经营管理中来。这种情况的明显优势是，如果管理的酒店获利，管理公司将从自己的成功中受益。当然，如果公司不成功，它也将对可能出现的一切经营损失负责。
- 管理公司拥有自己管理的部分酒店的所有权，其他酒店则没有或只拥有部分所有权。一些管理公司会根据所涉及的酒店而改变其所有权参与方式。因此，一家特定的管理公司可能：
    - 拥有某家酒店的全部所有权，并对其进行管理；
    - 管理并成为另一家酒店的所有权合伙人；
    - 管理但不拥有另一家酒店财产的任何部分。

上述每一种结构对管理公司和与之合作的业主而言，都各有利弊。

2.2.2 管理合同

因为许多原因，由不拥有酒店的管理公司来管理酒店可能会使情况变得非常复杂。例如，假设客人在一家管理公司无所有权的酒店的停车场中滑倒，谁对客人的受伤负有法律责任？

同样，如果酒店的员工受到管理人员的不公正对待，应由管理公司还是雇用管理公司的业主对由此造成的损失负责？

为了解决类似的诸多问题，酒店业主和管理公司通常会签署**管理合同**[9]。该合同将明确规定管理公司受雇经营酒店的报酬、经营责任和期限。酒店业主拥有多少酒店，它与所雇用的管理公司之间就会有多少份各自不同的合同。根据所选择的管理公司，酒店业主对所拥有的每家酒店都会签订一份独一无二的管理合同。

在某些情况下，管理合同可能甚至包括管理公司必须提供酒店开业前服务，例如雇用和培训员工、采购库存，以及在为第一位过夜宾客提供服务之前必须完成的其他运营活动等。尽管每个管理合同各不相同，但是管理合同的主要内容通常包括：

- 合同期限。
- 任何一方提前终止合同的程序。
- 延长合同的程序。
- 酒店出售时的合同条款。
- 要收取的基本管理费。
- 与经营业绩相关的奖励或罚款。
- 管理公司的投资要求或应达到的所有权份额。
- 独家经营权：管理公司能否经营该地区的竞争性酒店？
- 报告关系和要求（需要多少细节，以及多长时间生成一次报告）。
- 管理公司的保险要求（谁必须投保，保险金额多少）。
- 员工的状态（酒店员工由业主还是管理公司雇用）。
- 业主对总经理和管理公司聘用的在业主酒店工作的其他管理人员的选择或撤换的控制权（如果有的话）。

2.2.3 管理公司的利与弊

对于酒店业主来说，选择一家合格的管理公司来经营其酒店，显然可以获得不少好处。其中包括：

提高管理质量。在某些情况下，管理公司能够为优秀的酒店专业人员提供比单个酒店业主更好的就业条件。通过为一家管理公司工作，酒店经营者的晋升机会、培训前景和就业保障通常都会得到提高，业主也能从高技能的专业人员的努力中获益。此外，一家管理公司可能拥有多方面专业人员，可以在法律、会计以及餐饮管理等领域协助酒店总经理开展工作。在许多情况下，单个酒店业主是无法提供这些额外资源的。

有文件记载的管理成效。银行、抵押贷款公司和其他被要求向业主提供投资资本的人都希望确认，提出贷款需求的酒店事实上将由专业的酒店管理人员来经营。通常情况下，选择一家经验丰富的管理公司，并能提供文件证明其过去在酒店（与所申请投资的酒店相类似）

经营方面的成功案例，可以增加酒店业主提交的贷款申请的可信度。

服务费用可以与业绩挂钩。大多数管理公司会收取基于收入的费用来作为经营酒店的报酬。业主可以根据实现利润目标的情况来协商额外的激励措施。这些激励措施有助于确保管理公司的业绩尽可能出色。优秀的管理公司对这种安排是极为欢迎的，因为这意味着它们可以用高于平均水平的管理绩效来赚取高于平均水平的报酬。

增加合作机会。不少酒店业主同时拥有多个酒店，一个成熟的管理公司和一个所有权实体可以在许多不同的酒店中建立起工作关系。管理公司将更便于了解业主的经营目标，而业主则更便于熟悉管理公司的能力和局限性，在这种情况下，长期的合作关系对双方都有益处。

尽管有上述诸多优点，但是酒店业主在使用管理公司时也面临一些潜在的弊端。其中包括：

酒店业主通常无法控制对现场总经理和其他高级经理的选择。使用管理公司时，可能会允许酒店业主有一些投入，但通常不能参与选择酒店总经理。结果，总经理的素质可能更多地与管理公司当前所雇用的可用总经理的选择有关，而不是与酒店所需的质量有关。深知高质量现场管理的重要性的经验丰富的业主，通常会坚持要求管理公司提供最佳的总经理（以及其他管理人员）人选。

有才能的经理人经常离职。假设你是一家酒店管理公司的老板，手头既有可以赚取高额报酬的大型酒店的经营合同，也有报酬较低的小型酒店的经营合同。你旗下的一位总经理在经营一家较小型酒店时表现出优秀才能，酒店业主对其深表满意。当公司管理的其中一家大型酒店出现总经理的空缺时，你会调动该总经理的职位吗？在许多情况下，答案可能是“是的”。但这样一来，酒店业主可能就会遇上总经理人选被频繁更换的情况，特别是如果所拥有的酒店规模较小，地理位置不太受欢迎，或者由于某些其他原因而被经营该酒店的管理公司的总经理们认为不可取时，这种情况就更无法避免了。

酒店业主和他们雇用的管理公司的利益有时会发生冲突。从表面上看，酒店业主和被选择经营该酒店的管理公司的利益似乎总是一致的——酒店盈利是双方共同的目标。但实际上，双方仍旧会出现纠纷，这是因为酒店业主通常希望能将他们必须支付给管理公司的费用降到最低（因为较低的费用可以产生更大的利润），而管理公司则试图将上述费用最大化。结果，酒店业主往往与所雇用的管理公司在酒店的经营是否确实符合业主的最佳利益上产生严重分歧。

管理公司的犯错误成本由业主承担。根据大多数管理合同，与酒店经营相关的所有费用由业主（而非管理公司）承担。因此，因酒店营销或经营中的错误而产生的任何不必要的成本，也必须由酒店业主支付。

所有权转让可能很复杂。管理合同的期限（尤其是如果酒店规模较大）可能长达数年，因此，如果业主想要在管理合同的有效期内出售酒店，那么自己经营酒店或使用其他管理公司的潜在买家可能就会丧失购买兴趣。即使管理合同中包含了买断条款，买断成本也可能高到业主只能将该物业出售给愿意为此支付最高价格的买方，而这显然是会限制潜在买家的数量的。

2.3 特许经营与住宿业

要真正了解酒店及住宿业，你首先必须了解**特许经营**[10]的概念。在特许经营安排中，一方（特许人或**特许经营商**[11]）允许另一方（被特许人或特许**加盟商**[12]）在特定时间内使用特许人开发的名称、经营程序和系统；而为了换取使用上述权利，被特许人需向特许人支付一定的费用。特许经营允许一个商业实体使用另一商业实体开发的标志、**品牌**[13]名称和运营系统，以使两者受益。也就是说，特许经营创造了一个共享品牌名称的独立企业主网络。

2.3.1 酒店特许经营商

我们可以通过酒店的特许经营了解其对住宿行业的影响。假设一个司机正在高速公路上行驶，沿途看到了一家受欢迎的酒店的名称，由于在全国范围内开展了广泛的广告活动，该名称易于识别。司机极有可能会认为该公司在这里购买土地建造并运营了另一家酒店。实际上，事实并非如此——独立投资者建造该物业并从酒店特许经营商那里购买特许经营权的可能性会更大。

许多酒店行业人士认为，最早的酒店特许经营安排是 20 世纪 50 年代由美国田纳西州孟菲斯市居民凯蒙斯·威尔逊（Kemmons Wilson）和他的假日连锁酒店（Holiday Inn）开始的。1951 年，威尔逊夫妻以及五个孩子开车前往华盛顿特区度假，沿途的汽车旅馆的住宿条件让他们很不满意。威尔逊认为，那些房间太小、太贵，而且常常很不干净。

这次旅程结束后，威尔逊产生了在全国范围内建立**连锁酒店**[14]的想法。根据他的构想，这些连锁酒店将以相同的名称经营，为旅行者们提供干净、舒适、价格适中的住宿体验。他聘请了一位建筑师来设计一家原型酒店。据说，这位建筑师当时正好观看了平·克劳斯贝（Bing Crosby）主演的电影《假日酒店》（1942 年），并在他绘制的平面图上随手写下了这个名字。威尔逊看到图纸后大为欢喜。假日连锁酒店就这样诞生了。

1952 年，第一家假日酒店在田纳西州开业。1962 年 12 月，第 400 家假日酒店开始运营。时至今日，假日酒店的特许经营权已成为洲际酒店集团的一部分，该集团在全球拥有 1500 多家酒店，其中包括洲际酒店、假日酒店、精选假日酒店、快捷假日酒店、皇冠假日酒店和斯泰布里奇（Staybridge Suites）品牌。

如今，在大多数情况下，一家酒店特许经营商可以为其企业拥有的许多不同的酒店品牌授予特许经营权。例如，酒店或物业的投资者可以选择与假日酒店或假日快捷酒店建立特许经营关系，这两个不同的品牌都是由洲际酒店集团特许经营的。当然，投资者也可以选择特许经营希尔顿酒店、康莱德酒店或欢朋酒店。这三个品牌及其特许经营权均由希尔顿酒店管理公司所拥有，是可以吸引各种旅行者的不同酒店类型。如今的酒店业主可以自由选择他们希望加盟的品牌，但可选择的特许经营商的数量则越来越少。特许经营安排的一种变体是由独立的酒店业主组成的“会员制”酒店，他们联合起来创建自己的品牌。最佳西方酒店（Best Western）是最大的会员制集团，但从客人的角度来看，它的运作方式其实与连锁酒店是基本相同的。

任何一个特许经营商所管理的实际品牌都会随着品牌之间的买卖而发生变化。表 2. 1 显示了目前在美国运营的 10 个最大的酒店品牌。

表 2. 1　全美十大酒店品牌（熊猫专业酒店接待教育和培训提供）

特许人	品牌	物业数量
最佳西方国际	最佳西方	4065
温德姆环球酒店	速 8	2125
洲际酒店集团	快捷假日酒店	2047
精品国际酒店集团	凯富酒店	1997
温德姆环球酒店	戴斯酒店	1851
希尔顿酒店公司	欢朋酒店	1717
国际精选酒店	品质酒店	1336
洲际酒店集团	假日酒店及度假村	1321
雅高集团	6 号汽车旅馆	983
温德姆环球酒店	华美达酒店	895

根据特许经营商的结构，每个品牌都会有一名品牌经理或总裁，负责扩大该品牌旗下的酒店数量并维持为其制定的质量标准。在绝大多数情况下，酒店特许经营商实际上并不拥有以其品牌名称经营的酒店，而是只拥有销售品牌名称的权利，并决定那些选择与该品牌合作的酒店业主必须遵循的标准。

对特许经营商来说，与酒店业主建立特许经营关系的最大优势是协议所带来的对使用品牌所支付的费用。像所有的企业一样，特许经营公司也渴望业绩增长。一般来说，在一个品牌名下所经营的酒店数量越多，这个品牌的价值就越大，因此可以收取的使用费就越多。此外，与一个酒店品牌合作的每一家酒店都有助于分摊品牌的营销费用和广告费用。在同一品牌下经营的酒店物业越多，通常意味着特许经营商的利润也越大。因此，特许经营商会积极争取那些已经与另一个品牌有关联的酒店业主的协议，希望酒店业主同意**转换**[15]为新的品牌名称。

转换可以使品牌受益，因为这可以使品牌更快成长。但是，如果转换后的酒店不具备该品牌中已有酒店的特点和质量水平，则可能会损害该品牌。当然，特许经营商也会积极寻求那些正在开发但尚未选择特许经营品牌的新酒店的加盟。

酒店业的特许经营安排是非常受欢迎的。在美国的大多数城市，几乎所有的大中型酒店都会隶属于某一个品牌。

2.3.2 酒店特许经营权

特许经营权给酒店或住宿物业的投资者和品牌所有者都带来了极大的好处。对酒店投资者而言，购买特许经营权的主要好处在于可以使酒店获得具有地区或国家认可的品牌名称，并将酒店与全球分销系统（通常称为GDS，即将全球旅行专家连接起来，以便为其客户预订酒店客房和其他服务的计算机系统）相连接。当然，单体酒店也可以购买此连接，但价格昂贵。

与强势品牌结盟通常也会增加酒店的销售额，从而提高其盈利能力。酒店业主向品牌商支付的总费用与品牌名称的强弱以及该名称将为酒店带来的收入有关。尽管这些费用是可以协商的，但平均而言，它们一般将占酒店客房销售收入的3%～15%。

除了增加收入水平外，与品牌的隶属关系通常还会影响酒店业主获得外部融资的能力。业主从银行或其他贷款机构寻求融资时往往会发现，贷方几乎无一例外地需要己方提供证据表明是否已与某品牌建立从属关系，然后才考虑其贷款请求。

根据选择的特许经营者的不同，其他优势可能包括现场培训方面的帮助，购买酒店家具方面的建议——供应商为品牌经营者提供优先定价所带来的更低的运营成本以及免费的内部和外部设计帮助等。

对于酒店业主而言，购买酒店特许经营权实际上与购买其他专业人员的长期服务很类似，例如律师或会计师，这些专业人员可以帮助业主将其资产价值最大化。例如，一旦选择了特许经营权，就将有许多公司（特许经营权）提供服务，包括各种经验、技能和知识，且其收取的服务价格也会有所不同。最后，特许经营商很可能还具有独特的经营方式来吸引（或排斥）潜在的酒店加盟商。

酒店加盟商在同意与特定酒店品牌建立联盟关系之前会探寻的因素包括：

品牌的质量/服务水平。大多数旅行者对品牌的质量、服务水平和成本是心中自有定见的。例如，即使两个品牌同为希尔顿酒店所特许经营，但大多数旅行者仍可能会认定逸林酒店（Doubletree）比欢朋酒店所能提供的服务更多——当然，其ADR（即平均每日房价）也更高。

在大多数情况下，酒店特许经营者为了吸引酒店或住宿物业的业主，会针对投资人所期望的投资水平设计出对其有足够吸引力的特许经营产品，并提供专为该品牌设计的相应的一系列服务产品标准，包括可感知的质量和所提供给顾客的便利设施等。选择特许经营者提供的最高质量品牌的酒店或住宿物业的业主，与选择较低质量水平的品牌相比，平均将花费更多的金钱来建造或翻新其酒店的每个房间。此外，为客人提供更多服务的酒店品牌的总运营成本可能会更高（尽管在这种情况下，ADR也可能会更高）。当然，一个管理良好、成本较低的有限服务品牌对业主来说可能比管理不善的有限服务的品牌资产更有利可图。如果酒店所有者希望最大化其ROI，则必须选择一个管理良好、适合酒店营销对象的品牌。

品牌管理者的素质和经验。品牌管理与酒店管理一样复杂。具有丰富工作经验的品牌经理会比没有工作经验的人更好地经营品牌，可以向酒店业主展示有关该品牌成功（或失败）的跟踪记录。

重要的是要认识到，特许权人与加盟商之间的关系并不是真正的伙伴关系（尽管特许权人的声明与此相反），因为该品牌及其管理者并不对酒店的任何损失承担经济责任。实际上，目前还没有一个品牌是根据加盟商所获得的利润来收取费用的，相反，是基于对方已实现的收入。因此，是酒店业主，而不是品牌经理，承担着品牌管理不善的财务风险。这使得品牌经理必须具有丰富的经验和才能，并在与加盟商打交道时表现出极大的诚信。

支付给特许经营商的费用金额。在评估备选的特许经营商时，大多数酒店业主只关注酒店将支付给品牌的费用。虽然支付给特许经营商的费用肯定是需要考虑的一个重要因素，但它们并不是唯一的因素，甚至不是最重要的。几乎所有的酒店业主都认为自己所需支付的特许经营费太高；反之，几乎所有的特许经营商都认为他们的加盟商在支付费用后获得的回报对酒店来说是非常有价值的。事实上，支付给特许经营商的费用是特许经营安排中的可协商部分，只有在酒店业主将潜在的特许经营商名单缩小到满足其他选择因素的情况下，这个问题才应予以认真考虑。

品牌方向。到目前为止，特许经营商与特许经营加盟商之间的关系能维持长期成功的最重要因素是品牌的未来方向。虽然未来是无法预测的，但是，在签署相同年限的特许经营协议时，了解公众在5年、10年或20年后可能会如何看待这个品牌是非常重要的。如果酒店经营者认真考虑以下内容，则可以发现有关一个品牌未来是否可成功运营的线索：

- 目前以该品牌名称运营的酒店数量。
- 过去5年中每年选择退出该品牌的酒店的百分比。
- 目前以该品牌名称建设的新酒店数量。
- 转换到该品牌下的现有酒店数量（如果允许转换）。
- 和与该品牌竞争的其他酒店相比，最近5年的ADR趋势。
- 和与该品牌竞争的其他酒店相比，最近5年的入住率趋势。
- 由品牌预订系统贡献的酒店客房总收入的百分比，以及品牌内实现平均贡献率的酒店的百分比。

2.3.3 特许经营协议

一旦酒店业主决定加盟某酒店品牌，酒店业主和酒店特许经营商的品牌经理就将签署**特许经营协议**[16]。与其他一些特许经营行业的做法不同，一些酒店品牌经理（特许权人）本身并不经营酒店，而是经营特许经营公司。酒店业主（加盟商）是几乎所有酒店特许经营关系中的经营实体。对于那些有限服务酒店来说，尤其如此。例如，上市公司精品酒店国际集团（Choice Hotels International，纽约证券交易所代码：CHH）是住宿业最大的特许经营商之一，旗下拥有6000多家酒店，包括Comfort Inn，Comfort Suites，Quality，Sleep Inn，Clarion，

Cambria Suites，MainStay Suites，Suburban Extended Stay，EconoLodge，Rodeway Inn 和 Ascend Collection 等品牌，但它没有经营自己的酒店。它的收入来自特许经营费，而不是酒店经营利润。

酒店的所有权归属于一个业务实体，而品牌管理的责任则属于另一业务实体，因此酒店业主与品牌经理之间发生冲突也就不足为奇了。例如，假设某个特定酒店品牌的管理者认为，向旅行者展示该品牌的外部建筑标志牌已经过时，需要进行现代化改造。品牌经理可以有权要求加盟商更新其酒店标志牌，但这一要求极可能会遭到酒店业主的抵制，因为购买和安装的成本很高。因此，即使品牌经理认为它们已“过时”，酒店业主也不愿意更换工作状态尚属良好的标志牌。实际上，除了这类问题，酒店业主还可能就其他许多运营问题与品牌经理之间出现意见不一的情况。

品牌经理和酒店业主之间的冲突，有时是基于如何最好地推广品牌和实现各方最大利益的分歧，但也不乏特许权人将自己的利益置于品牌加盟商的利益之上的情况。与其他行业不同的是，在美国，酒店特许经营的历史中，没有特许权人欺诈或欺骗的影响广泛的案例。但是，酒店特许经营关系还是要遵守联邦和州的法律，以保护这个行业免受业内那些不诚实的特许经营人的影响。美国最重要的特许经营相关法律是由美国联邦贸易委员会（FTC）执行的。

为了确保特许经营的公平性，1979 年，FTC 颁布了具有联邦法律效力的法规——《关于特许经营和商业机会的信息披露义务和禁止规则》（通常被称为《特许经营规则》），阐明了特许经营人在试图向潜在加盟商出售特许经营权时应尽的义务。基本上，《特许经营规则》要求特许权人：

- 在首次面对面会谈或在被特许人（加盟商）向特许权人支付任何款项之前的 10 个工作日（以较早者为准）内，应向潜在的被特许人提供一份书面形式的披露文件，作为特许权人做出的任何利润预测的证据。
- 应披露在任何包含利润声明的宣传广告中，已实际实现利润水平的加盟商数量和百分比。
- 应向潜在的加盟商提供特许权人所使用的《特许加盟协议》副本。
- 应及时退还因选择不与特许权人签署《特许加盟协议》的潜在加盟商而产生的合法保证金。
- 不得提出与向加盟商提供的书面披露文件相冲突的口头或书面索赔。

除了联邦法律和法规，美国大多数州还制定了特许经营投资法，要求特许权人向潜在的加盟商提供一份称为“**特许经营公告（FOC）**[17]”的售前披露文件。尽管在酒店行业中，特许经营公司与加盟商之间的关系相对良好，但仍有一些加盟商认为特许经营商在制定**品牌标准**[18]和控制特许经营协议的条款、条件方面权力过大。

以亚裔美国人酒店业主协会（AAHOA）为首的业主团队，最近提出并积极争取对住宿业中长期使用的基本特许经营协议进行根本性改革。拟议中的改革旨在让酒店业主对特许经营协议的内容拥有更多控制权，并在酒店经营中拥有更平等的发言权。

特许经营协议既复杂又越来越重要。很少有独立经营的酒店能够在没有全国知名品牌的支撑下生存下来。因此，业主、管理公司和特许经营商都必须了解他们在酒店特许经营环境中的角色，并为了客人和酒店业的利益而共同努力。

2.4 酒店所有权与管理

酒店业主可以自己经营住宿物业，也可以聘请管理公司来经营，但无论做何决定，都可以选择与酒店品牌商合作或不合作。这一点，无论是对大型酒店还是小型住宿设施的业主来说都是同样的。表 2.2 列出了全球 10 家最大规模的酒店。请注意，它们中有些是独立的酒店（即并不隶属于特许经营品牌），有些则有从属关系。从表格中还可以看出，世界上最大的几家酒店几乎都分布在美国的拉斯维加斯——一个非常受欢迎的休闲旅游目的地，也是一个主要的会议中心。

表 2.2 全球十大酒店

排名	酒店	城市/地区	客房数量
1	第一世界酒店	马来西亚	6118
2	米高梅大酒店	拉斯维加斯	5690
3	卢克索酒店	拉斯维加斯	4408
4	曼德勒海湾酒店	拉斯维加斯	4341
5	威尼斯人酒店	拉斯维加斯	4027
6	神剑大酒店	拉斯维加斯	4008
7	贝拉吉奥大酒店	拉斯维加斯	3993
8	马戏团大酒店	拉斯维加斯	3774
9	好莱坞星球	拉斯维加斯	3697
10	品川王子大饭店	东京	3680

酒店投资者在考虑其所拥有的酒店的运营方式时有很多选择，这是因为他们可以通过多种方式拥有和管理酒店，包括：

- 不属于任何品牌的单体酒店。一些单体酒店已成功地经营多年，甚至可能是其所在社区或地区最知名的酒店。在这种情况下，酒店业主可能会选择将其作为完全独立的物业来经营。但是，这种情况在美国很少见。从历史上看，单体酒店在全美住宿业中所占的市场份额一直在不断缩小。

- 附属于品牌的单体酒店。作为连锁酒店的一部分而拥有的酒店是当今美国最普遍的安排。以美国为基地的酒店品牌正在迅速向国际扩张。无论是国际的、全国性的、区域性的，还是更小范围内的品牌联营，都是成功的，这是因为品牌有一定的知名度，且与品牌联营的企业通常更容易获得融资。

当然，有些业主拥有不止一家酒店。这种情况下，他们可以拥有多种酒店运营选择。其中包括：

- 隶属于同一品牌的多家酒店。有些业主拥有几家酒店，并将它们全部纳入同一品牌或同一特许经营商名下。这往往可以使酒店的经营更为顺畅，因为该品牌的经理人是业主所熟知的。在大城市，单个业主可以经营两家或更多的同一品牌的酒店，且彼此之间的距离相当近。而在一个较小的城市，这样做就可能会有两家酒店直接争夺同一类型客人的风险。因此，在很多情况下，这种模式更适用于在多个城市拥有多处酒店的业主。
- 隶属于不同品牌的多家酒店。一些拥有多家酒店的业主可能选择与几个品牌合作。这是因为他们在一个市场区域拥有一家以上的酒店，且认为两家酒店使用同一品牌不是最好选择。当然，也有一种情况是，业主可能同时拥有有限服务和全服务两种类型的酒店，而同一品牌可能无法很好地同时适合它们。
- 由管理公司或品牌经营的多家酒店。如前所述，管理公司有偿为业主经营酒店，同样，一些品牌也会为酒店业主提供有偿的管理服务。
- 品牌拥有的单个或多个酒店。有些品牌确实拥有一些自己的酒店，但到目前为止，独立（非品牌拥有）所有权和品牌隶属关系才是美国最常见的酒店运营方式。

图 2.1 是对酒店业主可选择的所有权/管理权的总结。从图中可以看出，酒店的所有权/管理权问题是比较复杂的，因为酒店业主面临着许多运营管理方式上的可能性。

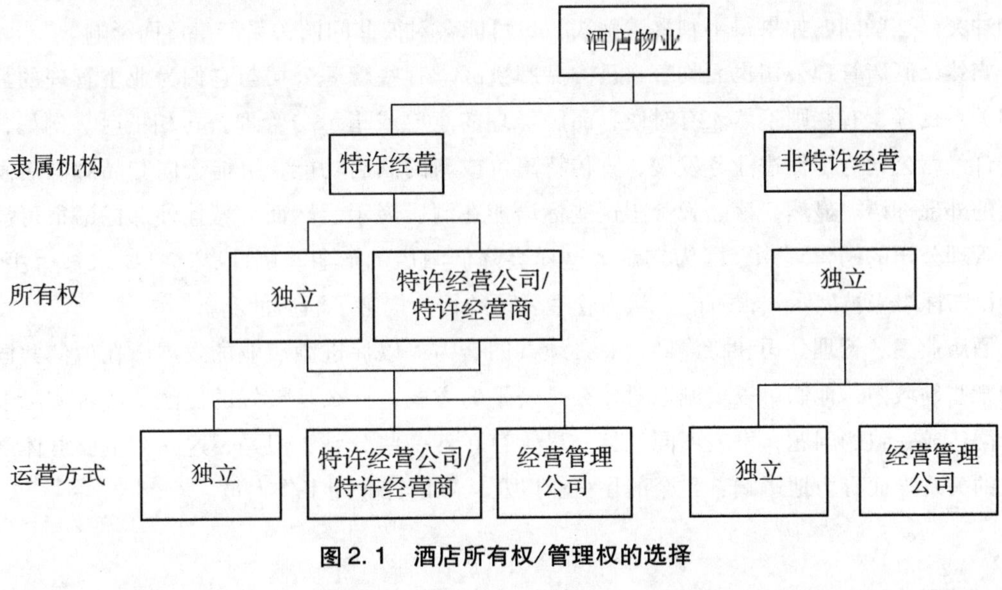

图 2.1　酒店所有权/管理权的选择

掌握酒店的所有权、管理权和从属关系等具体情况，对了解酒店的经营决策至关重要。例如，在一个由管理公司经营的酒店中，酒店业主与管理公司之间的商业利益有时可能会发生冲突。如果再遇上酒店管理合同即将续签的情况，那么大多数中立的观察人士应该都会坚持认为，为了酒店业主的最大利益，应尽可能缩短合同期限，并让管理公司对其财务业绩负责。当然，反之，观察人士也很可能会说，为了管理公司的最大利益着想，应尽可能谈判延长合同的期限，且如果酒店的经营业绩不佳，应由酒店业主而非管理公司来承担其经济责任。同理，在向管理公司支付报酬方面，酒店业主希望保持较低的费用，而多数情况下，管理公司自然希望能获得更高的报酬。

很简单的事实是，酒店业主经常发现自己与品牌运营商在如何最好地运营品牌以及如何运营组成品牌的各个酒店方面存在冲突或分歧。举例来说，假设一家酒店的品牌经理已将酒店的免费欧陆式早餐的时间确定为上午6:00～9:00（作为品牌标准），但是，出于减少劳动力成本考虑，某个酒店业主可能更希望将周末的早餐开放时间改为上午7:00。这一更改显然将违反品牌标准。如果业主违反或无视品牌标准，则可能对酒店与品牌的关系产生非常消极和有害的影响。

在大多数情况下，酒店所有者与品牌之间的关系是由品牌的特许经营服务总监（FSD）建立的。FSD的职责是监控加盟商对特许经营协议的遵守情况。尽管职务名称可能因品牌而异，但该职位的职能是不变的：负责维护特许经营商与加盟商之间的日常关系。在某些情况下，FSD可能会执行特许经营商要求的任何检查。其工作职责还包括：协助酒店进行市场营销工作，监督和建议酒店使用特许经营商提供的销售工具，以及就其他特许经营商资源的可用性和使用向加盟商提供建议。

通常情况下，FSD与加盟商之间的关系是非常好的，但有时也可能会出现合理的意见分歧和冲突，这些问题如果得不到妥善解决，也可能会对彼此间的关系产生负面影响。

当然，酒店管理公司也面临着自己的品牌挑战。有些管理公司与它们为业主管理的品牌之间关系良好，有些则不然。有时候，品牌经理的意愿或指示与管理公司相抵触。例如，一家特许经营公司为了促进业务发展，宣传特惠价或新的酒店功能，可能会向其品牌酒店发送大型的外部标语。显然，该品牌希望这些标语能在酒店展示。然而，悬挂外部标语很可能不符合管理公司的销售理念，因为它认为这样会降低酒店的形象。因此，这一要求被否决了。FSD得知标语未被展示，很可能会认为管理公司的行为损害了酒店的利益。

酒店业主、管理公司和特许经营商必须共同努力，以促进酒店业的发展。在他们共同关注的某些领域内，他们可以坦诚地对什么是公平的方式，什么是最好的做法，或者实际上已按合同达成一致的问题，发表不同意见。尽管存在着一些分歧，但是，这三个主要群体之间建立的关系强而有力地影响着当今的住宿业以及从事该行业的工作人员。

关键词汇

1. 投资回报率（Return on investment，简称ROI）：投资于酒店物业的资金所获得的财务回报率的百分比。

2. 业主/经营者（Owner/operator）：同时拥有酒店所有权和运营管理权的住宿物业投资者。

3. 总经理（General Manager，简称GM）：酒店物业人员中负责对物业具体运营政策和程序进行最终决策者的传统头衔，同时也是酒店管理团队的领导者。

4. 管理公司（Management company）：一个有偿经营酒店的组织。有时称为“合同公司”。

5. 萧条的市场（Depressed market）：入住率或ADR（平均每日房价）大大低于其历史水平的酒店市场区域。

6. 收回（Repossession）：指卖方或贷方收回房产，通常是为了应对买方的不付款。

7. 第一梯队管理公司（First tier management company）：为业主经营酒店的管理公司，使用管理公司的名称作为酒店品牌。凯悦酒店、希尔顿酒店和喜来登酒店即为此类典型案例。

8. 第二梯队管理公司（Second tier management company）：为业主经营酒店的管理公司，不使用管理公司的名称作为酒店名称的一部分。如美国通用酒店管理公司等。

9. 管理合同（Management contract）：酒店业主与酒店管理公司之间的协议，根据该协议，管理公司有偿经营酒店。有时也称为“管理协议”或“经营协议”。

10. 特许经营（Franchise）：一方（特许权人）允许另一方使用其标志、品牌名称和运营系统以换取费用的安排。

11. 特许经营商（Franchisor）：管理品牌并出售该品牌名称使用权的组织。

12. 加盟商（Franchisee）：在特定条款和条件下以约定价格购买在约定期限内的品牌使用权的个人或公司。

13. 品牌（Brand）：特定酒店集团的名称。例如，假日酒店和希尔顿酒店是两个不同的品牌，其他品牌如凯悦酒店、速8酒店等。

14. 连锁酒店（Chain）：由一组拥有相同酒店品牌经营权的加盟商经营的酒店。

15. 转换（Conversion）：将一家酒店从一个品牌转变为另一个品牌。

16. 特许经营协议（Franchise agreement）：酒店业主（加盟商）与酒店特许经营商（特许权人）之间的法律合同，描述双方在特许经营关系中的义务和责任。

17. 特许经营公告（Franchise Offering Circular，简称FOC）：在美国，是由特许经营商（特许权人）编制并向负责管理特许经营关系的美国州政府机构登记备案的特许经营披露文件。

18. 品牌标准（Brand Standard）：任何进入或保留特定酒店品牌的酒店必须提供的酒店服务或功能。例如：“授权人已确定，所有客房中的免费无线上网接入将成为明年 1 月 1 日起生效的新品牌标准。”

第3章　住宿业顾客服务

本章内容

3.1　住宿业优质服务的重要性
3.2　服务质量体系的要素
3.3　服务与关键时刻
3.4　员工提供的服务
3.5　顾客服务的管理策略
3.6　住宿物业员工的专业服务

本章概述

接待服务业中有各种各样的企业组织，有些提供住宿服务（这是本书的重点），有些提供食品和饮料产品，还有一些属于该行业的娱乐、休闲或会议服务部分。为了获得成功，所有这些企业组织都有一个共同点：它们必须始终如一地提供优质的顾客服务。

住宿业务是接待服务业的一部分，提供食品和饮料产品服务的行业则通常被称为“餐饮服务”。人们在购买住宿服务产品及食品和饮料产品时，会把服务视为他们的购买体验中非常重要的一个因素。在最基本的层面上，每一个住宿服务组织都必须专注于为客人提供友好和便利的服务。更多的时候是服务，而不是产品（食物、饮料或睡房），最能影响客人对他们的体验的看法，以及他们再次购买该酒店或连锁酒店的服务的兴趣。

你会如何对待被你邀请到家里做客的特殊朋友或亲戚？对这个问题的回答可以帮助我们确定应该如何对待购买住宿服务的客人。毕竟，最早的旅行者是由居住在贸易路线附近的家庭为他们提供膳食和安全的夜间休息，并被邀请到家庭中享受相当于今天的住宿和食品服务的。

诚然，在你家里的客人在访问结束时不会被出示收费账单，而那些访问酒店的人则必须为他们获得的产品和服务付费。然而，住宿物业的业主或管理公司在制定政策和程序、培训活动以及拟定行业的基本愿景和使命时，可以强调像接待朋友和家人那样为顾客服务。因此，也可以说，顾客就是客人。“顾客”和“客人”是一回事吗？也许在字典里是这样；然而，在现实的酒店管理中，把顾客当作“客人”来对待的经理，极有可能比只是把他们当作“顾客”来对待的竞争对手更易取得成功。

在本章中，我们将强调服务理念的重要性。正如在接待服务业管理的许多其他领域一样，“一切从服务开始”。我们将定义服务的质量，回顾它是如何影响酒店提供的服务的，并讨论必须采取哪些措施来将服务质量作为一种标准，并确保该标准得到执行。本章的另一个重点将直接集中在雇员上。你将了解到住宿业的员工在为顾客提供服务时所扮演的角色，认识到他们是真正的服务专业人员。

教学目标

- 界定服务质量，并检讨其对酒店服务水平的影响。
- 描述对客服务中“关键时刻”的概念。
- 解释员工在持续为客人提供服务方面的重要作用。
- 阐述管理者为确保客人得到优质服务而采取的策略。

3.1 住宿业优质服务的重要性

在住宿业管理领域，**质量**[1]的概念被广泛讨论。不幸的是，在一些酒店运营中，谈论质量要比有效地实施和持续地提供优质服务要容易得多。在本书中，质量被定义为“根据预期标准持续为顾客提供产品与服务”——请注意，这个定义中特别指出了**顾客服务**[2]的重要性。因为如果客人在酒店租用了一间房或在酒店的餐厅购买了一顿餐食，他们在“购买”的同时必定也希望获得预期标准的“服务”。如果酒店提供的服务能满足甚至超过客人们的预期，越来越多的客人愿意为此支付更多费用。由此可见，服务质量水平是影响客人在住宿过程中获得体验的一个重要因素。

3.1.1 服务问题

我们对服务的定义着眼于一些基本的问题，这里我们必须强调两个重要的观点。首先，在西方，顾客服务与为社会阶层更高的人提供招待服务不同。丽思卡尔顿酒店公司（Ritz-Carlton Hotel Company）即以一种特殊的方式强调了这一点，它的企业口号是：所有员工都是“为女士和先生服务的女士和先生”。这家公司知道，最好的酒店员工是那些真正享受团队合作并愿意帮助客人的人。他们这样做，是出于尊重和尊严。

其次，服务的定义强调通过解决客人的愿望和需要来实现帮助他们的目的。客人想要什么？在具体的环境中，商务旅行者和度假家庭显然是两类截然不同的酒店客人，但从最根本的角度来看，他们想要的却又是相同的东西。例如有一个安全环境下的干净房间，以及来自酒店工作人员的礼貌且尊重的对待等基本要求。

所有的住宿物业都必须至少满足这些基本要求，而服务的价格也要在客人眼中体现出其相应的**服务价值**[3]。然后，随着客人期望值的提高（例如，对更豪华的客房和更个性化服务的需求，可能需要更高的**员工与客人的比率**[4]），酒店可以提高价格以满足这些更高层次的需求。

如果你是酒店的客人，你会愿意入住一个肮脏的房间吗（因为管理人员的行为和不作为，他们并不真正关心这一问题）？你愿意在等待入住的时候被前厅服务员打私人电话来“迎接”吗？你愿意被告知你预订的房间有问题，而这些问题本来是可以避免的（例如，电视功能不良或冷暖气装置无法使用），但要等到明天才能修好，而且还没有其他房间可以让你入住吗？显而易见，你会用“不”来回答这些问题。其他客人也会以完全相同的方式回答上述问题，他们甚至可能迅速地在互联网上就自己的住宿体验发表评论，将这些他们无法接受的服务告诉朋友、家人。

经验丰富的酒店经营者知道优质的服务是企业成功的关键，幸运的是，对于住宿管理专业人士而言，提供优质的服务所涉及的是他们所能控制的态度和理念。

3.1.2 服务预期

在上一节中，我们问到，如果在你入住酒店期间，基本的服务问题没有得到解决，你是否能感到满意。你的回答是否定的。同样，酒店客人在遇到这些服务水平时也会感到不快。

思考自己的服务需求，并用它们来规划服务体验与评估服务程序，通常是很有帮助的。考虑一下客人入住的过程。客人在到达酒店入住之前，就已经对酒店形成了一些印象。例如，他们会看到建筑物的外观和大厅或登记区，他们可能在预订时与该酒店的员工有过接触。但是，他们在入住期间对酒店服务的第一印象是在入住过程中形成的。如果你是一个将到达的客人，你希望在酒店入住过程中遇到什么情况？你的回答可能包括：

- 尽量缩短办理入住手续的等待时间。
- 友好的欢迎，包括眼神交流、微笑和确认你的名字（例如，“下午好，欢迎光临我们的酒店，冈萨雷斯女士”）。
- 关于你的预订和你将支付的房费的准确信息。
- 立即为你提供合适的房间类型。
- 回答你关于酒店及其服务的问题。
- 前往你的房间的路线。

显然，酒店客人也可能会有上述相同预期。顾客的服务需求可以帮助住宿企业建立起办理入住手续的服务程序，并根据自己的标准实施办理入住手续所需的人员培训。顾客的服务预期也能为酒店应如何评估顾客的入住服务提供建议。也就是说，酒店可以根据顾客的服务预期，来确定自己的前厅服务员在客人入住时所应展示的服务标准的程度。

3.1.3 住宿产品与服务过度商品化问题

商品一般是一种被广泛使用的实物产品，一个企业的某一类商品很难或不可能与其竞争对手提供的类似产品严格区分开，如铅笔、谷物、金属和灯泡等商品就是。当买家将某同一类产品视为商品购买时，该商品的价格即可能成为其最重要的特征。在这种情况下，商品相同或质量接近时，价格最低者最具吸引力；因此，在竞争条件下，价格不断下行的压力使得该商品的供应商往往难以维持盈利能力。当同类商品有许多供应商时，尤其如此，这就是商品化。

与上述的实物产品不同的是，住宿企业与酒店经理通常既销售住宿产品又销售服务。例如，餐馆老板出售牛排（产品）以及它的烹饪和食用方式（服务），而酒店经营者则出售房间的过夜使用权（产品）以及客人在住宿期间的待遇（服务）。在酒店业中，供应商如果过分强调所销售产品的价格，而非向客人提供的服务质量，就有可能使其服务商品化。

由于互联网强调的是房间价格而不是服务水平，因此容易把酒店推向产品商品化。然而，对酒店经营者来说，重要的是要记住，优质服务可以为购买者带来无形的利益。这些利益是无形的，因为它们在购买之前不能被持有、触摸，甚至看到。在大多数情况下，服务是一种表现，而不是一种产品。因此，酒店经营者在就他们为客人提供的服务的优势方面做沟通时，往往面临着独特的挑战。这种沟通的困境体现在住宿业的观察中，即"一旦闭上眼，所有的房间对我们的客人来说都是一样的"。因为同一价格范围内的酒店房间确实看起来非常相似（无论客人醒着还是睡着）。因此，有经验的酒店经营者知道他们必须依靠提供优质服务来防止商品化。

为了避免服务过度商品化及其带来的销售价格下降的压力，酒店经营者意识到服务的不一致性和不可分割性可能带来的重大影响。服务的不一致性意味着不同技能的员工可能为客人提供不同水平的服务。例如，训练有素的员工会正确地打扫房间，并让客人获得满意的住宿体验。缺乏训练的员工无法很好地清洁房间，其结果很可能使得客人极为不满。认识到这一点，酒店经营者便应努力雇用和培训合格的员工，以便消除服务的不一致性。

服务的不可分割性是指客人倾向于将所提供的服务质量与提供服务的实际人员联系起来。因此，一个不专心或粗鲁的前厅服务员会被客人认定提供了糟糕的服务，而一个微笑和开朗的前厅服务员则被视为提供了良好的服务——即使两者所执行的任务是相似或相同的。

服务提供商绝不应让其产品和服务过度商品化。通过消除服务的不一致性和认识到服务的不可分割性，并提供优质的顾客服务，有助于确保顾客不会将住宿产品和提供的相应服务视为商品。作为一个寻求避免自己的住宿产品和服务过度商品化的住宿业专业人士，你的工作是确保当客人到达你的酒店时：

- 让他们感到自己很重要。
- 让他们感觉自己很特别。
- 让他们感到舒适。
- 如果未达到客人的服务期望，应以积极的态度及时纠正。

3.2　服务质量体系的要素

住宿服务与酒店业对优质服务的重视，并不是一场随时会被下一个流行趋势所取代的过眼云烟。优质服务的重要性，从众多教材里都不断出现关于酒店业的质量问题的专门论述这一点上就可以体现出来。下面这六种要素可用于开发和实施住宿服务的服务质量体系：

- 要素 1：关注被服务的客人。
- 要素 2：确定客人的需求。
- 要素 3：制定程序以满足客人的需求。
- 要素 4：培训员工并赋予他们权限。
- 要素 5：实施服务质量修订的系统。
- 要素 6：评估和修改服务交易系统。

3.2.1 关注被服务的客人

一些住宿服务业的服务对象范围很窄。例如一个小型的仅提供客房的住宿场所，其地理位置优越——位于州际公路上繁忙的交会处。这样的一个住宿物业，大多数客人对它的期望可能都是相同的——相对便宜的价格，安全、干净的卧室。

其他住宿服务业可能为更多不同类型的客人服务。以一家酒店的高档餐厅为例，在晚餐时段，它同时为以下人群提供晚餐服务：忙碌的管理人员，一对庆祝结婚纪念日的夫妇，一群享受他们每月一次的外出就餐社交活动的老人，以及一对初次约会的年轻男女。这些看似多样化的用餐者群体到底有什么共同点？虽然这要由酒店的管理团队来确定，但可能的答案是：在一个特殊的环境中，由关注客人特殊需求的服务员提供新鲜的食物，其价格代表了购买产品和接受服务的价值。

再如其他两个为不同客人群体服务的酒店物业。首先，一家位于市中心的酒店可能日常为商务客人提供服务，周末则接待因购物和社交活动而到市中心来的客人。其次，一家位于旅游胜地的小型酒店可能会根据在该城市举办的活动和团体会议的情况，为众多客人群体提供服务。也就是说，在一周的前三天，酒店可能主要被一个老年人团体占用，而后四天的客人则可能大部分都是来参加高中体育比赛的。对住宿业管理者来说，尽可能多地了解所有被服务的客人是很重要的。这一点，往往是通过使用营销策略（见第 7 章）和认识到基本的服务期望是客人入住体验的组成部分来实现的。

3.2.2 确定客人需求

询问是确定客人需求的好方法。诸如“您对这次访问有什么想法”和“怎么才能让您此次访问进行得更愉快”之类的问题，可以很好地帮助管理者确定客人的需求。类似问题可以由经理在“走动管理”时向客人提出，也可以通过简单的网上问卷调查或在客人入住或退房时向他们提供意见卡的方式来完成。

在管理良好的酒店中，高层管理人员会在客人办理入住或退房手续时与他们进行例行交谈，以收集他们入住期间的需求信息。客人的反馈并不只是简单地说明了客人想要什么，它还可帮助管理人员评估服务系统。

每个住宿经理都有另一种收集客人相关信息的方式——通过询问酒店的员工。具有讽刺意味的是，与上司甚至酒店经理相比，员工通常更了解客人的喜好。

与酒店内的其他员工相比，“明星”员工与客人之间的接触更为频繁。例如，一位客人在办理入住手续时会向前厅服务员抱怨排队时间太长，餐厅服务员也会更了解客人对酒店餐厅所提供食物的赞美或抱怨。所以，如果管理者想了解客人的需求，最好的办法就是直接询问为客人提供产品和服务的员工。

3.2.3 确定服务的过程

在了解需要服务的客人的类型和他们的需求之后，服务质量体系中的下一个要素是制定程序，持续提供客人想要的服务。最佳方法是制定**基准**[5]和利用**跨职能团队**[6]进行服务。

基准是指准确了解你的酒店如何服务的过程，此外，还要确定你的竞争对手是如何做的。例如，大多数客人都希望能快速办理入住手续，那么了解你的酒店的现行程序就很重要，这样可以加快办理入住手续的速度。与此同时，也应确切了解其他酒店是如何最大限度地缩短客人办理入住手续的时间。研究现有的行业培训资源，在专业会议上与其他酒店经营者讨论，阅读行业杂志上的文章，以及在访问其他物业时仔细观察等等，都是可以使用的基准策略。

经验丰富的住宿业管理者深知向员工征求关于改进工作方法的建议的好处。跨职能团队通常由酒店各个领域的工作人员组成，他们经常会面，集思广益并考虑如何改善工作方法。这与仅利用同一部门的员工来解决问题的传统做法形成了鲜明对比。例如，仅在单一部门内部解决问题的缺点体现在，前厅部的员工在解决入住速度慢的问题时，得出结论说问题并不出自他们身上，而是因为客房服务员没有及时准备好房间以供再次使用。但是，如果前厅、客房部甚至维修部的员工都参与讨论，那么所有部门可以共同协作来解决问题。以前述问题为例，一个跨职能团队可能认定，是由于客人询问会议室的位置而导致入住速度变慢了。解决的方法是，在入住区域附近张贴一张大地图，或在客人入住时提供给他们一张小地图，这样就可以减少忙碌的前厅部工作人员提供这些详细而耗时的信息的需求。

3.2.4 培训和赋权员工

住宿业及酒店员工是持续提供优质服务的关键。当新流程被实施以便更好地满足客人的服务期望时，员工就必须学习新的工作方法。当然，新流程可能也需要新的或额外的工具、设备等。在员工接受了修订后的新工作流程的培训之后，还可以让他们有机会对他们所服务的客人的独特需求做出决定，即**授权**[7]。

例如，员工在服务过程中有责任取悦客人。得到授权的员工在与有不同需求和期望的客人互动时，可以自主决定如何做。

在赋予工作人员权力之前，必须对他们进行培训，并为他们提供完成工作所需的工具和其他资源。他们还必须清楚地意识到，他们的主要任务是为客人服务。例如，一家有限服务酒店的免费早餐是在上午 10:00 结束的。下午 2:30，一对夫妇带着年幼的孩子入住酒店，父母询问是否可以给孩子提供一杯牛奶。如果前厅服务员回答说“对不起，我们上午 10:00 之后不提供餐饮服务”（换句话说，不），那就意味着客人的第一个特殊服务请求已被拒绝。

我们可以将以上情况与其他可能的响应进行对比：“请稍等，我去早餐区看看是否有牛奶。如果有，我现在就为您准备。或者，如果您愿意的话，我们也可以送到您的房间。”这是获得授权的前厅服务员的回应。根据规定，他有权做出让客人满意的合理决定。而在上述情况下，一盒并不昂贵的牛奶是酒店开始履行其服务承诺的全部成本。因为感受到了酒店员工提供服务的真诚，客人深感满意，从而避免了服务的过度商品化，客人自此成为酒店的回头客，并极可能向其他人推荐酒店的优质服务。

3.2.5 实施修订的系统

我们可以假设一家酒店收到了许多关于房间清洁的客人投诉，以便了解经理们如何通过合作来修订和改进操作流程。酒店经理和客房服务员可以一起工作，改进客房清洁程序。新的工作方法可以先在选定的客房试用，通过测试进一步完善其流程，使其更合乎客人的需求，然后再推广到整个酒店。举一个例子：酒店客人希望有一个干净的房间，最好能让自己感觉像是第一个进入房间的人。在传统的服务模式中，客房由一位服务员负责清洁，并由主管对其进行检查，以确保它已经为迎接下一位客人准备妥当。现在，如果一个跨职能团队决定尝试由两位服务员共同打扫一个客房，并在清洁完毕后做一个有效的自我检查，会产生什么样的效果？

一旦经理决定尝试这种方法，就会与两人团队和服务员主管一起研究并做好详细计划。这个新方法将在酒店的一个楼层或侧翼房间里使用几天，其间由两位服务员共同执行。经过仔细评估，该计划可能会扩展到清洁其他房间的服务员团队，并在实施过程中不断对程序进行任何有必要的修正。

3.2.6 评估和修改服务传输系统

随着时间的推移，客人的喜好可能会发生改变。此外，技术也不断发展，不断改进的新工作方法可能会变得越来越有用。这些因素都会影响客人的需求，以及可以最有效地提供的产品和服务。服务提供系统也可能会出现问题。所有这些事件都说明了评估和修改当前所使用的服务流程的必要性。

除非酒店经理意识到，否则他们无法解决这些问题。虽然这一点似乎很明显，但是一些酒店经营者没有利用简单的客户反馈系统。挽留现有客人比持续寻找新客人要容易得多，而以发现并解决问题为目标的评论卡系统就可以解决现有客人所关心的问题（最好在客人还在酒店的时候就能解决）。

酒店越来越多地提供在线意见卡，供那些更愿意提供电子邮件地址并以这种方式回复的客人使用。同样，纸质意见卡也可以放置在每个客房中，或在入住（或退房）时提供给客人。无论使用哪种方法，表 3.1a－b（客人意见卡样本）中的信息对于确保持续提供高质量的顾客服务都是非常有帮助的。

表3.1a　客人意见卡（正面/外部）

您如何看待我们的酒店？

您的时间很宝贵，您对我们酒店的想法也同样宝贵。如果您能提供对此次入住的意见，我们将不胜感激。请您填写这份调查表，并把它放入前台的客人意见箱中（或用电子邮件发给我们）。谢谢您！

当您在这里

我们希望您对入住期间的每一次体验都感到100%满意。如果有什么我们可以做的，请告诉我们。如果您遇到任何问题，我们保证将予以纠正。请致电酒店总机或联系我们的前台，告诉我们的工作人员我们可以做些什么，以使您在我们这里的逗留更加愉快。

我们致力于使您的入住愉快而轻松；请告诉我们该怎么做。

欢迎您，谢谢！

表3.1b　客人意见卡（背面/内部）

	超出期望	**符合期望**	**不如期望**
前厅服务人员	□	□	□
客房部员工	□	□	□
餐厅/酒吧员工	□	□	□
您的客房	□	□	□
餐厅和酒吧	□	□	□

访问期间，您是否碰到什么问题？

□ 是 □ 否

如果有，请告诉我们____________________

____

是否提交了这一问题？

□ 是 □ 否

您向谁提交此问题？____________________

____

问题的解决是否令您完全满意？

□ 是 □ 否

如果没有，我们可以做些什么来使您满意？

____

____

总体而言，我们是否超出了您的期望？

□ 是 □ 否

如果没有，我们如何能做得更好？__________

____

如果您再来本市，您会选择我们的酒店吗？

□ 是 □ 否 □ 不确定

在过去一年中，您访问过本酒店几次__________

入住的日期____________________

您的房间号码____________________

姓名____________________

地址____________________

城市____________________

国家__________　邮编__________

电话____________________

E-mail____________________

是否可以与您联系告知优惠促销信息？

□ 是 □ 否

其他建议____________________

____

是否有哪位员工对您有过特别的帮助？

□ 是 □ 否

如果有，他/她是____________________

____

感谢您帮助我们更好地为您服务。

请注意，意见卡样本要求客人将问题告知旅馆工作人员，以便在客人离开之前予以纠正。之所以这样做，是因为酒店经理希望客人了解酒店对解决问题的诚意，并使他们感到满意。对问题的及时关注与解决无疑会大大增加回头客的可能性。

旅馆经营者越来越多地使用先进的技术来获得客人的意见和建议。使用电视机进行室内调查就是一个例子，手机应用程序也是一种，另一种则是宾客入住后发送到客人的电子邮箱内的在线调查。通过这些方法获得的信息，可以使管理人员快速而准确地了解客人的意见。此外，持续监测客户在消费者生成的媒体网站（例如 TripAdvisor. com，Facebook，My Space 等）上的评论和意见，也有助于管理者更好地了解客人在住宿期间的经历。

仔细分析客人的反馈，有助于酒店管理者发现管理中存在的问题。解决方案可能涉及一项新的政策、培训，也许需要购买工具或设备，或是需要更改操作流程。也许是管理者个人或所有酒店经理共同决定要做什么，团队中的其他人则可能会被征求意见。至于是否需要跨职能团队来进行仔细的研究和分析，精明的酒店管理者自会寻求到解决问题的最佳方法。然后，随着研究的进一步深入，无论这些问题看起来有多微不足道，该酒店都将朝着达到预期质量标准的方向迈出新的一步。

众所周知，维持优质客户服务的过程是循环的，它由以下方面的变化所驱动：（a）所服务的客人，（b）客人的需求，以及（c）为满足客人要求的质量标准而实施的提供产品/服务的工作方法。

3.3 服务与关键时刻

关键时刻[8]是客人对酒店形成印象的机会。虽然关键时刻可能与员工有关（例如优质或低劣的服务），但不需要有任何人际互动。例如，停车场内垃圾遍地的负面印象，与入住登记处新鲜美丽的大型插花给人留下的积极正面的第一印象，会形成鲜明对比。另外，当这些美丽的鲜花被作为入住登记过程的一部分赠送给客人时，会成为多么令人意外的**惊喜因素**[9]。

3.3.1 服务的演变

如今，对优质服务的要求已经从过去对商品/产品的强调演变为客人越来越期待的东西：体验。这种转变可以用一个非常基本的东西来说明：一个睡眠之所。

如图 3.1 所示，很久以前，一个旅行者在旅途中可以睡在地上的毯子或沿途房屋中的床铺中；“昨天”的旅行者可以使用住宿设施中的私人房间；“今天”的旅行者会期望从酒店工作人员那里获得友好服务；而在未来，旅行者将在酒店里享受某种“体验”。他们将获得优质的服务，还能够通过各种技术实现自己亲自“设计”客房。例如，他们是希望能通过窗户看到某种“风景”，还是希望墙上有世界上最著名的画作？（等离子屏幕技术可以为他们实现。）他们想要硬朗些还是柔软些的枕头？他们希望客房提供的钢笔是黑色墨水还是蓝色墨水？他们想吃些什么样的早餐？等等。只要提供了这些个人喜好信息，酒店工作人员就将在入住时为他们一一准备好。

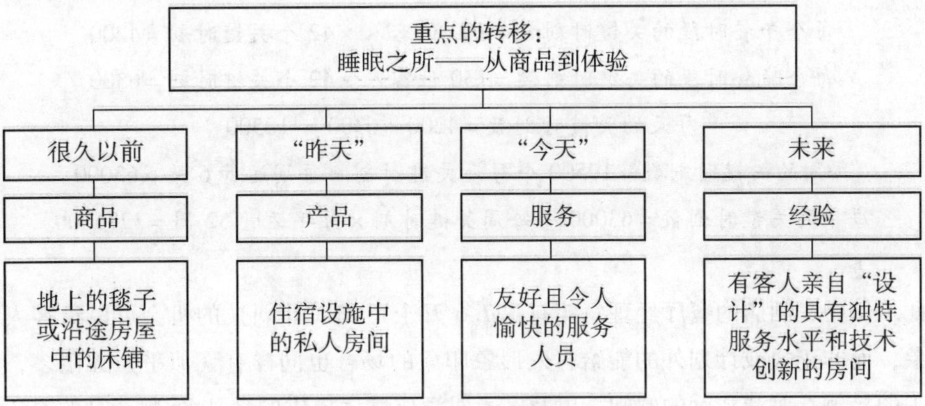

图 3.1　服务的演变过程

3.3.2　关键时刻

酒店经营者希望他们的客人能拥有积极的关键时刻。它们可以通过计划来实现（例如，高效的客人入住手续办理），但也可以是自发的（例如，当被授权的员工为某位提出不寻常要求的客人提供了令其满意的服务时）。不幸的是，某些酒店也会出现负面的关键时刻。其中许多情况是可以预见的（例如，一个酒店经理为了减少人工成本，只允许客房服务员花很短的时间打扫每个房间，那他就不应对有关客房清洁的投诉感到惊讶），还有一些是意料之外的（例如，当叫醒电话比预期时间晚了一小时后，客人对前厅服务员的投诉）。

酒店经理会在其酒店中规划好与客人体验有关的方方面面。他们建立了一个系统，实施有组织的计划流程，用于客人预订和登记、行李运送、客人在现场时的安全和保障、客人退房，以及客人/酒店互动。但是，在这些酒店中，客人仍可能会遇到（有时是偶然的）其他或正面或负面的关键时刻，并因此影响他们对入住的总体感觉。当以前的客人当面或通过网络告诉他人他们入住该酒店的经历时，就会出现**口碑广告**[10]。麻烦的是，通常更愿意传播这些感受的，往往是那些在拜访中留下负面印象的客人，而不是刚刚享受了一次愉快访问的客人。更糟糕的是，读者对网上发布的负面评论通常比对正面评论更加关注。

3.3.3　把握关键时刻

假设酒店的餐厅经理确定至少有 42 个机会（时刻）可以让客人形成对其业务经营的意

见，其中包括客人进入餐厅，接待人员的首次“会面和问候”，客人被带到餐桌前，就座，拿到菜单，以及服务员第一次为该餐桌服务的时间等。此外，假设该餐厅开放午餐（通常为 100 名客人提供服务）和晚餐（平均每班为 150 名客人提供服务），那么，可预计的关键时刻数就很可观了：

每个午餐时段的关键时刻数 = 100 位客人 × 42 个关键时刻 = 4200

每个晚餐时段的关键时刻数 = 150 位客人 × 42 个关键时刻 = 6300

每天的关键时刻数 = 4200 + 6300 = 10500

每周的关键时刻数 = 10500 个每天关键时刻 × 每周运营 6 天 = 63000

每年的关键时刻数 = 63000 个每周关键时刻 × 每年运营 52 周 = 3276000

在此示例中，酒店的餐厅经理每年有 327.6 万个正式（计划）的机会可以给客人留下良好的印象，而非正式或计划外的能给客人形象印象的场合也同样有（似乎）无限多，包括与其他员工的接触，对清洁度的感知，以及客人对酒店餐厅提供的食品/饮料产品的看法。

到目前为止，我们的研究表明，本章开头对“质量”的简单定义（即按照预期的标准持续为顾客提供产品和服务）实际上是很难实现的。例如，如果一个酒店连续数年每天为 125 位客人提供服务，则无论服务态度如何以及服务流程是否友好，都可能会出现一些与客人相关的问题。但是，酒店的管理者必须确保制定有效的计划，以最大限度地减少服务失败的数量，并纠正出现的问题。

当实施优质服务流程时，一些酒店管理者确立了**零缺陷**[11]的目标。换句话说，他们的目标是永远不会有任何与客人有关的投诉。

但是，零缺陷的目标极可能最终令人沮丧，因为即使有最好的意图和最有效的流程，错误和缺陷仍不可避免地会发生。但即使如此，管理人员还是可以且应该确立零缺陷的目标，并衡量他们在实现这一目标方面的进展。图 3.2 说明了应如何测量缺陷的减少。

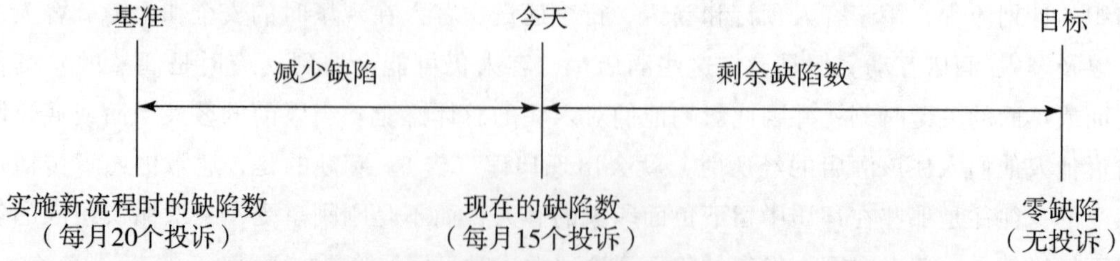

假设顾客投诉被用来衡量服务缺陷。流程的改变使缺陷数从每月20个投诉（基准）减少到目前的每月15个投诉。成功与否的衡量标准应着重于减少的投诉数量（5个），而不是剩余的现有投诉数（15个）。然后，对系统和流程的修订可以在酒店实现零缺陷的过程中继续进行。

图 3.2　迈向零缺陷的征途

3.4 员工提供的服务

在观看了一段强调优质服务的视频后，一位经理对另一位经理说："我愿意付出一切来拥有视频中那样的服务人员。"实际上，这位经理所看到的是经过培训的员工所展示的一系列服务技能。这些员工（a）提供热情的问候；（b）实施具有暗示性的附加销售的"艺术与科学"，以使客人对酒店的产品和服务有更广泛的了解；（c）利用产品知识；（d）回答客人的全部问题；（e）在轮班期间帮助其他特别忙碌的员工；（f）始终满足或超过客人的服务期望。

为什么该经理不能（没有）雇用、培训和起用那些经常做这些相对简单和常识性事务的员工呢？如果该经理的员工没有按照培训视频中的强调的内容去工作，那员工日常为客人所提供的是什么样的服务？很多客人在想到最近的住宿经历时可能也会产生这样的疑问："这些员工出了什么问题？他们的主管怎么会允许这样的事情发生？如果我都能看到员工的行为对工作带来的负面影响，那么为什么每天在这里工作的经理却看不到？"

在任何类型的住宿业务中，提供给客人的服务质量都主要受到提供服务的工作人员和他们提供服务过程的影响。如果员工是服务提供中的关键要素，那么经理又扮演什么角色呢？

据说在酒店运营中，绝大多数问题都是由经理人造成的。这一说法与经理人的看法自然是背道而驰的，他们认为："只要找到合适的员工，我的经营问题就能得到解决，客人就会满意，我的生意才能获利！"实际上，有效地或无效地招募、培训并授权员工为客人提供服务的是经理人，做或不做榜样来强调对客服务在酒店运营中的重要性的也是经理人。因此，经理人不能把老板赋予他们的责任转嫁给下属。相反，根据**问责制**[12]，经理人要对酒店的盈利负责。在下一节中，我们将详细研究如何做到这一点。正如本节所强调的那样，服务是经理人和所有住宿组织成功的重要因素。

工作日记：一天的工作3.1

情况：

"好吧，辛迪，祝你好运。"帕特尔先生说，"我知道你会做得很好！"

辛迪是一家目前经营状况不佳的有限服务酒店的新任总经理。在不久之前，这家酒店的经营还是非常成功的。员工流失率很低，员工们高度重视满足甚至超越入住酒店客人的期望。前任总经理莎伦也已经在那里工作多年。莎伦强调客户服务是成功的关键，随着业务量和利润的增长，她被证明是正确的。但是莎伦退休了。接任她的经理艾伦强调削减成本，而不是为客人提供更有价值的服务。员工人数不断被削减，直到剩余的员工再也没有多余的时间与客人进行哪怕是最简单的互动。酒店的生意不可避免地受到了影响，老板帕特尔先生聘用了辛迪，希望她能"扭转局面"。

这是辛迪作为酒店总经理的第一份工作。有这么多问题需要她关注，她一时不知该从哪里着手。

回应：

辛迪需要明白，一家酒店的最大资产就是它的员工。他们是决定酒店成功或失败的团队。她应与所有员工会面，以获取关于经营的反馈：他们喜欢/不喜欢什么？客人们喜欢/不喜欢什么？他们如何满足客人的需求？等等。酒店团队应共同制定一个以服务客人为中心的计划，明确谁是客人，他们想要什么，并应作为一个团队承诺，将始终朝着提供优质客户服务的目标迈进。

辛迪可以对员工进行培训，让他们成为使客人满意的“大使”，也可以赋予他们以独特的方式回应客人需求的权力，以便当酒店在某些方面出现不足时满足他们的期望。她必须意识到，这些变化不会在一夜之间发生，因为需要时间让员工对她产生尊重和信任。最终，心怀认同感和愉悦感的员工将为客人提供优质的产品和服务。这样一来，回头客就会出现，帕特尔先生所寻求的财务业绩也将能得到实现，辛迪也将获得成功。

3.5　顾客服务的管理策略

管理者如何确保他们的员工了解并持续实践卓越的客户服务技能？他们应该采取什么策略使服务成为酒店运营中所有员工的首要任务？图 3.3 中列出了一些通行且有用的策略。

- ✓ 招聘并挑选具有服务意识的员工。
- ✓ 提供有效的入职培训。
- ✓ 以服务为重点进行监督。
- ✓ 赋予员工服务决策权。
- ✓ 强调持续的质量改进。

图 3.3　保持服务优先级的清单

住宿业经理人必须首先了解他们在建立和保持优质服务方面的作用，并将其作为首要任务。他们必须认识到，他们做什么和不做什么，说什么和不说什么，都是决定服务在经营中被强调程度的最大因素。

3.5.1　招聘和选择服务型员工

通过适当的管理，一个住宿物业可以被视为其社区的**首选雇主**[13]。它的**离职率**[14]可能相对较低，且经验丰富的员工可以理解并持续应用优质服务原则。但是，仍然需要招聘和挑选雇员。

管理者常用的一个技巧是，只雇用那些对开放式问题给出良好答案的应聘者，例如“如果一个在其他客人后面等着办理入住手续的客人来到队伍的前面问问题，你会怎么做?”或“如果一个客人想寻求与有限服务自助早餐有关的帮助，而你此时正忙着服务其他客人，该怎么处理?”

除了询问问题以了解应聘者的服务计划外，管理者还应强调服务的重要性，如讨论该物业的**使命声明**[15]及其服务重点。他们还可以查看应聘者申请的职位与顾客服务之间有什么直接关系。

3.5.2 提供有效的入职培训

在新员工入职时，管理层应继续强调优质顾客服务的重要性。在入职培训期间，应将酒店的使命声明重新介绍给员工，尤其应强调顾客服务的至关重要性。他们必须接受如何友好地为顾客服务的流程培训。在与顾客直接接触之前，新员工必须有足够的时间来获得所需的知识和技能。

由于所有员工都必须了解顾客服务的重要性以及如何提供顾客服务，所以应该在酒店的入职培训中，围绕这一主题开展广泛的活动。

许多经理人在制订培训计划和提出培训项目时至少会犯两个错误。首先，他们强调技能，例如如何办理入住手续和如何打扫房间等，却对培养服务态度和教授如何有效地服务客人没有给予足够的重视。其次，他们经常缩短培训时间，因为他们认为让员工迅速上岗更为重要，或是相信“在工作中可以学到所有必须学习的知识”。实际上，在入职培训期间提供有效的顾客服务培训，并在新员工与顾客接触之前花时间对其进行基本的知识和技能培训是非常重要的。

3.5.3 以服务为重点的监督

员工与其他人一样，通常会做那些被鼓励去做的事情。如果服务很重要，住宿业管理者就应该强调这一点。当员工为客人提供了优质服务时，他们应该感谢员工。请注意，表3.1所示的客户意见卡允许客人填写那些在其入住期间对他们特别有帮助的员工的名字。

管理者应经常与员工讨论与服务有关的问题（如有），并在绩效评估过程中就纠正措施达成共识。员工薪酬的决定应部分基于优质服务的一致性。

有效率的住宿业管理者会亲自示范应该如何提供优质服务。换句话说，他们会“以身作则”，将对员工的要求亲自示范出来。想象一下，当客人到达时，经理人在酒店前门迎接客人并帮助其将行李运送至前台。当客人离开时，经理亲自送客人到大门，祝他们旅途安全，真诚地感谢他们的光临，并邀请他们再次入住。这些举措，对员工能起到的示范效果是可想而知的。

3.5.4 赋予员工服务权限

本章中已经提到了服务过程中赋予员工权力的重要性。住宿业管理者应积极促进（而不只是指导）员工提供优质服务。与客人接触的员工需要能够根据客人的需求快速做出决定。

因为我们不可能总是预测每个客人的需求，所以也不可能制定和教授员工识别如何持续满足或超越每个客人的期望的流程。住宿业管理者必须赋予员工权力，因为他们（a）分享他们的服务使命，（b）提供满足大多数客人需求的培训和其他资源，以及（c）鼓励员工帮助客人解决特殊的服务要求。

3.5.5 强调持续的质量改进

住宿业的顾客服务的内容是在不断变化着的。因此，住宿物业要么变得更好，要么变得更糟，但很少保持不变。今天，对“更好、更快、更低成本”的强调很重要。但是，其中的前两个因素（“更好”“更快”）应该以客人的需求为中心来发展。第三个因素（“更低成本”）也是一个有意义的目标，只是它应该着眼于消除存在于产品和服务中的缺陷，而不是减少本应提供给客人的价值。

持续质量改进（CQI）[16]的概念涉及经理人和员工消除缺陷的过程，换句话说，改善质量。当发现问题时，应以不会再次发生为目标予以解决和纠正。CQI 意味着经理人及其员工要解决的问题大至客人对服务或价值的投诉之类，小至更换大堂区域的灯泡等。只要出现这些情况，都必须制定流程来认识和解决问题，并从酒店的工作方法中消除类似缺陷。这是质量服务改进的行动。CQI 的结果是减少了管理上的缺陷，使得住宿物业朝着零缺陷和卓越的目标又迈出了一步。

3.6 住宿业员工的专业服务

专业人员是指从事需要大量知识和技能的职业人员。医学、法律、会计和教育都是符合此定义的职业。从事这些职业的人接受过专业知识体系的正规教育，拥有共同的信息基础。此外，他们的专业人员资格由**许可证**[17]或**注册证**[18]控制，需要展示有效的知识和表现。

酒店服务人员也应该被视为是专业人员，因为他们也必须具备专业的知识和技能才能有效地工作。此外，与客户服务相关的通用信息基础是酒店业每个岗位的组成部分。服务于酒店业的专业协会（包括美国酒店与旅馆协会、全国餐馆协会）可以提供认证（而不是注册证或许可证）。

认证过程通常会确定完成工作所需的能力，提供为了获取能力所需知识和技能的培训资源，并进行测试以衡量能力。例如，美国酒店与旅馆协会的教育学院（EI of AH&LA）为住宿物业的管理人员提供两种认证：适用于全服务酒店管理人员的注册酒店管理员（CHA），适用于有限服务酒店管理人员的注册酒店经理（CLM）；而认证酒店业主（CLO）计划则是为那些拥有酒店的业主开发的。此外，EI of AH&LA 还提供了一些具有管理职责的人员感兴趣的认证项目，其中包括认证酒店管家（CHHE）、认证酒店培训师（CHT）、认证酒店主管（CHS）、认证收益经理（CRM）和认证酒店安全主管（CLSS）。

初级人员也有机会获得 EI of AH&LA 的专业认可，其中有各种酒店业重要职位的项目，包括前厅代表、钟点服务员、客房服务员、洗衣房服务员和安保人员等。上述每个职位都需要相应的经验和知识。在酒店，无论是高层人士还是基层人员，始终如一地为客人提供有效的服务都是一项重要技能。

有许多优秀的酒店管理公司，经营着大大小小的酒店，擅长为客人提供优质的服务。丽思卡尔顿酒店公司就是一个利用优质服务建立质量声誉的例子。该公司以强调质量而闻名，曾两次获得由美国联邦政府（商务部国家标准与技术研究所）颁发的著名的马尔科姆·鲍德里奇国家质量奖。实际上，无论规模大小，所有致力于提供优质服务的酒店公司都有类似的理念。它们承诺：

- 欢迎所有客人。
- 为每位客人提供最优质的服务。
- 用尊重和尊严对待所有客人。
- 在与客人打交道时保持积极态度。
- 保持最高的清洁标准。
- 保护客人的人身和财产的安全。
- 随时保持专业形象和行为。

服务既是一种态度，又是一种技能。在以下情况下，酒店员工为客人提供优质的服务：

- 向客人致意并感谢他们的光临。
- 微笑。
- 保持眼神交流。
- 表现出对提供优质服务的真正兴趣。
- 认为每位客人都是独一无二的。
- 营造热情好客的环境。
- 力求卓越的客户服务技能。
- 彬彬有礼，有礼貌，细心周到。
- 确定客人真正想要什么，需要什么，然后提供能满足这些愿望和需求的产品和服务。
- 多关注客人，少关注机器和同事。
- 邀请客人再次光临。

工作日记：一天的工作3.2

情况：

海滨酒店前厅服务员特拉维斯看到贾米森先生穿过大厅时叫住他：“嘿，贾米森先生，我能问你点事吗？”贾米森是这家拥有85间客房的有限服务酒店的总经理。

“现在不行，特拉维斯；我很忙。接下来的五分钟里，我有三件事要做，现在我赶着去出席商会午餐会。”说完，贾米森先生继续走着，无暇听特拉维斯的问题。

“好吧，”特拉维斯想，“贾米森先生应该不会忘了，有一辆旅游大巴定于下午3点左右到达，共有45位客人需要办理入住手续。从日程安排上看，3点之前，这里只有我一个人。贾米森先生应该已经安排了另一个前厅服务员来协助我，只是暂时没来得及更新日程安排表吧？一定是这样。也许他打算到时亲自到前厅来帮忙？”

下午2:00左右，旅游巴士抵达。贾米森先生还没有从午餐会上出来，也没有人可以帮助特拉维斯办理入住手续，所以工作进展非常缓慢。旅游团成员纷纷向导游抱怨。导游深感不满，并于2:30要求与酒店经理交涉此事。特拉维斯回答说，经理还在吃午饭。

回应：

管理者是否曾经制造过问题？是的，他们会，上面描述的问题就是一个例子。贾米森先生也许确实很忙，但他不应该忙到不听员工的意见。显然，他确实忘记了安排额外的前厅协助人员。也许他原本计划自己和特拉维斯一起在前厅工作。不管是什么计划（如果有的话），他都忘记了。尽管特拉维斯，这位优秀的员工，想提醒他，但他“没有时间听”，结果，客人在办理入住手续时被耽搁了。这充分说明管理者必须随时抽时间听取员工的意见。

管理者的形象也很重要。在日常管理中，贾米森先生肯定不希望特拉维斯或任何其他酒店员工因为他们“太忙”而忽略客人的需求，希望员工能将解决客人的需求放在首位。但是，如果酒店管理者无视员工的问题和顾虑，员工可能便会觉得以用同样的方式对待客人是正常的。显然，在上述案例中，贾米森先生“太忙”了，没有认真地做好他的工作。

关键词汇

1. **质量（Quality）**：根据预期标准持续地为顾客提供产品和服务。

2. **顾客服务（Service guest）**：帮助客人的过程，即以尊重与尊严的方式及时地解决顾客需求的过程。

3. **服务价值（Value）**：支付的价格与所获得的产品及服务质量之间的关系。

4. **员工与客人的比率（Employee-to-guest ratio）**：员工人数相对于顾客人数的比率。在住宿服务业中，这通常以每间客房的雇员数来表示。例如，一个拥有 500 间客房、可能拥有 500 名员工的全服务酒店，员工与客人的比率为 1∶1；拥有 100 间客房、可能拥有 25 名员工的有限服务酒店，员工与客人的比率为 1∶4。

5. **基准（Benchmark）**：寻找最佳做法并了解如何实现这些做法，以确定一个酒店组织做得如何。

6. **跨职能团队（Cross-functional teams）**：由酒店运营各部门的员工组成，共同解决运营问题。

7. **授权（Empowerment）**：授权员工在其职责范围内做出关键决策的行为。

8. **关键时刻（Moments of Truth）**：客人有机会对酒店组织形成印象的任何（和每一次）时间。关键时刻可以是积极的，也可以是消极的。

9. **惊喜因素（Wow Factor）**：宾客在与酒店运营互动时所体验到的意想不到的积极的“额外”感受。

10. **口碑广告（Word of Mouth Advertising）**：接待酒店以前的客人向他人讲述其入住经历时所做出的正面或负面评论。

11. **零缺陷（Zero defects）**：实施客户服务流程时确立的无客户相关投诉的目标。

12. **问责制（Accountability）**：当一个人被上级管理部门/人员授予职责/责任时产生的一种义务。

13. **首选雇主（Employer of choice）**：这一概念认为酒店业是社区中拥有其他就业机会的申请人的首选就业场所。

14. **离职率（Turnover rate）**：衡量在指定时间段（月、季或年）内被替换劳动力的比例。可以计算为：离职员工数 ÷ 在职员工数 = 离职率。

15. **使命声明（Mission Statement）**：一种规划工具，它大致确定一个酒店在其运营中想要完成的任务以及完成的方式。

16. **持续质量改进（Continuous Quality Improvement，简称 CQI）**：在酒店运营中不断努力，以更好地满足（或超越）客人的期望，并确定以更好、更快和更低成本的方式来完成工作的方法。

17. 许可证（Licensing）：由政府机构授予的从事某种职业的正式授权。

18. 注册证（Registration）：接纳一个人在一个专业领域工作，（通常）由非政府机构（如协会）授予。

第 4 章　住宿服务管理与管理者

本章内容

4.1　酒店经理的管理职能
4.2　管理科学与艺术
4.3　住宿管理的组织结构
4.4　总经理的职责
4.5　总经理的监督

本章概述

在每个住宿服务企业中，管理人员都有责任为顾客提供优质的产品和服务。管理者的职能和责任可以从几个方面来看。研究管理人员及其在企业经营中的作用的一种方法是研究管理的四大职能：计划、组织、指导和控制。计划包括设定企业的目标，决定做什么以及何时进行；科学地组织企业可利用的资源，可以帮助管理者实现企业所确立的目标；因为企业需要依靠员工来帮助实现组织目标，管理者要确保这些员工被指导或领导，以确保优质服务；最后，管理人员还要负责监督和控制成本与企业运营管理的过程。

住宿管理职能的实现与管理者的职责有关。酒店及住宿企业的管理者负责酒店的日常运营活动。有些酒店可能只需要几个管理人员，有些却需要很多。在一家大型酒店中，其组织结构中容纳许多管理人员；而在规模较小的有限服务酒店中，可能只有一名经理。但无论规模如何，管理人员都必须承担某些任务和责任。本章中，我们将详细研究酒店总经理的五项主要职责。

在酒店业务中，总经理的主管可以是受雇经营酒店的管理公司的代表，也可以是酒店的所有者。本章将分别探讨这两种可能性。

教学目标

- 解释管理的四个主要职能。
- 展示不同规模酒店的组织结构。
- 详细描述酒店总经理工作的五个主要职责。
- 描述经理人在管理公司任职时的职责。
- 描述经理人如何与酒店企业互动。

4.1　酒店经理的管理职能

如果你正在阅读本书，很可能你现在正在管理一家酒店，或者希望有一天能管理一家酒店。无论从事哪个行业，管理者都要承担一些共同的责任。事实上，“**管理**[1]”这个词本身就给了我们一些线索，让我们了解管理者在工作中到底在做什么。

管理是为了实现一个组织设定的目标而协调各种努力的过程。在酒店业务中，这个目标可能包括开设或改造酒店，增加现有酒店的收入，维护游泳池，清洁房间，或提高客人的整体体验质量。重要的是要明白，当实现一个组织的目标需要一个以上的人的努力时，管理就是必要的。当然，在酒店业也是如此。

管理者是一个组织中负责协调实现目标所需的团队努力的人。为了准确了解管理者是如何开展工作的，研究一下管理的四个基本职能是很有帮助的。虽然“管理”已经存在了几个世纪，但在1916年，亨利·法约尔（Henri Fayol），一位在采矿业工作的法国经理，首次详细描述了这四项管理职能。如图4.1所示，它们分别是：计划、组织、指导与控制。

许多现代管理方面的作家和演讲者都对法约尔的观点进行了补充。当然，法约尔关于四项基本职能是管理的基石的观点仍然被认为是正确的，在详细研究管理的概念时非常有用。

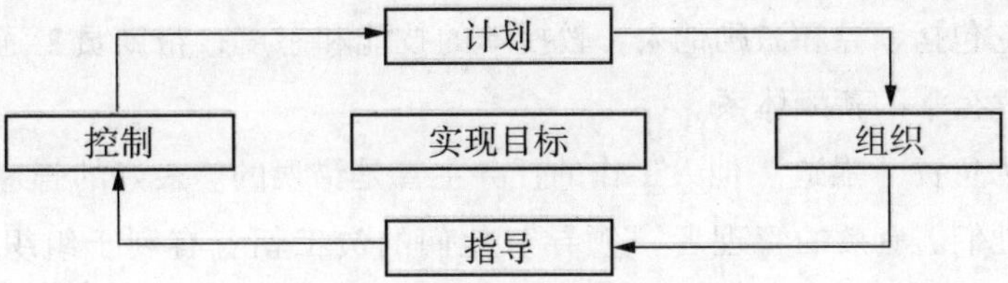

图4.1　管理的四项基本职能

4.1.1　计划

计划[2]是展望未来的过程，目的是为一个组织建立目标。在某种程度上，每项人类活动中都存在计划。无论是管理工厂、教堂、大学、医院、政府还是酒店，都必须确立一个要实现的目标。一个好的计划，应当包括对一个组织的现状的诚实评估，以及对该组织在未来能够实现的目标的现实预测。在制订计划时，管理者应建立**短期目标**[3]和**长期目标**[4]。

例如，在酒店管理中，短期管理目标可能是面试并选择一家当地公司，以便在酒店的办公电脑需要维修时为其服务。至于长期目标，则可能是计划最终更换和升级酒店内所有管理人员办公室中的电脑。

4.1.2　组织

在管理计划确定了企业的目标之后，管理者必须关注如何有效**组织**[5]资源来实现这些目标。管理者可用的资源包括人员、设施、设备和资金。当管理有效时，这些资源的安排使用将使企业实现目标的机会最大化。

管理者在组织资源时，需先明确以下问题：

- 谁负责企业的决策？
- 哪些经理将负责实现特定目标？
- 谁来决定实现目标所需的额外员工数量？
- 谁将确定实现目标所需的其他额外资源？

- 什么样的企业组织结构最能帮助我们实现目标？

一个企业的组织结构是其实现目标的能力中非常重要的因素。酒店行业中常用的特定结构将在本章后面进行研究。

4.1.3　指导

管理是一项由人和与人一起进行的活动，因此，管理的一个重要部分是创造一个鼓励员工尽自己最大努力工作的环境。以一种能够使人们的工作达到最佳效果的方式来**指导**[6]他们是具有挑战性的。它包括领导和激励他人，教授新的技能和态度，帮助员工通过自己的努力提升自己，以及建立公平的薪酬体系。

将管理者视为负责“强迫”他人工作的任务主管是错误的。最好的管理者通过帮助员工做好工作来领导他们。有效的管理者“领导”他们的员工朝着有利于组织和员工的方向前进。在这种情况下，客人、员工和企业都会受益。

4.1.4　控制

优秀的管理者深知，有必要对已分配的任务进行检查或跟进，以确保被管理者的工作朝着实现企业目标的方向发展。但是，即使有完善的计划、适当的组织和良好的指导，有时也可能无法实现某些目标。因为误解、意外的障碍或商业环境的变化会影响员工的工作，从而导致目标无法实现。**控制**[7]的过程是一个将实际结果与计划结果进行比较的过程。它涉及将企业在实现其目标方面的进度与最初的预期进行比较，并消除实现目标过程中的障碍。

一些管理者认为，只有会计师和其他财务管理人员才是负责控制这一职能的人士。事实上，所有管理者在评估自己以及员工的努力时，都可以采取措施来提高企业的绩效和效率。

表4.1总结了管理者在履行管理的四项职能时所进行的一些主要活动。

表4.1　管理职能中的关键活动

关键活动	管理的职能			
	计划	组织	指导	控制
活动1	确定目标	明确员工的任务	传达企业目标	比较实际结果与计划结果
活动2	确定为实现目标应完成的任务	选择合适的员工	领导并指导员工做到最好	适时提出纠正措施
活动3	制定运营政策、流程和标准	为每位员工分配职责和权限	通过表彰和适当的薪酬来奖励员工	利用在控制过程中获得的信息来改进企业的计划

4.2 管理科学与艺术

管理者可以管理的最重要的事情就是自己的时间。之所以这么说，是因为有效利用自己的时间，比任何其他因素都更有可能导致你在管理岗位上取得成功。虽然教育很重要，但是有许多受过良好教育的管理者并没有持续利用他们所知道的知识。同样，也有一些经验丰富且用心良苦的管理者在工作中无法最有效地利用其时间。最好的管理者深知“时间就是金钱”——无论对他们自己，还是对他们的员工来说，都是如此，因此，有效的管理者会寻找旨在节省企业和自身时间的方法和流程。

4.2.1 管理的原则

管理者发现，有一个概念可以节省时间，那就是确定并遵循既定的管理原则。这些原则可以节省时间，是因为它们为工作中经常出现的问题和难题提供了经过时间检验的解决方案。例如，根据一个管理原则，每名员工应该只有一个直属上司。因此，如果员工需要了解其日常工作任务，他们会确切地知道该由谁来提供。同样，在这种情况下，管理者也清楚地知道他们必须监督谁。

有时很难确定在任何情况下都适用的管理原则，因此，管理者经常以某些原则作为指导，然后根据具体情况来确定该原则是否适用。但是，在大多数情况下，管理者会认识到，一些普遍性的管理原则是可以确定的，这将有助于管理任何企业，至于其他原则，则可以针对具体的工作小组、酒店或酒店管理公司来确认或创建。

重要的是要明白，管理原则不同于公司政策，后者通常是根据管理原则的理念产生的。例如，一名酒店经理可能会决定，为某一特定类型的工作雇用的新员工支付预定的起薪。在这种情况下，酒店政策就体现在确定工资上。这项政策所依据的管理原则是：

任何企业内的薪酬率都应公平地确定。

以两个酒店企业为例。其中一个酒店的管理者信奉上述原则，并据此制定薪酬政策。而在另一个酒店中，管理者要么不了解，要么并不遵循这一原则。从长远来说，很容易看出哪个酒店会吸引并留住更优秀的员工。

随着你自己职业生涯的发展，你将发展出属于自己的一套经过检验的管理原则。这些原则是你认为正确的关于管理理念，你将在此基础上制定自己的管理政策。以下为有经验的管理者认为正确的部分管理原则：

- 必须将企业的利益置于企业成员个人的利益之上。
- 实现企业目标的责任应伴随相应的授权。
- 企业内的纪律是必要的，但必须是公正的。
- 一名员工应有且仅有一位直属上司。

- 应公平地确定企业的薪酬水平。
- 在实现企业目标时，应该有明确的权力界限。

你自己的管理原则清单会随着你的职业发展而不断变化。重要的是要记住，诸如此类的管理原则为企业提供了方向，因此，管理者才可以腾出时间来专注于计划、组织、指导和控制等必要的管理任务。

工作日记：一天的工作 4.1

情况：

“但是，贝丝让我立即用真空吸尘器清理三楼的走廊，”负责清洁走廊地毯的酒店员工马克·贝尔说，“毕竟她是我的上级。”

“但是，我刚刚下到二楼时，发现走廊真的很脏，你应该先将那里打扫干净。”负责维护酒店的管道、暖气和冷却系统的沃尔特要求。沃尔特是酒店管理团队的重要成员。现在，马克陷入两难中，不知道他应该按直属上司贝丝的要求去做，还是应该听从沃尔特的指示。他当然不想得罪他们中的任何一个人。

回应：

只要违反普遍性管理原则，经理们几乎总是会发现工作中出现了问题。在上述这个案例中，员工的沮丧和困惑是管理层违反了员工只应面对一位直属上司这一原则的直接结果。尽管出发点良好，但沃尔特事实上令马克陷入了左右为难之中。如果你是沃尔特的上司，应向他说明通过贝丝来重新安排员工的工作的重要性，并强调员工只应由一位直属上司来负责安排其工作的原则。

这不仅仅是一个经理对另一个经理的礼貌问题，而是一项至关重要的管理原则。如果想让员工们清楚自己的职务和责任，就必须严格遵循这一原则。

4.2.2 管理的科学与艺术

你已经知道，管理包括某些过程和某些原则的应用。事实上，管理者经常考虑的一个问题是：管理是一门科学，还是一门艺术？

有些人认为，管理者只能在实践中学习。他们错误地认为，管理并不是一门科学，因此人们是无法通过研究管理过程和原则来学习管理的。事实上，当大量关于管理的知识和信息被认定为“科学”时，管理科学就存在了。这些知识和信息代表了有关管理过程的最佳思考。然而，管理科学并不像数学或物理学那样全面或准确。其原因很简单。管理是一个涉及人类和人类行为的过程，而人类并不总是一致的。虽然许多人的行为在某种程度上可以被预测，但不同身份的人，如员工、主管和经理，在面对相同情况时往往会有不同的反应。这就是为什么管理艺术也很重要。

管理的艺术由管理者个人的创造力和个人技能组成。当管理者思考问题、事件和可能性时，创造力高低就显而易见了——有些管理者非常善于为新问题找到创造性的解决方案。管理者的个人技能则是通过实践经验和学习发展起来的——优秀的管理者深知，对其管理领域的终生研究和不断更新知识库，是最大限度地提高个人管理技能的重要组成部分。

管理的科学教给管理者知识，而管理的艺术则教给管理者行动。为了说明这两者的彼此关系，我们可以想象一下，古代的水手们常常利用星星来引航。也就是说，在航行中，天文学是水手们使用的科学，而驾驶船只则是水手们的艺术。同理，医生在治疗病人进行手术（艺术）时，会使用他们在医学领域的知识（科学）。

一个好的管理者既是科学家又是艺术家。酒店管理者必须同时依靠科学和创造力，才能完成他们的工作。在本书中，你将发现与酒店管理科学和艺术有关的信息。由于现代住宿业的不断发展，你有时会面临一些没有“已知”科学解决方案的问题。在这种情况下，你本人的解决问题的创造力就得以发挥。但是，你的管理科学知识会极大地影响你的创造力的发挥。只有当你将管理知识、管理原则和规则应用于新情况时，你的管理方面的创造力才能得到提高，而你作为管理艺术家的技能才能不断发展。

4.3　住宿管理的组织结构

如果一家酒店要实现其服务和利润目标，则组织中的每个人都必须清楚他们所负责的工作。**组织结构图**[8]有助于明确这些职责。

正确地组织团队的工作，就可以实现目标。一个完善的组织结构图是管理层为实现其既定目标而对资源进行周密组织的结果。

组织工作一直是管理的重要组成部分。政府、企业、军队和高等教育机构都是以实现最大效率的方式精心组织其人力资源的典范。在住宿服务业中也是如此。了解酒店的目标，将工作科学地分解为有机的组成部分，分配合格的人员，以及将其预期成就告知小组成员，可以增强酒店实现其目标的能力。

4.3.1　全服务酒店的组织结构

大型全服务酒店的组织结构图也会很大，因为有很多不同职位的员工。但是，从客人的角度来看，无论酒店规模如何，酒店人员的主要职能都是一样的。客人希望入住一个安全、干净的房间，并希望退房时所支付的费用是合理的。随着房间数量的增加，酒店需要雇用的员工数量也随之增加，员工的岗位职能也细分得越来越专业。图 4.2 是一个组织结构图，说明了在较大型全服务酒店中可能会出现的部门及其相应职责。

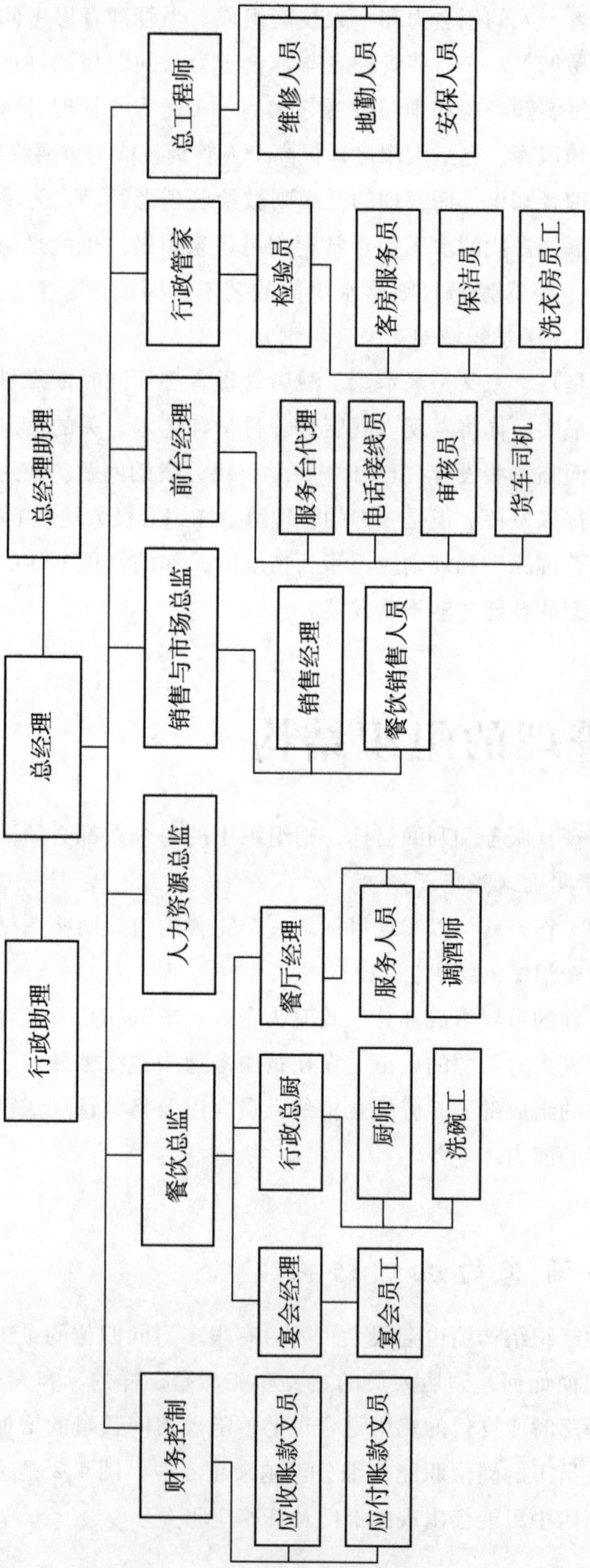

图4.2 大型全服务酒店（350间客房）的组织结构图

4.3.2　有限服务酒店的组织结构

小型有限服务酒店与大型全服务酒店所履行的职能大部分是相同的，只是完成工作所使用的员工数较少而已。图 4.3 展示了一家小型有限服务酒店的组织结构图。它显示了 75～100 间客房的有限服务酒店最常见的组织结构，这是 2010 年前后在美国最普遍的酒店类型。

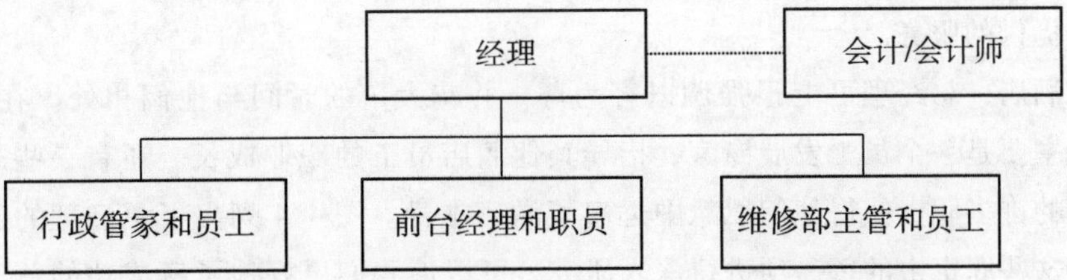

图 4.3　小型有限服务酒店（75～100 间）的组织结构图

请注意，这种酒店的职位数量比全服务酒店要少得多。实际上，正如你在第 2 章中了解到的那样，一家有限服务酒店的业主往往可能也是其总经理。重要的是要明白，在许多方面，有限服务酒店与全面服务酒店的运作一样复杂。这是因为，除了提供与食品和饮料相关的广泛服务外，全服务酒店中所有与客人相关的活动在有限服务酒店中也可以找到。因此，有限服务酒店中的大多数员工必须具有多种技能，并且能够很好地执行多项任务。

一个较大的有限服务酒店，必然会有一个人负责维修，以及维修支持人员，一个负责监督清洁酒店房间和公共空间的小时工的行政管家，以及一个负责监督前厅服务员的前厅部经理。与较大的全服务酒店不同，有限服务酒店可能有（也可能没有）一个指定的专人负责增加酒店的销售额。通常还会聘请一个记账员/会计师（通常是兼职）来准备财务报告和报税。

我们将继续我们的管理研究，研究总经理的作用，他是总负责在酒店提供管理领导的个人。酒店管理公司和业主对总经理的管理行为有很强的影响，因此，我们也将审视他们的角色。重要的是要认识到，你在住宿管理方面的职业生涯可能会把你带到一个大型或小型酒店。你可以担任部门主管、总经理或成为酒店业主。你可能会选择为特许经营商工作并监督特许经营商，甚至是从事某个品牌酒店的管理工作。然而，无论你选择何种管理职业，你都会发现住宿管理业充满挑战，令人兴奋且会让你收获颇丰。

4.4　总经理的职责

人们可以从多种角度看待住宿服务业。当然，宾客以及酒店的员工、业主和管理团队也会通过自己的视角来看待酒店。要充分了解一家中小型酒店的运营要求，从其管理团队的角度来观察可能会有所帮助。这并不意味着酒店的经理和主管比酒店的客人、其他员工或业主更为重要，而是因为那些日常经营酒店的人所采取的行动和做出的管理决策，往往最直接地影响所有这些群体和其他群体。

回顾第1章的内容，我们知道，总经理是现场管理团队的领导者。在大多数酒店中，总经理可能是影响酒店短期盈利能力和成功的唯一最重要的人力变量。酒店总经理在履行其职责时往往“身兼多职”。我们不可能确定其中哪一个角色是最重要的，因为任何一个具体的总经理职位所涉及的职责都会根据许多因素而变化，包括酒店的所有权结构、位置、规模，以及为客人提供的服务。

在某些酒店，总经理可能很强调以客为尊，并花大量的时间与他们相处。在其他酒店，总经理可能主要是一个员工发展专家，指导其他酒店员工的职业成长。还有一些总经理会发现他们身上的许多职责使得他们无意中远离了酒店本身。图4.4列出了总经理的五项最重要的职责。对这些职责中的每一项进行深入研究，可以使我们更好地了解成功的总经理是如何运营与管理一家酒店的。

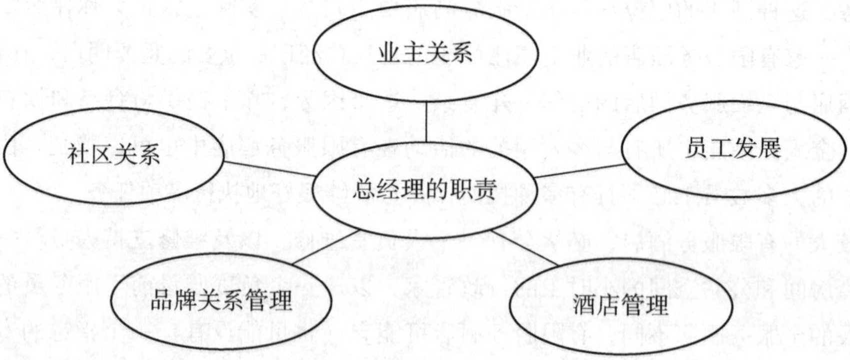

图4.4　酒店总经理的职责

4.4.1　业主关系

总经理在业主关系中的作用是非常重要的。与投资者的关系包括总经理和那些拥有或投资酒店的人之间的所有沟通关系。如前所知，酒店的所有权可以有多种形式。一家酒店可能是由总经理拥有和经营的，但更常见的是，总经理直接受雇于酒店业主或为业主经营酒店的管理公司。

拥有或投资酒店物业的个人或公司希望总经理能对酒店的市场地位、物质条件和盈利能力产生积极影响。一个酒店由两个不同的部分组成。首先是经营酒店业务，即酒店产生收入，发生费用，并寻求实现利润。其次，酒店还是具有独特价值的房地产。酒店所在的土地和酒店建筑本身就具有一定的价值。一些业主主要从经营业务的成功角度来看待他们的酒店，而另一些业主则关注酒店的房地产价值。总经理必须将这两方面的情况不断告知业主。

如果酒店需要对业务（如额外增加的员工或更多的广告支出）或房地产资产（如新的家

具和设备)、屋顶维修、停车场重铺等方面进行额外的投资，通常也是由总经理来向酒店业主传达这一信息。

如果这样做有良好的经济价值的话，酒店业主通常是愿意对酒店物业进行额外投资的。但这样做的前提是，必须向他们提交一个有说服力的商业案例，以证明增加投资是一个事实可行的方案。总经理的工作的一个重要部分就是提交上述案例，向业主表明如果不这样做，酒店设施可能会恶化，对客服务质量下降，最终导致收入减少、利润下降。

能成功地管理业主/投资者关系的总经理，其工作中所需的能力还包括财务分析、熟练的书面沟通，以及有效的公共演讲/演示技巧。业主都希望能了解酒店物业的财务状况，这一点上没有人能比总经理更了解了。因此，总经理能否有效地告知投资者和业主有关其酒店的当前业绩和未来需求，对该酒店的长期成功来说至关重要。

4.4.2　员工发展

无论酒店的规模如何，酒店的总经理在酒店主要员工的职业发展方面都将发挥重要作用。在这方面，总经理可以被视为酒店的老师。即使总经理要培训的员工在酒店运营的某个特定领域，如维修或会计，比总经理拥有更多的技术专长，情况也是如此。

在技术飞速发展的今天，总经理不太可能成为酒店每个职能（部门）领域中最了解情况的专家。例如，总经理对电子锁系统如何操作的了解肯定比不上被指派对锁进行日常维护的员工，但这并不妨碍总经理依然是该员工的最高主管，并对该员工作为酒店专业人员的成长和发展负责。在这个例子中，总经理并不亲自更换锁具电池，但却可以指导负责这项工作的人如何以对客人造成最小干扰的方式完成其工作。另外，教导主管和员工如何建立系统的记录（在上述例子中，即记录更换了哪些锁的电池以及更换的时间）也是总经理帮助员工提高工作能力的另一种方式。

对于管理者来说，培训同事的最好方式就是成为他们的榜样。一个有效的榜样会始终表现出在酒店业取得成功所需的以客为尊的特点。管理者有时会抱怨："员工们不重视我。"这种说法通常是在员工没有完成指定的任务，或以不同于建议的方式完成任务，或者完成了工作但做得很糟糕的情况下说的。事实上，问题常常根本不是员工不重视管理者的意见，而在于他们对管理者的关注过于密切。

员工所关注到的每一个管理行为，要么提高了经理作为榜样的地位，要么削弱了它。例如，如果管理层坚持要求每次都需把每间客房打扫得干干净净，客房就会一直以这个标准被清洁。如果管理层始终热情地欢迎每位客人的到来，员工也会照做。总之，作为榜样和领导者，总经理会极大地影响那些期望其为酒店树立卓越标准的人。

在某些情况下，总经理会成为某些员工的导师。在这种关系中，导师或老师既是一个榜样，又是一个私人导师。一个人的职业生涯中，很可能既遇上过导师（当职业生涯起步时），也充当过导师（随着职业生涯发展到一定程度，开始教别人）。

4.4.3 酒店管理

谈及酒店总经理的工作时，大多数人想到的都是酒店物业的实际运营。诚然，如果要让客人有一个满意的住宿体验，酒店内的各种工作必须妥善完成。当然，这些工作的最终完成是酒店总经理与员工共同努力的结果。例如，任何一天，酒店总经理都必须知道或能够随时确定：

- 将要抵达的客人数量。
- 将要离开的客人数量。
- 待出售的房间总数。
- 每位抵达的客人的姓名已被记录在案，并可随时查阅。
- 每位客人应支付的房费。
- 提供酒店承诺的所有客房设施。
- 通常由酒店提供的所有服务都是可用的。
- 每间客房都要彻底清洁。
- 提供客人所需的空气（加热或冷却）、水（温度适当，数量充足）和电力。
- 在客人入住期间，将保护客人的人身财产安全。
- 制定适当的程序以记录酒店的日常财务活动并确保资金安全。

显然，酒店总经理不可能亲自完成上述这些或其他每天必须完成的数百项任务。例如，一家有限服务酒店的总经理不会为了确保达到清洁标准而每天检查当晚要出售的每间客房，因为那是负责该项工作的员工的职责。总经理可以而且应该知道的是，已经为清洁客房的工作分配了适当数量的员工，这些员工已经接受了全面培训，拥有必要的设备和用品来正确清洁客房，且已安排一位合格的主管负责定期检查待售房间的清洁情况。

为了有效地管理酒店，总经理既要依靠他们直接培训和培养的管理人员的帮助，也要依靠管理人员培训的一线员工的努力。

虽然成功的酒店管理人员并不执行酒店的每一项日常工作，但是最好的管理人员始终知道他们的酒店需要什么。因此，他们可以确定酒店运营中需要做的改进。例如，有效率的总经理通过观察可以发现：

- 必须改善早餐区的清洁程序。
- 维修工具存放区应重新整理。
- 酒店最佳客户的客房偏好应保存在前厅服务员易于接触到的位置。
- 每天需要记录客房“**补偿**[9]”的报告，并说明每次补偿的理由。

管理过程中，知道需要做什么实际上是较简单的，难的是知道应如何让每个职能领域的员工始终如一地完成各自职责范围内的任务。往往正是在这点上，总经理可以展示出其真正的领导才能，并经常通过纯粹的意志力，激励酒店员工去实现以前从未想过的事情。

物业管理虽然只是总经理的五项主要职责之一，但对酒店的运营成功至关重要。它也是最令人兴奋的。能成功处理物业管理工作的人（总经理），必须拥有组织和指导技能、事务分析和财务分析能力、预测客人需求的能力、竞争精神，以及对细节的高度关注。此外，一位合格的总经理通常还具有近乎神奇的能力来激励员工，让客人在入住酒店时感受到真诚的欢迎。

总经理必须注意，慎勿过度管理自己的酒店。提醒一位有抱负的总经理花太多时间管理物业，这似乎有些奇怪，但这是可能发生的。请记住，正是那些训练有素的员工为客人提供的持续的优质服务——毕竟，没有一个总经理可以每周7天、每天24小时都扑在物业上。

总经理在工作期间事务繁忙，但管理酒店的品牌关系是必须完成的一项重要任务。

4.4.4　品牌关系管理

无论在今天的酒店环境中，还是在酒店总经理的日常活动中，对品牌关系的重要性怎么估计都不过分。这在该行业的有限服务领域尤其如此。大多数客人并没有意识到这样一个事实，即绝大多数酒店不是由酒店的品牌来经营的，而是由酒店业主或其选择的管理公司雇用的酒店管理者来经营的。

作为酒店管理者，必须明白，如果你经营的是一家品牌酒店，那么，你既对你的雇主有责任，也有责任遵守酒店业主签署的特许经营协议（见第2章）。协议中会有一节要求你尽最大努力维护品牌的既定标准。此外，品牌酒店的总经理还负责与特许经营品牌方就品牌提供的营销和销售计划进行有效沟通，以提高酒店的盈利能力。

酒店业主、酒店经理和品牌经理之间可能而且确实会发生冲突。例如，假设一家连锁酒店的品牌经理已经建立了一个品牌标准，即酒店的免费欧式自助早餐将提供三种新鲜水果（苹果、橙子、香蕉）和两种烤面包。然而，为了削减成本，业主要求酒店经理在入住率低于25%时，只提供两种水果和一种烤面包。

执行品牌经理的要求，则酒店经理将违反业主的意愿；执行业主的意愿，则酒店经理将违背品牌标准。当业主指示总经理违反或无视品牌标准时，会对酒店与品牌的关系产生不利影响。当品牌经理希望总经理遵守可能符合品牌经理的最佳利益但不符合酒店业主的行为时，也可能出现困难。对总经理来说，对业主/雇主的忠诚度和作为专业总经理的道德标准之间，总是会产生一定的矛盾的，但当酒店作为特许连锁经营的一部分时，这些矛盾会变得更加复杂。

对于大多数管理特许经营物业的总经理而言，他们与品牌经理之间的联系实际上是通过第2章所述的酒店特许服务总监（FSD）进行的。酒店总经理与特许经营商的代表之间可能会出现合理的意见分歧和冲突，然而，特许经营服务总监和总经理之间最终形成的个人关系是很重要的。当关系良好时，特许经营服务总监被视为一种宝贵资源；当关系不好时，则特许经营服务总监和总经理之间的冲突会升级到对总经理能否有效经营酒店的能力产生负面影响的地步。

例如，假设一家酒店的业主选择与某特定品牌合作，经营一年后，业主发现，酒店的销售收入并没有预期的那么高。业主向品牌经理抱怨说，品牌对目前这种状况负有责任。面对这种情况，品牌经理和特许经营服务总监都声称是总经理、酒店的其他经理或酒店的运营方法造成了销售亏损——这并不罕见，事实上也的确是最有可能的原因。毫不奇怪，如果你是酒店的总经理，显然不太可能同意这种评估。在这种情况下，双方的冲突是显而易见的。

作为一个总经理，你的主要职责之一是平衡酒店业主和品牌运营商的合法利益，以积极反映你自己的专业素养。为了说明品牌关系管理的一个（或多个）问题，请考虑特许品牌定期提供给物业的**质量检查分数（QA）**[10]。

质量检查分数是特许经营公司每年一次（或更频繁）的检查的结果，以确保特许加盟商达到规定的标准。在典型情况下，特许经营品牌检查员（可能是特许经营服务总监）到达酒店（无论是否事先通知酒店）后，会在总经理的陪同下进行全面的物业检查，然后根据与事先告知该酒店的既定品牌标准的符合程度，对该酒店进行打分或评级。

如果一家酒店在这些检查中的评分始终太低，则有被品牌经理取消加盟资格的风险。在检查中得分一贯较高的酒店则可能会得到品牌经理的奖励，允许酒店在促销和广告中使用其高分。例如，精品酒店（Choice Hotels）根据得分的高低程度，分别将特许经营合作伙伴指定为“银奖”“金奖”“白金奖”得主。其他特许经营公司对在检查中得分较高的附属酒店也采用类似的奖励或分类。

在某些情况下，酒店本身可能会在品牌检查之外（或为品牌检查做准备时）建立自己的标准和检查/评级系统。品牌检查的得分通常会被用于酒店评级及市场营销工作，甚至可以部分地决定总经理和其他酒店经理的薪酬/奖金。因此，质量检验分数成为总经理与特许经营商或管理公司互动的一个重要例子。要想成功处理总经理职能中的品牌关系管理部分，需要灵活的人际交往能力、说服力、倾听能力，以及写作能力。

与各种特许经营公司合作过的总经理会证实，不同的品牌具有不同的“个性”。有些品牌试图对酒店的日常运营施加更大的影响，有些品牌则采取更为放手的方式。无论哪种情况，作为总经理，都应从维护酒店的业主、投资者、社区、员工，以及客人（这是最重要的）的利益出发来管理加盟关系。

工作日记：一天的工作 4.2

情况：

“对不起，吉姆。”Better Stay 酒店的特许经营服务总监莎伦说。莎伦刚刚完成了对吉姆担任总经理的 Better Stay 酒店的半年期检查，“你们的质量检查分数比我上次来的时候下降了，而且在客房清洁方面实际上下降了很多。”

“我们换了一个新的负责人，”吉姆回答，“她入职仅两个月，刚刚适应这份工作，我想这是我们得分较低的原因。但我相信她会做得越来越好的。”

回应：

尽管知道为什么检查分数很低，但吉姆显然在他的职责中的重要方面有所疏忽——重视员工的发展。当已知关键工作人员（在上述案例中为客房清洁负责人）需要特别帮助或监督时，总经理的工作就是提供更多的关注。吉姆显然没有做到这一点，至少质量检查分数所反映出来的事实就是如此。虽然总经理有许多职责，但没有什么比培养受过适当培训的人员来确保客房清洁重要。

4.4.5 社区关系

虽然初看起来酒店经理有很多职责要承担，例如应对业主关系、关注员工发展、进行酒店管理和维护品牌关系等，但今天的酒店经理在当地社区还扮演着一个额外的重要角色。

在许多社区，酒店不仅仅是一个服务企业。事实上，一个地区的酒店在很大程度上可以决定社区外的人如何看待这个地区。例如，位于新奥尔良法国区及其周边的酒店无疑给整个地区带来了氛围。同样，位于特定海滩边的酒店风格也为该海滩地区提供了很多特色。在非旅游区，以商务旅行者为主要对象的酒店也是如此。因此，当地政府和社区领导人往往希望当地酒店总经理成为吸引新企业的领导者，扩大旅游机会，并为当地商业社区的需求提供意见。所有这些任务都很重要，因为在任何地方，其酒店业的财务健康都部分地取决于整个地方经济的健康。

总经理协助当地社区的机会多种多样，也非常重要。例如，某位酒店总经理接到当地市长的电话，询问酒店是否可以协助为一家正在考虑在社区建立新工厂的制造企业的代表举办一个小型聚会。该制造商的决定意味着将为当地社区提供许多就业机会，同时也为酒店增加客房销售提供了机会。显然，在这种情况下，总经理当然会乐意提供帮助——事实上，他也是一个重要的东道主和社区代表。

总经理经常参与的其他社区工作包括主持和参加慈善活动，协助在酒店举行的社区募捐活动，以及与寻求当地企业支持的社区组织进行互动。

成功完成总经理职责中的社区关系部分所需的能力包括：外向型人格，高超的社交技巧，以及有效的公开演讲和演示技能。

4.5 总经理的监督

虽然典型的酒店组织结构图显示总经理是酒店的最高级别经理，但是所有酒店经理（除非他们同时也是酒店的业主）都有一个人或一个小组向他们汇报日常工作。此汇报以及由此产生的监督（如果做得恰当），对于酒店物业的长期成功以及总经理的持续职业发展至关重要。

作为酒店的最高级别经理，总经理将受以下人员的监督：管理公司；住宿物业产权的拥有者（即酒店业主）。

对于一个成功的总经理应该知道什么、做什么，这两个实体可能各有看法。由于对什么样的表现才是令人满意的，他们的看法可能会有所不同，所以最好先了解他们各自的情况。

4.5.1 管理公司监督

有些总经理是由雇用他们的管理公司的成员直接监督的。如第 2 章所述，管理公司为业主经营酒店，因此，许多住宿业的总经理并非受雇于酒店业主，而是由经营酒店的管理公司所雇用。管理公司有时可能还拥有其所运营酒店的全部或部分股权，但大多数时候，管理公司并不拥有其经营的酒店。在这种情况下，总经理并不直接受酒店业主的监督，而是由管理公司雇用并受其监督。

为管理公司工作的总经理通过帮助该公司实现其目标而在公司中获得晋升。这些目标可能不一定与酒店业主的目标相同。人们可能会认为，酒店管理公司和酒店业主会寻求达成相同的目标，但事实上，情况并非总是如此。

例如，假设你是一家拥有 75 间客房的酒店的才华横溢的总经理。你的管理公司刚刚签订了一份为期 10 年的合同，准备在你的家乡经营一家拥有 150 间客房的酒店，需要招募一位新的总经理——这是你非常想担任的职位。但是，你眼下任职的酒店（位于另一个城市）的业主坚决希望你留下来，甚至威胁管理公司说，如果允许你调离，那么管理合同到期后，他们将不再续签。当你在管理公司的长期职业发展与你目前所管理的酒店的业主的需求发生冲突时，就会出现类似问题。在这种情况下，管理公司会评估你的长期就业前景——当然，你可能也会这么做。正如你必须评估怎么才是最适合你自己的一样，管理公司也会评估对公司的长期发展最有利的行动方案。这样一来，要想同时满足你对晋升和返回家乡的渴望，以及目前任职的酒店的业主对你继续留任的渴望，就不太可能了。

管理公司经营一家酒店，既会对总经理的监督产生影响，同时也会影响到酒店的其他管理人员。例如，假设一家酒店的业主正在考虑更换管理公司。这样一来，总经理也极可能会被替换。如果是一家较大型酒店，则负责酒店销售的管理人员一般也会同时被替换，但其他管理人员被替换的可能性要小得多，如负责客房清洁和设施维护的管理人员。这是事实，因为赢得新合同的管理公司并不像人们想象的那样，会解雇酒店原有的全体员工，因为这样做会极大地扰乱酒店的秩序。因此，总经理可能会监督一些主要忠诚于管理公司的低级别管理人员，而其他一些管理人员则可能更忠诚于特定的酒店及其业主。

管理公司聘用的酒店总经理通常由地区或**区域经理**[11]进行监督。虽然具体的头衔因公司而异，但区域经理是管理公司中对各个酒店的总经理有直接授权的人。

根据管理公司的规模及其管理的酒店数量，区域经理可以监督几个或多个总经理。监督酒店总经理，并在许多情况下充当管理公司与被管理酒店的业主或投资者的联系人，是区域经理的主要职能。

4.5.2　住宿物业业主监督

并非所有的总经理都为管理公司工作。那些没有聘请管理公司经营的酒店的总经理通常是由酒店业主直接雇佣和监督的。这样的话，规模较小的有限服务酒店的总经理可以直接对酒店业主负责。在某些情况下，业主很可能就是个人。这种情况在不多于 75 间客房的酒店中尤其明显，因为一个人或一个家庭购买这样的房产是非常有可能的，而且也很常见。例如，美国的小型企业管理局（联邦政府的一个部门）就可以帮助小企业主（如购买小型酒店的业主）提供购买企业的资金。虽然也有许多小业主会亲自出任酒店的总经理，但他们中最成功的人更愿意购买更多的酒店，然后聘用职业经理人来协助这些酒店的运营。

无论酒店的规模大小，总经理直接向酒店或住宿物业的业主负责的模式，都有明显的优势和劣势，其优点包括：

更好地理解业主们的目标。如前所知，酒店业主可以为其酒店运营设定独特的目标。有些人最关心的是保持酒店作为房地产资产的价值，而另一些人则更强调酒店的运营盈利能力。直接对酒店业主负责的总经理是最熟悉业主的目标的，因此，他可以就如何实现这些目标作出更好的管理决策。

直接汇报。对于总经理来说，快速解决重要的运营问题是很重要的。例如，假设一位总经理正在考虑维修酒店的主要加热设备。维修费用为 3000 美元，而完全更换该设备则需 10000 美元。假定该设备为酒店的热水加热提供动力，一旦停用，则酒店就无法为客房提供热水。在这种情况下，业主可能会决定花费额外的钱来完全更换有故障的设备。如果总经理直接向业主报告，通常可迅速了解到业主是倾向于维修还是更换，并及时作出适当的管理决定。

明确权限。总经理的行事方式应该符合酒店业主的最大利益，这一点是显而易见的。但是，有时候（例如当总经理受雇于管理公司时），业主的利益可能会与管理公司或酒店所属品牌的利益发生冲突。如果总经理直接向酒店业主汇报，这些冲突往往就会减少或消除，因为总经理和业主都非常清楚彼此的权限范围。在这种情况下，业主扮演着上级的角色，而总经理则多半会采取从属的决策地位。

尽管有上述这些优点，但总经理直接与酒店的业主合作也同样存在着一些缺点，包括：

业主对酒店的运营缺乏经验。对于大多数酒店经营者而言，酒店管理是他们的职业，而酒店的业主则可能从事的是别的职业，例如金融、房地产开发、法律或其他许多职业。因此，大多数情况下，这些可能对酒店运营了解甚少的业主却对总经理具有管理权限，其结果有时很可能是双方都会产生挫败感和误解。

例如，假设酒店业主罗杰同时还拥有几家餐馆。在餐厅业务中，传统上，餐厅客人产生的任何费用都是在客人离开时收取的，根据这一惯例，罗杰指示其餐厅经理不得向任何客人提供信贷。然而，在酒店业务中，许多客人的费用——尤其是酒店的最佳顾客——往往被视为**直接账单**[12]。除非罗杰清楚酒店确定客人的信用度与餐厅处理同一问题的方式之间存在根本差异，否则罗杰和他的酒店经理之间可能会就此问题产生冲突。

权限复杂化。如果仅仅是一个人拥有酒店，那么业主和总经理之间的权限通常很明确的，然而，如果一家酒店的所有权是由两个或多个合伙人或拥有许多所有者的公司持有，那么总经理应向谁汇报工作的问题就变得相当复杂了。例如，在一家拥有酒店的小型公司里，酒店的总经理可以在运营问题上向公司总裁汇报，但在资金问题上则向公司的首席财务官汇报。由于运营问题和财务问题通常是相互关联的，因此在这种情况下，极可能会出现相互冲突的建议和指导。

多重忠诚的问题。职业酒店经营者对他们的家庭、职业、雇员、客人，当然还有他们的直接雇主都有忠诚度。经营品牌酒店的总经理也需对品牌经理负责。当酒店的业主向总经理提出要求，导致这些利益中的任何一个失去平衡时，就会导致冲突。

例如，假设一位总经理经营的一家特许经营酒店在客房睡眠区放置的灯泡的品牌标准为100 瓦灯泡。为了减少酒店的公用事业成本，酒店业主指示总经理将其更换为 75 瓦灯泡。在这种情况下，总经理就会面临业主的指示与品牌经理的要求之间的直接冲突。不幸的是，总经理极可能无法再向其他权威人士上诉这一问题，因此这件事很可能就会以违反品牌标准并降低客人满意度而结束。

不少酒店总经理更愿意直接为酒店业主工作，认为这种安排使他们更容易接触到业主，而且双方的权限范围明确。这些总经理很可能有一天会自己成为酒店的业主。还有一些总经理，出于各种原因，则更乐意为专业的酒店管理公司或其他负责成功运营酒店的实体工作。

但无论在什么情况下，总经理都应以使业主和客人的利益最大化的方式来经营酒店。在本书的其余部分，你将了解到管理人员应如何做到这一点。

工作日记：一天的工作 4.3

情况：

"我们走着瞧吧！"考菲尔德太太说，"我还从来没有听说过这样的规定！我住过全国各地的最佳睡眠酒店，但我以后再也不会去住了。我不认为当我跟你的老板们这么说时，他们会感到高兴。我现在就要你们公司总部的电话号码！"

考菲尔德太太是当地城市机场最佳睡眠酒店的客人。根据酒店的政策，每位客人在登记入住时必须出示有效的信用卡。考菲尔德太太没有这样的卡，因此前厅服务员拒绝为她办理入住手续。酒店总经理西尔维娅礼貌地向她解释了酒店的这一政策，委婉但坚决地表达了"没有信用卡就没有房间"的立场——这一政策，是根据酒店业主的指示来实施的，西尔维娅只是照章办事而已。

回应：

特许经营酒店的业主可以自由制定许多自己的运营政策，至于实施，那是总经理的工作。在上述案例中，客人对该酒店的付款政策深感不满，想向总经理的“老板”投诉，并要求提供“公司总部”的电话号码。当然，尽管客人感到困惑，但事实上特许经营商并不是酒店业主的“老板”。但是，客人通常可以而且确实会向酒店的品牌经理提出他们的问题。在特许经营的酒店中，通常采取的形式是拨打特许经营商提供的免费电话，特许经营商将接受投诉，并在大多数情况下直接将投诉转回给酒店解决。

作为一家特许经营酒店的总经理，如果不能解决客人的问题，西尔维娅当然应该向客人提供该品牌的投诉热线号码。如果投诉的客人足够多，酒店的业主可能最后会决定修改或取消该付款政策。然而，在政策生效期间，尽管可能导致客人投诉，但执行政策仍然是这位总经理的职责所在。在本案例中，西尔维娅已经很好地做到了这一点。

关键词汇

1. **管理（Management）**：协调个人努力及资源以实现既定目标的过程。

2. **计划（Planning）**：考虑未来并为一个组织建立目标的过程。

3. **短期目标（Short-range goals）**：在不久的将来（通常少于一年）要实现的目标。

4. **长期目标（Long-range goals）**：在一个较长时期内（通常超过一年）要实现的目标。

5. **组织（Organizing）**：旨在汇集和安排一个团体的资源以帮助其实现目标的行动。

6. **指导（Directing）**：在工作场所监督员工的过程。

7. **控制（Controlling）**：将实际结果与计划结果进行比较，并根据需要采取纠正措施的过程。

8. **组织结构图（Organizational chart）**：对一个企业内的职位和权限位置的直观描述。

9. **补偿（Comp）**：是“免费”或“不收费”的产品或服务的简称。管理人员在确认“补偿”符合酒店的最大利益的情况下，可以向客人提供免费的客房、食物、饮料或其他服务。

10. **质量检查分数（Quality Inspection Scores，简称 QA）**：也称为质量保证分数。这些分数是特许经营公司每年（或更频繁）检查的结果，以确保加盟商遵守特许权人规定的标准。在某些情况下，管理公司或物业业主本身也可以建立内部检查系统。但是，总的来说，特许经营公司的质量检查分数才能衡量总经理、酒店管理团队，以及业主对物业的财务承诺的有效性。

11. **区域经理（Regional Manager）**：负责在指定地理区域内运营多家酒店的管理者。有些公司也称其为区域或地区总经理。

12. **直接账单（Direct bill）**：一种允许客人以信贷条件购买酒店服务和产品的财务安排。

第5章　住宿管理与员工

本章内容

本章概述

主管和经理一样，都是酒店的领导者。在本章中，你将了解他们的工作职责，以及他们可以用来完成酒店目标的各种领导风格。本章还关注酒店的初级员工，因为一家酒店要取得成功，需要主管和其他每位员工的最大努力。

在本章中，你将了解到主管人员在面向客人的住宿业员工中所寻求的特征。主管人员招聘、选拔和培训新员工的方式，对员工以及他们工作的酒店的成功至关重要。因此，本章将详细研究这些重要的活动。

挑选员工的方式必须是法律允许的，但还有其他与工人有关的以人力资源为导向的法律问题，其中一些最重要的问题将在本章中讨论。大多数管理者都同意，受到公平对待的员工会表现得更好。此外，反映住宿业丰富多样性的工作团队也会表现得更好。正因为如此，本章还将探讨住宿业主管人员在工作场所接受多样性所能带来的诸多好处。

主管对工人的责任并不因为招聘过程的完成而结束。事实上，在员工被选中和聘用后，管理层对他们的责任也在增加。有效地规划和提供培训计划正是这些责任中的一项，其中，特定工作任务的培训尤其重要，因为它对酒店的员工（因为他们在工作中会感到更舒适）和客人（客人会从员工以正确的方式做正确的事情中受益）都有好处。其他如鼓励员工的出色表现，确保员工在薪酬、纪律和绩效评估方面得到公平对待，以及真正关心员工的安全和健康等，都是所有成功的住宿业管理者的责任，这些都将在本章中详细讨论。

人力资源的管理总是充满挑战。本章最后讨论了当你负责组建并成功领导自己的住宿团队时可能会遇到的一些与人力资源有关的问题。

教学目标

- 解释在成功的酒店中，住宿业主管和初级员工如何一起工作。
- 介绍主管者筛选高素质住宿业服务员工的流程。
- 研究一些与培训和留住员工有关的重要问题。
- 解释主管人员在维护工作场所安全和员工健康方面所起的作用。
- 描述拥有多元化员工队伍给酒店带来的一些好处。

5.1 团队合作的重要性

酒店团队中哪个成员更重要，经理还是管家？前厅服务员还是维修人员？人们不必花太长时间就会意识到，这些问题毫无意义，因为答案很简单：酒店的所有员工都是酒店取得成功的不可或缺的因素。当然，从客人的角度来看，客房的服务员与酒店的总经理一样重要。为了使酒店及其员工都获得成功，管理层和非管理人员必须**团队**[1]合作、共同努力，以实现企业的目标。

一般来说，有效的工作团队都拥有一个明确的目标：组织的成功。要鼓励团队中的每个成员参与影响团队的决策，并尽可能由团队成员之间通过协商做出决策。管理者应使每个团队成员都对自己的角色和工作任务有清晰的认识，并在发生分歧时展开讨论。管理者还应使团队就酒店的目标或实现目标的最佳工作方式达成共识。

在最基本的层面上，一家酒店是一个包括所有员工在内的工作团队。同时，酒店被组织为各个部门，这些部门只是企业整个系统的一部分。在每个部门内，工作可能被划分为非常小的单元。例如，大型酒店的前厅部门可能有员工只负责为客人办理进出手续，该部门的其他人则负责客人的预订。而在较小的酒店里，一个员工就可能同时执行这两项前厅活动。

除了正式的工作团队之外，酒店还可能会建立一个或多个非正式的团队，原因包括：

- 团体成员的共同利益。
- 希望在类似情况下与其他员工保持亲密关系。
- 经济方面的考虑。
- 满足其他员工共同的个人需求的愿望。

如果一个非正式团队希望实现酒店的目标，酒店主管可以尝试努力与该团队合作。可以通过提高他们的地位，对团队成员作出积极反应，以及确保没有任何障碍阻碍该团队的继续前进。

如果一个非正式团队的目标与酒店目标相悖，则酒店主管应尝试（a）改变团队成员的态度，（b）引导团队朝着酒店的目标前进，以及（c）解决造成团队成员消极态度的问题。

酒店管理者可以使用相同的基本原则来与正式和非正式的团队建立有效合作。酒店管理者可以通过使用**参与式管理**[2]，或共享型领导风格来帮助建立团队。

当管理者使用参与式管理的领导风格时，整个团队（不仅仅是管理者）都会协助解决问题和制定决策。也就是说，尽管管理者仍然对决策过程的有效性负责，但在做出决定之前会征求员工的意见。

当经理们促进团队合作时，他们正在实践一种与住宿业管理传统上不同的领导风格。他们已经从“我是领导者，每个人都必须按我的方式做事”的理念转变为“当我们作为一个团队一起工作时，我们都会从中受益”。也许那些有效率的主管更应该被称为“团队领导者”或“团队促进者”，以强调他们与受其监督的团队成员之间的持续互动。最佳团队领导者会认识到：

- 团队的每个成员都必须知道所要完成的工作的重要性，并且必须获得有效工作所需的培训和其他资源。
- 团队必须确信他们得到了高层管理人员的全力支持。

- 团队可在住宿组织的所有区域发挥作用。

总之，任何一家酒店的成功都取决于其所有员工作为团队成员的能力，而团队的最终目标是让客人满意。

5.2 主管的作用

在考察有效的管理者的作用之前，了解三个关键的员工群体是很重要的。他们是经理、主管和**初级员工**[3]。

图5.1为这三个员工群体的关系图，并指出，在酒店，总经理监督各部门主管（大酒店）和经理（小型和有限服务酒店）的工作，而大型酒店的部门主管指导着经理的工作。并且，无论在哪种规模的酒店，都由经理指导主管、主管指导初级员工。

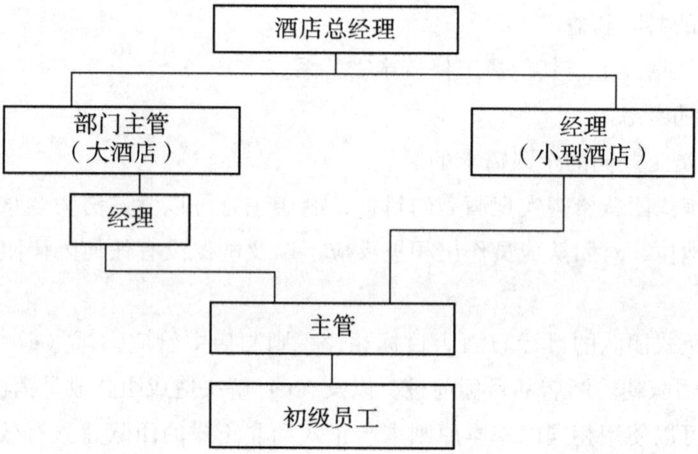

图5.1 酒店经理、主管和初级员工关系图

5.2.1 主管的职责

主管对自己的老板、管理部门的同僚和员工都有责任。表5.1列出了许多此类监督职责。

查看表5.1时，请注意，主管的许多职责与人际关系有关，例如表示尊重，作为团队成员工作以及公平对待所有员工。

表 5.1　主管的职责

对上级	对同事	对初级员工
尊重他们	尊重他们	尊重他们
充当上下级之间的联系纽带	承认他们是独立的个体	保障他们的健康和福利
帮助他们成功	帮助他们解决与工作有关的问题	了解他们的问题和疑虑
在预算限制范围内运营	作为团队成员与所有员工一起工作	帮助他们在工作中取得成功
遵守适用的政策和程序		支持他们
促进酒店的目标		公平对待他们
及时提供适当的报告和其他信息		承认他们是独立的个体
有效、高效地工作		帮助他们在工作场所找到自豪感和乐趣
尽可能明智地使用酒店的有限资源		作为团队成员与所有初级员工一起工作
作为团队成员与所有员工一起工作		

5.2.2　领导风格

主管人员必须表现出有效的领导力特质，将自己的知识、技能、态度和能力与员工的知识、技能、态度和能力相结合，以完成工作任务。他们应明白，领导力是一门艺术，它需要运用常识和洞察力与员工互动，同时，它也是一门使用行之有效的管理原则和程序的科学。

要成为一个有效的领导者，主管人员必须：

- 具备知识和技能来完成或理解自己管理的员工所从事的工作的技术内容。
- 对自己的能力有信心。
- 关心自己的管理对象。
- 为员工提供信息，帮助他们参与决策过程。
- 期望员工做的事情，自己先做好。
- 始终确保每个员工都能理解自己的每项任务，并加以适当的监督，确保按时完成。
- 培训员工成为酒店团队的一员。
- 及时做出适当的决定。
- 帮助员工养成对工作负责的态度。

- 为自己的行为寻求（并承担）责任。
- 参与正在进行的职业发展计划。

如图 5.2 所示，主管人员可以参照的基本领导风格有四种：

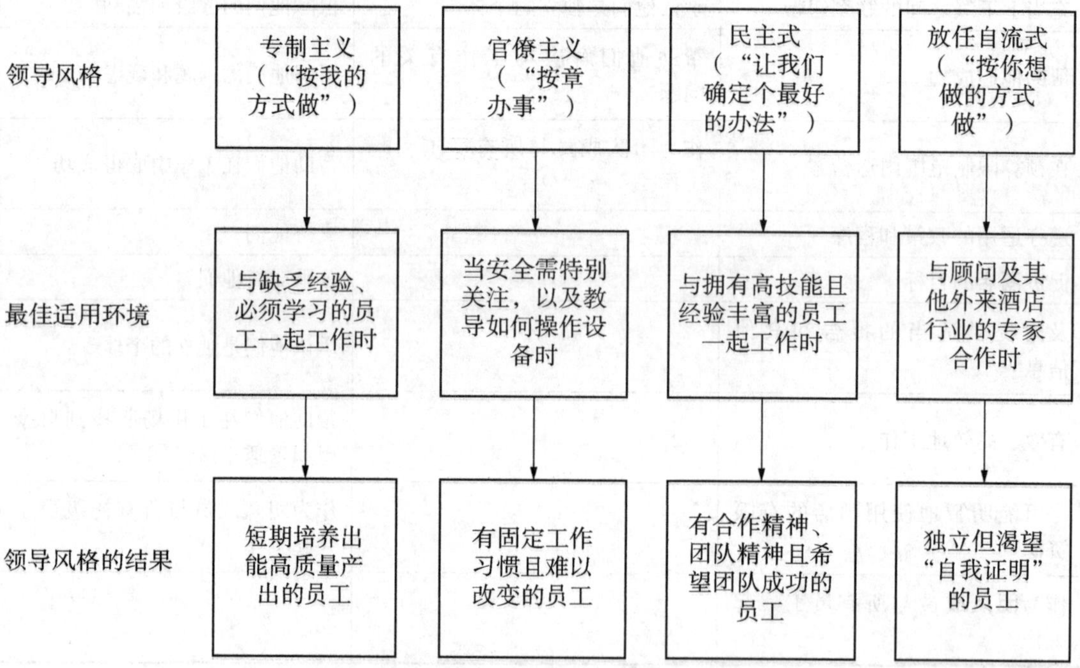

图 5.2　主管人员的领导风格

主管应该了解上述每种领导风格。

当主管与经验不足的、必须学习正确工作流程的员工互动时，**专制主义领导风格**[5]最有效。当出现紧急情况下或没有时间执行任务时（例如，由于预订误会，导致旅游大巴提前到达时），这种领导方式可能也是合适的。专制主义领导方式能在短期内培养出高质量产出的员工，但不可能培养出团队精神，有时还会造成主管和员工之间的不和。

官僚主义领导风格[6]依靠规则、条例、政策和程序来控制员工的行为。当新设备、新程序刚投入运行，或工作中存在安全隐患时，它可能是有效的。但是，这种领导风格通常无助于激励员工创造性地解决问题，并且在未来需要改变时，易造成员工的强烈抵触。

与高技能和经验丰富的员工一起工作时，**民主式领导风格**[7]最有效。适当使用这种风格，可促进合作、激发团队合作精神，因为在这种领导方式中，主管是围绕着工作人员来开展工作，而不是以需要完成的工作为中心。

放任自流式领导风格[8]使主管从决策过程中剥离出来，最适合与技术娴熟、经验丰富且受过良好教育的员工，或外部专家（包括顾问）一起工作时使用。

哪种主管的领导风格最好？理想情况下，主管人员会评估他们被指派领导的团队，并根据具体情况调整最合适的领导风格。经验丰富的住宿服务业主管人员都很清楚，在大多数酒店中，员工们可分为两种情况：一种是对住宿职业感兴趣，打算以此为长期职业的，另一种是不感兴趣的。开始，主管可能会选择采用专制主义领导风格，因为上述两种情况中的新员工都必须学习如何做好自己的工作。然后，根据每个员工的个性和能力，对那些可能具备长期从事本行业的意愿的员工来说，民主式或放任自流式的领导方式是最佳选择；而专制主义或官僚主义的领导方式则更适用于那些对长期从事本行业不感兴趣的员工。

5.2.3　沟通

任何组织（包括酒店）的主管，都必须是有效的沟通者。你是否听说过由误会或沟通障碍而引发的问题？即使信息的发送和接收双方都说的是同一种语言，沟通问题也一样容易发生。在住宿行业中，初级员工的母语如果与其主管不同，则更易带来沟通上的挑战。

那些希望能最大限度地减少沟通困难的主管人员应注意避免：

• 使用不熟悉的词汇或符号。诸如 ADR（平均每日房价）、RevPar（每个可用房间的收入）之类的术语是酒店行业所特有的，如果在培训新员工时使用到这些词汇，必须加以解释。

• 沟通时机不佳。例如，在对方太忙而无法集中注意力时仍试图传达一个非常详细的信息，是一种糟糕的做法。

• 背景干扰。如果主管试图在一个嘈杂区域与员工交谈，就可能会出现沟通问题。背景干扰的另一个例子是，在面试应聘者时被电话或进入办公室的工作人员所打断。

• 过分强调个人感受。信息的含义有时会受到一个人对另一个人的感受的影响。“我不喜欢他，所以他说的肯定是错误的或不正确的”就是一个例子。反之，“我喜欢她；所以她说的应该是真的”这种情况，也应避免。

• 未能认识到个体差异。不同的教育水平、文化程度、经验和看法等，都会影响沟通的有效性。例如年轻的主管试图指导年长员工的工作，或是受过大学教育的主管与高中毕业的员工互动，即可能发生沟通上的障碍。

语言不是我们交流的唯一方式——想想看，当你微笑或皱眉时可能向他人传递的信息。人们还使用**肢体语言**[9]进行交流。例如，交谈过程中，如果他们的手臂自然下垂，则表明他们可能正在接受一个信息；反之，如果他们双臂交叉于胸前，则表明他们很可能不欢迎该消息。

优秀的主管会设法避免沟通上的误解，并努力提高其口头和书面沟通技巧。优秀的主管还有一项共同的技能，就是具备激励他人的能力。

5.2.4　激励

员工的态度会对他们的工作表现和留在住宿业工作的兴趣产生重大影响。在大多数情况下，态度反映了人们对周围的人和事的感觉。积极的态度可导致积极的前景，消极的态度则往往导致消极的结果。

员工对许多事情的态度，如对拥有一份工作、与人交往和健康生活方式等，早在员工进入酒店工作之前就已经形成。至于对待其他问题的态度，如做最好的工作，试图持续满足客人的需求，以及遵循合理的工作程序等，可能会在工作场所形成或至少受到工作场所的影响。例如，假设一个求职者对应聘的酒店缺乏全面了解，则新员工在应聘和选拔过程中的经历以及早期的工作活动（包括入职培训和岗位培训等），将有助于建立一种态度，为该员工与酒店的关系奠定基础。

不少主管都认为自己有责任来激励其员工的工作动力。动力是一种内在的力量，会促使员工为达到目标而努力。但由于动力必须在员工内心培养起来，因此也有些主管认为，激励团队成员的意图是很难实现的。

主管人员能激励他们的工作团队吗？一种流行的、被广泛接受的激励理论定义了人类的五种基本需求，并认为人们必须在对较低层次的需求达到自我确定的满足程度后，才会有达到较高层次需求的愿望。虽然没有任何需求可能被完全满足，但未被满足的最基本需求在任何特定时间点都能给人们提供最强有力的激励。表 5. 2 回顾了这些需求，并展示了如何在工作中实现这些需求。

表 5. 2　在工作中可以获得满足的基本人类需求

人的需求	如何通过工作获得满足
身体需求	休息时间，增加的报酬，工作奖金
安全和保障需求	贯彻执行工作规则和政策，无威胁的工作环境，提供适当的工作设备
社会需求	委员会任务，与其他员工的友谊，参加酒店赞助的社交活动，提供员工报纸
自我（自尊）需求	奖励（例如月度或年度最佳员工），服务徽章，带薪参加外部物业培训课程，表彰，上司的私人来信
自我实现的需求	参与计划目标、目的和预算，并参与创造性特别项目

另一个激励理论是由不同的研究者在与上述理论差不多时间内提出的。它认为在工作场所有两组必要的因素来促进员工的积极性，一组被称为维持因素，另一组被称为激励因素。表 5. 3 列出了这一理论的详细信息。

根据这一理论，维持因素并不能起到激励员工的作用。但是，如果工作场所中没有这些因素，就容易导致员工产生不满情绪。相比之下，表 5. 3 中确定的第二组因素（即“激励因素”）则为激励员工提供了必要的条件。经验丰富的主管人员深知，员工对工作感兴趣，就很可能产生出一种内在动力（内驱力），从而使员工、客人和酒店受益。他们也明白，相信酒店目标的员工比仅仅受奖惩措施激励的员工更愿意帮助酒店。这些主管不会过度关注究竟是员工还是他们的领导者真正在“提供”激励，相反，他们努力工作，以确保其团队成员是在一个鼓励每个人都有高水平表现的氛围中工作。

表5.3　维持和激励因素

维持因素	
因素	问题示例
经济	工资、薪金、附带福利
安全	处理申诉的程序，合理的工作规则和政策，员工纪律方案
社会	有机会在工作中和下班后与其他员工互动
工作环境	适当的热量、光线、通风和工作时间数
状态	职务、工作权限、其他职位或级别的标志
激励因素	
具有挑战性的工作	
个人成就感	
对成就的认可	
参与决策过程的机会	
增加工作责任	
感觉自己对的酒店重要性	
有机会获得信息	

工作日记：一天的工作5.1

情况：

“我想我做得还不错。”埃奇蒙特旅馆的前厅服务员拉乌尔在回答酒店女服务员南希的问题时说。

南希在回答时说：“我们这些客房服务员可不行。实际上，我们从来没有机会做对任何事，也从来没有得到来自上司的评估。”她继续说：“只要一出问题，我们就会听说，这总是我们的错！老板永远不会因为缺乏明确的指导方向而承担责任，永远不会跟我们分享信息，也永远不会感谢我们的存在以及出色的工作。难怪这周又有一位同事辞职了。我敢打赌，我一找到别的工作就会离开！”

“这事儿真糟糕。”拉乌尔说，“我一直听说，客房服务员是一个艰苦的工作。这很有趣，因为我们前厅服务员遇到的问题是相反的：我们没有从上司那里听到任何消息，所以除非客人告诉我们，否则我们不知道什么时候有问题。我们也没有正式的绩效评估，尽管我们的上司每天的大部分时间都离我们只有几步之遥，但我们真的不知道事情进展如何。”

回应：

即使拉乌尔和南希分别隶属于两个不同的部门，其主管也不同，但还是有一些共同点：他们的主管都没能利用适当的领导技巧。

挫败感影响了他们的工作表现，并最终影响了他们的职业选择。在这个案例中，两位主管都应尊重员工，提供有关员工表现的意见，分享与其工作相关的信息，并认识到他们自身（而非员工）很可能才正是问题产生的根本原因。

拉乌尔和南希入职时，他们是想做好这份工作的，可能也希望与酒店建立长期雇佣关系。不幸的是，现在情况已经改变了。酒店的管理人员应了解这两个部门的人员流动情况，并对此予以关注。总经理还应认识到其他可能表明监管不力的问题。要解决这些问题，可以通过与所有酒店经理会面，并规划和实施一个有效的员工评估计划。在此过程中，使用跨职能团队（包括两个或多个不同部门的成员）来发现其他问题，并提交解决方案，可以帮助确定问题的来源以及解决方法。

5.3 新员工的角色

住宿服务业的初级雇员应被视为专业人士。他们应该并渴望得到这种尊重——事实上，如果管理者选择使用积极的领导策略时，他们就能获得这种尊重。

专业人士是值得骄傲的，他们知道如何用正确的方式来完成自己的工作，努力做得更好，并通过这个过程使这个行业更好。作为酒店团队的一部分，专业的初级员工“全力以赴”，尽最大努力满足客人的需求、实现酒店的目标，并真心实意地帮助其他员工。

5.3.1 职责范围

酒店的初级员工工作重要而又繁重。这些工作是酒店雇用他们的根本原因，因此他们深知酒店的期望是什么，他们的主管还会告知他们的工作必须始终符合标准。对酒店初级员工来说，最有效的工作方法是常常与上司进行沟通。

在住宿服务业中，员工与主管的相处方式将影响他们的成功。最好的情况是，双方能相互尊重和理解，良好的关系也会自然而然地产生，且容易建立。但是，事实也可能并非如此，领导者与工作团队之间也常可能发生摩擦。发生这种情况时，工作的展开可能会更困难，但是，正是在这种情况下，努力发展、维护和改善员工与主管之间关系就显得更加重要。优秀的员工很清楚，老板是不可能成为他们的密友的，但他们之间却可以相互尊重。事实上，无论在哪种关系中，尊重都是必要的，它对于工作取得成功也是必需的。员工最有可能受到尊重的情景是：

- 配合并遵守主管提出的合理工作要求。

- 始终达到质量和数量的产出标准。
- 可靠，说到做到。
- 有礼貌，能尊重客人、同事、主管和其他人。
- 善于与他人合作。
- 对要完成的工作表现出兴趣。
- 有雄心壮志，愿意为成功而努力。
- 通过公开支持酒店、主管和同事来显示忠诚度。
- 具有创造力，有想法，并能为他人树立良好榜样。

通过做上述事情，员工表现出对同事和主管的尊重，反之也因此获得他人的尊重。

初级员工的主管应该对员工抱有一定的期望。合理期望的例子包括：

- 相信并遵守酒店的政策和法规。
- 尽最大努力为客人提供优质的产品和服务。
- 就如何更好地完成所分配的工作提出建议。
- 遵守承诺，履行工作义务，对待需完成的工作态度认真。
- 正面评价酒店及其管理者。
- 认识到有目的的改变是不可避免的，并与之合作而不是抵制它。
- 对自己的在职行为负责。
- 始终如一地尽最大努力工作。
- 担任酒店顾客服务团队中的贡献者。

员工们必须共同努力，才能使一家酒店取得成功。主管必须具有这样的理念：工作是和员工一起完成的，不能不顾及员工的感受。主管及其员工必须在合作、双赢的关系中共同努力，这样一来，他们不仅可以为客人提供最好的服务，还可以满足自己的最大利益。

5.3.2　职业生涯

一些初级员工并不希望在住宿或酒店业中长期工作。这些人可能是处于实习阶段的在校学生，也可能是为了增加退休收入而从事兼职工作的老年人。有些人因为喜欢这份工作而对酒店业的职业产生了兴趣，还有一些人开始在酒店工作时就已经知道这是他们酒店业生涯的第一步。上述各类人员都在酒店有一席之地。

酒店员工与其他人一样，倾向于根据最符合自身利益的方向行事。例如，如果他们认为继续受雇于一家酒店是有利的，他们就会这样做。反之亦然，他们会为了另一个他们认为更好的机会而离开。

如何让酒店的工作环境与他们的兴趣相一致，是管理者面临的挑战。要促进酒店和酒店业员工的职业发展，管理者可以做的事情很多，例如：

- 找机会讨论在酒店行业工作的诸多好处和回报。

- 在招聘新员工时，应强调职业而不是工作。

- 说明职业发展前景。可以尝试在入职培训期间对新员工做以下声明："这是我们酒店的组织结构图。你是从这个初级别职位开始的，而那些目前处于高层职位的人也是从你现在的位置开始，通过努力，他们已经晋升到担负着更大责任的岗位。"

- 为所有已掌握当前工作的员工提供可接受其他职位的培训和职业发展的机会。

- 扮演导师的角色，在适当的时候提出建议，并在被咨询时帮助解答。

- 发挥榜样作用。对物业和住宿业持积极和乐观的态度；积极参与员工的个人发展和培训计划。

- 帮助感兴趣的员工规划个人**晋升阶梯**[10]。

酒店的组织结构图是一个简单的晋升阶梯，并建议在酒店中连续设置更多的责任职位。例如，在一家大型酒店，员工可以从前厅文员开始，晋升为前厅主管，然后转为前厅经理。或者，在一家有限服务酒店，一些员工可能希望在不同的部门之间调动，以更好地了解整个酒店的运作方式。在这两个例子中，组织结构图都显示出了晋升机会。

帮助员工在工作中找到自豪感和快乐是向每个主管提出的挑战，他们通过鼓励每位有能力的员工实现其职位晋升，来达到帮助员工的目的。

反过来，员工会期望他们的主管做什么？一般来说，酒店的员工有权对其主管抱有某些期望，包括：

- 对他们所做的工作给予公平的报酬。
- 安全的工作条件。
- 做好当前工作所需的培训。
- 如果可能的话，为升职提供额外的培训。
- 帮助并确保所有员工都能很好地合作。
- 对影响他们的政策、规则和条例进行全面解释。
- 公正地评估他们的工作。
- 认可员工的出色工作。
- 采用适合每位员工的领导风格。
- 成为员工的榜样（主管应为职业行为树立榜样）。

5.4 员工的挑选与保留

无论规模大小，酒店每个部门的经理和主管都必须真正关心寻找和留住高质量的员工。大型酒店通常设有**人力资源部门**[11]，帮助各职能领域的经理更有效、更合法地管理员工。人力资源部门通常配备一名或多名员工，以帮助酒店其他部门的经理和主管处理人力资源问题，包括招聘、选拔、入职培训、薪酬、法律、安全和健康等，并执行各种其他专门任务。

历史上，“人事”和“人事管理”这两个词一直被用来描述人力资源管理学科。但是，这些术语其实并不合适，因为人力资源职能所涉及的不仅仅是管理或指导员工的工作，许多其他支持员工的幕后活动都是人力资源工作的更大范围的内容。

只有人力资源活动得到有效管理，酒店才能成功。在大多数有限服务酒店和较小的全服务酒店中，既没有人力资源部门，也没有专职的人力资源总监，这些职责可能会由总经理来承担，或者在某些情况下，由一名助手负责执行与人力资源相关的文书、记录以及其他工作。另外，人力资源的某些职能也可以下放。例如，总经理可以行使与整个酒店运营相关的职能，包括确保员工入职表符合现行法律，确保其他负责特定酒店职能的人员（例如前厅部或客房服务部）行使其他职能，如招聘、选拔和入职培训等。

总之，无论人力资源活动是由一个担负诸多职责的总经理来执行，还是分散在整个酒店，或是由一个或多个人力资源专家来承担，如果要有效地管理酒店员工，都必须解决以下几个基本问题：招募、选拔、定位、培训、工作场所的公平性与留住员工。由于它们的重要性，酒店管理者必须深入了解每一项内容。

5.4.1　员工招聘

一些酒店的高离职率使得员工**招聘**[12]成为一项看似永无止境但绝对至关重要的管理任务。

在合格工人稀缺的地方，招聘尤其困难。之所以出现这种情况，是因为人们普遍存在一种误解，认为酒店业的初级职位薪资不高，且几乎没有晋升机会。

酒店管理者必须认识到，招聘空缺职位的需求与酒店的离职率直接相关，因为如果现有员工离职的人数减少了，招聘空缺职位的需求就会减少。酒店经理可以采取措施来影响离职率。制定政策、程序和标准使酒店成为社区内首选雇主是一个好的开始，如果成功，对招聘活动的需求即可大大减少。

招募新员工时，有哪些最佳策略？大型酒店的人力资源经理和小型酒店的部门经理可以使用相同的方法。通常，**内部招聘**[13]和**外部招聘**[14]有机组合，是最好的。

顾名思义，内部招聘主要针对目前就职于酒店的员工（内部申请人）。外部招聘的重点是寻找那些目前不在酒店工作的求职者。

被称为**岗位说明**[15]的人力资源工具对上述两种招聘方式都很有用。一般来说，希望申请某个职位的人，一定也希望了解这份工作所涉及的具体工作内容，而岗位说明正是对该职务进行工作任务描述的工具。重要的是，岗位说明要与时俱进，这样员工被录用后才不会有意外情况发生。

许多酒店都强调从内部晋升，这是内部招聘的一个例子。当较高级别的管理或监督职位出现空缺时，这些酒店的管理者会首先将目光转向表现出色的现有员工。这些晋升机会可以激励员工继续留在酒店并在目前的岗位上取得优异成绩。还有些员工，可能出于职业发展、个人兴趣或其他原因而想调到酒店的其他岗位，如果这种调职符合酒店的最大利益，那么他们的诉求应该得到支持。

提醒在职员工的亲朋好友注意职位空缺是内部招聘的另一个例子。有些酒店会鼓励在职员工向酒店推荐申请人，如果面试通过，这些申请人会在特定的时间段内被酒店聘用，而推荐的员工甚至会因此获得酒店发放的奖金。这种策略的一个优势是，在职员工非常了解酒店的工作状况，所以，这些热爱自己的工作的员工会自然而然地成为亲友圈里的优秀招聘者。

当然也有不少有效的外部招聘策略。可以利用知名的互联网招聘网站、报纸和其他媒体广告等进行招聘，也可以利用猎头公司招聘管理职位，或在大学举办学生招聘会等。

所有员工，无论他们做什么或不做什么，都会给同事留下深刻印象。这反过来又会影响酒店的离职率。员工还可以影响求职者的看法，例如，求职者可能会与在职员工谈论在一家特定的酒店工作是好是坏。因此，那些认真考虑招聘策略并向员工征求意见的经理们很可能就会从上述现象中总结出一些策略，为酒店吸引更多的求职者。

5.4.2 员工选拔

选拔[16]是对职位申请者进行评估的过程，以甄选出那些最合格和最有可能成功的求职者。

作为一种人力资源工具，**职务说明**[17]可以很好地帮助求职者选择合适自己的职位，界定了成功完成某项工作所需的个人素质。在法律规定的限制范围内，甄选职位资格的条件可以包括受教育经历、工作经验、过往表现，以及身体状况等。

谁来决定应该选择哪位雇员？即使在设置有人力资源部门的酒店中，这个决定也应由相应的部门经理来做。当然，在选择之前，必须收集每位求职者的相关资格信息——这一点可以通过设置各种程序来完成，包括：

初步筛选。包括填写并提交一份申请表格。

就业面试。如果酒店设有人力资源部门，初步面试可能将由人力资源部门的工作人员进行。成功通过此轮筛选面试的求职者将被介绍给招聘需求部门的经理进行第二次面试。当然，在小型酒店，上述两轮面试都可能由招聘需求部门的主管进行。

通常，面试官应交叉使用开放式问题（例如，“你准备如何与打算入住酒店的陌生客人互动?”）和更有条理的与绩效相关的问题（例如，如果招聘的是经验丰富的维修技术人员，“在清洗制冷设备的冷凝器线圈时，最需要注意什么?”）。

就业测试。这种测试往往在需要求职者具备某方面的经验或特定知识时使用。例如，求职者可能需要接受纸笔测试，以解决前厅服务员所需的出纳技能中的算术问题。

背景调查和推荐。在征得求职者同意后，可以与其过去的雇主联系，以确认申请人的工作时间和以前担任的职位。

身体检查和药物测试。只要不存在歧视，体检对于某些职位（如游泳池救生员）来说是很有必要的。至于药物测试，这一做法虽然存在争议，但在某些地方（如美国的许多州）是被视为合法的。

在选拔中被判断为最符合空缺职位要求的求职者，一般会获得该酒店的工作机会。如果求职者接受了工作邀请，那么酒店管理者接下来的任务就是帮助新员工迅速适应新岗位。

5.4.3 入职培训

入职培训[18]是向新入职员工提供必须知道的有关酒店的基本信息的过程。有效的入职培训至关重要，因为它有助于建立酒店与其员工之间的关系。

入职培训课程必须经过深思熟虑，不应以前后矛盾和草率的方式呈现。管理人员应通过确保迎新活动的组织性、一贯的全面性和专业性来表达对新员工的关注。入职培训的目标包括：

- 减轻焦虑。新员工希望从外界得到支持，确认他们的就业决定是一个很好的决定。
- 提高士气，减少人员流失。入职培训应该为新员工与酒店之间的关系打下良好的基础。
- 提供一致性。有效的入职培训可以培养出一支更可能了解并相信酒店目标的员工团队。例如当火灾发生或其他紧急情况下，他们会知道如何处理。他们也能正确理解酒店的人事政策，包括假期、休息日、病假和其他福利。
- 培养切合实际的期望。新员工想了解经理对他们有什么样的期望，入职培训计划应提供此信息。

由于入职培训涉及向员工介绍适用于所有酒店员工的一般信息，因此在大型酒店，通常由人力资源部门的工作人员执行此职能，在小型酒店中，则由总经理、部门主管承担此责任。一个全面的入职培训计划中应涵盖的一般主题可能包括：

- 酒店概况，包括其使命声明，有效的顾客服务的重要性，以及对团队合作的重视。
- 回顾重要的政策和流程。
- 详细讨论薪酬问题，包括福利。
- 关注安全和事故预防方面的问题。
- 员工/工会关系（如果适用）。
- 实体设施。包括参观酒店所有区域，在酒店的餐厅中用餐可作为参观的一部分。
- 酒店优先考虑的其他主题。例如强调质量、授权和职业发展机会。

许多酒店在入职培训期间都会提供**员工手册**[19]，其内容为有关入职培训中所介绍的基本主题的详细信息。

在大型酒店中，总经理的个人介绍会对员工、酒店与员工之间的关系产生重大影响。新员工会印象深刻，认为总经理非常关心并欢迎他们加入酒店团队。在一些酒店中，在初次入职培训数周或数月后还会进行第二次跟进培训，以便新入职的员工可以根据他们最初的工作经验来提供意见或提出问题。

5.4.4　在职培训

新入职的员工必须接受培训，但是所有员工——无论是新入职的还是有经验的——都能从有效的在职培训中受益。无论在某个工作岗位上有多少经验，对所有员工来说，在职培训都是必要的。新员工必须接受入职培训，才能持续达到质量和数量标准。此外，那些经验丰富的工作人员也需要培训，例如在购买新设备或实施新的工作程序时。随着公司目标以及客人期望的变化，随着新的操作技术和管理方法的发展，甚至总经理也将需要接受在职培训。

在大型酒店里，人力资源部门的人员会制定旨在教导管理人员如何进行在职培训的计划。在规模较小的酒店，一般由总经理决定由谁负责培训，以及在哪些方面进行培训。在有些酒店，一个部门的培训师可能负责该部门新员工的所有培训，有些酒店则可能会聘用数名培训师分别负责特定领域的在职培训。

工作日记：一天的工作 5.2

情况：

阳光之泉旅馆（一家拥有65间客房的有限服务酒店）的总经理西尔瓦正在主持与部门经理的每周会议："我相信，如果我们能够更加重视宾客服务，我们就将在这一区域的连锁酒店中获得竞争优势。我认为我们已经做得很好了。我们偶尔会收到客户投诉说服务不佳，但大多数时候，我们收到的是积极的反馈。如果我们对所有员工进行培训，让他们持续提供高质量的顾客服务，各位觉得如何？"

前厅部经理杰罗姆说："我认为这是个好主意。"

"我同意。"客户部经理瓦妮莎说，"不过谁来制定培训计划？由谁来执行？什么时候能抽出时间将员工们召集起来进行培训？毕竟我们现在真的很忙。也许今年晚些时候会有更多时间来做这件事。"

回应：

像阳光之泉旅馆这样的小型住宿场所，不可能专设一个人力资源部门来制定和实施培训计划。但是，工作繁忙的住宿管理者不能仅仅因为缺乏时间、金钱或其他资源就影响更新员工的技能，实施员工的培训计划。幸运的是，目前在酒店业中已开发了许多培训计划，且随时可用。其中有些是专门针对该行业的，有些则是通用的，可以广泛使用于任何与公众打交道的组织或机构。在这种情况下，西尔瓦和她的部门负责人都必须认识到，他们自身对于顾客服务的态度，是在酒店内实施优质顾客服务并保持下去的最重要因素。因此，他们必须作出一些创造性的工作日程安排，以便让所有员工都参与到培训中来。支付给受训者的工资和购买材料的费用可以列入预算。总之，只要管理人员是真正致力于员工培训的，那么其他障碍都可以克服。

5.4.5　培训的好处与过程

经验丰富的酒店经营者深知，培训可以对住宿物业的许多重要领域产生积极影响。包括：

- 生产效率。
- 服务质量。
- 客人对酒店的看法。
- 财务目标的实现。
- 工作技能的提高。
- 员工的工作满意度。
- 有助于员工招聘工作的开展。
- 员工态度的改善。
- 减少离职率。
- 改善团队合作。

培训新员工并不难，但计划和实施培训是需要时间和精力的。在企业中，时间就是金钱，因此，起初，培训自然比不培训要花费更高。但是，由于经过培训的员工工作效率更高，能够更好地满足质量要求，对他们所做的工作感觉更好，并且更有可能留在酒店工作，因此很容易就可以证明培训时间和支出的合理性。

员工可以进行个性化（一对一）培训，也可以与其他受训者一起接受小组培训。这两种方式均可适用图 5.3 所示的四步过程。

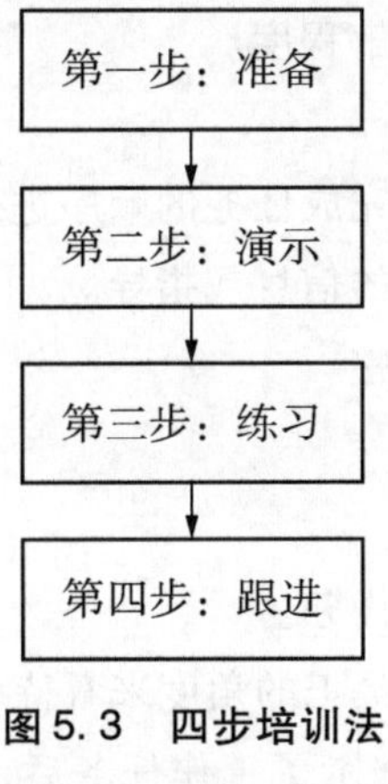

图 5.3　四步培训法

让我们看看主管在培训新员工或更有经验的员工时如何应用上述“四步培训法”。

第一步：准备。首先，培训师必须制定并始终遵循可定义的培训目标。在教授一项工作

任务[20]之前，培训师应该清楚地知道为什么要这样做以及应如何做。

在培训开始之前，还必须决定培训所需的时间及地点，以及所有必要材料和设备的组装、设置。同样重要的是，要从受训者的角度解释为什么培训是重要的，以及受训者将如何从中受益。以下所列，即为培训师应为培训所做的适当准备：

- 制定时间表，说明何时进行培训。
- 收集所有需要的培训设备、工具和材料。
- 选择并适当安排培训地点。
- 确定受训者必须学习的具体工作任务。
- 使受训者放松。
- 了解受训者对每项任务已事先知道的内容。
- 说明受训者在课程中应该学习的内容。
- 为受训者树立一个好榜样。
- 告诉受训者“有什么好处”。
- 计划以受训者的语言水平提供培训。

第二步：演示。在培训课程准备完毕后，演示问题就变得很重要了。具体的工作程序成为展示培训的基础。每个培训活动都应该被设计来说明和强调每个工作任务的正确方法。

在培训师讲述了某项任务应该如何完成后，应向员工演示正确的方法。演示应包括必要的重复，以确保受训者理解该活动是如何完成的，并与整个工作相适应。以下所列，即为演示培训时应注意的内容。

- 向受训者解释并演示工作任务。
- 在整个培训过程中保持耐心和适当的节奏。
- 确保受训者了解每项工作任务和程序。
- 鼓励受训者提出问题。
- 通过提出开放式问题来检查理解程度。
- 每次只谈一个问题。
- 遵循有序的顺序，按照工作中完成任务的顺序进行教学。
- 仅提供可以在一次课程中掌握的信息或指导。
- 使所有的指示清晰、简洁和完整。
- 使课程变得有趣。
- 准备好所有的设备/工具。
- 向受训者展示如何正确地完成任务。
- 提醒受训者从客人和其他酒店员工的角度来看待有效性。

第三步：练习。在培训师解释并演示了工作任务后，受训者应独自练习该任务。重复练习是确定受训者清楚如何进行该项工作，并可以开始获得必要技能和速度的一个重要方法。在受训者练习的同时，培训师可以就如何更好地完成工作提出建议，同时肯定并表扬受训者掌握了正确完成工作所需的信息或技能。以下所列，提供了有关这一重要培训步骤的具体建议。在受训者练习任务时，培训师应：

- 测试受训者，要求其在规定的时间内按规定的方式完成任务。
- 要求受训者逐点解释任务的“方式和原因”。
- 认真注意并纠正任何不当或不合格的行动。
- 通过问诸如“为什么这样做是最好的?”这样的问题，确保受训者理解培训的要求。
- 当受训者表现良好时，及时告诉他或她。
- 在培训过程中及时纠正错误，使受训者能立即从错误中学习。
- 如有必要，请留出更多时间进行私人（个人）练习。
- 鼓励受训者提出问题。

第四步：跟进。在培训师允许受训者进行练习后的某个时间点，受训者应该能够在没有持续监督的情况下完成工作。但是，培训师应该继续监督受训者，以防出现任何问题。此时，巩固就变得很重要。

如果跟进训练是有效的，则受训者将对培训形成持续的积极态度，同时也能学会如何正确地完成工作。以下介绍了在具体的跟进培训活动中，培训师应：

- 让受训者在适当的工作区域独立工作。
- 鼓励受训者在需要时寻求帮助。
- 告诉受训者今后在工作中应向谁寻求帮助。
- 经常检查受训者的表现。
- 让受训者知道自己的表现。
- 帮助受训者纠正错误。
- 确保受训者从错误中吸取教训。
- 向受训者征求更好的工作方法的建议，并鼓励他们在现有标准的基础上进行改进。
- 用积极的反馈来奖励良好的表现，包括对受训者的最大努力致以诚挚的“谢谢”。

5.4.6 工作场所的公平性

即使是经过最精心挑选和训练有素的员工，如果感到自己受到不公平的对待，也不会继续留在工作岗位上。因此，确保工作场所的公平性是每位主管工作的重要组成部分。员工在各种就业领域寻求公平的待遇，包括薪酬、工作时间表和日常工作任务。上司必须特别注意两个关键领域，即员工的纪律和绩效评估。

员工纪律。一些酒店主管在考虑员工纪律时，只会考虑对不当行为的惩罚。为了帮助确保工作场所的公平性，更好的方法是将**纪律**[21]视作主管人员用来改善员工在职表现的各种技巧。影响酒店员工的工作表现的因素很多，包括：

- 与酒店有关的因素，包括酒店的指导和培训计划，员工主管的领导风格以及组织的政策和程序。

- 个人因素，包括道德、诚信和对酒店及其成功的承诺程度。
- 工会合同。
- 其他员工的影响。

一旦员工们相信纪律处分是为了帮助他们指出需要改进的地方，就不会有那么多关于使用纪律处分时不公平的指责了。当主管和员工之间存在良好的关系时，主管的指示、建议、榜样和其他强化手段才能激励员工们表现得更好。只有当这种情况没有发生时，才应该采取纪律措施。如果必须对员工进行纪律处分，主管应记住：

- 批评应私下进行。
- 导致作出纪律处分决定的任何信息都应该提供给员工，并且应是真实的。
- 纪律处分应基于员工的行为，而非其身份。
- 纪律处分应尽快进行。
- 纪律处分的轻重程度应与问题的严重性相一致。
- 应采用渐进式纪律处分方案。例如，先是一次或多次口头警告，之后是书面训斥，接着是停职、调职或其他措施，包括作为最终手段的解雇该员工。

员工会对他们认为不公平的纪律处分做出不利反应。例如，当某个员工因其他员工的行为而受到纪律处分，而这些员工却没有受到纪律处分时，就会出现这种情况。寻求确保纪律处分的公正性的管理者应始终记住，他们采取的纪律处分应该是即时的，应与其他员工的待遇保持一致，并且不具个人色彩。这是因为纪律处分的目的在于使员工的行为和表现符合工作标准，而非员工的个性。

绩效评估。学习酒店管理课程的学生希望知道自己的表现如何，并渴望让导师评价他们在课堂上的进步。例如，他们想要在考试后尽快了解自己的考试成绩。同样，酒店员工也想知道自己的工作表现，并希望其主管能评估他们在工作中的努力。为此，应建立一个经过合理设计并得到公正应用的**绩效评估**[22]系统。

精心设计的绩效评估系统可以帮助主管评估员工过去的绩效，协助他们计划和开展职业和个人改进活动，并建立目标和程序来指导改进工作。

尽管绩效评估的目标非常重要，但许多酒店并没有制定正式的评估程序。不幸的是，其中一些酒店正在使用的程序是存在缺陷、被员工视为不公平的。例如，一些正式的评估系统要求评估人员对员工进行相互比较，结果，一些员工必须被归类为“非常好”，而另一些则是“非常差”——哪怕事实上他们都可能一直达到或超过工作标准。

理想情况下，绩效评估要回答两个问题：被评估员工的工作表现如何？如果确实存在绩效不足，可以采取哪些纠正措施来提高员工绩效？为了确保员工评估系统的公正性，主管必须认识到自己有责任确定工作任务，培训新员工和在职员工以达到质量标准，并提供工作成功所需的工作场所工具和设备。

有些主管不喜欢与员工对话，也不喜欢指出其业绩的不足。这些主管往往倾向于将所有员工都评为“平均水平”或“高于平均水平”，以便尽量减少在绩效评估上花费的时间。他们通常也不太愿意与表现不佳的员工分享负面的评估结果。在员工看来，这样的主管不可能是公平的。

重要的是要认识到，并不是只在酒店政策有正式要求时才需要进行绩效评估。相反，有些考核制度允许随时随地进行非正式对话，其目的是给主管一个机会来改善员工的表现。无论评估计划的具体特征如何，有效的主管都会设计公平的制度，向酒店员工进行充分解释，然后公平公正地运用它们。

5.4.7　员工保留

几乎所有类型的酒店的经营者都常常面临劳动力短缺的情况，无法招募到所有想雇用的员工。解决此挑战的部分方法是留住现有员工。只要在职员工继续在岗，就不必不断招聘、指导和培训新员工。

酒店员工可以出于各种原因离职。退休、迁居，以及完成学业，都是在职员工可能离职的原因之一。在上述每种情况下，酒店管理者几乎都无法挽留员工。虽然适度的人员流动对于酒店来说是件好事，因为新员工将为酒店带来新鲜的态度和想法，但是，某些酒店的高离职率严重阻碍了其维持质量标准和实现财务目标的能力。高流失率不是好事，在某种程度上，它是可以由经理和主管有效控制的。

一些酒店经营者认为高离职率是住宿行业中不可避免的经营成本，对此几乎无计可施。结果，这些管理者进入了招聘—流失—再招聘的恶性循环，给自己和酒店带来了严重的问题。

更好的选择是努力工作，成为酒店所在社区内的首选雇主。实现这一地位需要策略和常识。管理者应该经常问问自己：“如果我是一名初级员工，我希望得到怎样的待遇?”对这个基本问题的回答，将提示主管和经理可以采取哪些行动来减少过高的离职率，提高员工的留职率，从而降低相关成本。不过好在旨在使酒店成为首选雇主的战术的实施通常花费并不昂贵，重要的是，企业要尊重每位员工的个人价值和尊严，帮助他们在工作中找到自豪感和快乐，并体验到工作场所的公平。以下是其中一些策略。

策略1：向员工展示领导能力

- 尽可能选择最优秀的员工，对其进行良好的培训，提供有效的工作资源，并公平对待他们。
- 遵守所有就业法，只雇用合法的工作人员。
- 淘汰那些对实现酒店目标没有贡献的员工，但要避免偏袒。
- 认识到“顾客”并不总是正确的，不公平对待员工的客人是不受欢迎的。当涉及不文明客人的事件发生时，需要为员工提供支持。

策略2：帮助每位员工做好成功准备

- 分享你对酒店未来的愿景，以及它对每个员工未来成功的影响方式。
- 向员工介绍在酒店里的职业发展机会，承担帮助员工在其职业范围内发展的责任。
- 制定并持续实施高质量的指导和培训计划。
- 确保承担培训职责的员工知道如何有效地进行培训。

策略3：以你希望被监督的方式对员工进行监督

- 为所有员工制定并执行准时上班的政策。
- 为员工提供一份个人的工作时间表。
- 了解员工，如果发现员工存在个人问题，建议他们参加员工帮助计划。
- 选择并邀请部分员工参加管理会议，让有才能的员工在晋升之前就开始接受管理培训。

策略4：创造积极向上的工作环境

- 定期召开全体员工会议，让他们了解酒店运营情况并听取他们的意见。
- 庆祝员工的生日和其他特殊日子。
- 利用创造性的员工表彰计划。
- 该表扬员工时要表扬他们。
- 如果可行，应允许员工分担日程安排的责任。
- 对那些在非计划内轮班工作的员工提供奖励。
- 邀请新员工的家人来酒店参观。

策略5：庆祝成功的员工

- 每当看到员工取得积极成就，都要给予奖励。
- 不要仅仅因为他们能做，就给他们安排更多的工作作为奖励。
- 通过确定托儿和长者护理方案，帮助员工在履行其工作职责时无后顾之忧。
- 为有需要的员工选择适用的公共交通系统。

5.5 员工安全与健康

所有住宿服务业经营者，包括总经理、部门经理、主管和员工本人，都必须关注**安全隐患**[23]与**健康危害**[24]。一般来说，大多数酒店都不存在此类隐患，但如果某些工作执行得不正确时，也会出现问题。酒店中许多与工作有关的事故和疾病都与以下方面有关：

• 必须完成的工作。例如，客房服务员在清洁时可能需要使用某些危险化学品。未经适当培训，这可能会导致非常严重的事故。

• 工作环境。例如，湿滑的人行道或潮湿的室内大厅地板，可能会导致在其上行走的人发生事故。

每个酒店部门的管理人员都应负责维护工作场所和工作条件的安全，以减少事故发生。当然，他们还应负责对员工进行安全和其他方面的培训。酒店总经理也通过坚持安全至上的理念来发挥在这一领域的重要影响。例如，总经理可以仔细观察正在使用的设施、设备与工作程序，记录下任何可能发生的问题，并跟进以确保问题得到纠正；合理的预算也是重要的，例如，如果需要资金用于安全与健康方面的整改以及准备培训材料，则应及时充分地分配这些资金。

具体而言，酒店总经理和相关管理人员应实施两种类型的安全计划。第一种是针对整个酒店的安全计划，如消防安全、客人安全和对自然灾害的应对等；第二种是针对酒店具体部门的计划，例如对主管进行有关其工作范围内重要的安全领域（如安全使用化学清洁剂）的培训，对餐饮部门的员工进行与其工作安全有关的极为重要的主题培训（例如安全储存和供应食物），等等。至于酒店其他工作场所的安全问题，应由相关主管人员加以有效解决。这些包括：

• 工作场所的压力。

• 工作场所的暴力。

• 疾病预防。例如，防止感染人类免疫缺陷病毒等公共卫生安全事件等。

• 其他综合性疾病与运动损伤等。

在工作的各个方面真正关心员工，是成功的酒店管理者的特征。

5.6　劳资关系与法律

酒店经理在选择、培训和留住员工时与员工的互动常常受到许多法律问题的影响，使得管理者在可以做什么和不可以做什么方面有了很大限制。了解并及时掌握管理员工的法律方面的信息，酒店管理者就可以避免代价高昂且耗时耗力的纠纷、申诉和诉讼。

5.6.1　员工选拔与法律

一般而言，雇主对雇员的法律责任，甚至在选择潜在员工进行面试之前就已经开始。如前所述，管理者应该使用书面的职务说明来确定准员工正确完成工作必须具备的知识和技能。然而，在法律上，只有**实际职业资格（BFOQ）**[25]可以用来筛选出不合格的求职者。

管理者应与相关的部门经理一起仔细审查岗位说明，以评估所列任务是否合理、必要，以及是否能以适用于更多合格员工的方式进行修改。这是一种在法律许可范围内的职业资格标准。在任何情况下，任何职业资格标准的使用均不得不公平或非法地淘汰其他合格的求职者。合法的住宿业职业资格的要求可能包括语言技能（例如，可能需要前厅服务员英语口语流利，以便与客人交流）和最低年龄要求（例如，在许多地区，未成年人不得在深夜工作或向他们提供酒精饮料）。

在住宿业经营管理中，应特别重视当地的就业或劳动相关法律。如果酒店设有人力资源部门，则了解和遵守这些法律的责任通常即由该部门承担。如果没有，则总经理及其员工应负责了解和遵守相关法律。

5.6.2　劳资关系

在合法选择雇员之后，酒店经营者有权在必要时将其解雇，因为在世界上许多国家，包括中国，雇主与雇员之间存在的是**自由雇佣**[26]关系。

在不违反法律的前提下，自由雇佣意味着雇主为了企业的最大利益，可以在任何时候雇用或解雇雇员。同样，雇员也可以从其个人最大利益的角度出发，自由选择辞职或留任。

5.6.3　工作场所中的其他法律问题

在美国，有许多法律或法律问题对员工在就业期间的管理有重大影响。例如：

性骚扰。这方面的法律旨在确保经理或主管不能要求下属提供性服务以换取就业福利，也确保员工不会因拒绝提供此类服务而受到惩罚。性骚扰还包括使用不恰当的语言或行为。

国外的家庭和医疗休假法。在国外，如果雇员需要时间来生育、领养或在某些情况下抚养孩子，那些雇用50名或以上员工的酒店必须为其提供最多12周的无薪假期。该法案也适用于雇员或雇员的直系亲属罹患严重疾病的情况。就本法而言，“直系亲属”一词被定义为父母、配偶或子女。

最低工资和加班费。以美国为例，联邦法律《公平劳动标准法案》（*FAIR LABOR STANDARDS ACT*，简称FLSA）规定了应支付给所涵盖的雇员的最低工资和加班费率。FLSA的另一条款则与同工同酬有关。这部分法律规定，无论性别，无论种族，从事同一工作的雇员都必须平等地获得经济和非经济回报。

除这些例子外，还有许多其他的法律涉及工作场所中可能出现的各种情况，例如工人的就业状况，必须向员工收取或代其支付的与工资相关的税款，以及为雇用弱势工人的雇主提供的税收抵免，等等。与这些类型问题有关的规定很复杂，且经常发生变化。因此，酒店工作人员必须了解这些法律，并且在它们发生变化时与时俱进。负责该项工作的可能是（大型酒店的）人力资源总监或是（小型酒店的）总经理。如果酒店雇用了人力资源专员，总经理应要求其定期提供关于酒店的政策/做法的指导，以及何时需要外部法律援助等。

5.7 员工的多样性

在接待服务业，特别是在住宿及酒店业，员工多样性的概念受到广泛关注。

国际酒店业是来自许多不同国家的人组成的“熔炉”。酒店业的文化一直是多元的，且正在变得更加多样化。结果是，包括酒店业雇员在内的员工队伍越来越多的由女性及不同种族的人群组成。众所周知，在许多国家，酒店业的雇主基于种族、肤色、宗教、性别或国籍来歧视雇员或其他人是非法的。此外，寻求就业的残疾人也不允许被歧视。因此，酒店业的劳动力构成将越来越多样化，这首先是因为雇员市场本身是多样化的，其次是因为将某类人群排除在雇佣范围内是违法的。

历史上，酒店业雇用了许多妇女和其他少数族裔担任初级职位。其中有些人获得晋升，并在酒店物业的最高级别和多部门的酒店组织中担任非常重要且高薪的职位，包括在董事会中任职。但是，总体而言，在这些级别的职位中，女性的人数所占的比例仍然相对较少。越来越多的酒店业组织正在制定和实施员工多样性计划，因为这是正确的做法，并且具有良好的商业意义。

一个积极招募和提拔具有不同背景的员工的住宿业组织有什么优势？支持多样性倡议的人经常会提到以下好处：

- 组织的企业文化对变化持更加开放的态度。因此，它能够更好地认识到不断发展的市场所要求的变化的必要性。
- 潜在员工的基数更大，在招聘合格的求职者方面更成功。
- 能与客人建立更好的关系，获取更多商机。员工结构的多样性能得到更多不同背景的客人的认同，从而使员工得以更有效地理解其需求，并据此为其提供更广泛的产品和服务。
- 员工保留率更高。
- 减少客人的投诉。
- 由于产生了更多样化的创造性替代方案来应对运营挑战，从而改善了决策制定。
- 提高了酒店在社区内（对于多单位的组织来说，在其所有经营场所内）的声誉和形象。

正确地评估员工的多样性工作不仅仅是人力资源计划的问题，相反，它们是酒店组织文化的基本和持续变化的表现，目前，这些变化已被整合到酒店或管理公司的“做事方式”中。在制定和实施多样性计划时，可采用的（以及与之相关的）策略包括：

- 在所有员工层面的教育计划（包括组织中的最高层）中，解决重视多样性的问题。
- 强调聘用、培训和提升在酒店工作的不同员工群体中的最佳员工。
- 在多单位的公司中增强少数族裔特许加盟商的所有权。这可以包括向新的少数族裔特许加盟商提供财务援助，以及为新的特许加盟商与潜在的贷款人牵线搭桥，帮助其达成合作。
- 针对少数族群市场的广告和营销工作。

- 与少数族群供应商互动，提高酒店在这个渠道的购买量。
- 将少数族群组织纳入酒店的慈善活动中。

多样性培训活动是酒店实施工作不可或缺的一部分，必须针对每个特定组织制定。所有组织层面的所有员工都应参加培训。例如，初级雇员应了解平等的基本知识，并培养对不同文化的尊重。管理人员在招聘员工时必须了解多样性的细节，并理解平等就业机会法的基本内容。

成功强调多样性的酒店会建立可衡量的目标，奖励达到目标的员工，并不断改进其多样性实施工作，因为他们深知，这样做，对员工、企业和社区都大有益处。

关键词汇

1. **团队（Team）**：一群在一起工作、并将团体目标置于个人目标之上的个人。

2. **参与式管理（Participative management）**：一种领导风格，强调在做出影响团队的决策之前，先寻求并考虑团队的意见。

3. **初级员工（Entry-level employees）**：在需要很少经验的职位工作的工作且不指导其他人员的工作人员。

4. **领导力（Leadership）**：通过与他人合作来实现目标，同时获得他人的尊重、忠诚和热情的合作。

5. **专制主义领导风格（Autocratic leadership style）**：强调"按我的方式做，否则就别做!"理念的领导方式。

6. **官僚主义领导风格（Bureaucratic leadership style）**：强调"按章办事"理念的领导方式。

7. **民主式领导风格（Democratic leadership style）**：强调"让我们共同努力，确定最佳方案"理念的领导方式。

8. **放任自流式领导风格（Laissez-faire leadership style）**：强调"按你认为最好的方式去做"理念的领导方式。

9. **肢体语言（Body language）**：在谈话或演讲过程中，人们通过手臂、手和腿的姿势进行交流的概念。

10. **晋升阶梯（Career ladder）**：一种详细说明在一个组织或一个行业中连续更多的责任职位的计划。晋升阶梯允许人们计划和安排必要的发展活动，以承担更多的责任职务。

11. **人力资源部门（Human resources department）**：酒店中负责协助其他部门的经理处理与员工相关的问题的职能部门。常被简称为HR。

12. **招聘（Recruitment）**：旨在为酒店空缺的管理和非管理职位吸引合格的求职者的活动。

13. **内部招聘（Internal recruiting）**：识别和吸引目前就职于酒店工作的员工，以填补因晋升或调任而空缺的职位的策略。

14. **外部招聘（External recruiting）**：旨在吸引非酒店现有员工的人担任酒店的空缺职位的策略。

15. **岗位说明（Job description）**：在特定岗位工作的员工必须能够有效执行的任务列表。

16. **选拔（Selection）**：评估求职者以确定谁最适合并最有可能胜任某空缺职位的过程。

17. **职务说明（Job specification）**：成功完成工作所必需的个人素质或特征列表。

18. **入职培训（Orientation）**：向新入职的员工提供所有员工都必须知道的有关酒店的基

本信息的过程。

19. 员工手册（Employee handbook）：与酒店就业相关的书面政策和程序。

20. 工作任务（Job task）：在特定岗位上工作的员工必须知道如何做并能够完成的一项活动。例如，酒店的前厅服务员必须能够正确地为客人办理入住手续。

21. 纪律（Discipline）：旨在鼓励员工遵守既定政策、规则和条例的纠正措施。

22. 绩效评估（Performance appraisal）：对员工的工作表现进行定期的正式评估，包括对职业发展目标的讨论。

23. 安全隐患（Safety hazard）：工作场所中可能造成直接伤害的状况，例如不安全的设备、事故和化学药品的不当使用等。

24. 健康危害（Health hazard）：工作场所中可能导致员工健康下降的方面，例如紧张的工作条件，以及身体暴露于有毒化学物质环境中等。

25. 实际职业资格（Bona Fide occupational qualifications，简称 BFOQ）：完成一项工作所必需的技能与知识，这些技能和知识是安全和充分地执行该工作所要求的所有任务的必要条件。

26. 自由雇佣（At-will employment）：雇主可以自由雇用他们选择的任何雇员，并有理由或无故解除与雇员之间存在的雇佣关系，雇员也有权继续维持或随时终止与雇主之间的雇佣关系。

第 6 章　前厅运营与管理

本章内容

本章概述

酒店的前厅是设在酒店大堂的一个工作区域，此区域包括入住登记处，前厅部员工会在入住登记处为客人提供入住和离店服务，但是前厅部经理和工作人员要做的工作远不止这些。他们要协助酒店其他部门或者独立承担酒店的某些重要任务，本章将对这些职能进行详细介绍。

对于许多客人来说，他们到达或离开酒店时，实际打交道的就是酒店前厅部的员工。因此，前厅部的员工对于酒店的长期经营成功与否具有至关重要的作用。

由于酒店出售的客房具有极强的不可储存性（即当晚未售出的客房，其价值就损失了，即使第二天再售出，也无法弥补前一天的损失），因此，酒店应尽最大努力使客房供应与客房需求相匹配，这一点非常重要。此外，由于每天可供出租客房的数量不可能增加或减少（因为酒店的客房数量在一定时期内是相对固定的），因此按照管理部门认为可优化总收入而规定的价格出售客房就成为前厅部的一项重要职责。对于酒店来说，拥有一个富有才华并有效管理的前厅部员工团队方能出奇制胜。

当人们提到前厅部的主要职能时，首先想到的往往是为客人预订房间，这是前厅部职能中重要而又复杂的一个方面。然而，除了客房预订之外，前厅部工作人员还要为抵店的客人安排其所需的房间，并在客人入住期间满足他们的其他需求。这些需求包括预订交通、提供信息、给予医疗援助等。当然，无论在什么情况下，前厅部的首要任务就是提供热情周到的服务，让客人体验宾至如归的感受。

除了为客人提供相关服务外，前厅部的另一项重要任务就是收取客人的房费。这意味着负责前厅部的管理者必须设计和管理好酒店收益管理系统，对客人所使用的服务收取适当的费用，并确保酒店能收到客人消费的全部费用，避免客人跑单、走单，同时也要确保酒店所有收入的安全。

在进行客房需求预测、接待客人、为客人提供其他服务并收取相应费用时，前厅部搜集到了大量信息，其中很多对管理决策至关重要。前厅部的又一项重要职责就是收集、整理和维护这些信息与数据，以帮助管理决策。在本章中，你将了解如何做到这一点。

教学目标

- 解释酒店前厅部的主要职责。
- 描述酒店客房需求预测和房价确定的过程。
- 说明酒店客房预订的主要来源。
- 介绍在客人到达酒店之前、期间和之后前厅部的角色。
- 分析前厅部如何管理客人和酒店数据，包括夜间审计的执行情况。

6.1 前厅的职责

前厅部[1]通常也被称为**前台**[2]，但其运作所涉及的不仅仅局限于酒店前台区域。在一个相对较小的有限服务酒店，前厅部只包括为客人办理入住登记的区域。在较大的酒店，前厅部设置许多工作岗位，每个人负责这个重要部门中运营或管理的一部分工作。小型酒店的前厅部由总经理直接管理，在大型酒店中则由**前厅部经理（FOM）**[3]管理。

前厅部管理包括三个非常重要的内容：

- **酒店信息管理系统（PMS）**[4]。
- 对客服务。
- 顾客账户和数据管理。

在较小的酒店中，这些管理职责会有所重叠，即由同一个人完成以上三个任务。实际上，在一个很小的有限服务酒店中，一个人可以执行所有这些任务甚至更多。因此，对于酒店经理来说，了解前厅部的每一项职责的基本目标是很重要的。

6.1.1 酒店信息管理系统

酒店信息管理系统（PMS）是酒店前厅部管理的核心，它的有效管理对于酒店的经营管理至关重要。PMS 是酒店使用的计算机信息化管理系统，用于管理其**中央预订系统（CRS）**[5]、客房收益、房价、客房预订、房间分配、客史档案、账务信息以及其他对客服务和信息管理等。

简单的 PMS 功能有限，而更广泛（且更昂贵）的系统将为酒店经营者提供广泛的管理信息功能。然而从本质上讲，每个 PMS 都要记录：（a）谁来酒店，什么时候来；（b）客人在酒店花费多少；（c）获准使用的付款方式和客人离店时所支付的金额。

PMS 的管理需要理解和使用系统的预编程功能，负责维护 PMS 的个人需要了解所有这些。当酒店不隶属于某个特许经营者时，它会选择并维护自己的 PMS。在这种情况下，PMS 的生产商通常会提供有关系统的培训。当一家酒店获得特许经营权时，特许经营者通常会强制要求使用 PMS，定期更新其程序并定期进行有关其运营的培训。

像任何其他电子设备一样，PMS 系统也需要维护和保养。如果维护不当，一旦发生故障，则可能会给酒店造成灾难性的后果。例如，想象一下，如果在许多客人即将到达酒店之前一个小时，PMS 崩溃了，那么前厅服务员就无法确定入住客人的姓名，这些客人所需的房间类型以及所需支付的房费。这种情况确实有可能会发生，但是通常可以通过适当的 PMS 维护来避免。由于 PMS 由硬件组件和软件组件组成，因此对两者进行正确维护是 FOM 和前厅人员的首要任务。

硬件管理要求前厅服务员保持计算机设备清洁无尘，定期检查将个人电脑（简称 PC）工作站连接到主计算机的电缆，并根据需要定期进行更换。对系统的电源应予以保护、管理，以防止意外的电涌或停电不会影响系统的持续运行。此外，还应定期检查和测试与PMS相关的所有已安装的**备用系统**[6]的硬件。

虽然有时会出现硬件问题，但最常见的导致PMS出现故障的是软件问题。通常，由于PMS是通过调制解调器与PMS的软件支持机构相连接的，所以只需拨打PMS软件支持电话即可实现修复。事实上，将优质的PMS系统与低效的PMS系统相区别的主要特性之一就是系统的软件支持水平和效用性。

6.1.2 对客服务

前厅部负责各种对客服务，包括客人抵达酒店办理入住手续时提供的迎宾服务，以及他们入住期间酒店所提供的其他服务。请记住，对于大多数客人来说，前厅部可能是他们入住期间与酒店联系的唯一部门，前厅部的员工必须接受过严格的训练，并做好准备协助酒店提供各种对客服务。这些对客服务包括：

- 酒店往返机场或车站、码头的交通服务。
- 行李服务。
- 提供当地旅游信息的咨询服务。
- 提供酒店服务信息的服务。
- 留言服务。
- 收发邮件服务。
- 报纸投递服务。
- 贵重物品保管服务。
- 叫醒服务。
- 为客人提供安全保障服务。
- 处理顾客投诉和付款纠纷的服务。

根据酒店的位置及其所提供的服务，前厅部的每位员工都要能提供这些服务。在提供服务更多的大型酒店中，可能会有专人负责这项工作。不管哪种情况，客人会因为友好、乐于助人的员工而成为酒店的“回头客”，但也会因为前厅部员工业务不熟或态度冷漠而选择不再入住该酒店。

6.1.3 顾客账户和数据管理

前厅部是酒店内部负责收集和报告酒店财务信息的重要部门。在第12章中，我们将详细研究酒店的会计职能。在本章中，我们将重点分析前厅部管理与客人相关的重要财务和个人数据的职责。这些数据包括预订、收费、付款和酒店的应付款项。此外，你还将了解**夜间审计**[7]（简称“夜审”）的重要性以及酒店**夜间审计员**[8]（简称“夜审员”）的工作职责。

有些酒店保留了大量与客人有关的信息（包括数据），而有些则没有。然而，酒店业务的性质要求前厅服务员要拥有熟练的工作技能，因为错综复杂的财务交易必须由前厅服务员进行记录，而这一过程是比较复杂的。例如，假设四个男人因参加垒球比赛，要在酒店的一个房间住两个晚上。离开时，每个人都要单独支付他自己的那份**账单**[9]。其中一人希望用现金支付，一人希望使用支票，一人希望使用信用卡，而最后一人则希望使用借记卡。由此可见，即使是最简单的交易也会变得复杂，但是前厅部员工必须确保所有客人的账单都得到正确的处理和维护。前厅部必须完成的其他账户或数据管理任务还包括：按房间号保存一份准确的客人名单，核实向客人收取的房价的准确性，以及确认离店日期。

数据管理是前厅部非常重要的职能，其中一些数据与客人有关，另一些则与酒店的管理有关。酒店中需要处理的数据量很大，并且每年都在增长。在没有电脑的 20 世纪 30 年代，美国酒店里一个有效的 FOM 可能会记录特定客人对房间位置、喜欢的床型（双人或特大号）等选择上的偏好。该信息将被手工记录下来，并在该特定客人预订房间或到达酒店时提供参考。如今，进行专业管理的前厅部可以通过酒店 PMS 的功能获得此类信息，以及其他更多的信息。今天，即使是最小的酒店的 PMS 也会保留以下记录：

- 入住酒店的客人的名字。
- 客人最近一次入住的日期。
- 客人的地址、电话号码以及信用卡或借记卡信息。
- 客人最近一次入住时支付的房费和入住的**房间类型**[10]（简称“房型”）。
- 客人之前对账单的历史数据。
- 客人在酒店结账时使用的付款方式。
- 团体客人从酒店享受的折扣。
- 客人所属的公司。
- 客人的房型偏好。

根据 PMS 的复杂程度，前厅部可能会保存和管理客人更多的数据。

除了有关客人的数据外，前厅部还收集并评估与整个酒店运营相关的信息。一些与客人相关的例子包括客人电话的追踪（包括免费电话和酒店收取费用的电话），观看需付费的室内电影以及清洁或肮脏的房间状态的更新。这是非常必要的，用以确保入住酒店的客人被分配到一个已被打扫干净的房间。

6.2　需求预测

一个有效的前厅部员工必须能够回答的最重要的问题之一是：

今晚酒店将售出几间客房?

这个问题乍一看非常简单，实际上要复杂得多。例如，假设一家有100间可售客房的酒店预测在给定的夜晚将售出全部客房，这家酒店似乎也已做好容纳所有预期客人的准备。但是，如果酒店只有50间配有特大号床的房间，而相关预订数则为60间，那么前台服务人员显然将无法满足所有预订特大号床房间客人的需求。

在任何一位客人入住酒店之前，前厅部员工将完成许多重要的工作。然而，其中最关键的是预测客房需求，确定房价并做好预订。

6.2.1 需求对房价的影响

在第1章中，我们简要研究了要求入住酒店房间的客人数量是如何影响酒店的销售价格及因此而产生的平均每日房价（ADR）的。随着给定区域中客房需求的增加，客房的价格通常也会随之提高。因此，前厅部扮演的最重要角色之一就是让酒店每间可用客房的收入最大化，通常称为RevPAR。RevPAR的计算较简单，可以用公式表示为A×B=C。

其中，

A=入住率（%）

B=平均每日房价（ADR）

C=每间可用客房收入（RevPAR）

因此：

入住率（%）×平均每日房价（ADR）=每间可用客房收入（RevPAR）

例如，一家酒店，其入住率为70%，平均房价为90美元，则RevPAR的计算为：

70%×90美元=63美元

换句话说，在对应的评估周期内，酒店每间可用客房平均每天产生63美元的收入。RevPAR可以按日、周、月甚至年来进行计算。从数学上讲，当酒店的入住率增加时，RevPAR也会增加。以类似的方式，当ADR增加时，RevPAR也增加。因此，为了提高RevPAR，必须以提高入住率或ADR为目标。前厅部的工作职责就是帮助酒店实现这些目标之一或全部。

正确预测客人对酒店房间的需求很重要，原因有两个。首先，当酒店知道其客房需求会增大时，通常可以按照更高的价格出售酒店客房。其次，对客房需求的增加意味着将售出更多客房，这将影响到酒店的人员配备以及对可用客房用品的需求。通常，在房间需求量很大的时候，酒店的入住率和平均房价会增加。发生这种情况时，酒店的 RevPAR 将会增加，且多数情况下，酒店的盈利能力也会随之提高。

6.2.2 需求评估

即使在同一地理区域，对酒店房间的每日需求也会有很大的区别。这是一个现实问题，也是所有酒店管理者都面临的一个挑战。例如，我们可以比较一下，在印第安纳波利斯 500 英里比赛的前一天（传统上是该地区客房的**售罄期**[11]）和感恩节之前的周三晚上（传统上是所有类型的商务旅行都非常平淡的一天），客人对印第安纳波利斯地区酒店客房需求的差异。

需要记住的一点是，FOM 必须知道什么时候客人对酒店房间的需求会非常强烈，也就是说，有哪些特别的会议、团体活动、假期或其他因素会影响客房需求。为了使 RevPAR 最大化，酒店的管理人员必须在客房需求高时尝试推动（增加）ADR，在需求低时尝试提高入住率（通过降低房价）。如果成功实施，这两种策略都将增加 RevPAR，但其成功与否取决于前厅部员工的客房需求预测能力。

为了说明需求预测在住宿业中的重要性，我们以某大学城中的一家酒店为例来作模拟。该大学的足球队每年打五次主场比赛。传统上，大量人员参加比赛可以使所有地区的酒店都以较高的 ADR 售罄。因此，尽早知道这些比赛的日期对于酒店来说具有十分重要的作用，这样就可以避免酒店销售人员在这些日期以低价出售客房。

许多酒店发现，不管酒店所在区域是否有举办特殊活动，对客房的需求在一周内都在不断变化。例如，以接待商务旅客为主的酒店通常会发现，星期二或星期三是其房间需求量最高的日子，而以接待休闲旅客为主的酒店则可能会发现周末的生意最好。综上所述，要能正确预测客房需求量，需要前厅部做到以下两点：

- 保留准确的历史记录，以了解过去的需求及其对未来需求可能带来的影响。
- 了解可能会影响未来客房需求的特殊事件或情况。

在任何情况下，前厅部都必须能够充分预测客房需求，以使酒店能够有效地为其客房定价，并使其 RevPAR 最大化。

6.2.3 PMS 在需求预测中的运用

如果不使用最新的 PMS，准确预测酒店未来的需求是非常困难的。对于一些酒店来说，一年一度的活动的日期是可以提前知道的，例如假期、体育赛事、毕业典礼或音乐会等。前厅部员工可以通过查看酒店过去的记录，来预估活动期间客人对客房的需求。但是，过往的客人需求的详细信息，则只有通过使用计算机的 PMS 系统来了解。如本书前面所述，大多数特许经营公司要求其加盟商使用经特许人批准的 PMS。至于独立的酒店经营者，市场上也有各种 PMS 系统可供使用。不论哪一种情况，如果 PMS 是有效的，则具有以下优势：

(1) 易于获取相关信息

对于酒店来说，获取相关信息是非常必要的。有人说，有些管理者知道过去发生了什么，有些管理者则知道现在正在发生什么。然而，最好的前厅部管理人员还必须知道将来会发生什么。只有当前厅部负责人了解过去、现在和未来的客房需求时，其对需求的预测能力才会最强。

为了在当今的酒店环境中提高有效竞争力，前厅部的所有员工都必须具备快速查找**历史数据**[12]的能力，以便于他们做出正确的预测。此外，每位客人的**客史档案**[13]也都必须易于获取。如果 PMS 太先进或太复杂，导致酒店员工无法使用，就会出现无法及时获取数据的问题。

通过 PMS 可随时获取的历史数据应包括：

- 在特定日期或时间段内，酒店一共售出了多少间客房？
- 在此期间入住酒店的都有什么人？
- 他们住的是什么房型？
- 他们的入住房价是多少？
- 他们什么时候预订的？

除非前厅服务员能够依靠 PMS 快速查找出诸如此类问题的答案，否则酒店的预测能力将会大大降低。

(2) 其信息易与 Windows Office 产品兼容

这与上一项有关。如今，酒店雇用的大多数具有计算机知识的员工只熟悉微软公司的自动化办公产品，包括用于文字处理的 Word 和用于创建电子表格的 Excel。由于微软占领了 90%及以上的办公产品市场，所以使用一个能以这些熟悉的形式向前台办公室报告数据的 PMS 是非常重要的。

如今，大多数酒店都使用 Microsoft Word 来发送各种相关的邮件（包括市场营销方面的邮件），使用 Microsoft Excel 进行财务和电子表格分析，使用 Microsoft Access 进行数据库管理。

(3) 互联网连接将变得简单而可靠

如果它们没有直接连接，那么将 PMS 和 CRS 轻松连接到网络的能力则是至关重要的要求。互联网上有大量数据，其用途如此广泛，以至于如果前厅部要正确预测客房需求，所有的 PMS 设备和软件都必须能提供可靠的访问数据。

(4) 包含强大的收益管理组件

一个有效的 PMS 将包括先进的**收益管理（RM）**[14]程序。该程序用于帮助酒店预测客房需求并确定合适的价格，因为它是专门为此目的而设计的。一些 PMS 具有非常复杂和详细的功能，**收益经理**[15]可以轻松使用它们。当然，也有一些不太复杂的系统。尽管有时在“选择充足”和“选择太多”之间存在明显的界限，但是 PMS 中收益管理程序的功能必须至少与前厅部员工的预测能力相当。

工作日记：一天的工作6.1

情况：

“简直不可置信！”酒店总经理迈克·赖斯看着眼前的报告，生气地喊。

时间是上午9:30，上早班的前台服务员丹妮像往常一样将过去24小时酒店客房的预订情况报告打印出来，送到总经理办公室。因为酒店使用了 PMS 系统，此类报告很容易得到。迈克发现，卡尔（负责夜班工作的一名前台员工）已将酒店90个客房中的75个出售给了一位客人，这位客人将在9个月后的一个星期六晚上在酒店举办一场聚会。考虑到客人一次性预订那么多客房，所以卡尔还额外给予了20%的折扣。

迈克说：“可是那天正是州立大学举办今年的毕业典礼的日子！”

“是的。”丹妮回答，“过去四年，每一次州立大学举办毕业典礼当天，我们酒店都会满房……并且 ADR 都比平时高得多。今年，卡尔虽然已基本上卖光了酒店的客房，但与上一年相比，我们的 ADR 还是会很糟糕。”

回应：

对于迈克来说，现在进行调整为时已晚。一旦管理层意识到某个特定的未来日期将成为高需求日期，则应及早在 PMS 中调整该日期的销售房价，并提供给员工参考。此外，在需求旺盛的日期（例如本案例中的毕业典礼举行日期）期间，应减少或取消通常允许的购房折扣。然而不幸的是，在这一案例中，酒店将不得不按照法律尊重客人的预订，因此这一预订已不可取消，这就意味着未来酒店必须提高其需求预测的及时性，以提高酒店的 ADR。

6.3 客房定价

对于前厅部来说，最重要的任务莫过于及时制定房价，以帮助酒店优化 RevPAR。在较大的酒店中，这项任务可能会被分配给市场销售部总监、收益部经理或酒店的其他岗位或团队。但在有限服务酒店，这项任务通常会落在总经理或 FOM 的肩上。

在酒店确定好何时达到酒店客房的最大需求量之后，管理层可以借助收益管理（收入管理）策略来确定散客和团队的房价。

6.3.1 收益管理

收益管理（或收益优化管理）在住宿行业中也被称为收入管理，因为其目标是为酒店“创造”尽可能多的收入。无论使用哪一个专业术语，收益管理是源于航空业的一个概念，其目的在于实现收益的最大化。如今，其原理已经被租车行、邮轮业、住宿业以及其他产品具有不可储存性特征的行业所使用。以酒店客房这样的产品为例，其价值即为不可储存的，即如果当日结束之时产品仍未售出，那么这些产品也不能结转到库存中。

在现实生活中，用来预测需求并建立收益管理策略的方法有很多，就像经营酒店的个体一样各不相同。

当酒店确定客人对酒店客房的需求将大于供应时，应按标准房价出售房间。也就是说，当所有或几乎所有房间预测都将被售出时，就不必打折以提高销量。反之，当客房需求小于供应时，通常会提供折扣以提高销量。

为了说明收益管理的概念，我们假设某酒店的**标准房价**[16]为每晚150美元。酒店通常会根据预测的需求量，提供10%、20%和30%的折扣计划：当需求非常低时，可提供高达30%的折扣价，以使入住率最大化；当需求较低时，酒店可提供20%和10%的折扣价；当客房需求等于或超过供应的情况下，酒店不提供任何折扣。

在需求旺盛的时期，要求按照30%的折扣价进行预订的客人往往会被告知不能享受这种折扣，这样的预订请求不能被接受。然而，在需求较低的时期，相同折扣的预订请求将会被接受。是否提供折扣以及折扣率的高低，是收益管理的核心所在，干得好的人可以有效地完成这项任务。

表6.1列明了酒店收益经理可以采取的折扣策略。

表6.1 基于客房需求的收益管理策略

预测客房需求	定价策略
入住率91%～100%	不提供折扣
入住率71%～90%	提供10%的折扣
入住率51%～70%	提供20%的折扣
入住率低于50%	提供30%或更多的折扣

经验丰富的收益管理人员会采用高度先进的、数学上非常复杂的方法来管理收益。为此目的，一些技术可能包含在酒店的PMS中，但经营特定酒店的个人也可能开发自己的技术。

RevPAR的最大化与房价管理及其ADR有关，也与客房入住率有关。收益经理需要同时对入住率和房价进行管理。最广为人知的但却最不被人理解的管理入住率的方法，大概当数“**超额预订**[17]”。关于超额预订的任何讨论都必须从一个简单的事实开始，那就是：没有任何一个经验丰富的酒店经营者会（或是应该）在明知客人到达时没有房间能提供给客人的情况下，仍接受客人的预订请求。

得出这一结论至少有两方面的理由。首先，在超额预订的情况下，预订了客房的客人到达酒店后发现没有可用的客房会很生气，这是无可厚非的。然而，没有任何一个专业的酒店经营者希望客人生气！其次，从财务的角度来看，对客人进行重新安置的费用会很高。的确如此，因为在大多数情况下，酒店将产生以下费用：

- 客人从原酒店转移至新入住酒店的往返交通费。
- 客人因换酒店通知其家人、朋友的电话费。
- 客人入住新酒店的第一晚的房费。
- 客人对酒店失去好感需要弥补的相关费用。

既然如此，为什么酒店还仍然会进行超额预订？有时这是酒店方面的失误。例如，如果有客人做了预订，但由于酒店员工的疏忽未将其记录在 PMS 中，便会出现这种情况。或是由于客房维修或维护等相关问题，导致已出售的房间无法使用。但是，有时候，这是经验丰富的经理特意采用的收益优化策略，即有意接受超出酒店可容纳数量的更多预订请求，因为经理希望让整个酒店客满，并预期有一个或多个客人会临时取消预订或**订而未到**[18]。

我们举个例来说明这一问题。假设一家拥有 100 间客房的酒店每日订而未到率通常为 5%，而该酒店在某日售出了 101 个房间——看起来它似乎是超额预订了，但实际情况并非如此。这是因为在一个平均售罄的夜晚，本应到达的那 5% 的客人并未到来。由于酒店仅超额预订了 1%（1 间客房），其比例低于订而未到率（5%），这就使得酒店不会出现真正超额预订的情况。

订而未到并非酒店业的独有现象，餐馆、航空公司和汽车租赁公司都会出现类似的情况。它们必须对自己的预订进行管理，同时也要知道有可能会有一定比例的预订者不会来领取他们的产品或服务。如果酒店的整体预订管理计划过于保守（例如，不考虑订而未到的情况），那么，即使在本该售罄的晚上依然会有客房卖不出去。如果它过于激进（例如，对订而未到的比例预估过高），那么就可能出现已确认预订的客人到达酒店比预期高的情况。一旦出现后一种情况，则酒店不得不将这些客人转移安置到其他酒店，这就不可避免地会让客人产生不安感，因此应尽可能避免其发生。

6.3.2　散客房价

尽管有关收益管理的文章很多，但其中不少论述失之于简单、片面。例如，有观点认为，收益管理意味着酒店从业者可以收取较高的价格，以应对客户需求的暂时激增，而不会对酒店的常客或行业声誉造成长期影响。实际上，这种说法是不正确的。

我们以霍西阿·格雷斯先生的例子来加以说明。格雷斯先生每周二到周四都住在好觉酒店（Sleep Well），按照酒店所给的**公司价**[19]支付房价。某周，酒店工作人员预测该周客房需求量会很大，因此决定取消所有折扣计划（包括公司价），并在该周以标准房价出售客房。

可想而知，格雷斯先生对此决定当然大为不满。实际上，如果在这周中，酒店向他收取了比公司价更高的房费，那么他很可能决定在未来几周内更换其他酒店入住。

如果格雷斯先生真的选择入住另一家酒店并喜欢上它，那么好觉酒店可能就会失去一位好顾客。而且，由于格雷斯先生对酒店试图向他收取更高的房费深感不满，他很可能会在一个或多个社交网站上发帖，让数百上千名顾客听到他的投诉。从这个例子中，我们可以清楚地认识到：酒店实行收益管理是必要的，但也应意识到，对于一些个别的常客，其房费的收取，必须视情况而定。

虽然对**散客**[20]的房价制定确实可以适用收益管理原则，但在对商务旅客以及其他大批量客房购买者的价格进行收益管理时，必须小心谨慎。这一概念非常重要，以至于一些特许经营者不允许其加盟酒店取消向商务旅客（以及其他精选的旅客）提供的折扣，除非是在非常罕见的情况下。

优秀的前台员工受过良好的培训，知道酒店的哪些散客即使在酒店非常繁忙的时间内仍能保持其正常房价或**协议价**[21]。

6.3.3 团体房价

在建立需求预测和确定房间价格方面，最重要的区别可能是散客价格与团体价格的差异。许多不了解酒店行业的人认为，酒店的绝大多数客房都是出售给散客的。

有些酒店确实如此，但其他一些酒店则并不。例如会展酒店、靠吸引团体旅客为主的酒店，以及积极寻求集团业务的酒店等，绝大多数客房是出售给团体旅行或参加团体活动的客人的。

大多数情况下，**团体房价**[22]是按房价的100%收取的。也就是说，要向团体中的各个旅行者收取的价格应基于给定时间段内酒店需求的预测，即使在业务量正常时也是如此。例如，一家酒店被邀请竞标一项旅行团业务，该业务来自一辆载有40名散客的旅游巴士。旅客们会在此停留一晚，第二天早上再出发。

对于酒店来说，旅游巴士预订客房的这一周是非常典型的一周：预计需求与其他任何普通周大致相同。然而，在这种情况下，相较于预订周二晚上的客房（对于酒店来说，这通常是非常繁忙的一天），如果旅游车计划在周日到达（对于酒店来说，这通常是入住率低的夜晚），酒店就可以提供一个更低的房价。这是因为该酒店不太可能在周日晚上售出40间客房，但周二晚上，则很可能售出这些客房的全部或部分。

因此，要记住的一点是，尽管酒店应实施支持收益管理工作的需求预测系统，但哪怕是在正常的酒店入住期间，也必须谨慎考虑收益管理决策对选定公司房价和散客房价的总体影响，同时让团体房价保持高收益率。

6.3.4 合同房价

除了向散客和团体客户收取的房价外，许多酒店还选择提供特殊的**合同房价**[23]。

提供合同房价会影响需求预测，因为在签订客房合同时，酒店的收益经理需要知道一定时间内将售出的客房数量。这种可预测性可以为合同双方带来积极的好处。例如，位于机场附近的许多酒店都向航空公司机组人员提供合同房价，该价格始终如一，这样一来，酒店方面可以确定将在预定时间段内每晚入住的预订客房数，航空公司方面也能了解，无论酒店有多繁忙，机组人员都将获得住宿保证及价格保证。虽然合同房价通常低于散客价格和团体价格，但这些客房销售的可预测性使得它对于寻求优化 RevPAR 的酒店经营者来说，具有更大的吸引力。

知识拓展：绿色住宿！

越来越多的酒店发现，他们的顾客对可持续发展很感兴趣。环境的可持续性被定义为既满足当代人的需要，又不损害子孙后代满足其自身需要的能力。对于会议行业的参与者来说，绿色会议行业委员会（GMIC）的会员资格越来越多地体现了对可持续发展的承诺。GMIC 是一个会员制的非营利专业组织，力图不断帮助其寻求并制订可持续发展的会议标准，为规划师、供应商和酒店等全球会员提供教育资源，通过提供培训讲习班和在线资源等形式的教育项目，在全球推广绿色实践。

GMIC 是全球领先的专门致力于会议和活动行业可持续发展的组织，不仅通过教育倡导可持续发展理念，而且还率先研究、制定政策和标准。该组织已经在九个与会议有关的领域制定了标准。这些领域是：住宿、视听、交流、展览、餐饮（现场）、办公室、目的地、会议地点和交通。

6.4 预订

有效地管理客人预订是前厅部所承担和完成的最复杂的任务之一，其管理效果如何是前厅部工作成功与否的标志。这是因为酒店的收入在很大程度上取决于前厅部的需求预测是否有效、价格确定是否准确，以及接受有效预订的能力。客人预订酒店房间的方式多种多样，酒店前厅部的员工必须接受培训，以正确应对来自不同渠道的每个预订。为了准确地解释酒店是如何接收和记录客人预订的，预订的渠道可被视为来自以下任一方面：

- 酒店直接预订。
- 中央预订系统。
- 互联网预订网站。

6.4.1 酒店直接预订

在许多情况下，想要住酒店的客人只需要直接打个电话就可以进行散客预订或团体预订，因此前厅服务员接听电话的方式可以极大地提高酒店获利的能力。我们举个例来说明，请比较以下两种前厅部员工接听电话时所用的问候语。如果你是一家酒店的老板，你更愿意使用哪一种？

前厅服务员 A：克拉里昂酒店。

前厅服务员 B：今天是克莱里昂酒店的好日子！我是金伯利。请问我今天能为您做些什么呢？

显然，大多数酒店管理者都会认同，前厅服务员 B 的问候语将能给酒店带来更好的形象，并因此可能会给酒店带来更多的客房预订量。此外更为重要的是，我们要意识到，打给酒店的任何一个电话都有可能给酒店带来 1 个、100 个甚至 1000 个预订！因此，每个电话都很重要，都应专业而迅速地予以回复。

为了考查电话销售工作的效果，一些酒店往往会聘用外部人员来“预订”客房。这些人致电酒店进行预订，然后又再回电取消预订。之后他们会对酒店的预订服务及对预订取消的处理情况进行评估，据此撰写详细的书面评估报告提交给酒店的管理层。这些评估报告可以为前厅部的工作改进提供相应的参考。

如今，电话销售客房的技巧已得到高度发展，如果运用得当，可以给希望提高工作效率的酒店经营者提供很大助力。在这方面，需要培训的关键领域主要包括：

- 电话礼仪。
- 确定客人的身份。
- 描述酒店的情况。
- 介绍房价。
- 克服价格阻力。
- **升档销售**[24]。
- 完成销售。
- 重新评估销售情况。

负责前厅管理的人员都应该明确，接听电话和通过电话销售房间的人员是否能有效地完成这项任务。否则，在员工能力得到改善之前，销售将一直会受到影响。这一重要领域要得到应有的重视，定期检查前厅部的电话销售技巧和培训方法是至关重要的。

除了直接打电话到酒店外，几乎所有的酒店都会遇到非预订客人上门的情况。

由于各种原因，一些旅行者发现自己需要酒店客房，但由于事情突发而没有提前预订。这些计划不定的旅行者可能事先无法预计自己每天将在哪里落脚，或是发现自己的计划临时出现变化，或是仅仅只是不喜欢提前预订（束缚自己的行程）……未预订的散客对酒店的整体盈利能力有非常积极的影响。在某些酒店中，特别是那些高速公路沿线的酒店，未预订的客人大概占到销售总量的30%或以上。在天气恶劣的日子，例如暴风雪或大雨天，公路酒店的客房甚至可能会全部卖给临时过夜的司机，直到天气好转为止。要将大量客房销售给那些未预订的客人，取决于酒店是否拥有良好的外观吸引力以及前台员工是否拥有友好的态度。

6.4.2　中央预订系统

本文着重研究的是特许经营酒店有权使用其特许经营者运营的中央预订系统（CRS）的服务。通常，当客人需要预订酒店时，只要拨打免费热线电话（对呼叫者不收费）就可以使用这个中央预订系统。从历史上看，大量的临时性客房预订都来自这个免费电话。如今，越来越多的个人和团体旅客通过互联网进入CRS。

不管是拨打免费电话还是使用互联网访问网站，潜在的客人都会告知其预订请求，并接收相关酒店的房价和空房信息。在他们完成预订程序后，系统会给他们一个确认号，或者如果他们正在取消预订，则会给他们一个取消号。在某些情况下，团体房也可以通过免费电话号码或互联网进行销售，但这些销售通常只占所售客房总数的很小一部分。

根据位置的不同，在某些酒店中，有效的特许经营免费电话可以提供所销售的总暂住**房晚数**[25]的5%～40%。

位于城市附近的酒店可能只能从特许经营商那里获得其销售量的10%～20%临时预订，但度假胜地的数量会更多。通常而言，特许经营商越知名，其CRS所售出的房晚的贡献就越大。重要的是，知名度较高的特许经营商的预订售价通常会高于酒店自己的前台服务员所销售的价格。

由于在全国预订免费电话中心接受预订呼叫的预订代理不太可能对特许经营系统中的每家特定酒店都熟悉，因此至关重要的是，代理获取的有关酒店的信息必须100%准确。通常，免费电话呼叫中心会要求酒店提供有关各种主题的尽可能多的信息，包括：

- 房间可用性。
- 日期限制。
- 客房价格。
- 房价的季节性。
- 房间类型。
- 与当地景点的距离。
- 酒店提供的设施和服务。
- 前往该酒店的路线。

除了拨打电话外，特许经营商的中央预订系统人员还将管理酒店与全球分销系统（GDS）的连接。

有关GDS的话题，此前已讨论过。这是旅行社和其他顾客用来预订客房的工具。这种方法比调用酒店品牌中央预订系统或直接致电酒店更可取，因为GDS允许快速比较不同品牌之间的酒店房价。例如，假设你是旅行社工作人员，客户希望你为其在某个星期五晚上预订俄克拉荷马城的酒店客房。你可以拨打几个不同品牌的中央预订系统的电话（如果你知道哪个城市拥有哪些品牌），比较各自的价格后进行预订。但是，通过连接到 GDS，你很快就能：

- 确定位于该城市的所有酒店。
- 选择在指定的日期有空房的酒店。
- 比较竞争对手酒店收取的房价。
- 评估每家酒店的位置和特色。
- 进行预订。
- 收到确认号码。

使用 GDS 的优势非常明显，且在旅行专业人员中仍广受欢迎。因此，对于前厅服务员而言，一定要确保 GDS 中显示的有关酒店的信息始终是准确和最新的。

6.4.3 互联网预订

互联网预订已经成为最受个人旅行者欢迎的客房预订方式，因为他们可以充当自己的旅行代理商，不用联系酒店就能预订房间。如今，人们可以在数以百计的网站上预订酒店房间。这之所以成为可能，是因为这些互联网预订网站与酒店特许经营者运营的 GDS 或 CRS 相链接。因此，几乎所有拥有计算机和互联网接入的人都能够选择一个互联网预订网站，输入其希望预订房间的日期，阅读（或查看）有关在这些日期有空房的酒店的信息，然后在线预订房间。

一般来说，酒店品牌更希望个人消费者使用互联网进行预订，因为与旅行社不同的是，个人旅行者不会向酒店收取预订费用。因此，所有酒店品牌经理都将互联网预订网站作为其中央预订系统的一部分。结果是旅行社通过 GDS 进行的预订数量有所减少，但单个旅行者的预订数量却大大增加。随着越来越多的消费者使用互联网，以及酒店越来越将互联网视为重要的营销工具，这种临时性的预订来源也将继续增长。

除了由酒店特许经营公司和独立网站运营商运营的互联网预订网站外，许多单体酒店以及与连锁店相关的酒店也开发了自己的网站。这些精通技术的酒店通常会将其网站与当地景点、企业、非营利组织和其他可能经常需要客房的企业相连接。

6.5 前厅接待与对客服务

尽管前厅部本身并不负责酒店客人的完整体验，但它是客人特别容易接触到的区域。由于前厅的职责是为客人提供多种服务，因此对前厅部人员的配备、管理和适当的培训是十分重要的。当客人到达酒店时，前厅部员工有责任迎接并照顾好他们。事实上，在客人到达酒店之前，前台便已经开始发挥作用了。前厅服务员会在客人抵达之前、逗留期间以及离开时，为客人提供相关服务。

6.5.1　到达前

前台的对客服务从客人的预订开始。在客人到达前一晚，作为他们夜间工作的一部分，前厅部工作人员会根据PMS的数据将第二天预计到达的所有客人打印好（或存储好以供查询）**入住登记表（Reg卡）**[26]。

入住登记表很重要，因为它构成了酒店与客人之间合法合同的基础。在这份合同中，酒店同意提供房间，而客人同意支付费用。尽管不同酒店的程序和酒店的PMS的功能决定了入住登记表中包含的信息不同，但所有此类表格均应包含以下信息：

- 客人的姓名。
- 客人的地址/联系方式。
- 客人的电话号码。
- 客人的入住日期。
- 客人的离店日期。
- 入住房间的成人/儿童人数。
- 客人应支付的房费。
- 客人预订的房间类型。
- 用于预订房间的付款方式（付款卡）。

当客人到达酒店时，前台服务人员应准备好一张准确的入住登记表以供客人签名。如果没有，即意味着酒店的前厅服务员、CRS或互联网预订网站在预订时未获得完整的信息，那么前台服务人员应在客人到达后把信息补充完整。总之，前台服务人员必须确保每位入住的客人都有一张签过名的入住登记表。在较早的PMS系统中，入住登记表已预先打印并保留下来以备客人到达。当然，客人抵达后仍可以更改入住登记表上的信息。在大多数系统中，PMS只是将入住登记表上的相关信息存储好，只等旅客到达，根据需要对其进行修改完善后，再为旅客打印一份正确的副本（如果需要）。

创建准确的入住登记表不仅仅是一个简单的保存良好记录的问题。当客人到达酒店，告知前厅服务员自己已预订好客房，并希望入住时，前厅服务员应能够迅速检索到该客人的入住登记信息的副本。如果客人抵达后发现其预订信息被丢失，无疑会非常沮丧——尤其是如果酒店客房已售罄，且没有其他合适的酒店可供选择的时候。同样，如果入住登记表上的信息出现错误，例如名字、房间价格或房间类型登记错误，会给客人留下负面的第一印象，给前台带来额外的工作和麻烦。

工作日记：一天的工作6.2

情况：

索拉斯先生说："听着，我在这家酒店订了房间，今晚要住在这里！"

"先生，"查克尽可能礼貌地回答，"很抱歉，但我们没有您的预订，今晚也没有空房！"

的确，查克并没有找到索拉斯先生所提到的在 www. buyaroom. com/在线预订时的预订号。

查克意识到，问题在于 buyaroom. com 没有直接与酒店的 PMS 或 CRS 交互（连接）。通过 buyaroom. com 网站进行预订时，buyaroom. com 会手动将预订信息传真或通过电子邮件直接发送给酒店。不幸的是，索拉斯先生在 buyaroom. com 上预订的信息从未到达酒店，酒店也因此并未预留客房。由于今晚酒店客房已售罄，因此无法再接纳索拉斯先生。

回应：

使用互联网网站预订而不直接与 CRS 或其特许经营者直接交互的酒店经营者必须非常小心，除非在预订时立即将预订信息输入酒店的 PMS，否则就会发生与案例中的事件相似的错误。麻烦的是，酒店方很难向索拉斯先生解释，任何关于他的"预订"的投诉必须直接面向 buyaroom. com 才行，因为购买是在这家网站进行的，而非酒店。

在这种情况下，前厅服务员查克应该彬彬有礼，帮助索拉斯先生找到最近的酒店解决当晚的住宿问题，然后向酒店的 FOM 报告客人遇到的困难。经理应尽快与 buyaroom. com 联系并制定计划，以消除将来的预订信息传送问题。如果无法解决这些问题，则酒店应认真考虑暂时中止参加该特定的互联网预订网站（即接受其预订）。否则，酒店未来将面临着出现更多索拉斯事件的风险。

6.5.2 到达和入住

当客人到达酒店时，前台的职责是在客人入住期间满足他们的需求。在抵达前，正确记录客人的入住登记信息。抵达时，为客人准确办理入住登记手续，具体包括五个部分：

问候客人。当客人到达前台时，穿着专业、训练有素的工作人员应以友好的方式迎接他们。由于大多数酒店客人是在傍晚或晚上到达的，此时前厅服务员大多很忙，所以有可能会出现客人排队登记的情况，应适当配置人员，以便将客人的等待时间减至最少。轮到客人办理入住登记手续时，最重要的是要让客人感到受欢迎！

确认入住登记记录表中的信息。由于登记表将作为客人的住宿记录，因此入住登记表上的所有信息都必须准确无误，这一点至关重要。这些信息包括客人姓名，到达和离开日期，房费，房型以及与该特定客人有关的任何其他信息。离开日期和房费信息的准确性非常重要，因此酒店通常要求登记表上的这两个区域必须有客人的签名。尤其是房费问题，考虑到它已成为导致客人不满意的最常见原因之一，因此大多数酒店除了要求客人在入住登记表上签名以外，在给客人分配房间之前往往还特别要求客人在房间价格上签名以示确认。

确认付款方式。在大多数酒店，客人要么必须提前支付房费，要么在登记时提供有效的信用来源。虽然有些酒店接受支票，但客人提供的最普遍的支付方式是信用卡或借记卡。然而，这些卡必须是合法的，才能作为一种可接受的支付形式。为了确认这些卡的合法性，前厅服务员应在客人登记时对卡进行**授权**[27]。

酒店使用验证服务来授权信用卡。前厅服务员在为客人登记时输入卡上的信息（账号和有效期）以及需要键盘或磁卡授权的金额。如果该卡有效，验证服务会发送一个使用数字和字母组合而成的授权代码，让酒店确认可以接受该卡的付款。

前厅服务员一般都会授权他们接受的有效的信用卡作为客人付款的承诺。事实上，衡量前台管理水平的一个客观标准是其在确保和授权有效卡方面的一致性。

房间分配。在确认了客人的登记信息并提供了可接受的付款方式之后，应将客人分配到特定的房间。在某些酒店中，所有房型都是相同的，房间如何分配，影响很小。但在某些酒店，基于以下一种或多种房间特征，不同房间类型的入住感觉和价格可能会发生很大变化：位置，景观，床型，设施和功能。

应尽可能考虑客人的房间偏好。在大多数情况下，分配房间是一项简单的任务，但也有时会出现无法满足客人入住需求的情况。例如，当酒店超额预订时。这就必须转移入住的客人。请记住，必须转移入住的是已确认预订但酒店无法安排住宿的客人。当这种情况发生时，前厅部的工作人员必须认真遵守酒店的既定政策，妥善为客人安排转移方式。在任何情况下，当面临带客人转移入住的任务时，前厅工作人员应该：

- 给造成的不便深表歉意。
- 清楚说明酒店的转移入住政策。
- 提供一切合理的帮助，以尽量减少困难的情况。

发放房卡。登记过程的最后一步是发放房卡。实际发放的房卡数量取决于酒店政策和客人的喜好。然而，严格控制房卡数量也是很重要的，因为房卡的失窃、丢失会严重威胁到客人的安全。客人收到房卡后，会被护送或引导到他们的房间。

根据各种法律法规的相关规定，客人分配到酒店房间并进入到房间后，享有与在自己家中同样的隐私权。保护客人的隐私不受侵犯不仅是法律的规定，也体现了对客人的尊重和体贴照顾。

一个具备专业素质的前厅服务员要让客人相信自己的隐私会得到酒店所有员工的保护，其中也包括维护客人姓名的隐私权。为此，前厅服务员需要做到以下几点：

- 未经客人的明确许可，切勿确认或否认客人在酒店登记过。
- 未经客人的明确许可，切勿向其他人提供与客人住宿有关的信息（例如：到达日期、离开日期或房间号）。
- 在完成登记工作时，不要让前台的其他人听到客人的房间信息。例如，前厅服务员切不可大声说“弗兰肯先生，这是您 416 号房间的钥匙”，因为这样会侵犯客人的隐私是不合适的。

- 切勿在钥匙上直接标记房间号。
- 在没有确认此人是该房间登记的客人之前，不要给任何人发放重复的房间钥匙。

客人应相信自己的住宿个人信息将被保密，酒店应确保有关客人的相关信息（包括其地址、电话号码、电子邮件地址和信用卡等）是安全的，未经授权的人不能进入他们的房间。

在前台员工提供优质宾客服务时，最富挑战性的一点就是要确保宾客在住宿期间感到满意。当客人在酒店入住期间遇到困难时，他们很可能会向前台及其员工寻求帮助。在住宿期间和即将离开的过程中，客人很可能会提出对他们的住宿体验带来影响的任何问题。前厅服务员有责任帮助客人解决这些问题，并在可能的情况下尽量予以纠正，确保客人满意。

6.5.3 离店

客人离店时，有些酒店可以使用自助退房系统退房。通过系统的设计，帮助客人节省离店时间。退房前，每个酒店都会给客人提供一份账单副本，如果客人对上面所列消费项目没有任何异议，酒店就会向客人收取账单上涉及的所有费用。在这种情况下，客人可以不必亲自到前厅办理退房手续。

如果客人来到前厅办理退房手续，酒店工作人员必须完成两项重要的工作。首先是客人账单的实际清算，包括以下几个步骤：

- 确认客人的身份。
- 出示账单副本以供客人检查。
- 处理客人的付款。
- 在 PMS 中修改房间的状态，将房间指定为空房间并准备打扫。

大多数情况下，离店程序相对较简单，当然，其前提是客人的付款方式在入住时得到了正确的确认，这一点尤其重要。在某些情况下，客人在入住时可能会遇到某些困难，这就需要调整其账单。此时，前厅工作人员应明确自己可以做出调整的权限。也就是说，雇员可以被授权在预先确定的金额范围内进行账目调整，超过该金额的调整则需由主管或经理授权。

客人退房时，前台服务人员要完成的第二项基本任务是为客人重新预订未来的房间。如果客人的住宿过程很愉快，询问客人是否可以在该酒店或该连锁酒店的其他酒店为他们预订房间是恰当的，也是非常好的顾客管理，对于一个经验丰富的酒店经理来说，这是一个很好的销售机会，不容忽视。

6.6 客账会计实务

为客人的消费记账，虽然相比起为客人提供服务来说不那么显眼，但却是前厅部的另一项重要职责。在住宿期间，除了租用房间外，客人可能还会购买酒店的各种商品和服务。对客人的核算不仅意味着准确地生成和记录了客人消费酒店有关产品的所有数据，而且还可以把客人的购买行为正确地串联起来。由于各酒店提供的服务和设施不同，客人的消费状况也会有所差别。以下所列的产品和服务并不全面，但却代表了酒店工作人员必须准确识别并记录到客人账单中的各种相关费用的一部分，具体如下：

- 客房的费用，包括税款。
- 客房内保险箱的费用。
- 客房内迷你吧的费用。
- 按次点播电影/游戏的费用。
- 上网费用。
- 餐厅或酒吧的费用。
- 度假村或水疗的费用。
- 电话费。
- 礼品店商品的购买费用。
- 洗衣费。
- 停车费。
- 会议室费用。
- 视听设备租赁费用。
- 宴会餐饮费用。
- 商务中心费用。

在酒店，与前厅部有关的有效的客账工作主要包括两项截然不同的重要任务：一是信息（数据）管理，二是夜间审计。

6.6.1 数据管理

前厅部是酒店数据管理系统的中心，这些系统会确定要寄到客人对账单上的费用。在前台，PMS和其他会计系统还维护酒店的财务和运营记录。在大多数情况下，这些系统是广泛而复杂的。由于越来越多的重要数据生成系统正在（或即将）与酒店的PMS系统直接交互，因此需要有才能且技术知识丰富的员工来对其进行管理。

连接两个数据管理系统的过程可能具有挑战性，因为在许多情况下，这些系统是由不同公司制造的。例如，生产酒店PMS的公司与为酒店提供电子客房门锁系统的公司就不一样。但很明显，通过PMS入住101客房的客人应该通过电子锁系统自动获得该客房（而非102客房）的钥匙。只要PMS和电子锁系统完成连接，上述情况就将自动实现。如果不能连接，则酒店工作人员必须单独产生密钥，这就会导致出现错误的可能性。

更复杂的是，在许多情况下会需要多个系统接口，但并非所有系统都完全在酒店的控制之下。例如，希望改善其电话计费系统的酒店将发现，必须将新系统与现有电话系统、本地电话供应商系统、长途电话供应商系统以及酒店的 PMS 连接。实施这样一个集成系统的许多挑战主要落在前厅部。

电话计费系统。电话计费是酒店中最复杂的数据和设备管理领域之一，即使最小的酒店也会拥有自己的**专用交换机（PBX）**[28]。

当今的酒店 PBX 是高度自动化的，这是由于酒店中大量使用电话所致。作为酒店的电话系统，PBX 通常由前厅部维护。它包括用于向客人收取电话费的电话计费系统。例如，如果一个已登记的客人从客房直接拨打另一个州的电话，酒店就会被收取相应的通话费用。当然，酒店希望在为客人提供优质长途电话服务的同时，尽可能降低其通话成本。酒店将根据长途电话的距离和时长，将费用记入客人的账单，以抵消通话费用。电话计费系统会记录每间客房（以及使用管理电话的每个电话）使用电话的时间、时长和呼叫号码——如果要求客人为他们发起的电话付费，则这些信息的记录必须准确。

更为重要的是要知道，即使拨打本地电话，对酒店来说也不是免费的。电话计费系统的正确运行至关重要，因为在过去，电话费是许多酒店十分重要的收入来源之一。近年来，由于手机使用的增加，电话费收入占酒店总收入的百分比一直在下降；但是，电话计费系统是否管理得当仍然很重要，因为由于系统管理不当而无法收取电话费收入，会对酒店的收益产生负面影响。

除了与电话相关的信息外，前台还必须管理来宾数据和各种客房服务产生的费用。越来越多的客人可以在房间里使用电视、电话或酒店提供的键盘来访问酒店出售的产品和服务。这种趋势无疑将继续并扩大。当前，客人可以从自己的房间购买的一些最受欢迎的产品和服务包括电影、游戏、保险箱以及互联网设备和链接。

电影。按次计费的电影放映系统一直以来都很受酒店客人的欢迎。这些系统为访客提供了观看影院正在放映或刚刚放映完的电影的机会。此外，大多数按次付费的供应商还提供各种面向成人的电影。客人们只需向酒店支付看电影的费用，到了月底，电影供应商会根据观看的电影数量以及酒店的按次付费合同中包含的费用向酒店统一收费。

当今的室内电影服务功能更加强大，客人可以访问互联网，在电视屏幕上查看电影，甚至直接使用 PMS 界面的按次点播收费系统来从酒店中退房等。

游戏。许多酒店为客人提供在房间的电视屏幕上玩电子游戏的机会，其访问方式通常与按次计费的电影相同。尽管两者非常相似（都是按次计费），但有些游戏可以使用电视遥控器播放，另一些则需要使用室内操纵杆、鼠标或键盘玩游戏。这意味着酒店必须提供这些电子设备，并确保它们完好地放在客房中。前厅部不负责这些室内设备的安全性，但负责维护有效的 PMS 数据接口，以便所有玩过的游戏在实际运营中都能被记入相应的客人账户。

保险箱。最近，越来越多的酒店开始在客房内提供保险箱供客人使用。这些保险箱是电子的，只能由客人和酒店的员工打开。使用保险柜的费用（如果有的话），通常会通过 PMS 界面发送到客人的账户上。

互联网设备和访问。现在，在许多酒店里，无线上网是作为一项免费服务提供的。但在那些仍收取此项费用的酒店中，接入、连接设备（如无线路由器、适配器等）和所有的使用费都必须正确标识并贴在适当的对账单上。

与客人收费有关的数据管理对于酒店的盈利能力至关重要。每家酒店将提供一些免费服务，并对其他产品和服务收取费用。客人购买的商品必须被识别并生成正确的账单，进行夜间审计的夜间审计员对完成此任务负最终责任。

6.6.2　夜间审计

酒店每天都必须对每位客人当天产生的费用进行核算，但是，由于酒店每周 7 天、每天 24 小时营业，这就产生了一个有趣的会计问题：每天的酒店销售何时结束，另一天的销售何时开始？

为了说明这个问题，假设州际公路上的一家酒店通常在以下时间点接待到达的客人：晚上 11 点，午夜，凌晨 1 点、2 点、3 点、4 点和 5 点。

在什么情况下这些客人应该被视为当晚的客人，什么情况下应该被视为第二天的客人？传统上，一天的结束（因此也是第二天的开始）根本不是一个固定的时间。相反，它被指定为夜间审计员结束（关闭）夜间审计的时间。理论上，夜间审计可以在白天或晚上的任何时间执行，但习惯上，它一般都在很晚（深夜）或很早（凌晨）的时间进行，因为此时酒店的整体活动已进入休眠期，大多数客人已入睡，因此一般不会购买额外的酒店产品或服务。

夜间审计功能对酒店的许多部门来说很重要，完成此项工作应包含以下八个关键步骤：

- 将适当的房费和税率发布到当前在酒店的客人的账单上。
- 核实 PMS 中记录的所有房间的准确状态。
- 将任何必要的调整发布到客人的账单。
- 核实所有合法的非客房费用已在当天被记入相应的客人的账单。
- 监控来宾账户余额，以确定是否超出来宾的既定信用额度。
- 平衡和核对前台的现金储备。
- 更新和备份由前台维护的电子数据。
- 生成、复制和分发管理中所要求的报告，例如与客房和非客房相关的收入、ADR、入住率、客户来源和住客名单等。

一个现代的 PMS 系统将自动完成上述这诸多基本任务。在大多数酒店中，夜间审计员会在凌晨 1～4 点之间完成审计。这项工作必须正确、及时地完成，因为有些客人会一大早就退房，因此必须确保其账单是尽可能新的。一个运作良好的前厅部会及时准备好最新的账单，并做好其他工作，随时等待客人结账离开。

工作日记：一天的工作6.3

情况：

“我只是想睡觉，”205客房的客人布洛姆先生说，“告诉隔壁的那些人安静下来，现在是凌晨2点半。”

酒店的夜审员罗森很清楚，“那些人”住在207房。

布洛姆先生于凌晨1:00致电前台，询问罗森是否可以对207房发出的噪音和音乐做些什么。罗森迅速打电话给207室，礼貌地转达了其他客人的投诉，并要求房间保持安静。对方向罗森保证会把音量压低，但是，布洛姆先生在凌晨1:45再次致电前台，说207传来的喧闹声又开始了。

罗森赶往207房，了解了现场的情况后，敲开了207的房门，并再次礼貌地要求他们保持安静，同时告知对方，如果不这样做，将被要求离开酒店。207的客人保证他们会安静下来。

然后，现在是凌晨2:30，207的“聚会”又要开始了。

回应：

当然，酒店应尊重客人的隐私，但客人也必须尊重其他客人的权利。在这种情况下，207客房的客人不合理地侵犯了205房间客人的权利。在大多数酒店中，前台政策规定，在两次警告依然无效后，酒店的安保人员或当地警察将警告或赶走不守规矩的客人。需要注意的是，前厅服务员（或酒店安保人员）必须始终保持对酒店中不当行为的控制，但在这过程中，切勿与不守规矩的客人发生肢体冲突。当面对上述案例中的情况时，酒店管理层必须严格按照酒店的相关规定指导前厅部员工的行为。

关键词汇

1. 前厅部（Front Office）：酒店内部负责客人客房预订、入住登记、结账离店和提供相关服务的部门。

2. 前台（Front Desk）：酒店内部办理客人入住登记和结账付款的工作区域。

3. 前厅部经理（Front Office Manager，简称 FOM）：住宿业中前厅部的管理者。

4. 酒店信息管理系统（Property Management System，简称 PMS）：住宿业中计算机软件系统的专业术语，该系统用于记录客人的预订信息、财务信息以及与酒店前厅运营相关的其他数据。

5. 中央预订系统（Central Reservations System，简称 CRS）：用于记录客人客房预订信息的软件系统。

6. 备用系统（Back-up System）：与其系统并行使用的硬件和（或）软件，在系统发生故障或断电时使用此类系统，通常使用电池供电。因此，即使在断电的情况下，酒店 PMS 的备用系统也可以继续运行。

7. 夜间审计（Night Audit）：对当天结束的交易或当天“结束”的销售信息进行准确性和完整性检查的过程，并为第二天的交易做好准备。

8. 夜间审计员（Night Auditor）：对前厅部当日记录的与酒店客人有关的所有财务交易进行夜间审查的个人。

9. 账单（Folio）：住店客人的房费以及客人授权或酒店合法收取的其他费用的详细清单。

10. 房间类型（Room Type）：客房的特定配置。例如，特大号床与双人床，或客厅套房与标准客房。通常缩写表示（例如 K 代表大床，D 代表双人床，等等），对客人来说，预订合适的房型和酒店是否有房间一样重要。

11. 售罄期（Sell-out）：所有可用房间均售完（如果需求足够大，酒店、地区或整个城市都有可能出现售罄的情况）的时期，在这一时期，管理层必须设法使 ADR 最大化。

12. 历史数据（Historical Data）：过往客人入住的相关信息。总的来说，这些信息详细描述了过去所有酒店客人的历史。

13. 客史档案（Guest History）：曾经入住客人的相关信息。

14. 收益管理（Revenue Management，简称 RM）：让 RevPAR 最大化的过程和方法。

15. 收益经理（Revenue Manager）：以预测房间需求，以便酒店可以最大限度地提高 RevPAR 为主要任务的工作人员。在大型酒店中，这是一个专职岗位。对于规模较小的有限服务酒店，总经理或 FOM 将承担此项工作。

16. 标准房价（Rack rate）：指当没有给客人提供任何折扣时，酒店出售其房间的价格，通常也称为“门市价”。

17. 超额预订（Overbook）：酒店确认的客人预订的客房数量多于可容纳这些客人的客房数量的情况，有时称为“超卖”。

18. 订而未到（No-show）：已进行预订但未能取消预订房间或未在确认预订日期到达酒店的客人。

19. 公司价（Corporate rate）：酒店向典型的商务旅客收取的特殊价格。例如，可以将比酒店的门市价格低5%～20%的价格指定为酒店的公司价格。

20. 散客（Transient）：不参与团体或旅行团预订的个体住客。可以根据旅行者的人口统计数据进一步细分散客，以获得关于入住酒店客人类型的更详细的信息（例如，公司、度假和政府）。

21. 协议价（Negotiated rate）：酒店提供给客户的协商价格，但该价格要视客房供应情况而定，也称为批量价格或批量折扣价格。

22. 团体房价（Group rate）：给予同意为其团体购买大量房晚的客户的特别折扣房价。在小型酒店中，任何购买10晚或更多房晚的顾客都可能有资格享受团体房价。在较大的酒店中，符合要求的客房数量可能会有所不同。有资格获得团体价格的对象包括休闲旅游巴士、婚礼聚会、运动队、商务会议和大型会议等。

23. 合同房价（Contract rate）：事先商定的固定期限的房间价格，以合同的长度为准。例如，一家酒店在一年内每周日到周四晚上为从事附近公路项目的外地道路施工人员提供五间客房的协议。

24. 升档销售（Upselling）：通过鼓励宾客预订价格更高的客房（此类客房比价格低的客房拥有更好或更多的设施）来提高酒店平均每日房价（ADR）的策略（例如景观，免费早餐和报纸，更大的房间面积等）。

25. 房晚数（Room night）：使用的房间数乘以售出的夜数。例如，一个客人预订了两个房间，每个房间5晚，就等于预订了10个房晚（2个房间×5个晚上=10个房晚）。

26. 入住登记表（Registration card，简称Reg卡）：提供客人详细信息的文件，例如客人姓名，抵达日期，待付房价，出发日期以及与客人住宿有关的其他信息。在交谈中，通常简称为“Reg卡”，例如：“417房间的签名Reg卡在哪里？”

27. 授权（Authorize）：验证或确认。当入住客人提供结账用信用卡时，“授权”一词是指代理商对信用卡的确认。酒店的前台验证是指：（a）该卡处于合法使用中。（b）该卡有足够的余额来支付客人的预计费用。（c）符合酒店前厅部政策，以确保酒店使用该卡完成付款。

28. 专用交换机（Private Branch Exchange，简称PBX）：酒店中用于处理来电、内部和外拨电话的系统。

第 7 章　销售与市场营销管理

本章内容

本章概述

一家酒店的经济状况取决于能否在一个可行的市场中获得公平的酒店客房销售份额。如果一家酒店不能很好地销售客房，它就无法获得应有的份额，因此也就无法收获应有的利润。归根结底，一家经营良好的酒店必须吸引、维持和扩大一个强大的客源基础。这是所有销售与市场营销工作努力的目标。

酒店的销售与市场营销工作无论在酒店内部、外部均应进行。在酒店内部，负责人员将编制预算，制定营销计划并予以执行。营销计划将详细说明如何在内部和外部实现酒店销售的最大化。

正如我们在上一章中了解到的那样，现场销售工作很重要。除了酒店内部的努力外，酒店还依赖于自身的外部活动，以及其他实体的活动，如酒店所在地区举办的会议和旅游局活动等，来协助酒店的营销工作。在特许经营酒店中，特许经营商还将协助进行销售与市场营销，在本章中，我们将具体了解他们对销售工作的贡献。

虽然每个酒店客人都是独一无二的，但酒店传统上一般把客人分为两大类：散客和团体。在本章中，我们将仔细研究这两个部分，以便更好地了解如何有效地对其进行市场营销和销售。

在小型酒店中，总经理可能全权负责销售与市场营销。在大型酒店中，这项工作可能由许多人来分担。但是，在这两种类型的酒店中，都有一些常用的销售与市场营销工具来提高酒店的销售效率。在本章中，我们将研究这些工具中最流行的那部分，看看酒店经营者如何利用它们来增加酒店收入。

由于销售工作的重要性，酒店所有者和管理者都会认真、持续地对其进行评估。在销售与市场营销中，努力与成功之间存在明确的关系，但是评估这种关系可能很复杂，因为在一个疲软的酒店市场中，尽管人们努力工作，但很可能最终的结果比在强劲的市场环境中消极销售所产生的业务还要少。正因为如此，对酒店销售工作的评估必须谨慎进行。在本章中，我们将学习酒店业用来公平评估负责酒店销售与市场营销有效性的工作人员的方法。

教学目标

- 定义“销售”和“市场营销”这两个术语，并解释酒店的销售与市场营销工作与酒店经济效益之间的关系。
- 描述酒店的内部和外部的销售与市场营销活动。
- 识别两个主要的酒店市场，并描述如何争取每个市场以帮助优化收入。
- 了解销售与市场营销专业人员使用的主要销售与市场营销工具。
- 解释专业酒店经营者如何评估酒店的销售与市场营销工作。

7.1　销售与市场营销的重要性

很少有酒店是在非竞争环境中经营的。大多数情况下，客人会在比较了几个备选的酒店之后才最终选定某酒店。所以，显然，并不是所有的酒店对所有的客人都有同等吸引力。例如，一对带着孩子的夫妇想在附近找一个周末度假的地方，他们可能只想住在一个有游泳池的酒店，以方便他们的孩子使用。商务旅行者则可能会认为客房内的免费高速互联网连接是一个非常重要的功能。在这两种情况下，客人都有需求，而酒店的设施可能或不可能同时满足这些需求。

从最简单的形式来说，酒店的销售与市场营销的目标就是识别并与那些需求与酒店所提供的服务及设施相匹配的客人进行交流。如果这方面做得好，酒店就能将其合理份额的客房销售给这些客人，其盈利能力也会相应提高。

虽然酒店中的每个员工都可能对客人的体验产生影响，但是销售与市场营销人员的工作就是吸引潜在的客人。小型酒店中负责出售酒店客房的负责人可能是总经理，大型酒店中负责此项工作的则一般为**销售与市场营销总监（DOSM）**[1]。

DOSM 必须识别和培养客户，计划酒店的营销工作，为确定合适的房价提供意见，协商签订销售合同，并担任酒店整个销售与市场营销团队的领导者和指导者。

酒店的营销非常复杂。实际上，很多书都致力于研究酒店销售与市场营销。关于如何做到最好，也有很多不同的意见。有多少人从事酒店的销售与市场营销工作，就有多少种方法存在。因为每家酒店都是独一无二的，而每家酒店如何最好地进行销售与市场营销可能也是独一无二的。

有关“**销售**[2]”和“**市场营销**[3]”这两个术语的精确定义，在酒店行业也经常引起争议。事实上，对于这些与酒店业务有关的术语，目前并没有普遍接受的定义。

就本书而言，我们认为，“营销”是指所有旨在通过推广和酒店宣传来提高消费者意识和需求的活动，而“销售”则包括与客人**预订**[4]直接相关的所有活动。

销售或预订通常是有效营销的结果。也就是说，潜在的客人看到或听到有关特定酒店的信息，然后决定使用（预订）该酒店的客房或其他服务。如图7.1所示，如果执行得当，增加营销活动将带来更大的酒店盈利能力。

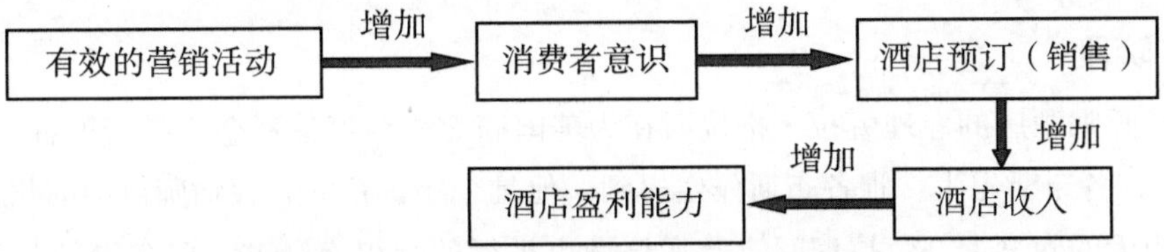

图7.1　营销的目标是提高盈利能力

如果不这样做，或者做得不好，酒店营销活动可能无法促使更多消费者意识的提高，酒店也无法按照预期的目标实现销售量的增长。有时，营销活动在提高消费者认知度的同时，也给酒店带来了很高的成本，以至于总利润实际下降。例如，当酒店支付过高的费用在杂志或网站上做广告，但没有收获足以支付广告费用的销售增长额时，就会发生这种情况。

销售与市场营销活动之间的区别有时是明确的，但更多时候是不确定的。例如，设计一个酒店广告并将其刊登在当地的黄页电话簿上，显然是一项营销活动，旨在让潜在客人了解该酒店。为一个预订了100间客房的团体打印出最后的合同文件，则显然是一项销售活动。而代表酒店参加由专业会议筹办者参加的行业展会，可以被认为是市场营销（与提高知名度相关的活动）或销售（与预订业务直接相关的活动），或两者兼有。定义销售或市场营销的方式并不重要，真正重要的是，酒店要想实现预期的ADR、入住率和利润目标，这两种活动就都必须得到良好的规划和执行。

7.2　销售与市场营销活动

所有酒店销售与市场营销活动的目标应该是提高销量，从而增加收入。检验酒店销售与市场营销工作的一种方法是考虑销售前、销售中和销售后的活动，如图7.2所示。

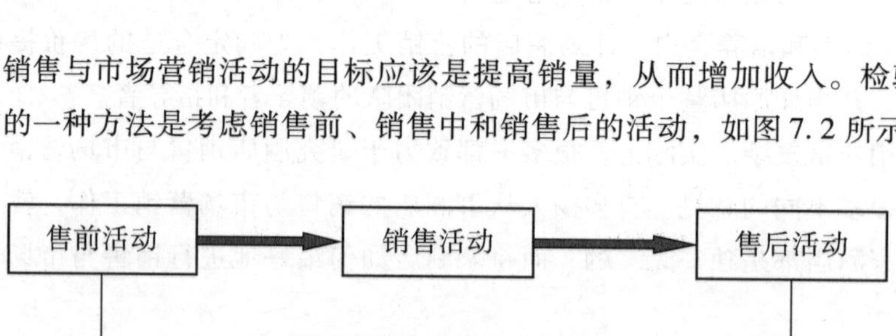

图7.2　销售周期中的三种活动

并非所有的销售都涉及我们将要研究的这三种活动，但是每个活动都是销售周期的一部分。在销售周期的每个阶段，酒店员工必须表现良好，否则就有可能失去销售机会。以下以最佳睡眠酒店（Best Sleep Hotel）的经理劳拉·格拉斯为例，具体说明酒店实际销售过程中的典型活动。

（1）售前阶段

- 最佳睡眠酒店的经理劳拉·格拉斯在为美国癌症协会筹集资金而举行的社区高尔夫郊游中会见了雅各布斯先生。雅各布斯先生提到，他是今年古董家具评估师协会的州分会主席。
- 在当天的晚宴上，劳拉询问协会在该城市举行的会议有哪些。雅各布斯先生回答说，该协会每年会在该地区召开为期三天的会议，其董事会成员每年都会投票决定选择哪家酒店作为会议接待方。他说，过去，协会一直选择的是阿尔托纳酒店（Altoona Hotel，最佳睡眠酒店的竞争对手），且成员似乎对该酒店都比较满意。

- 晚餐后，劳拉邀请雅各布斯先生前往最佳睡眠酒店进行**实地考察**[5]。
- 在实地考察中，劳拉指出了最佳睡眠酒店的最显著特点，并巧妙地将其与阿尔托纳酒店进行对比（但没有批评竞争对手）。参观结束时，劳拉问雅各布斯先生是否可以安排将最佳睡眠酒店列入该协会下一次会议的参与**投标**[6]酒店列表中，后者欣然同意了。

（2）销售阶段

- 最佳睡眠酒店精心准备好投标书，在协会规定的最后期限前提交了。标书确定的客房价格是基于酒店对该协会实际**取房**[7]数以及他们将产生的其他收入的估计。
- 根据收到的投标，协会董事会将其酒店选择范围缩小到两家，其中之一就是最佳睡眠酒店。经过实地考察，董事会在雅各布斯先生的大力支持下，最终选择了最佳睡眠酒店作为下一次会议举办地点。
- 劳拉为协会准备了一份**团体合同**[8]，详细说明了与酒店的协议，并特别提及了任何**减少预订**[9]和取消预订的罚金。
- 劳拉接下来为协会建立一个**锁房区**[10]，以确保为会议预留客房。
- 劳拉或其他酒店工作人员监控该协会的房间，以确保酒店满足其合同条款。也就是说，它只为该团体的购买保留（储备）所需数量的房间，时间长度则在团体合同中规定。
- 劳拉参加了酒店员工的活动前销售会议。工作人员将审查下周将要抵达酒店的所有团体的需求和特殊要求。这些团体的其中之一就是协会，劳拉与员工一起审查了协会的合同条款。
- 劳拉出席了协会的第一天会议，欢迎董事会成员、雅各布斯先生和其他人。在协会逗留期间，劳拉会定期与该协会的主要联络人会面，以确保一切进展顺利。

（3）售后阶段

- 劳拉给协会的每位理事写信，感谢他们选择了最佳睡眠酒店。这封信由总经理联署。劳拉还向雅各布斯先生赠送了一份特别的答谢礼物，感谢他对本次业务的协助。
- 该协会被添加到首选客户名单中。这意味着酒店将定期与之联系，并以某种方式对其进行确认。
- 在销售活动日历中做好条目，确保酒店销售团队将在明年有足够的时间参与该协会的投标过程，以保留业务。
- 与协会活动有关的所有书面记录均应妥善归档。

由上述例子可以看出，要在竞争激烈的酒店销售领域取得成功，有许多活动必须完美地完成。人际交往能力、组织能力和冲突管理能力是销售与市场营销专业人员的基本特征。上述的许多销售活动是复杂的，而且都是至关重要的。成功销售所需的任何过程中的错误都可能引起客户的不满，就像酒店其他运营部门的错误一样。

酒店的营销活动通常会吸引大量的注意力。但是，重要的是要认识到销售执行与营销活动同等重要。如果酒店现有客户的销售过程都没有得到适当的管理，那么花费大量资源吸引新客户（营销）就几乎没有意义。事实上，除非酒店的销售工作是平稳和有效的，否则最好不要冒着潜在客户永远疏远的风险，试图以一种不专业的方式向他们进行销售。

一家酒店可能会进行大量的营销和销售活动。但是，在考虑进行任何此类活动之前，重要的是要确定酒店工作人员中由谁负责酒店的销售与市场营销工作，以及可以花多少钱来支持这些工作。

组建一个销售与市场营销团队，制定预算，并确定由团队开展的销售与市场营销活动的过程，都是在酒店内部采取的措施。酒店外也进行了大量的工作，这些销售与市场营销活动可能是由酒店的员工、特许经营商、地区会议和旅游局（CVB）以及其他机构代表酒店进行的。

7.2.1 内部销售活动

酒店的销售与市场营销活动将是多种多样的，但最好先建立销售与市场营销团队，制定预算（以支持销售与市场营销工作），然后订立并遵循**营销计划**[11]。

(1) 建立销售与市场营销团队

与销售与市场营销有关的最重要的任务，也许是确定酒店员工中谁将负责这些活动。关于这个问题的答案，应该是“所有人”。也就是说，与宾客接触或以某种方式影响宾客体验的每位酒店员工，都与销售与市场营销活动有关。因此，从某种意义上说，从打扫客房到修剪草坪，再到在停车场捡拾废弃瓶罐，酒店所有员工的活动都是销售与市场营销活动，因为这些活动会影响客人对酒店的看法，并最终决定他或她入住酒店的意愿。

在大型酒店中，市场销售经理（DOSM）领导着相当数量的专业销售人员。在规模较小的有限服务酒店中，销售职责可以由总经理和前厅部经理共同承担，也可以仅由总经理执行。但是，即使是最小的酒店，也可以从建立一个由酒店总经理或市场营销总监主持的**销售与市场营销委员会**[12]中获益。

销售与市场营销委员会很重要，因为酒店的许多领域都会受到销售工作的影响。例如，假设总经理或销售与市场营销总监希望创建并推广一个情侣**全包价**[13]周末度假套餐，其中包括酒店的房间，抵达前送达房间的巧克力和玫瑰，免费观看一部付费电影，以及次日早上的延迟退房。这一销售策略对酒店的整体运营会产生很大影响。

在这个例子中，员工必须在客人到达之前将巧克力和鲜花放在指定的房间中。此外，PMS 和夜间审计员必须注意，套餐的价格中已包含客人的第一部按次计费电影，因此不应向其收费（但应为其他电影收费）。必须告知客房服务人员，由于延迟退房，因此房间将必须比往常晚些打扫。可见这一销售策略的实施需要协调一致的努力。销售与市场营销委员会的职责是提供协调，要做到这一点，其成员应该包括来自酒店各个领域的代表。

(2) 制定销售与市场营销预算

正如酒店的所有领域一样，如果要对销售与市场营销工作进行适当的管理，就必须了解或估算其成本。在编制销售与市场营销预算时，酒店经营者必须首先确定其酒店的估计或预算收入水平，然后计算出获得这些收入所需的预计销售与市场营销成本。

年度销售与市场营销预算通常是在来年之前准备的。因此，某年 1 月至 12 月期间的销售与市场营销预算一般在前一年的 9 月或 10 月就已编制好。预算是通过预测每月的收入和支出，然后结合全年的信息来制定的。随着预算年度的演变，可以对销售与市场营销预算进行调整，以反映酒店实际收入或销售与市场营销支出的变化。销售与市场营销领域的典型支出包括员工工资以及支持酒店营销计划活动所需的资金。

(3) 订立销售与市场营销计划

有效的酒店营销始于营销计划的制定，这只是一份旨在实现酒店销售目标的活动清单。营销计划中通常包括的活动有：分析酒店的竞争对手，确定价格，以及酒店员工全年需完成的具体任务和支出的日历。

营销计划的具体形式千差万别，但大多包括以下内容：

第一，酒店竞争领域的概述，包括：

- 入住率趋势。
- ADR 趋势。
- 酒店在市场上的表现。

第二，竞争分析，包括对每个竞争者的审查：

- 优势。
- 弱点。
- 价格结构。

第三，酒店的全面自我评估，包括以下方面的审查：

- 优势。
- 弱点。
- 价格结构。

第四，对未来市场状况的预测，包括：

- 对市场增长或收缩的估计。
- 酒店的绩效目标。
- 实现这些目标的时间表。

第五，为实现酒店目标和目的而制定的具体营销策略和活动计划，包括：

- **广告**[14]。
- 促销。
- **宣传**[15]。

第六，制定营销预算以支持已确定的策略和活动。

第七，选择测量和评估工具，以帮助评估营销计划的有效性，并进行必要的修改。

除广告活动外，一个有效的销售与市场营销计划还包括促销和宣传活动，这三个术语密切相关，有时会重叠，且经常被混淆，但是，每个术语都对酒店的成功销售与市场营销起着一定作用。

广告。酒店有很多机会为其产品和服务做广告。最好的广告是明确针对酒店确定的目标市场的，而且应该具有成本效益，因为根据定义，广告费必须由酒店支付。

促销。在酒店业，“促销”一词通常是指产品或服务的特殊包装，例如，气候寒冷地区的酒店可以在冬季推出“夏季度假”促销活动。这个套餐可以包括一间卧室，可使用的酒店游泳池，一个特别的“海滩主题”晚宴以及免费朗姆酒，以提醒客人夏天来到海滩。此套餐价格特别，可通过广告和宣传进行推广。同样，一家特许经营公司可以为在两个特定日期之间完成的所有住宿提供三倍的航空（飞行常客）里程作为特别促销。同样，有关这种促销的信息将通过广告和可能的宣传来传播。

宣传。宣传是指由媒体免费发布的有关酒店的信息。好处是，宣传不需要花费酒店任何费用。坏处是，这种宣传可能是好的，也可能是坏的。新闻媒体是影响公众舆论的一股独立力量，与媒体建立良好关系是酒店管理者工作的重要组成部分。如果关系良好，酒店更容易获得正面的宣传。例如，如果该州的州长正在访问你的酒店，且这一新闻出现在报纸上，那么它的宣传价值就很好。但良好的媒体关系并不意味着全部——如果附近有一家与你的酒店有着相同品牌关系的酒店发生火灾，也会被广泛报道，这就可能给酒店带来不良影响。

年度营销计划本质上是销售与市场营销工作的蓝图。应对销售与市场营销委员进行认真监督，以确保其开展和实施计划中提出的活动和支出。应定期评估该计划，以确保这些活动的结果符合酒店的预期。

工作日记：一天的工作 7.1

情况：

周三下午，最佳睡眠酒店的经理达内尔正在认真听取广告销售代表万达的陈述。万达 15 分钟前到访酒店，虽未预约，但由于她与当地大学有联系，达内尔仍然同意见她。

“所以你看，”万达说，“这是真正的足球节目，将在下个月的州立大学返校节大型足球比赛中出售。我们打算印刷数千份宣传品。在上面做广告会给你的酒店带来巨大的曝光率。最重要的是，整版广告只需要 2000 美元。当地所有的酒店都会参加。请问最佳睡眠酒店会购买广告吗？我必须在本周五之前提交所有的广告申请，所以我真的非常希望您今天能给予答复。”

回应：

酒店的销售与市场营销计划应始终留有一些空间，用于意外的活动和支出。但是，负责管理此项工作的酒店经营者深知，每年有数以百计的广告和促销机会呈现在他们面前。在绝大多数情况下，酒店应仅进行计划内（和预算内）的活动，而不应进行那些对有说服力的销售宣传产生冲动反应的活动。

如果在本地大学的足球比赛活动中做广告确实是最佳睡眠酒店今年总营销计划的一部分，那么就应该抓住这个广告机会。如果不是，达内尔可以礼貌地回复说，虽然这样的支出不在今年的预算中，但酒店的销售与市场营销团队会认真考虑明年的情况。真正从事广告销售的专业人士了解酒店的预算编制流程，无论达内尔对本次广告的最终决定如何，他们都会感谢达内尔抽出时间倾听并礼貌地考虑他们的建议。

7.2.2 外部销售活动

除了酒店实施的外部销售与市场营销活动外，也会有其他人开展非酒店销售工作。一些团体可能会从酒店增加的客房销售活动中受益，因此有兴趣协助酒店的销售与市场营销工作。在特许经营酒店中，这些团体中主要有酒店的特许经营商。此外，如果酒店做好产品销售工作，本地 CVB 和其他机构也可以从中受益。了解这些团体各自所扮演的角色，对于有效的酒店营销来说是至关重要的。

(1) 特许经营商的努力

特许经营商根据加盟商的酒店所达到的销售水平向其收取月费。当酒店实现的收入增加时，特许经营商收取的费用也会增加。因此，特许经营商会努力促进其品牌所代表的客房的销售。这些重要的努力包括：

全国呼叫中心。许多旅行者偏爱某个酒店品牌，但可能不知道是否在某特定地理区域也有该品牌。例如，佛罗里达州的某旅客喜欢在最佳睡眠酒店住宿，但不知道科罗拉多州的丹佛市是否也有最佳睡眠酒店。如果最佳睡眠酒店在其广告中告知旅行者可以拨打免费电话以了解其位置并进行预订，那么这位旅客可以拨打电话，并利用全国呼叫中心提供的信息预订丹佛最佳睡眠酒店的房间。尽管通过互联网预订客房的做法越来越流行，但所有全国性酒店品牌仍保留着免费电话呼叫中心。酒店管理人员应定期致电全国呼叫中心，以监督代理商接听电话并向潜在客人提供关于他们的酒店的信息。酒店的相关信息应保持最新且准确，以最大限度地提高呼叫中心销售其客房的机会。

品牌网站。酒店经营者应该了解，使用互联网是许多旅行者最喜欢的获取酒店信息的方式。那些运营良好的品牌大多已经创建了易于使用、信息丰富的网站，方便旅行者通过互联网进行预订和接收确认号码。

其他网站。许多与旅游有关的网站运营商都因其自身的盈利结构而寻求与酒店建立联系。

个别酒店寻求联合，以销售更多客房。在许多情况下，与单独的酒店物业相比，特许经营商可以帮助其加盟商通过谈判降低费用，并在这些网站上获得更好的位置。

全国广告。大多数酒店规模太小，无法在全国性电视台或全国性报纸上做广告。但是，特许经营商收取的广告费用可以使这种广告投放成为可能。当品牌开发出全国认可的名称和徽标时，即可以被运用于针对该品牌目标客户的广告中。其结果是，即便是该品牌旗下规模最小的酒店，都能在全国范围内获得曝光和有效的广告宣传。

品牌特定促销。此前我们已经了解到，酒店可以通过促销活动提供特殊服务或服务套餐，以吸引旅客。品牌经理也可以创造和推销特殊的促销活动，其中包括特价、客房设施，或者为品牌**常客计划**[16]会员提供升级服务。

PMS 培训和支持计划。由于 PMS 对酒店有效销售客房的能力至关重要，因此大多数特许经营商会提供有关其操作的培训计划，以及在硬件或软件出现故障时提供技术支持。这些项目通常是免费或以象征性费用提供给加盟商的。

销售培训计划。酒店客房的有效销售是一种可以学习和掌握的技能。管理良好的酒店品牌为其加盟商提供频繁且便宜的或免费参加的课程和研讨会，并可能分发培训材料，以帮助管理人员向需要此类培训的员工传授客房销售技巧。

(2) CVB 的努力

除了酒店及其特许经营商的销售与市场营销工作外，当地 CVB（会议和旅游局）也可以帮助酒店营销。专业的酒店经营者，无论其酒店规模大小，都是 CVB 的活跃成员。通过参与，他们可以影响 CVB，为自己的酒店增加商业机会。虽然并非 CVB 的所有努力都可以促使某个区域出售更多的客房，但 CVB 的使命是增加其所代表区域的访客数量，当然，其中一些访客需要过夜住宿。

CVB 在某些地区也被称为旅游委员会或旅游局，但无论名称是什么，在任何情况下，它们都是代表一个特定目的地（例如城市、地区或国家）的非营利组织。它们是会议专业人士、旅行社以及个体游客在其目的地的主要联络点。

CVB 应该提供有关该地区的住宿和娱乐设施的准确公正的信息。因为它们是当地旅游信息的一站式“商店”，可以为旅客节省时间和精力。它们提供有关目的地的全面信息，并且不收取服务费用，因为它们的资金来源是税收和会费。因此，那些与当地 CVB 保持积极合作关系的酒店，其优势是显而易见的。

CVB 可以作为一个独立实体运营，也可以隶属于当地**商会**[17]。

(3) 其他的努力

当酒店出售更多客房时，许多个人、企业和其他实体都会从中获利。其中最重要的是旅行社和旅游咨询团体。旅行社会帮助那些因为各种各样的原因来到酒店的散客和团体旅行者，比如度假、婚礼、拜访当地的朋友和家人，或者其他任何与工作无关的原因。与可能经常往返于同一地区的商务旅行者不同，休闲旅行者具有更多的随机性。结果，传统上，休闲旅行者非常依赖旅行社和其他旅游咨询团体的建议来搜索酒店。为客户预订酒店的旅行社通常会向其收取佣金。一家大型旅行社可以影响许多旅行者使用特定酒店。因此，与旅行社联系成为酒店销售与市场营销工作中的重要策略。

除旅行社外，许多旅行者都是一个或多个旅行咨询团体的成员。这些团体由个人组成，他们与其他成员分享有用的旅游信息（包括关于酒店的信息）。美国汽车协会（American Automobile Association，简称 AAA）是规模最大、最受欢迎的旅游咨询团体之一。这个非营利性会员组织拥有 80 多个汽车俱乐部，在美国和加拿大有 1000 多个代理商办事处，为 4400 万人提供服务。

AAA 出版了一本旅游指南，为旅行者评定酒店。评估人员访问酒店时，通常事先并不知会酒店（但应酒店的特殊要求）。它们会根据各种特征对酒店进行评级，包括：

- 外观、地面和公共区域。
- 客房的睡眠和洗漱区域。
- 客房的服务和维护。
- 客房的装饰、氛围和设施。
- 管理。
- 顾客服务。

根据评估人员的评估，酒店将获得由 1～5 颗钻石组成的整体评级。历史上，AAA 评级在很大程度上被用来告知（或警告!）旅行者他们在某个特定酒店所能期望的质量水平。但今天的旅行者在互联网上搜索酒店时，则更多地依赖社交网站，如 TripAdvisor. com、Facebook 等。因此，尽管像 AAA 这样的评级机构在酒店评估中继续发挥着重要作用，但随着互联网作为一种旅行工具的兴起，这种作用已渐渐被削弱。

AAA 酒店钻石等级代表的意义如下：

一钻：以经济为本，提供基本的、简单的住宿。这些酒店满足舒适、清洁和好客的基本要求。

两钻：经济实惠，在一钻酒店的基础上适度增加设备、装饰和设施。价格适中，设施和设计元素也适中。

三钻：与两钻型酒店相比，这些酒店吸引了有更多需求的旅行者。它们在物理特性、便利设施和服务水平等方面均取得了显著改善，客人感觉舒适。

四钻：这些酒店在所有地区都属于高档酒店。精致、时尚。四钻酒店的标志是其广泛的设施和高规格的接待服务，以及对细节的关注。

五钻：最高水平的一流酒店。物理设施在各方面都非同寻常。此级别的基本标志是细致的服务和超越所有客人期望的接待能力，同时保持无可挑剔的卓越标准和个性化服务。

7.3　酒店市场需求

到访酒店的旅客类型与为其服务的酒店一样具有多样性。虽然旅客可以根据多种方式进行细分，但在大多数酒店经营者看来，这些旅客要么是散客，要么是团体中的一员。因此，“散客”和“团体”是酒店两大主要的客源市场。那些不参与团体或不通过团体预订的酒店客人，即为散客。还可以根据人口统计数据进一步细分，以获得关于散客的更详细的信息，例如，他们可以是商务客人、休闲客人或政府客人。另一方面，团体市场指的是那些需要多名客人参与预订的群体，比如那些乘坐旅游大巴、参加婚礼、参赛运动队或参加企业培训课程的人。为了了解酒店如何有效地针对这两个市场进行销售与市场营销工作，我们将详细研究这两个市场。

7.3.1　散客

散客对所有酒店来说都很重要，对于有限服务酒店来说则尤其如此。这是因为有限服务酒店通常没有像团体客人要求的那样有足够的会议空间，也不提供广泛的餐饮服务。而散客通常不需要会议场地或餐饮服务，因此，他们可以在有限服务酒店和全服务酒店之间自由选择。

我们可以通过多种方式对散客进行细分或分类。每一家酒店所使用的最佳细分方案取决于其自身独特的散客市场的构成。在许多酒店中，以下类别的散客通常被认为非常重要，值得**追踪**[18]。

（1）商务客人

此部分由商务旅客组成。这是一个非常重要的细分市场，因为商务旅客所支付的房费通常是酒店所能收取的最高房价之一。商务旅行者通常有特殊需求，向他们出售产品的销售与市场营销团队的成员必须敏锐地意识到这些旅行者的来源以及他们所希望获得的酒店服务。商务旅客在旅行者中占很大比例，且正逐渐呈现出从以男性旅行者占主导地位转变为男性、女性各半的发展变化趋势。商务旅客是一个要求十分挑剔的消费者群体，但他们的消费能力较高，且愿意为自己想要的东西付钱。

一群商务旅行者有时会聚在一起组成一个**联盟**[19]，而该联盟仅仅是酒店或其他提供住宿服务的多个大买家联合起来的一个组织，其目的仅仅是为了帮助其成员争取到更低的价格。

例如，如果一个由数十个大型公司旅行部门代表组成的联盟下属的任何公司旅行者入住某酒店时，联盟可能就会要求该酒店提供大幅折扣。同意与联盟合作的酒店将评估该客户的潜在交易量水平，确定一个合同价格，以及该价格不适用的日期，并为联盟的成员提供接机服务。商务客人的市场很大，因此，许多酒店将其最优秀的销售人员分配给了这一散客市场。

(2) 休闲旅客

休闲旅客也是许多酒店的重要细分市场。在某些度假区，入住酒店的几乎均为此类客人。如本章之前所述，休闲旅行者出于各种个人和娱乐原因而访问该地区，任何成功的销售与市场营销计划中都必须直接针对该群体。

(3) 政府旅客

地方和国家工作人员（包括军事人员）是许多中等价位的全服务和有限服务酒店的客户群的重要组成部分。通常，政府旅客可以在酒店住宿期间获得**每日津贴**[20]，对于一些酒店来说，这笔费用代表了足以吸引他们积极寻求业务的 ADR。

(4) 长住客

在某些情况下，入住酒店的客人会计划住很长时间。这些长期逗留的客人也是一个重要的细分市场，甚至有些酒店品牌专门为了吸引他们而特别设计。并非所有酒店都能吸引长住客人，但大多数酒店都有一些这类客人。在房价较低的时候，一些酒店通过提供更大的房间（或套房）、烹饪设备和冰箱等措施来吸引长住客人。房价较高时，酒店一直吸引着一些富有的客户，他们更喜欢住在能提供食物、安全保障和清洁服务的环境中，而不是住在公寓里。长期入住酒店的客人有各种各样的原因，包括从事建筑工程项目、打算在该地区定居，以及住房暂时不适合居住等。这是一个非常理想的细分市场，因为它们通常有稳定的客房入住率、清洁房间的便捷性，以及相对简单的账单。缺点是这些房间通常只能以非常低的日房租出售。尽管如此，一些酒店还是会为这一细分市场指派专门的销售与市场营销团队成员，并且取得了很大的成功。

7.3.2　团体

对于许多酒店而言，其业务的 50% 或更多是为团体提供住宿服务。实际上，在一些主要为举办会议的团体提供住宿的大型酒店，几乎 100% 的业务都与团体有关。

关于“团体”的实际定义因酒店而异。例如，一起旅行的两个人不可能被任何一家酒店视为一个团体，但几乎所有酒店都会同意，一起旅行的 100 个人肯定是一个团体。对许多酒店而言，购买 10 个或更多客房即构成了最小规模的团体销售，当然这也可能因酒店经理和酒店规模的不同而有所差异。由于没有普遍接受的“团体”的定义，因此酒店经理可以确定何时将拟议的销售视为团体销售，并因此获得团体合同。

团体合同详细说明了在购买大量酒店房间时的各方的责任。这种特殊的安排可以让酒店明确该团体希望购买多少间客房，并确定必须购买的截止日期。

通常情况下，团体合同将包含与该团体有关的以下信息：

- 名称。
- 账单地址。
- 抵达日期。
- 离开日期。
- 要求的客房类型。
- 要求的客房数量。
- 客房价格。
- 预订所需客房的日期。
- 要求提供的额外的酒店服务，例如会议室和餐饮。
- 付款方式。
- 付款时间。
- 团体的授权代表。

团体合同可能冗长而详尽，因为团体除了客房外，还经常使用酒店服务。这些服务可以包括：

- 欢迎酒会。
- 餐饮服务。
- 会议空间。
- 视听设备。
- 登记服务。
- 运输服务。
- 行李处理。
- 场内休闲活动。
- 场外休闲活动。

一个特定团体的需求往往取决于他们旅行的原因。因此，一个为休闲而旅行并在前往最终目的地的途中停留一晚的老年人团体的需求，将不同于一个希望为参加其婚礼的客人获得周末睡房以及婚宴所需的食品和饮料服务的准新娘的需求。

一个有效的销售与市场营销计划将包括大力吸引 SMERF[21] 市场和其他酒店潜在客户的群体。

之所以如此，是因为这类群体具有相当规模的细分市场。团体成员组织会议，可以作为一个团体旅行。根据酒店的情况，值得特别关注的其他市场群体包括运动队、政府工作人员、旅游巴士，或任何其他足够大的、值得争取的确定群体。如果酒店一开始就确定所要招揽的群体所使用的**会议筹办者**[22]，就能更有效地做到这一点。

专业的会议筹办者每年会购买大量的客房，并预留大量的会议和餐饮空间。他们可以代表许多不同的团体和组织以及一些公司这样做。他们是酒店产品的成熟买家，经常使用比较购物技术，并能根据他们的经验对酒店的声誉产生很大的影响。

知识拓展：绿色住宿!

虽然星星和钻石在历史上一直被评级机构用来评估酒店和餐馆的质量，但越来越多的情况是，一个设施的“颜色”将向潜在的客人传达重要信息。今天，一家酒店的白金、黄金或白银 LEED 地位正在成为一个重要的营销工具，以满足越来越多希望与环保型酒店开展业务的客人的需求。

LEED 是“能源和环境设计领导力”（Leadership in Energy and Environmental Design）的缩写。LEED 由美国绿色建筑委员会开发，为建筑物业所有者和运营商提供了一个简明的框架，用于识别和实施实用且可衡量的绿色建筑设计、施工、运营和维护解决方案。

LEED 认证系统提供第三方验证，以证明建筑物的设计和建造采用了旨在提高所有最重要的指标的策略：节能、节水、减少二氧化碳排放、改善室内环境质量，以及维修管理来源及其影响的敏感性。

酒店可以根据其在 LEED 官方评估中获得的积分数量（占所有可能积分的百分比）来获得认证。目前，LEED 的认证等级为：

LEED 认证	最高得分 37%
LEED 白银认证	最高得分 47%
LEED 黄金认证	最高得分 56%
LEED 白金认证	最高得分 75%

随着越来越多的客人询问酒店的 LEED 评级，他们希望 DOSM 将酒店的“绿色”表现和 LEED 认证水平作为其整体广告和促销计划的重要组成部分。

7.4　销售与市场营销工具

无论是想吸引散客业务、团体业务，还是两者兼而有之，销售与市场营销团队都会利用各种销售工具。在许多情况下，所选择工具的类型及其有效性取决于开发和使用该工具的人员的技能，以及该工具是否适合酒店所寻求的细分市场。在众多可用的销售工具中，以下所列的七种常常被大多数酒店所采用：

- 面对面销售电话。
- 印刷品和直接邮件。
- 电话。
- 电子邮件。
- 传统的互联网网站。
- 用户生成内容（UGC）的互联网网站。
- 客户答谢活动。

7.4.1 面对面销售电话

对于大多数酒店来说，入住的客人都是新客人。虽然有些客人每周或每年都会返回，但大多数酒店客人并没有。正因为如此，酒店必须不断寻找新客户。可以说，确定和争取新客户是销售团队最重要的任务。潜在客户可以来自许多方面。

当销售与市场营销团队认为潜在客户具有很大的购买潜力时，他们会在可能的情况下事先安排一个面对面销售电话，跟进这一销售线索。

关系网络[23]可以创造潜在客户。潜在客户可以来自会议和旅游局，也可以来自现有客人的推荐，来自员工，或仅仅来自潜在客户打给酒店的电话。

一个销售团队寻找和培养优质客户的能力对其成功至关重要。一个有效的销售与市场营销团队应该安排足够的时间来跟进销售电话，并预留足够的时间进行**无预约电话**[24]。

有效率的销售人员只要有机会就进行推销。这种类型的销售拜访的目的是确定那些有可能使用酒店房间或服务的潜在客户。当然，最有可能的潜在客户会被进一步培养，直到实现销售。优秀的销售团队通过跟进销售线索和每周进行预订数量的面对面销售电话和无预约电话，积极寻找和创造销售机会。这样的电话之后可以通过一封感谢信或信件、电子邮件、语音邮件或短信来感谢潜在客户，并邀请他们到酒店实地参观。

除了安排与酒店外的潜在客户会面外，销售和市场团队还应该随时准备接待顺路到访的客人。

顺路到访是指潜在客户来到酒店，要求对客房、会议室或宴会设施进行实地考察。如果这些潜在客户到达时，酒店的工作人员没有时间与他们见面，那就可能会失去销售机会。需要提醒管理层，酒店销售团队的某些成员应尽可能安排最合理的时间每天进行实地考察。

7.4.2 打印和直接邮寄

并非每个潜在客户都能通过个人销售电话联系到。对于远离酒店的潜在客户，或者酒店销售团队试图在安排销售电话之前确定潜在销售线索的质量时，通过直接邮寄的印刷品可以成为一种有效的销售工具。例如，假设一家酒店的销售团队首先确定了该酒店的客房和服务，然后试图向全国100家最大的团体旅游巴士公司做广告。虽然酒店销售团队的成员不太可能访问这100家旅游巴士公司，但该团队可以开发出一种可以发送给所有旅游车的**直邮函件**[25]广告。

可以将直邮函件视为间接销售电话。销售与市场营销团队可以为每月要寄出的直邮数量设定一个目标。如果直邮数量低于既定目标，则酒店的销售与市场营销团队负责人应讨论保持适当的直邮水平的必要性。直邮函件可以在无法进行直接销售电话时“拜访”潜在客户。就像增加个人推销电话通常会提高酒店的销售额一样，寄出的高质量直邮函件数量越多，酒店实现其销售目标的可能性就越大。

当然，像直接销售电话一样，这些间接销售电话必须有效地完成销售任务。直邮有效性的规则类似于当面销售的规则。最佳直邮函件应：

- 引人注目。
- 积极反映酒店形象。
- 易于阅读，简明扼要。
- 介绍相关的酒店功能和优势。
- 用证明、声明支持所提供的好处。
- 具有成本效益。
- 询问销售（订单）或实地考察。

如果可能的话，直邮函件还应包括旨在鼓励接收邮件的人立即预订酒店而不是推迟决定的奖励措施。一个有效的直邮函件可以是一张制作精美的明信片，一封措辞优雅的信件，甚至是一个巧妙制作的包裹……但无论形式如何，在任何情况下，它的设计都应以扩大酒店的销售范围为目的。它必须以经济有效的方式做到这一点，并为酒店的知名度和收入带来可以衡量的增长。

7.4.3　电话

即使在技术日新月异的今天，普通电话仍然为大多数酒店提供了绝佳的销售机会。许多打入酒店的电话都是来自潜在客人的，因此，应以迅速、专业的方式予以接听并回复。此外，销售与市场营销团队应积极拨打电话来确定潜在客户，安排约会并争取实现客房销售。

经适当培训后，销售与市场营销团队可以使用电话进行以下操作：

- 进行临时预订。
- 回答有关团体关于预订和投标的问题。
- 找到可能对实地考察感兴趣的潜在客户。
- 确定潜在客户并安排面对面销售电话的日期和时间。
- 提高发送给来电者信息的速度和准确性。
- 克服销售障碍的阻力（例如，房价过高或酒店缺少特定的便利设施）。
- 提高通过电话产生的酒店总收入。

当潜在客人直接致电酒店时，接听电话的员工必须在接听电话的第一刻起就表现出具有丰富的知识和信心的形象。来电者不仅会对酒店代表产生第一印象，也会因酒店代表在电话中的举止行为而对酒店产生相应的印象。因此，为了有效地实现销售或提供专业的信息，内部销售代表拥有出色的电话技巧极为重要。他们必须利用自己的声音来提高信任度，并营造良好的个人印象。他们必须使用积极主动的语言来有效地处理各种情况。由于电话答录机在当今商界非常普遍，必要时，酒店销售人员还应具备留下清晰、简明的语音信息的能力。

7.4.4 电子邮件

活跃的商务人士每天要频繁接听电话、发短信，查看每日邮件并时不时检查电子邮箱。精明而敏锐的酒店销售工作者会认识到这一事实，并利用它以及其他更传统的客户沟通形式来提高酒店收入。

长期以来，酒店一直通过直接邮寄、电话、传真和短信与客人进行沟通。如今，电子邮件系统越来越多地被使用。酒店销售人员应在其名片中印上其电子邮件地址。由于大多数酒店客人也会这样做，因此一个有效的、最新的电子邮件列表，其功能就相当于传统的手工归档名片夹。与直邮函件不同的是，电子邮件可以在几秒钟内以低廉的价格向数百个客户和潜在客户发送。尽管每个酒店都可以自行确定如何在销售工作中最好地使用电子邮件，但还是有一些与之相关的一般原则。

一个有效的销售与市场营销团队将：

- 维护电子邮件地址的最新列表。
- 创建简短但有效的电子邮件销售消息。
- 以适当的频率发送电子邮件（太多会被视为垃圾邮件，太少则会无效）。
- 为从电子邮件列表中删除收件人提供方便的方式。

除了直接向客户传达销售信息这方面的作用之外，电子邮件越来越成为附加和交换文件（例如销售建议、菜单和合同等）的首选方法。大多数电子邮件系统会在接收到电子邮件时自动更新用户的数据库，从而帮助电子邮件地址保持最新状态。

如果酒店希望将特惠价格、促销或新的酒店功能以创新方式传达给其客户，即可以访问电子邮件数据库。但如果不当使用电子邮件，可能会激怒潜在的客人，令客人们觉得烦人，以至于收件人几乎在收到的同时就直接将其删除了。

总之，精心设计的电子邮件通信系统将持续在酒店的销售与市场营销工作中发挥重要作用，应充分利用其潜力。

7.4.5 传统互联网站点

认识到互联网的普及，大多数大型酒店都创建了自己的网站来帮助增加收入。此外，隶属于某个品牌的大小酒店通常与其他品牌的加盟商共享网站。这样一来，即使是小型酒店也可以在自己的网页上获得一定程度的知名度。虽然互联网在许多方面只是酒店使用的另一种营销工具，但其重要性、增长和潜力仍需特别关注。

如果利用和管理得当，互联网是与现有客户和潜在客户进行沟通的绝佳工具。对于酒店经营者来说，重要的一点是，互联网允许小型酒店与大型酒店平等竞争。在目前的发展阶段上，互联网提供三个媒体组件：音频、文本和图像。无论是哪一种，都能让小型酒店的网站表现得与大型竞争对手的网站一样好（甚至更好!)。一个有效设计的网站可帮助酒店利用这种成本低廉的方式直接接触消费者。

在互联网被广泛使用和酒店开始创建自己的网站之前，一个销售团队如果想让个人消费者或旅行社“看到”酒店并体验其服务，就必须发送直邮函件或安排实地考察。相比较而言，这两种方式都具备一定成本。有了网站，潜在客户可以立即“看到”并虚拟浏览酒店，而酒店需花费的费用通常仅为每月几百美元。

网站可以轻松地产生面对面和电话销售的机会。例如，试想一下，来访者、来电者、会议筹办者、旅行社和联盟成员等，都可以通过在互联网上浏览酒店的网站来了解某个特定酒店；散客可以通过互联网预订房间；会议筹办者可以通过酒店的在线手册或最近的流媒体视频导览来查看酒店的房间和会议空间……此外，许多旅游产品批发商都在互联网上销售自己的商品，技术精湛的酒店还可以将自己的网站链接到可能吸引潜在客人的批发网站。

酒店自身网站的外观如今已变得越来越重要，并将继续如此。文字、图像和其他媒体的位置以及网页上的留白，对一个酒店的产品和服务的质量做出了强有力的说明。尽管如此，许多酒店并不具备创建有效网页的内部能力，也没有评估网站有效性所需的技术能力。

评估一个网站的质量可能很复杂，但所有有效的酒店网站都有一些共同特征：

- 网站易于浏览。
- 网站具有一定程度的交互性。
- 网站已连接（具有**链接**[26]）到相应的配套站点。
- 网站允许在线预订。
- 网站可以平衡客人的隐私需求与酒店建立客户数据库的需求。
- 网站上更新和修改房价很便利。
- 网站包括对该酒店的虚拟游览（至少具有足够的图片或流媒体视频以提供准确的酒店图像）。
- 网站是酒店其他营销工作的补充。
- 网站使用的是酒店主要客户的语言。
- 网站地址容易记忆。

一些酒店无法从其网站上获得所需的结果，因为它们没有正确地链接其网站，没有充分利用互联网搜索引擎来确定应链接的网站。有效的网站应以最大限度地发挥其销售潜力的方式进行链接。例如，假设一家酒店位于某足球队的体育场附近。互联网用户在搜索引擎（如 Bing、Yahoo 等）中输入球队名称，可能只是为了查找球队的相关信息，如花名册、胜负记录、日程安排等，并不一定是在寻找酒店房间。因此，尽管搜索球队名称时出现的网站点击率很高，但链接这些网站对酒店来说却并不有效。但另外一种情况是，那些搜索前往体育场的驾车路线的消费者很可能是：

- 参加一场或多场比赛。
- 对当地不熟悉。
- 想找一个吃饭或过夜的地方。

在这个例子中，将“体育场”“体育场驾驶路线”等类似条目输入搜索引擎时出现的网站，即可能会吸引客人来到该酒店，即使这些网站的点击率可能较低。所以，酒店到底应该链接哪些网站？答案是：所有与酒店的主要需求源相关的网站。

一旦客人能通过有效的链接开发到达酒店网站，该网站就可以用来推广酒店的套餐、客房和其他服务。如果在网站上提供酒店产品和服务的折扣，可以大大节省营销成本。花钱做常规广告，意味着无论对方是否购买，酒店都必须为每个看到（和没有看到）广告的人付钱。相比之下，网上销售产品所需花费的营销成本更低，因为酒店只需为最终成功完成订单的人支付费用。也就是说，只有当这种形式的广告产生作用时，酒店才会被收取费用。

许多网络购物者都在寻找质量最好、价格最低的酒店，而网络广告让他们很容易确定哪家酒店的价格较低。对许多酒店来说，在网上低价销售客房具有良好的经济意义，因为这种销售方式的成本往往要比电话销售或直邮函件低廉得多。由于网络在整个销售与市场营销活动中的重要性日益增加，酒店应该通过员工名片以及所有广告和促销材料，持续不断地向现有客户和联系人推广其网站。

7.4.6 用户原创内容网站

互联网最近的最大变化是社交网站、视频分享网站、博客、推特以及数量不断变化的**用户原创内容网站（UGC 网站）**[27]的爆炸式增长。

在酒店业，UGC 网站很重要，因为旅行者大多喜欢与他人分享旅行体验。这些经验对潜在买家的影响越来越大，甚至超过了传统广告。

DOSM 深知口碑广告的重要性。正面的口碑不需要任何成本，但影响巨大。在当今世界，比口碑更重要的是“鼠标”，因为有大量的潜在客户会在 UGC 网站上看到对酒店的正面（或负面）的评论。因此，有效的销售团队会不断监控如 Tripadvisor 这样的 UGC 网站，并学习如何应对正面和负面的评论。

7.4.7 客户答谢活动

经验丰富的酒店经营者明白，销售仅仅是客户/酒店关系的开始，而不是结束。太多的酒店失去客户，仅仅是因为它们没有让客户知道它们的业务是多么受欢迎。客户答谢活动让酒店能够对客户目前的业务表示感谢。这些活动可以包括邀请一个或一群客户参加酒店经理举办的晚餐，或组织一场精心策划的、每年一次或两次的盛大的客户答谢活动等。

高尔夫球票和体育赛事、音乐会和歌剧的门票等，都是对所获业务表达真诚感谢的方式。赠送礼品是向酒店最佳客户表达感谢的另一种传统方式。送给客户以表示谢意的礼物可以是简单的，也可以是精致的。当然，重要的是首先得确定客户的雇主是否其允许接受礼物。在任何情况下，一次成功的客户答谢活动的目标都是巩固与现有客户的业务关系，并向潜在客户传递酒店对酒店与客户之间关系的重视态度。酒店必须定期客观地审查和评估其客户答谢活动的数量和质量。

7.5 销售与市场营销效果的评估

评估销售与市场营销工作的效果是酒店经营者面临的最困难的任务之一。例如，销售和客人数量的减少并不总是销售与市场营销工作不力的结果。从 2008—2010 年的美国经济衰退期的情况也可以证实，酒店的收入下降的原因有很多，完全超出了酒店销售与市场营销部门的控制范围。

即使在经济繁荣时期，酒店的收入仍出现停滞或下降的情况，这也可能是因为没有提供优质的客户服务。如果是这样，那就说明是糟糕的服务而不是不良的销售阻止了销售的增长。当客房部、维护部、餐饮部或其他部门工作人员的表现不佳时，也可能出现这种情况。其他类似的情况还有酒店比较老旧，或新的竞争对手正在占领更多的市场等，都可能导致酒店的销售水平下降。此外，如果总市场规模下降，则可以合理预期收入水平（至少短期内）也会下降。

尽管难以衡量和评估销售与市场营销团队的工作量，但仍然必须这样做。幸运的是，有各种各样的工具可以帮助简化这项工作。当然，酒店业主或总经理可以主观地评估销售与市场营销人员的专业水平和外表，他们的工作勤奋程度，以及他们在介绍酒店的最佳特点方面的创造力。另外，在某些情况下，入住率的增加可能表明销售与市场营销团队努力取得了好的结果，ADR 的增加也是如此。但是，请务必记住，这两类指标的增长也可能是来自客人需求的增加，因此它反而可能实际上掩盖了销售与市场营销工作质量的下降。

幸运的是，有一些行业标准化和定量的报告可以帮助衡量销售与市场营销工作的实际最终结果，其中包括对酒店的销售与市场营销计划绩效的评估以及 STAR 报告[28]。

7.5.1 销售与市场营销计划绩效

评估酒店的销售与市场营销工作有一个好办法，即将酒店的业绩与销售与市场营销计划中所确定的初始业绩进行比较。销售与市场营销计划确定了旨在满足酒店收入目标的具体营销策略和活动，因此，酒店业主和管理者可以将销售团队最初计划的具体广告、促销和宣传工作与该团队实际完成的工作进行比较。

除了评估销售团队所做的工作之外，还可以检查该团队工作的及时性和对既定预算的符合程度。为了说明这一点，我们假设一家酒店的销售团队根据其销售与市场营销计划，打算在 12 月 31 日晚上提供一个新年前夜套餐，以吸引当地的散客。该套餐的设计包括一间客房、香槟、派对礼品和免费的客房点播电影。这一套餐的广告将于 11 月中旬开始投放，既定的广告预算总额为5000美元。

如果按照计划，该套餐的广告确实在11月中旬开始，且如果广告最终支出总额约为5000美元，则销售团队的表现可能不错。如果该套餐的广告晚了四个星期（12月中旬）才开始，且酒店不得不比原计划花更多的广告费才能实现客房销售，那就说明团队在执行时间和遵守预算方面的表现不尽如人意。在这种情况下，应该仔细检查团队的工作情况，以了解广告投放被延迟的原因以及该团队如何应对这种延迟。

在评估销售与市场营销团队执行销售与市场营销计划方面的总体表现时，需要考虑四个重要方面：

什么（What）。这仅仅意味着将计划要完成的工作与实际完成的工作进行比较。"计划你的工作，然后工作你的计划"是酒店业中经常重复的一句话。即使是最优秀的销售与市场营销计划，如果不加以实施，也将是无效的。

谁（Who）。对于一项销售或营销活动来说，其完成的质量通常取决于从事该工作的员工的专业知识水平。重要的是，酒店必须指派精通销售与市场营销工作的员工参与基本的销售与市场营销活动。因为这些活动非常重要，不能委托给缺乏专业技能的员工。

多少（How Much）。如果有充足的营销预算，几乎任何酒店的销售与市场营销团队都可以实现酒店收入的改善。但是，实际上，就像酒店的其他所有资源一样，营销资源也是有限的。开展旨在提高收入的活动很重要，但以具有成本效益的方式完成这些活动也同样重要。通过比较实际的营销支出与销售与市场营销计划的预算支出，可以正确地评估销售与市场营销团队的成本管理能力。

效果如何（How Effectice）。对销售与市场营销计划的最重要评估是基于其最终效果的。实施销售与市场营销计划后，收入是上升了，下降了，还是保持不变？即使是最好的计划，有时也会受到意外事件的影响，因此这些都必须予以考虑。尽管如此，如果销售与市场营销计划中确定了入住率和ADR的具体目标，则可以将它们与实际结果进行比较，以评估销售与市场营销工作的整体效果。

7.5.2　STAR报告

虽然销售与市场营销计划绩效评估可以告诉酒店业主和管理者该酒店的销售团队做了什么，但它本身并不能评估所取得结果的相对质量。如果一家酒店实施了其销售与市场营销计划，并且入住率达到60%，那么除非知道竞争对手酒店的入住率，否则很难确定该入住率是高还是低。例如，如果你的酒店平均入住率为60%，而直接竞争对手的平均入住率为50%，那么你可能会对销售与市场营销团队的工作表示满意。反之，如果你的直接竞争对手拥有平均70%的入住率，那么很明显，你没有在市场上获得应有的业务份额。

同样，如果你的ADR为100美元，而直接竞争对手为80美元，那说明你的销售团队在良好的销售率上获得了成功。但是，如果直接竞争对手的ADR为120美元，那么你的成功率就相对较低。

史密斯旅游研究公司（STR）编制的 STAR 报告是酒店业评估销售与市场营销人员相对实力的最广泛接受的方法。这是迄今为止最可信的独立衡量一个酒店创收能力的方法。STAR 报告详细列出了一家酒店的每日、每周、每月或每年的 ADR，入住率，RevPAR 和相对市场份额等信息。它还会报告一家酒店的**竞争群**[29]的相同数据。

STAR 报告之所以重要，是因为它关于入住率、ADR、RevPAR 以及由此产生的市场份额的客观对比对许多利益集团来说都很重要。这些利益集团包括：

酒店业主。酒店业主和投资者想知道他们所建立的管理团队是否在市场上进行了有效竞争。管理资产（酒店）以最大限度地发挥其财务潜力是一项重要目标，而 STAR 报告从许多方面表明了该目标的实现状况。

管理公司。这些公司深知，它们作为管理顾问的有效性在一定程度上取决于自身在 STAR 报告中的表现。出色的结果可用来证明这些公司对业主的价值。

酒店经理。总经理和 DOSM 希望了解其营销计划以及销售工作的有效性，并了解竞争对手的情况。

特许经营商。品牌经理希望能衡量自己的品牌在市场中的竞争程度。强大的品牌表现有助于销售出更多的特许经营权，而疲软的表现则有助于指出品牌经理可以在哪些方面更好地帮助现有的加盟商。

酒店评估师。这些专业人员对 STAR 报告的结果进行解释，以帮助确定酒店的财务价值（价格）。该信息在确定酒店的售价时很有用。

金融界。被要求投资或借钱购买或翻新酒店的潜在客户希望了解寻求资金的酒店的销售实力。良好的相对绩效（强有力的 STAR 报告）有助于说服贷方放贷，而糟糕的 STAR 报告则表明存在潜在问题，且将更难获得资金。

其他各种团体可能对特定酒店或特定地理区域的 STAR 报告感兴趣。许多总经理及销售与市场营销总监把 STAR 报告视为用来判断自己的业绩的主要措施。STAR 报告可以为那些足够成熟的人提供丰富的信息，以阅读和分析其中所包含的数据。幸运的是，STR 制作了优秀的材料，可以教导经理们如何充分解释其 STAR 报告。

STR 每天、每周、每月和每年生成各种比较报告。酒店自愿向 STR 提交财务数据，作为回报，STR 将为其收到的各个酒店的数据保密。通过结合选定的竞争群提交的经营数据，可以将单个酒店的经营业绩与竞争群的经营业绩进行比较。

了解竞争群是理解 STAR 报告的关键组成部分。从本质上讲，竞争群由一组用于建立一个业绩基准的酒店组成。为了说明这一点，假定你在一个大城市中管理一家拥有 100 间客房的有限服务酒店。你与你所在地区的其他五家酒店争夺客户，每家酒店的客房数量、服务、ADR 和质量都与你的酒店大致相同。假设你已将这五家酒店确定为你希望考虑的竞争群。在正常情况下，这些酒店都会像你一样，自愿将销售数据提交给 STR。这些数据会被制成表格，并以 STAR 报告的形式返回给你的酒店。STR 仅报告竞争结果的汇总，但从不发布或泄露有关单个酒店的信息。

STR 编制的业务比较可以定制，但是常用的比较类别包括：

- 入住率。
- ADR。
- RevPAR。
- 市场份额。
- 历史趋势。
- 月度和年初至今的表现。
- 城市、地区或省/州的表现。

STAR 报告评估酒店的业绩，然后给出一个分数（指数），该分数直接反映某特定酒店相对于其竞争者的业绩。当指数为 100，意味着在选定的运营特征（例如 ADR 或入住率）上，该酒店的业绩与其竞争对手完全相同；当指数高于 100，则表明该酒店的业绩优于竞争对手；当指数低于 100，则说明竞争对手的表现优于该酒店。

为了准确地评估酒店管理的整体有效性，必须对该酒店的 STAR 报告进行全面审查。在这种情况下，可以将酒店的销售与市场营销业绩直接与其竞争对手的进行比较。因此，可以针对任何运营因素建立 STAR 绩效目标，包括入住率、ADR、RevPAR、市场渗透率或增长情况。

当 STAR 业绩未达到酒店业主或经理设定的目标时，可能会出现各种问题，总经理或销售与市场营销团队无法轻松解决这全部问题。其中一些包括：

- 公众对特许经营（品牌）名称的认知度不佳。
- 酒店标识不好。
- 驾车出入酒店的路况不佳。
- 针对市场的**客房组合**[30]不佳。
- 家具或装潢不合标准。
- 营销/广告预算太少。
- 营销人员太少。
- 营销人员效率低下。

一些酒店经理不喜欢 STAR 报告，因为他们认为报告是对主观活动（管理）的客观衡量（分数或指数）。尽管有其局限性，但在酒店行业中，STAR 报告仍被许多人视为销售与市场营销效果的最佳评价指标。

如果解释得当，STAR 报告及其他类似报告是评估销售与市场营销团队以及整个公司的绩效的宝贵工具。专业的酒店经营者应学会分析这些报告并定期进行审查。

工作日记：一天的工作7.2

情况：

“但我记得你说过我们做得很好，”克劳福德酒店的前厅部经理兰斯无法置信地朝总经理萨布丽娜·戴维斯叫了起来，“因为在老爷车大会期间我们的酒店挤满了人！我们做错了什么？”

克劳福德酒店是一家与品牌无关的有限服务酒店。兰斯和萨布丽娜正在查看酒店的最新STAR每月报告。报告显示，与去年相比，克劳福德的入住率增加了7.2%（从60%增至67.2%），ADR则增加了3%。与上一年相比，该酒店的RevPAR增加了约15%。

“我们确实做得很不错，”萨布丽娜回答说，“但是我们的竞争对手的入住率增加了12%，而且他们的房价也提高了15%。他们在车展期间的房价肯定比我们提高了很多！”

回应：

高需求量时期往往难以管理房价。在本案例中，竞争对手显然很好地利用了高需求时期（老爷车大会）来推动房价高于克劳福德酒店所达到的房价。因此，尽管酒店的RevPAR有所增长，但克劳福德酒店因此产生的“低价销售”却使得STAR报告中显示为业绩不佳。

仔细检查每月STAR报告（如本案例）可以为酒店经理提供宝贵的指导。这一点，无论对于单体酒店还是特许经营酒店来说都一样重要。在未来的高需求时期，兰斯和萨布丽娜都应密切关注其竞争对手的收取的房价，以确保克劳福德酒店的平均房价与竞争对手保持一致。

关键词汇

1. **销售与市场营销总监（Director of Sales and Marketing，简称 DOSM）**：负责领导酒店营销工作的人员。职务名称的变化包括 DOS（销售总监）和 DOM（营销总监）。

2. **销售（Sales）**：与客户购买（预订）酒店客房或服务直接相关的活动。

3. **市场营销（Marketing）**：与提高潜在客人对酒店的认识直接相关的活动。

4. **预订（Booking）**：已确认的销售，例如预订（个人或团体）或活动。用于如“当月的团体预订量是多少？”或“上个月莫妮卡预订了多少辆旅游巴士？”等情境中。

5. **现场参观（Site tour）**：由酒店工作人员组织的潜在客户对酒店的实际访问。

6. **投标（Bid）**：酒店以确定的价格向潜在客户提供客房、会议场所、食品和饮料或其他服务的报价。如果投标被接受，酒店将向客户发出一份合同，详细列明酒店和客户之间的协议。

7. **取房（Pickup）**：客户在特定时间段内实际购买的房间数。用于：“上周佛罗里达家具协会的实际取房数是多少？”

8. **团体合同（Group contract）**：一种法律文件，用于总结酒店与其团体客户之间的协议。

9. **减少预订（Attrition）**：团体房间的原始申请与团体的实际取房之间的差异。例如，一个团体可能预订了 100 个房间，但实际上仅取房 50 个。由于向该团体所报的房价是基于 100 个房间产生的收入，因此在这种情况下，酒店的标准团体合同可能会要求该团体为其未能购买其最初同意购买的房间数量而支付罚款。

10. **锁房区（Block）**：专门为特定组的成员保留的房间。比如，“我们需要为 5 月 10 日和 11 日的古董家具评估师协会创建一个 50 个房间的锁房区。”

11. **营销计划（Marketing Plan）**：为满足酒店的收入目标而设计的具体活动日程表。

12. **销售与市场营销委员会（Sales and Marketing Committee）**：负责协调酒店销售与市场营销工作的团队。

13. **全包价（Inclusive）**：包含所有费用的单一价格。

14. **广告（Advertising）**：酒店付费发布的有关酒店的信息。

15. **宣传（Publicity）**：由媒体发布的关于酒店的信息，但酒店不为此付费。

16. **常客计划（Frequent Guest Program）**：由酒店品牌管理的促销活动，每当旅客选择入住该品牌的关联酒店时都会得到奖励。典型的奖励包括免费住宿、客房升级和免费的酒店服务。

17. **商会（Chamber of Commerce）**：一种以促进社区或更大商业区域内所有商业利益的发展为目标的组织。有时简称为“协会”。

18. 跟踪（Track）：维护有关特定类型旅行者的大量信息。例如，酒店可能希望追踪参加足球比赛的散客的 ADR、使用的房间以及到达方式，以进一步了解这种特定类型的旅客。

19. 联盟（Consortia）：为了减少客户的旅行相关费用而组织的酒店服务购买者团体。一个这样的团体就是一个联盟。

20. 每日津贴（Per Diem）：为旅行者的费用支付的每日固定金额。由公司、政府机构或其他实体制定，旅行者的每日津贴金额将基于个人旅行地区的相关成本。例如，在纽约市过夜的旅行者的饮食和住宿每日津贴将高于在该国较不发达地区过夜的旅行者。

21. SMERF（Social，Military，Educational，Religious，or Fraternal groups）：“社会、军事、教育、宗教或兄弟团体”和组织的缩写。

22. 会议筹办者（Meeting planner）：团体雇用的专业人员，负责与酒店谈判团队的合同。

23. 关系网络（Networking）：为了商业目的而发展的人际关系。例如，一个地区商会主办的早餐会会向所有对改善当地交通状况感兴趣的社区商业领袖开放，这将是酒店销售团队成员建立人脉的机会。

24. 无预约电话（Cold calling）：在事先没有预约的情况下，与潜在客户进行电话联系或销售拜访。

25. 直接邮件（Direct Mail）：通过邮政服务向客户发送广告的过程。直邮函件的总成本包括广告设计、印刷和邮寄的支出。

26. 链接（Link）：超链接的简称。这是存在于两个网站之间的关系：如果一个网站选择将自己链接到另一个网站，则该链接被激活后将把用户引导进入到被链接的网页。外部链接指向当前网页以外的网页，内部链接指向当前网站的另一部分。

27. 用户原创内容网站（User Generated Content site，简称 UGC 网站）：旨在容纳论坛、博客或其他评论者提交的信息的网站，这些网站允许那些寻求信息的人在做出购买决定之前先了解其他消费者的评论。UGC 网站有时被称为 Web 2.0。

28. STAR 报告（STAR report）：“史密斯旅行住宿报告”的简称。该报告由史密斯旅游研究（Smith Travel Research，简称 STR）公司制作，用于将一家酒店的销售业绩与其选定竞争对手的销售业绩进行比较。

29. 竞争群（Competitive set）：与单个酒店的经营业绩进行比较的一组竞争酒店。有时称为“对比集”。

30. 客房组合（Room mix）：酒店房间类型的比例。例如，与大床房相比，双床房的数量；与无烟室相比，允许吸烟的客房的数量；与标准间相比，套房的数量。

第8章 房务管理

本章内容

本章概述

对于在住宿业工作的酒店经营者来说，酒店内的每一个部门都很重要。比如，前文已经讨论过的市场销售部和前厅部，而本章要讨论的客房部也是酒店中十分重要的一个部门。但是，几乎每一份行业调查报告中都显示，客人们是将房间清洁度视为影响其选择或不选择某个酒店最重要的决定要素之一的。

客人入住酒店，首先需要的是一间干净的客房，客房部的职责是清洁客房以及酒店其他大部分的区域。因此，酒店客房部的管理是否良好、人员配备是否合理，其重要性不可估量。

在本章中，我们将研究酒店客房部的职责，以及其员工的工作是如何影响前厅部、工程部和餐饮部的。

你将了解到，管理客房部的酒店管理者必须选择合适的员工并做好相应培训，还要管理产品库存，同时还需要保管好客人退房时不小心遗留下来的物品。本章将介绍所有这些职责，并探讨对客房服务人员进行安全培训的重要性，如果该部门的工作人员是多国人员，会说多种语言，那么培训就更具挑战性。

客房部的工作很复杂，而且每天都在变得更加复杂。为了正确地清洁酒店，员工需要了解许多有关工具和化学药品的知识，这会使清洁工作变得更容易。在本章中，我们将深入探讨如何使用检查表来评估客房管理部门清洁工作的效果。

除了打扫房间外，大多数酒店的客房部还负责清洁床单、毛巾和其他物品，这些工作将由洗衣房完成。尽管有些酒店没有在酒店内部设立洗衣房，但大多数酒店仍将内部洗衣（OPL）作为客房部日常活动的重要组成部分。在本章中，我们还将介绍在 OPL 中衣物处理的步骤，以及由宾客操作的内部洗涤设施的独特功能。

教学目标

- 理解住宿业中客房部的主要职责。
- 解释酒店经营者应如何管理客人的遗留物。
- 说明安全培训对从事客房服务的员工的重要性。
- 详细说明住宿业中客房部如何清洁客房和公共场所。
- 解释清洁洗衣房清洁业务的流程。

8.1 客房部的职责

酒店的客房部主要负责酒店的清洁工作。每位来酒店入住的客人或访客都将能够看到客房部的工作成果，这是一个普遍存在的事实。因此，当酒店客房服务人员的效率高时，客人的满意度就高，员工的士气也会很好，最终酒店将获得更多的利润。相反，当客房服务人员的工作质量低于行业标准时，客人的抱怨就会猛增，前台和酒店其他部门的员工关于优质服务的承诺会破灭，而利润也会因为前台为了补偿客人糟糕的体验而增加的费用及作出的调整而受到影响。此外，觉得酒店不干净的客人根本不会再次入住。

8.1.1 工作区域范围

由于酒店中必须清洁的区域数量非常多，因此就员工人数而言，客房部几乎总是酒店最大的部门。由于酒店的类型和大小不同，客房部要负责的区域会有所区别，然而通常而言主要负责清洁和维护以下区域。

公共区域

- 大堂区。
- 公共厕所。
- 前台区。
- 管理办公室。
- 游戏室。
- 运动区。
- 泳池和水疗区。
- 选定的会议和餐饮服务区。
- 员工休息室和更衣室。

客人区域

- 电梯。
- 走廊。
- 楼梯间。
- 客房。
- 睡眠区。
- 浴室区。
- 厨房区域。

洗衣区域

- 洗衣准备区。
- 洗衣间。

- 客人布草和用品存储区。

行政管家[1]的责任是决定清洁这些区域所需的员工人数和清洁频率。

有时人们可能不清楚酒店某个区域的清洁工作究竟是由客房部还是由其他部门负责，比如说全服务酒店的用餐区。在某些酒店，总经理可能会决定由客房服务人员打扫餐厅，而在另外一些酒店，这是餐饮部的职责。但无论如何，最重要的一点是每个部门都必须知道并履行自己的清洁职责。

酒店中总会有一些区域需要管理人员决定该由谁负责清洁。总经理必须与行政管家一起做出这些决定，以便将酒店每个区域的清洁工作分配给特定部门。为了更加高效地完成此项工作，许多酒店使用了涵括整个酒店区域的彩色编码地图，通过颜色代码将清洁责任区域分配给不同的部门。每个部门负责清洁和维护与其指定颜色相匹配的区域。使用此系统，被分配到该区域的部门主管就能清楚地知道酒店各区域的清洁责任，并能确保责任到人。

8.1.2 客房部与酒店相关部门的关系

提供干净整洁的客房是任何运营良好的酒店工作的重中之重。清洁客房始终是客房部最重要的职责，必须完美无缺地执行，本章后面将详细介绍客房清洁的细节。然而，鲜为人知但极为重要的是客房部与酒店其他部门的关系。在整理客房时，客房部需及时将**房间状态**[2]（也称“房态”）的相关信息转发给前厅服务员，将房间维修的问题转发给负责房间维修的人员。在设有餐饮部门的酒店中，客房部还会与该重要区域产生各种关系。以下将详细介绍这些内容。

(1) 与前厅部的关系

没有一个前厅部的经理会把抵达的客人安排在一个脏乱的房间里，事实上，在管理良好的酒店里，给客人安排的房间有严格的规定，具体如下：

- 该客房已由客房部认真地打扫过。
- 该客房由另一名客房部成员检查过，确认其为清洁好的客房。
- 该客房的清洁和空置状态已正确报告给前台。

乍一看，这可能是一个简单的过程，但它实际上相当复杂，如果管理不当，可能会导致各种沟通不畅。

为了说明保持准确的客房状态的重要性，让我们以弗莱德夫妇的入住为例来做说明。这对夫妇在周一下午 4 点入住最佳睡眠酒店，并被分配到一个客房部工作人员向前台报告说“干净且空置”的客房。也就是说，客房部人员已经告知该房间已被清洁和检查干净，没有其他客人入住。

事实上，如果房间已被适当清洁，且没有安排其他客人入住，那么当弗莱德夫妇到达房间时，应该不会出现任何与客房管理有关的投诉。但是，考虑一下，如果房间没有被打扫，而是仅被安排去打扫，且打扫工作尚未进行，那么可能会发生什么问题——在这种情况下，这对夫妇会被安排入住一个肮脏的房间，当然，他们会生气地返回前台，并对他们住宿的整体质量深感担忧。

同样，如果房间打扫得很干净，但当弗莱德夫妇到达房间时，发现房间中仍有人的财物（或有人！），他们仍然会感到沮丧，不满地返回前台区域，并担心酒店的管理质量以及他们自己的安全。

从这些示例中，你可以看到，对于客房管理员来说，持续、准确地维护酒店所有客房的房间状态至关重要，表8.1列出了美国酒店常用的房间状态的定义。特定公司或地区可能会更改用于指定它们的术语或缩写，但是，如果客房整理人员要向前台准确显示客房状态，则必须在酒店中使用这些术语或它们的等同形式。

表8.1　常见的房态术语表

术语	含义
干净且空置（Vacant and Clean）	房间空着，已经打扫过，可以分配给客人。在某些酒店中，使用的名称是“Clean and Ready”
住客房（Occupied）	房间已登记给当前客人
空的待清洁房（On-Change）	房间空着，但还没有打扫。在某些酒店中，使用的名称是“Vacant and Dirty”
请勿打扰（DND）	房间已被占用，但由于客人要求不打扰而未被打扫
外宿房（Sleeper/Sleep-out）	据报告该房间已被占用，但没有被使用（没有使用床；房间内没有个人物品），并且没有客人
延期住宿房（Stay-over）	客人将在房间里再住至少一晚
预计退宿房（Due-out）	客人已指示这是他们将使用客房的最后一天
走客房（Check-out）	客人已退房离开
维修房（Out of Order）	房间不可出租，因此目前无法分配
锁定（Lock out）	来宾在房间里有物品，但将被拒绝访问，直到管理层批准重新进入
延迟退房（Late Check-out）	客人已要求并延长正常退房时间

不难看出，客房部必须仔细报告房间的状态。每天早上当客房服务部门从前台收到一份最新的入住报告时，客房部和前台之间有关房间状态沟通的过程就开始了。

该入住报告将由PMS（酒店信息管理系统）提供，会详细说明前台显示的每个客房的房间状态。如果没有差异，报告将准确显示哪些房间是**延期住宿房**[3]、住客房、干净且空置房、空的待清洁房或维修房。客房部应负责获取此报告并将更改的房间状态立即通知到前台，就像前台应将其已知的房间状态更改通知到客房部一样。

如果前台和客房部门都能很好地完成各自的工作，则 PMS 会全天保持准确、最新的房间状态。通常，前台会通过以下方式将每天的退房和其他房间状态变化通知客房部：

- 打电话或发短信给行政管家或客房部主管。
- 更新 PMS（当客房部门可以轻松查看更新和更改时）。
- 使用其他通信工具，例如电话、双向无线电或传呼设备。

客房服务人员对房间状态的更改也可以通过多种方式传达给前台，包括：

- 客户服务员或客房部主管通过电话联系前台，将有关变化情况通知前台。
- 通过无线电或掌上电脑。
- 使用酒店客房电话与 PMS 的接口（如果有），通过在受影响房间的电话中输入代码直接进行更改。

在客房服务结束后，客房服务人员将根据每个房间的实际检查情况，准备一份最新的房间状态最终报告。然后将该报告与更新的 PMS 入住率报告进行比较，以确定是否存在差异。如果有的话，前厅部经理必须对其进行调查核实。例如，如果一个前台代理人以非法手段将客房出售给客人（将客人分配到一个客房，但未在酒店的 PMS 中记录收入），就会出现差异。在这种情况下，差异报告将会发现问题，因为在 PMS 中报告为“空置”的客房，在客房管理状态报告中将显示为“已入住”。

（2）与维修保养部门的关系

酒店的客房部和**维修保养部**[4]之间必须有一条额外且绝对关键的通信线路。由于客人使用酒店客房会造成损耗，这就不可避免地需要进行维修和更换。

例如，当客房的灯泡坏了，就必须予以更换。这个简单的任务可以分配给客房部。但是，如果客人不小心把房间里的椅子腿摔断了，或者马桶无法停止出水，客房部就必须提出修理的需求。客房部能否积极识别并迅速报告需要维修保养的客房，将对客人的满意度产生显著影响。客房部向维修部门报告房间问题的实际方法详见第 9 章。

要记住的关键一点是，客房部的工作人员待在客房里的次数最多，因此在保持房间质量方面起着至关重要的作用，可以迅速而准确地向负责消除房间缺陷的酒店员工报告问题所在。维修部员工会安排进行维修和清理工作，或在适当的情况下，在把房间租给客人之前，联系客房部重新清理房间。当客房部和维修人员之间沟通良好时，客房、酒店客人和酒店本身都将受益。

（3）与餐饮部门的关系

一些酒店设有多样化的餐厅，亚麻布、桌布和餐巾等可能会由酒店内部的**洗衣房（OPL）**[5]统一清洗和熨烫。

如果酒店为客人提供客房送餐服务，客房部应负责将用过的碗碟和玻璃器皿退回餐饮碗碟清洗区，或者由客房服务人员将这些物品从客房中取出，然后将其放置在酒店的走廊上，以供餐饮部工作人员收取。

除了上述服务外，较大酒店中的客房服务部门可能还负责清洗餐饮和其他部门的员工制服。在较小的酒店中，客房服务部可能负责清洁大堂餐饮区的全部或部分区域，该区域提供免费的饮料、早餐或其他餐点。

工作日记：一天的工作8.1

情况：

"这不公平，"行政管家珍娜对酒店总经理巴西尔·乔西亚说。"我的同事每天认真打扫男员工更衣室，但现在看看这里!"巴西尔仔细看了看这个更衣室：烟灰缸满溢，食物扔在长凳上，肮脏的制服散落在地板上，报纸满地都是……真是一团糟。

"餐饮部和维修部的人每天都这样做，"珍娜生气地继续说，"我们的员工忙着保持大厅地毯的整洁，没有时间每天花一个小时来这里给我们自己的员工打扫卫生。我认为您应该让餐饮部和维修部的人负责保持这个地方的清洁，毕竟他们才是把这里搞得乱糟糟的人。"

回应：

接受珍娜的建议对巴西尔来说可能是很诱人的，但重新分配清洁责任并不是解决此问题的方法。客房服务部门通常负责整个酒店（包括员工更衣室）的清洁工作。但是，在本案例中，某些部门的男性雇员显然正在滥用该系统。在这种情况下，应公平要求其他部门经理监督那些制造了混乱局面的员工，立即纠正其行为。巴西尔应该通过使用其总经理的权限来强制他们遵守规定，从而结束珍娜的困境。

8.2　客房部的管理工作

酒店的行政管家负责整个酒店设施的清洁工作。他（她）必须了解人事管理、预算编制，洗衣卫生、织物和制服、房间清洁化学品和日常工作，当然还要以客户服务为导向。

客房部的管理人员必须是酒店中最优秀的人才之一。保持酒店清洁的挑战很多，行政管家和客房服务人员面临的特殊问题也很多。本部门所面临的独特问题涉及人员配备、库存控制，以及对因各种原因留下的客人财产的管理。

8.2.1　人员配备

给酒店客房部配备员工通常是很困难的。这是因为客房部需要大量的工作人员，且客房部的工作存在一些困难，以及最不幸的是，在很多情况下，工资结构无法吸引最好的员工在酒店客房服务事业中工作或发展。

然而，经过适当的调整和公平的对待，该部门可以配备稳定、高度专业的员工，为酒店的成功提供极大的支持。在大多数酒店中，客房部主要的岗位包括行政管家、检查员、客房服务员，在某些情况下还包括客房部勤杂工。

(1) 行政管家

一个拥有训练有素、积极进取且专业的行政管家的酒店，与那些没有雇佣这种人的酒店相比，具有巨大的优势。一个有效的行政管家不仅是酒店管理团队的重要成员，他或她也是一个有效的管理者、部门激励者和团队成员。

在许多酒店，行政管家是从初级管家职位开始工作的，但也有些行政管家可能没有担任过任何初级的管家职位。无论是哪种情况，成为一个有效的行政管家所需的技能，就像所有管理人员所需的技能一样，都与计划、组织、指导和控制部门的活动有关。行政管家必须对清洁工作有毋庸置疑的承诺，无可挑剔的标准，对其领域的持续奉献，以及远高于管理人员平均水平的人力资源相关技能。只有具备这些特点，酒店的行政管家才能在当今竞争激烈的酒店环境中成为优秀的管理者。

(2) 检查员

许多酒店的客房服务部门都会配备一名或多名**检查员**[6]。这些员工直接向行政管家报告。

无论酒店的规模大小，重要的是，在 PMS 将客房列为清洁、空置和可出售等状态之前，必须有人核实其实际准备情况。这项工作即由检查员负责。检查员在客房打扫完毕后进入房间检查，以确定是否遗漏了应打扫的区域，或房间内是否有其他需要进一步注意的不足之处。

在一个非常大的酒店中，可能有多个检查员同时工作。检查员的主要职责是评估房间清洁的质量，指出**客房服务员**[7]工作中的不足之处，确保他们得到纠正并向行政管家或前厅服务台报告房间状态的变化，这些都同样重要。

一名有效的检查员有很高的清洁标准，并能够指出客房服务员在房间打扫过程中的不足之处，从而激励客房服务员更好地工作——换句话说，他们不会对客房服务员的真诚工作表现出过分的批评。检查员确实是酒店客人的最好朋友，因为检查员敏锐的眼睛能保证行政管家制定的清洁标准得以有效执行。

(3) 客房服务员

高技能和积极进取的客房服务员对于酒店的成功至关重要。然而，许多酒店发现很难招聘、选择和保留足够数量的客房服务员，以充分清洁所销售的客房数量。其结果是，酒店运营人手不足，房间清洁度受到影响。此外，管理人员和其他非客房部工作人员最终不得不打扫房间，而检查员有时无法检查，因为他们也正忙于帮助打扫房间。

当行政客房管家被问及为什么会出现这些问题时，他们的回答往往包括：

- 我们的薪酬不足以吸引合适的人才。
- 工作太辛苦了。
- 劳动力短缺。
- 现在的员工根本不愿工作。
- 没有足够的人喜欢做客户服务员需要做的工作。
- 员工不再关心做好工作了。

有时人们很容易把类似的说法当作事实来接受。然而，几乎在任何情况下，这都不是真的。有趣的是，最好的行政管家往往不仅有足够数量的客房服务员，还有一个来自该地区其他酒店、希望加入他们的员工队伍的客房服务员的候补清单。请记住，如果一家酒店希望被视为该地区客房服务员的最佳首选雇主，那么设计适当招聘和留住客房服务员的策略就必须到位。

正确清洁客房可能会很困难，而且对体力要求很高。一些较大的酒店曾经雇用男性**客房部勤杂工**[8]来完成劳动密集型的工作，如搬运沉重的衣物和在房间内移动家具。

今天，这类员工有可能是女性，也有可能是男性，而且，与洗衣工和**公共区域**[9]清洁工一样，这类员工也构成了整个客房部门不可分割的一部分。

初级客房服务员的工资通常是酒店中最低的。尽管如此，建立一支积极进取、工作勤奋的客房服务员队伍是可能且至关重要的。这样做的方法很多，至少包括：

- 始终给予客房服务员应有的尊重。
- 确保客房服务员由优秀主管监督。
- 保持房间服务员认为是公平的房间清洁工作分配政策。
- 提供出色的持续培训。
- 为服务员提供切合实际的晋升阶梯。
- 始终如一、不偏不倚地执行影响客房服务员的客房整理政策。
- 通过培训和适当的政策确保客房服务人员的安全。
- 提供在该地区具有竞争力的福利计划。
- 向所有兼职和全职的客房服务人员支付合理的工资。

合理的酒店经理可能对客房服务员的公平工资构成存在分歧。有些只是按小时支付客房服务员的工资。另一些则对额外的努力给予了奖励，比如达到既定的质量水平。还有的酒店为每个房间的清洁工作支付指定的金额。无论采用何种支付方式，公平对待客房服务员是很重要的。一些酒店经营者对客房服务员极不重视。这样做的酒店将不可避免地失去他们最好的客房服务员，令其转而投向那些真正关心这些关键工作人员的酒店。

（4）客房部其他服务人员

除行政管家、检查员和客房服务员外，客房服务部门将根据其规模聘请一名或多名工作人员清洁公共场所、维护部门记录或担任行政管家的行政助理。

酒店中的 OPL 通常是一个高温且需要体力的工作场所。该区域需要的员工包括那些将待清洗物品从客房搬运到洗衣区的员工，装卸洗衣机和烘干机的员工，以及负责折叠和存放已清洗物品并将其运送到位于客房附近的推车或储存区的员工。在某些特殊情况下，还可以聘请裁缝师来解决制服和客人的服饰等方面的需求。

8.2.2 库存管理

客房部保存着大量用于房间清洁和服务的产品。此外，每次打扫房间时都需要使用大量库存物品。以下部分清单在一定程度上说明了行政管家必须维护的与客房相关的库存物品的数量：

床单（所有尺寸）	香皂	酸性清洁剂	衣架
枕套	洗发水	玻璃器皿	客房内的文字和标识
床罩	护发素	杯具	电视观看指南
浴巾	针线包	咖啡/咖啡过滤器	电话簿
擦手巾	玻璃清洁剂	洗衣袋	笔
洗涤用品	家具抛光剂	洗衣标签	纸张/垫/文具

如果物品的库存太多，说明酒店可能已经把太多的钱投入到客房管理库存中，而这些钱本来可以更好地用于酒店的其他地方。反之，如果库存太少，客户服务员可能就会缺乏足够的物品来适当地打扫和补充客房所需。因此，行政管家必须知道每件物品有多少正在使用或储存中，以及任何已订购但尚未到货的物品。

购买和接收某些物品（例如定制床罩、窗帘或徽标物品）的替换品可能需要数周甚至数月的时间。鉴于此，经验丰富的行政管家都清楚，所有重要管家用品的实际每月（或更多）计数对于保持足够的水平至关重要。

定期清点库存的第二个原因是，行政管家可以据此编制**物品使用情况报告**[10]。

图 8.1 显示的是一例特大号床单的月度产品使用报告。该报告是在每月初由客房服务人员对产品进行实际清点后完成的。同样的格式可用于统计酒店任何部门和任何产品的使用情况。

在确定客房部所需使用的物品数量时，最重要的是要先统计手头上的物品总数，无论是使用中、存储中还是储备中的。例如，为了准确确定手头上特大号床单的总数，需要按照以下指标进行实物清点：

- 客房数量。
- 客房服务员的清洁车数量。

部门：	客房部	项目：	特大号床单
编制者：		日期：	
期间：		至	
计算：	1月1号		850张
		加	
每月购买			114张
服务总数			994张
		减	
计算：	2月1号		877张
每月总用量			**117张**

图 8.1　最佳睡眠酒店物品使用报告

- 待清洗的脏床单的数量（包括洗衣机和干衣机里的床单数量）。
- 已清洁的床单的数量。
- 新物品（未开封）的数量。

请注意，在图 8.1 中，该月有 117 张床单被使用。这些床单之所以停用，可能是因为污渍太多无法继续使用而被停用，或已被撕裂或磨损到无法使用，或已被盗。总之，无论出于何种原因，如果特大号床单的实物清点计数是准确的，管理层就会知道使用的数量，且可以很容易地计算出 1 月份停用的特大号床单的成本。经验丰富的行政管家要确保能准确计算其部门所有重要物品的每月使用率，以便可以准确计算每间客房的清洁成本。

8.2.3　失物招领

客人退房时经常有意或无意地将贵重物品遗留在房间里，这些遗留物品通常被称为“失物招领”物品。由于一般员工通常很难确切知道如何处理所有权不明的财产，因此酒店的客房部必须有专门的书面失物招领程序。

在美国的大多数州，法律对所有权存疑的三类财产进行了区分。这三类无人认领财产中的每一种都需要客户服务人员做出不同的回应，它们分别是：**错放的财产**[11]、**遗失的财产**[12]和**遗弃的财产**[13]。

大多数州的法律要求酒店保护失物，直到其合法所有者回来。例如，客人退房后留在客房内的笔记本电脑，在其主人回来之前，酒店应予以保护。在房间里发现电脑的当天就把它扔掉或送走是违法的。

实际上，如果酒店将电脑赠予合法所有者以外的其他人，酒店就要向电脑主人赔偿其损失。行政管家必须确保制定相关政策，要求发现遗失物品的员工向其主管如实说明情况，然后将其妥善保管（大多数地方需保管 60 ～ 90 天）。

如果笔记本电脑放错了地方，很可能客人会联系酒店安排归还。然而，由于各种原因，客人也可能永远不会联系酒店。如果在一段合理的时间内（大多数为 60 ～ 90 天）没有与酒店联系，那么错放的财产在法律上将被视为遗失的财产，或被主人遗忘的财产。

酒店必须保管好失物，直到其合法所有者提出申请认领失物为止。在美国的许多州，酒店内失物的发现者甚至必须尽最大努力把失物归还给失主。例如，如果一件皮夹克被留在客房，酒店工作人员发现衬里缝着主人的名字和电话号码，则必须设法联系夹克的主人。出于隐私方面的考虑，一些酒店不愿意直接联系那些把物品留在房间里的客人。不论酒店如何积极寻求把失物归还原主，酒店员工如在工作中发现失物，均应将其交给酒店。

酒店必须在多长时间内为客人保管失物取决于该物品价值的大小。通常来说，失物价值越大，保管时间就越长。行政管家应与总经理协商，确定在酒店处理客人的失物之前，应保管的确切时长。在大多数情况下，90 天是一个相对较合理的时间。

被遗弃的物品通常是所有者无意返回并取回之物。有趣的是，法律并没有要求酒店试图寻找被遗弃物品的所有者。许多留在酒店房间中的宾客物品都属于这一类，杂志、破旧的衣服、个人盥洗用品（例如梳子和剃须刀）以及各种杂货物品，都经常被遗弃。

行政管家及其员工可能很难确认某物品是否已被遗弃而不是错放或遗失。一旦存疑，则所有遗留在客房或大堂区域内的财产均应被视为错放或遗失。在保管了一段合理的时间后，酒店应将其处置。一些酒店会选择将此类物品提供给当地慈善机构，另一些酒店则将其交给发现它们的酒店员工。

不管酒店的遗弃财产政策如何，行政管家的工作都是制定书面的失物招领程序，以保护客人的财产，直到其被认领或宣布被遗弃为止。在设有指定安全部门的大型酒店中，这项政策会由该部门负责人制定，甚至可以负责妥善保管错放或遗失的物品。

由于保护客人财产的重要性，酒店应记录其失物招领工作。预先印制的记录失物招领信息的表格可以从许多商业文具来源获得，而且很有用。无论使用哪种表格，行政管家均应通过以下书面记录来保护酒店：

- 发现失物的日期。
- 关于失物的简要描述。
- 发现失物的位置（例如酒店房间的编号）。
- 发现者的名字。
- 接收失物的主管的姓名。

当失物被归还给合法所有者或被处置时，书面记录应包括：

- 失物归还给所有者的日期。
- 失主的姓名、家庭住址和联系方式。
- 归还失物的行政管家的姓名。
- 归还失物的方式（例如邮寄或当面归还）。
- 失物处置方法（例如扔进垃圾桶）。

- 失物被宣布为遗弃的日期。
- 失物被处置的日期。
- 接收或处置被遗弃财产的酒店员工的姓名或慈善机构的名称。

8.3 客房部的安全培训

客房部员工的事故率通常是酒店中最高的，其原因主要有两个。首先是一个简单的事实，即就雇用的员工数量而言，客房部通常是酒店中规模最大的部门之一；第二个原因则与工作的性质有关。客房服务员经常与设备和用品打交道，如果要避免意外，就必须非常小心地处理它们。

正确的清洁工具和设备有助于提高工作效率，且提高安全性，减少事故。因此，这些物品应该提供给每位客房服务员，并在适当的情况下，配备在每辆**客房清洁车**[14]上，否则就会造成不必要的工伤，与事故相关的医疗费用也会增加。

对客房服务员进行适当的培训与为他们提供必要的工具和用品同样重要。员工培训一直是行政管家工作的一个重要方面，而安全培训更是其中的最基本要素。行政管家必须确保该部门制订必要的培训计划，以减少对员工安全的威胁。

客房服务员的工作中通常需要使用一些机器，例如吸尘器、洗衣机、烘干机、大容量亚麻布熨烫和折叠设备以及其他设备。在没有接受充分培训之前，切勿允许员工操作这些设备。客房服务员在完成日常工作中所使用的用品往往还包括强力清洁剂和化学品，如果使用得当，它们可以帮助员工更轻松地完成工作；但如果使用不当，则这些化学品和清洁剂可能导致恶心、皮疹、肺部损伤、呕吐、失明甚至死亡。考虑到上述事实，经验丰富的行政管家必须确保仅允许接受过培训的客房部员工使用上述机器和用品。

酒店所有员工都需要接受日常培训和部门主题培训，客房部也不例外。在客房清洁方面，最受关注的培训领域一般包括：

- 化学品的处理。
- 清洁的程序。
- 正确的搬运技术。
- 正确进入客房的要求。
- 与客房有关的危险因素：
  - 枪支
  - 未上笼的宠物/动物
  - 被认为有威胁性的客人
  - 患病/失去意识的客人
  - 毒品和吸毒用具

➢ 血液和**血源性病原体**[15]

➢ 不安全（损坏）的家具或装置

➢ 臭虫

- 客户服务。
- 客房安全。
- 失物招领程序。

客房部工作人员需要进行有关血源性病原体以及失物招领方面的特殊专题培训，这一点需特别注意。

血源性病原体培训对于客房服务员来说尤其重要，因为他们在清洁客房时可能会接触到体液或带血的床单、毛巾或纸巾，如果未经培训，员工有被感染的风险。

静脉注射吸毒者或因身体状况需要使用医用针头的客人留下的皮下注射针头，也可能威胁到客房服务员的安全。人类免疫缺陷病毒（HIV）和乙型肝炎是由血源性病原体传播的两种著名的、非常严重的疾病。像这样的健康威胁以及其他威胁，都必须通过适当的培训来解决，酒店管理者有责任确保举行此类培训。

8.4 客房部的清洁工作

由于客房部要负责清洁许多不同的区域，所以有效率的客房服务部门必须拥有一群灵活、才华横溢的员工，能严格按照详细的程序来清洁和检查客房以及酒店的公共区域。尽管详细介绍客房和公共区域的具体清洁方法超出了本书的范围，但重要的是要知道，必须精心安排员工清洁这些区域，并且必须建立和执行所有区域的清洁标准。

强制执行清洁标准通常采取以下方式：由部门的检查员、行政管家甚至酒店的总经理对客房和公共区域进行系统检查。但是，如本文前面所述，在某些酒店中，有效的检查程序有时还会利用酒店的客房服务员和其他非监督性内务人员来担任检查员的角色。在由行政管家发起的检查/质量控制程序中，前厅部经理也可以是一个宝贵资源。这是因为往往是酒店的前厅服务区域直接从客人那里接收到有关客房或设施清洁度的负面评论。

8.4.1 员工排班

客房服务部门要正确安排员工的时间，就需要经理运用一些技巧来制定排班计划，并要求员工保持一定的灵活性。根据酒店的规模和入住率，客房服务人员在白天或晚上的任何时间工作都是很平常的。公共空间清洁工可能会发现，深夜或凌晨时分是完成工作的最佳时间。为了满足酒店的入住率，洗衣房的工作人员也可能需要在深夜或凌晨工作。

客房服务员的工作安排在时间方面通常无法太灵活。这是因为入住客人会期望他们的客房清洁在早上离开后、一天的活动结束返回前的这段时间内完成。因此，除非客人的特殊的时间要求，否则一般酒店的客房清洁时间通常安排在早上 8:00 至下午 3:00 之间。此外，客房服务人员必须预先清洁好足够的客房数，以便前厅服务员可以为已确定到达时间的客人分配打扫过的空房间。因此，如果客人的到达时间是下午 3:00，则必须准备好足够的客房，以便在下午 3:00 及时为客人分配客房。如果做不到这一点，前厅服务员不得不告知客人“您的房间还没有准备好，客房服务员正在打扫房间”，而这显然极易导致客人的不满。

如何准确安排任意一天需要工作的客房服务员的数量，主要取决于以下几个因素：客房面积的大小、客房内设施设备的数量、需要清洁的客房数量，以及需要进行**深度清洁**[16]的客房数量（如有）。

与较小的客房相比，较大的客房通常需要更多的时间来进行适当的清洁，配有特殊设施（例如冰箱、微波炉、炉子和用餐区）的客房比没有这些功能的客房需要更多的时间清洁。

实际需要清洁的客房数量是可变的，这对有效的日程安排来说至关重要，这个数量会有正常但快速的波动。例如，一位行政管家希望提前一周通知员工下周的工作时间表。如果星期一是该月的第一天，则行政管家希望在第一天发布该月 8 日至 15 日的客房服务员的工作安排。

根据总经理或前厅部经理提供的客房销售预测，行政管家确定需要多少客房服务员，然后发布时间表。但是，如果酒店的销售与市场营销团队在当月的第 5 天向将在 7 日到达并拟停留到 10 日的一组客人做了一个限时的大型促销（例如，每晚 75 间客房的销售），则有可能会比原计划需要更多的客房服务员。或者，如果发生大量的临时或团体预订取消，则需要较少的客房服务员，且需根据需要修改时间表。当恶劣的天气、机场关闭或其他异常事件导致典型出行方式出现重大中断时，就会出现上述情况。

一些经验不足的行政管家为了确切地量化一天所需的工人数量，完全依靠**每间客房的分钟数**[17]来确定客房服务员的时间表。

管理者使用以下公式计算清洁每间客房所需的平均分钟数：

清洁所有客房所需的总时间数 ÷ 清洁客房总数 = 每间客房的分钟数

例如：在一家酒店中，待清洁客房为 100 间，支付给全职和兼职的客房清洁人员的总分钟数为 2500 分钟，则该公式将计算为：

共使用 2500 分钟 ÷ 清理客房 100 间 = 每间客房 25 分钟

管理人员利用上述公式来帮助自己制定客房服务员的工作时间表。

例如：如果一次彻底的清洁通常需要 30 分钟，需清洁 100 间客房，根据公式，客房服务员的工作时间表可按以下两个步骤计算：

步骤1：

每间客房30分钟的清洁时间 ×100 间待清洁客房 = 3000 分钟

步骤2：

3000 分钟 ÷ 每小时 60 分钟 = 需要 50 小时的客房服务员时间

在此示例中，行政管家需要安排的实际客房服务员人数取决于酒店雇用的全职和兼职客房服务员的数量。

经验丰富的行政管家依靠平均分钟数的计算和酒店客人的相关信息来确定应在特定日期安排的实际客房服务时间。例如，行政管家知道，打扫一间已经退房的客房要比续住的客房所需的时间多得多。因此，随着客房续住率的增加，客房服务员打扫这些客房所需的分钟数（以及因此所需的总时数）就会下降。

同理，当一间客房有多位客人入住时，与仅入住一个客人的客房相比，清洁房间所需的时间就更长。随着经验的积累，行政管家可以开发出一个计算客房服务人员数量的特定公式，利用清洁每间客房的分钟数和酒店客人的独特特征以及销售模式来确定一个对于酒店及其客房服务员来说合理且可实现的生产率水平。

8.4.2 客房清洁

有效的客房清洁是客房部以及整个酒店运营的核心。在大多数酒店，这项工作将比酒店的其他任何工作都更能决定酒店长期运营的成功或失败。这项工作要做得出色，既需要有积极进取的行政管家和训练有素的员工，也需要定期检查以找出需要改进的地方并加以改进。

一些酒店经营者仅通过计算酒店的劳动力、清洁、客人用品或**每间已入住客房的成本费用（CPOR）**[18]来评估酒店客房服务部门工作的有效性。

CPOR 的计算方法是，一个时间段内的劳动力或物资等方面的总支出，除以同一时间段内已入住的客房数。例如，某酒店在售出1000间客房的一周内，在客房服务员的工资上花费了7000美元，则 CPOR 将被计算为：

$7000 客房服务员费用 ÷1000 间已售客房 = 每间已入住客房 $7 的客房服务员费用

认为降低 CPOR 或花费更少的时间打扫每个房间总是更好的想法是错误的。实际上，花很少的钱来提供房间或花很少的时间来清洁每个客房，与花太多钱一样糟糕，甚至更糟。正确的方法是检查客房，然后确定酒店是否最大限度地提高了客房服务部门的效率。如果不是，则可能需要更多的员工培训或增加人员以维持既定标准，并且管理层必须解决这些问题。

在对公共空间、客用浴室、睡眠区和洗衣房进行常规检查时，制定检查表以确定需要评估的项目是一个好主意。他们可以把注意力集中在影响客人满意度的每个方面。当然，检查表应该考虑酒店的具体需求和特点，但它无疑可以为检查清洁过程提供一个很好的出发点。

(1) 睡眠区

客房的睡眠区通常是客人进入房间后首先注意的区域，必须绝对干净。表 8.2 是检查表的示例，可用于检查客房的睡眠区。

实际使用的检查表需针对被检查的酒店睡眠区域专门制定。

表 8.2　酒店客房睡眠区检查表示例

日期：________________　　检查人：________________

房间号：________________

项目/区域	优秀	可接受	不可接受	备注
灯泡正常				
灯具清洁/功能正常				
地毯无瑕疵				
窗帘/绳索/挂钩到位				
外窗/窗台清洁				
床单干净				
枕头状况良好				
相框干净/已除尘				
通风孔已除尘				
镜子干净				
电视干净/已除尘				
柜台/家具已除尘				
宾客设施（熨斗/熨衣板等）到位				
电话干净				
电话听筒清洁				
床头柜清洁				
家具除尘				
壁橱门清洁				
壁橱架子清洁				
适当数量/类型的衣架				
洗衣袋到位				

（续上表）

项目/区域	优秀	可接受	不可接受	备注
额外的枕头/毯子到位				
冰箱/微波炉清洁				
梳妆台顶部清洁				
梳妆台抽屉清洁				
床下区域或床箱清洁				
咖啡壶干净				
储备的咖啡用品				
废纸篓到位				
徽标项目到位				
走廊门内侧清洁				
张贴在门上的印刷材料				
疏散标志到位				
请勿打扰的牌子到位				
其他				
其他				
其他				

（2）浴室区

住客会仔细检查客房的浴室区域是否整洁。客房服务人员对此区域的清洁不足将不可避免地导致客人不满和投诉。像客房的睡眠区一样，浴室区必须绝对干净。表 8.3 是检查表的示例，可用于检查客房的浴室区域。

实际使用的检查表需针对被检查的酒店浴室区域专门制定。

表 8.3　酒店客房浴室区检查表示例

日期：________________　　检查人：________________

房间号：________________

项目/区域	优秀	可接受	不可接受	备注
灯具正常				
灯具清洁				
风扇正常				
通风孔清洁				
电话清洁/功能正常				

（续上表）

项目/区域	优秀	可接受	不可接受	备注
沐浴喷头清洁				
浴缸装置清洁				
瓷砖和浴缸清洁				
安全把手干净				
淋浴杆清洁/所有挂钩到位				
浴帘清洁				
马桶内无水渍				
马桶外观和背面清洁				
水槽设备清洁				
水槽和塞子清洁				
镜子清洁				
台面清洁				
吹风机/其他设施清洁				
地砖清洁				
肥皂/洗浴用品到位				
电气开关/插座清洁				
毛巾杆清洁				
擦手布到位				
纸巾到位				
厕纸架清洁				
厕纸和替换纸卷到位				
墙面清洁				
内门清洁				
锁具已抛光/正在工作中				
浴室门外部清洁				
其他				
其他				
其他				

(3) 厨房和套房

许多酒店的客房均设有房内厨房供客人使用。此外，全套房酒店可能包括厨房、起居室以及需要单独检查的设备和功能。表 8.4 是一份酒店厨房和套房设施检查清单示例，可对其进行修改以反映使用它的酒店的具体需求。

表 8.4 酒店厨房和套房检查表示例

日期：________________ 检查人：________________

房间号：________________

项目/区域	优秀	可接受	不可接受	备注
炉顶清洁				
烤箱清洁				
冰箱清洁				
冰柜空				
冰格可用				
微波炉清洁				
洗碗机空/清洁				
适当的玻璃器皿就位				
适当的餐具就位				
适当的锅具/炊具就位				
VCR / DVD 工作正常				
高速互联网正常运行				
沙发床清洁/容易拉出				
其他				
其他				
其他				

(4) 公共空间

酒店的公共空间是客人抵达酒店后最先看到的区域之一。在较大的酒店中，往往需要一名或多名全职员工的努力来保持公共空间的适当的清洁水平。客房清洁的重要性是本章的主题，因为这对于酒店的长期成功至关重要。但是，公共空间也同样重要，因为它们构成了客人和公众对该酒店的最初印象的基础。因此，所有公共空间区域的目标都应包括出色的外观和无可挑剔的清洁度。每家酒店都会根据其规模和提供的产品对公共空间的清洁有自己的要求。例如，在一家提供免费早餐的小型有限服务酒店中，早餐区可能成为公共空间清洁人员日常清洁工作的一部分。而在规模较大的全服务酒店，则可能由餐饮部门承担清洁餐饮区的责任。

表 8.5 是一份检查清单，旨在帮助检查许多酒店常见的一些公共空间，可以对其进行修改以反映使用它的酒店的具体需求。

表8.5　酒店公共空间检查表示例

日期：________________________　　　　检查人：________________________

项目/区域	优秀	可接受	不可接受	备注
大堂/前厅部				
入口处的门/玻璃清洁				
烟灰缸清洁				
前厅服务柜台区域清洁				
窗帘/窗饰清洁				
装饰件无尘				
地毯、地板清洁				
家具整齐/清洁				
装饰画垂直/除尘				
大堂电话清洁				
天花板/墙壁通风口清洁				
泳池/水疗/健身区				
收集湿毛巾				
毛巾供应充足/放置正确				
地毯无斑点/清洁				
地板清洁				
窗户/窗台清洁				
健身器材清洁				
墙面清洁				
公共卫生间清洁				
通风孔除尘				
安全设备清洁/到位				
行政区域				
灯泡/灯管清洁并正常工作				
电话清洁				
地毯无污点				
窗户清洁				
软体家具清洁				
家具/办公桌除尘				
垃圾箱清洁/到位				
装饰画、壁挂整齐/除尘				

（续上表）

项目/区域	优秀	可接受	不可接受	备注
通风口除尘				
墙面清洁				

工作日记：一天的工作 8.2

情况：

“你们的客房服务员是个小偷。”一位中年妇女站在前厅服务台非常生气地冲酒店前厅部经理莱文·帕森斯嚷。

“我是253号房间的客人，”女人继续说，“今天早上我离开房间时，我把我的钻石耳环放在床头柜上。下午回房间时，它们就不见了！我希望你现在就打电话给那个打扫我的房间的服务员，让他们把我的财产还给我。否则，我将起诉你和你的酒店！我丈夫是律师！”

回应：

不幸的是，住客指责客房服务员偷窃的情况是住宿业中相当普遍的现象。因此，对于酒店经营者来说，熟悉其所在地的相关法律非常重要。酒店不是银行。在大多数地方，如果酒店已经例行公事告知所有客人他们可以使用免费的保险箱存放贵重物品，那么在上述这种案例中，客人很可能无法从酒店收回耳环的费用，且也没有理由提起诉讼。

为了在这种情况下为莱文提供帮助，酒店必须制定书面程序，以便她可以调查盗窃指控，并以适当的方式与涉案员工讨论他们被指控的行为。在大多数情况下，所有客房服务员都会面临相似的指控。如果不是这样（例如，当某个特定的客房服务员比其他人更频繁地被指控时），则管理者必须采取适当的措施来保护客人的财产。

虽然客人的盗窃指控不能成为不当行为的证据，但一个合格的经理人不会允许一名已遭受多项指控的员工继续对酒店的声誉造成潜在损害。

8.5 洗衣房业务运营

酒店出售过夜客房，因此，客人所使用的床单、毛巾、枕头、毯子和其他织物物品必须进行专业清洁和消毒。有些织物每天都要清洗，其他的则应按照行政管家确定的系统时间表进行清洗。还有一些物品，如浴帘，可能是由乙烯基或塑料制成的，但也必须定期清洗。处理上述物品是酒店洗衣房人员的工作，这也是客房部的一个重要部门。

传统上，酒店都会设计有洗衣房，但近来随着长住酒店的普及，一些酒店也在酒店内提供自助洗衣区，以便客人可以自己洗衣服。在本节中，我们将研究酒店洗衣房业务的流程以及由宾客自助洗衣的独特功能。

8.5.1 洗衣房业务

酒店会产生大量的待清洗衣物。一些酒店，尤其是小规模酒店，可能实际上并不在酒店内清洗脏衣物。但是，大多数酒店会自己洗衣服。要正确清洗、干燥和折叠酒店产生的大量脏**布草**[19]和**毛巾**[20]，需要大量的时间、空间、设备和专业知识。桌布（包括餐饮部使用的桌布和餐巾）、员工制服以及其他洗衣用品也必须进行处理。毫不奇怪，洗衣是酒店的主要支出之一，如果酒店要控制这一重要成本，则必须适当管理 OPL。

旅馆的洗衣需求随酒店规模和所提供产品种类的不同而不同。一家较小的长期住宿或有限服务酒店（100 个房间或更少），每年的洗衣费用可能不到 50 万英镑。在此数量水平上，酒店可能使用无皱的床单，而 OPL 可能仅由洗衣机和干衣机组成。由于要处理的桌布和餐巾纸越来越多，餐饮服务量更大的大型酒店或全服务酒店对洗衣的需求也会扩大，而当客房数量增加时，布草和毛巾的需求也随之增加。如此一来，这些酒店可能需要增加额外设备才能熨烫和折叠所洗涤的物品。

在超大型酒店中，OPL 每年可能要处理超过 100 万磅的衣物，并雇用数十名工人。它还将维护大量与洗衣相关的设备。无论其规模如何，OPL 都是酒店客房部的重要部门，管理洗衣业务也是行政管家主要的职责之一。

提到洗衣房时，大多数人就会想到洗衣机和烘干机。在 OPL 中，这个过程更加复杂，涉及更多设备，而且实际上洗衣并不是从洗衣区开始，而是从客房、泳池区、餐厅和会议空间开始的。正是在这些区域，客房服务员收集了需要 OPL 清洗的脏的布草和毛巾。运营一个有效的 OPL 是一个多步骤的过程，具体包括：

- 收集。
- 分拣/修补。
- 洗涤。
- 烘干。
- 整理/折叠。
- 存放。
- 运送。

(1) 收集

客房服务员从客房睡眠区收集脏的布草，并从客房浴室区、水疗区和游泳池收集用过的毛巾。客房服务员把床上的脏布草撤下来，直接放进清洁车上的洗衣袋内。当这些洗衣袋装满后，要么是手工搬运，要么是用推车送到 OPL。脏布草和毛巾绝对不能被用作清洁客房的抹布，以免损坏它们。有时，待洗衣物在送到 OPL 之前，会在客房内进行预分类。当布草或毛巾沾有血迹时，必须单独放置在**生物危害废物袋**[21]中，以帮助 OPL 工作人员避免接触血源性病原体。这种类型的袋子应该在每辆客房推车上均配备齐全，并要求客房服务员使用。

餐饮服务部门会产生需要清洗的桌布和餐巾，在较大的酒店中，员工的制服也可能会在 OPL 中处理。因此，行政管家还必须采取有效的方法，从不同地方收集这些物品，并将其交付给 OPL。

（2）排序/修复

进入 OPL 后，衣物将根据织物类型和污渍程度进行分类。不同的纤维和颜色在洗涤时需要使用不同的清洁化学品，在许多情况下，还需要使用不同的水温或洗涤时间。例如，由 100% 棉制成的床单，与聚酯含量高的员工制服的洗涤方法不同。同样，客人用来擦亮黑色鞋子的白色毛巾不会和酒店里收集的普通毛巾放在一起洗，因为这块严重脏污的毛巾需要经过特殊的洗前去污处理才能完全清洁。在某些酒店中，此类物品可能会被放在专门为严重污渍衣物而设的专用洗衣机中清洗。在某些情况下，布料的撕裂或破损可能意味着必须将其丢弃，但如果属于可修复范围的，则通常在洗涤前完成。被丢弃的毛巾和布草可以归置于垃圾桶中，也可以在清洗过后捐赠给员工或当地慈善机构。

（3）洗涤

洗涤是洗衣过程中最复杂的部分。如今的衣物多数是由非常耐用的织物制成的，而且洗衣机可以预先设定，在正确的时间和适当数量的情况下将清洁产品分配到水中。即便如此，行政管家仍须教导洗衣房工人在洗涤衣物时监测洗涤时间、洗涤温度、化学品和注意搅动。

洗涤时间的长短是一个关键因素，因为污渍严重的物品比轻度污渍的物品需要洗涤的时间更长。洗涤周期过长可能浪费时间、水、能源和化学品。如果选择的洗涤周期太短，则可能无法清洁衣物。洗涤水温很重要，因为有些织物可以承受温度很高的水，有些则不能。一般来说，热水的清洁效果比冷水好，但如果使用对其纤维类型来说太热的水来洗涤时，织物可能会受损。

用于洗涤物品的化学品取决于织物的类型。洗衣区使用的化学品包括洗涤剂、漂白剂、强力污渍去除剂和织物柔顺剂。每种化学品的使用量应最大限度地提高所洗织物的清洁度，并控制化学品的使用成本。

最后，必须确定每种织物类型的搅拌时间和强度。搅拌是指衣物在洗涤过程中的自身的摩擦。搅拌太少（当待洗衣物装得太满时会导致这一情况），则待洗物品将得不到适当的清洁。过度搅拌，洗涤后的织物会因其纤维受损而迅速磨损。

有些酒店已经开始使用**臭氧系统**[22]来洗涤衣物。

臭氧是一种功能极其强大的氧化剂，比氯漂白剂有效 150%。它可以消灭细菌，灭活病毒并控制气味。臭氧系统用高度臭氧化的冷水替代通常用于洗涤的热水，可使清洁效果更佳，且降低能源成本，延长织物寿命。

洗涤过程的下一步是甩干。应尽可能甩干水分，使洗涤后的衣物更轻，洗衣工人更易处理。此外，需要干燥的物品也能更快地干燥。清洗过的织物被甩干后，洗涤过程就完成了。

如今的洗衣机大多可以预先设置时间、温度、化学品输入和搅拌水平。但是，如果要最大限度地提高洗涤效果和控制 OPL 成本，则必须首先与洗涤设备制造商和化学品供应商协商确定。

(4) 烘干

有些织物（如床单等布草）在洗涤后不需要烘干，洗衣机洗好后即可熨烫，但毛巾等大多数其他织物，则在折叠或熨烫之前必须进行烘干处理。烘干是利用热空气（60～63 摄氏度）蒸发并除去织物中的水分的过程。已烘干的织物必须在烘干机中经过一段冷却期后才能取出，以最大限度地减少对织物的损伤，防止起皱。但是，织物一旦从烘干机中取出，应立即予以处理。

(5) 整理和折叠

织物的整理很重要，因为通过洗衣机和烘干机一次性所产生的清洁衣物不应超过工人通过熨烫或折叠可轻松处理的数量。由于酒店越来越多地使用无皱织物，故今天的整理工作涉及更多的是折叠而不是熨烫。但无论熨烫工作有多少，整理衣物所需的空间都必须足够。在大型酒店，布草和毛巾的折叠可以通过机器完成，小型酒店则一般由手工完成。整理区域必须非常干净，以便确保整理过程中不会弄脏衣物。整理完成后，织物会转移至客房部门的存储区域。

(6) 储存

布草的存储很重要，因为许多织物在清洗和干燥后必须“休息”，这样才能将对它们的损害降到最低。大多数洗衣专家建议，衣物清洁后应放置 24 小时，因此，客房部应尽可能确保将洗衣房的标准水平保持在酒店正常使用量的三倍。

例如，在一个拥有 150 间客房的酒店，应该有足够的布草和毛巾：

- 一套放在客房内。
- 一套在清洗中（或已经清洗好）。
- 一组在储存室中。

通过这种方式，酒店将有足够的产品供客人使用，并有足够的储备来保证布草和毛巾在放入客房之前进行“休息”。

如果布草的标配水平太高，则存储可能会很困难，并且占用了过多资金于库存上。如果布草的标配水平太低，则客人可能无法有足够的物品可供使用。同样，客房服务员也可能无法及时完成工作，因为他们必须等待洗衣产品才能完成房间的清洁工作。此外，如果立即需要织物来补充进客人待入住的客房，则织物无法得到适当的“休息”。

(7) 运送

在小型酒店，客房服务员可以到 OPL 的洗衣房储存区去取布草和毛巾等物品。在大型酒店中，这些物品可能会被分别送至位于酒店各处的客房存储区。由于布草和毛巾常常是酒店客人和员工的盗窃目标，其存放区应上锁，客房部员工也应定期进行盘点。

与客房一样，管理层应定期检查 OPL 区域。表 8.6 是一张可供修改和使用的洗衣区检查表样本。请注意具体可参考**材料安全数据表**[23]。

表 8.6 酒店洗衣区检查表示例

日期：________ 检查人：________

项目/区域	优秀	可接受	不可接受	备注
用于收集衣物的袋子和推车干净且状态良好				
用于分拣衣物的区域干净/整洁				
洗衣机内外清洁				
洗涤指示标志易于阅读				
洗衣机周围区域干净/无杂物				
化学品正确标记并存储				
材料安全数据表（MSDS）随时可用				
烘干机温度控制标识已张贴				
折叠区域充足，清洁无杂物				
储存区域干净，有标签				
其他				
其他				
其他				

8.5.2 客用洗衣房

在酒店公寓、共管公寓和大学宿舍中，客用自助洗衣设备非常普遍。在酒店中，客用自助洗衣机很受度假家庭、长期住宿的客人，以及喜欢尽量少带衣物出行的商务旅行者的青睐。在自己方便的情况下，在酒店内洗一件或多件衣物的选择对许多旅行者越来越有吸引力。一些全套房连锁酒店（如 Hawthorn Suites）已强制要求其所有酒店都拥有由客人自行操作的洗衣设施。

大多数由客人自助操作的洗衣设施包括一个带有一台或多台投币式家庭洗衣机和烘干机的房间，为衣物的分类、折叠和熨烫提供足够的空间。大多数宾客自助洗衣房还设有自动售货机，可供购买洗涤剂、漂白剂和织物柔顺剂等。大屏幕电视、背景音乐甚至健身器材等，可以帮助使这些区域成为令人愉悦的酒店设施。

酒店可以开发和维护自己的宾客自助洗衣区，但在许多情况下，酒店更倾向于与一家以投币式洗衣设施管理为业务的公司建立合作关系。这些公司通常提供和维护洗衣设备，为自动售货机补充所需的清洁产品，并在预先确定的基础上与酒店分享自助洗衣运营所产生的收入。作为回报，酒店负责维护洗衣区的清洁与安全。这种合作关系给酒店带来不少好处，其中包括每月的佣金，以及降低或免除了购买、安装和维护客用洗衣设备的相关成本。

帮助我们保护自然资源

亲爱的XXX：

酒店希望尽己所能，以保护我们国家有限的自然资源。您愿意尽一份力吗?

如果您在住宿期间重复使用床单和浴巾，可以减少水和能源的消耗，以及必须回收的洗涤剂废水量。

如果您想更换床单和枕套，只需将此卡留在枕套上即可。如果您想更换浴巾，只需将它们放在地板上即可。

感谢您帮助保护我们共同的环境。

图8.2 布草更换申请表

知识拓展：绿色住宿!

许多酒店的客房均采用环保的保护措施，图8.2说明了可用于向酒店客人传达该计划的意图并吸引其参与的信息类型。你将会注意到，客人被建议重复使用其床单和浴巾，以帮助减少洗涤剂、水的使用以及避免对环境的污染。

然而，绿色酒店所能做的远不止于邀请客人参与客房保护工作。例如，还可以使用非合成的（植物性）清洁化学品，包括清洁剂和消毒剂。新开发的植物性产品效果很好，可留下令人愉悦的香气，且有助于消除与之接触的微生物。一些客户服务员也反馈说，使用上述产品后，他们就再也没有受到使用刺激性更强的合成产品时通常会出现的过敏和头痛的困扰。

关键词汇

1. **行政管家（Executive Housekeeper）**：负责管理和运营酒店客房服务部门的个人。

2. **房间状态（Room status）**：酒店每间客房的最新（实际）状况（例如，已占用、空置或肮脏）。

3. **延期住宿房（Stay-over）**：客人未按照原计划退房，申请再续住至少一天的房间。也就是说，这种客人将在酒店至少再住一天。

4. **维修保养部（Maintenance）**：保持建筑物及其内部设施设备处于良好状态所需的活动，酒店会有相应部门或区域负责这些活动。

5. **洗衣房（On-premise Laundry，简称 OPL）**：酒店内部清洁布草的区域。

6. **检查员（Inspector/Inspectress）**：负责对客房的房间状态进行检查并执行由行政管家分配的其他任务的员工。

7. **客房服务员（Room attendant）**：负责打扫客房的员工。也称为"管家"。

8. **客房部勤杂工（Houseperson）**：负责协助客房服务员工作的员工。

9. **公共区域（Public space）**：酒店内可供客人和访客自由使用的区域。例如包括大堂、公共洗手间、走廊和楼梯间等。

10. **物品使用情况报告（Product usage report）**：详细说明酒店在指定时间段（周、月、季度或年）中使用的库存物品数量的报告。

11. **错放的财产（Mislaid property）**：所有者无意中遗留的物品。常见的例子包括笔记本电脑、珠宝和衣物。

12. **遗失的财产（Lost property）**：所有者无意间遗留后被遗忘的物品。常见的例子包括浴袍、拖鞋、吹风机和化妆品。

13. **遗弃的财产（Abandoned property）**：所有者故意遗留的物品。常见的例子包括报纸、杂志、食品和饮料。

14. **客房清洁车（Room attendant cart）**：客房服务员清洁客房时使用的带轮推车，车上装有正确、安全地清洁客房和补充客房所需的所有物品，也称为"客房服务员的清洁推车或客房清洁推车"。

15. **血源性病原体（Blood-borne pathogen）**：血液携带并可能导致疾病的任何微生物或病毒。

16. **深度清洁（Deep cleaning）**：彻底清洁客房。通常包括彻底清洗窗帘、灯罩、地毯、家具和墙壁等物品。定期对客房进行深度清洁是有效的客房管理的标志之一。

17. **每间客房的分钟数（客房清洁）[Minutes per room（guest room cleaning）]**：打扫一间客房所需的平均分钟数。

18. 每间已入住客房的成本费用（Cost Per Occupied Room，简称 CPOR）：一个时间段内的劳动力或物资等方面的总支出，除以该期间内酒店的已入住客房数量。

19. 布草（Linen）：在洗衣区清洗和晾晒的客房床单和枕套（以及餐饮部的桌布和餐巾）等的统称。

20. 毛巾（Terry）：浴巾、浴垫、手巾以及在洗衣区清洗并晾晒的洗脸布的统称。

21. 生物危害废物袋（Biohazard Waste Bag）：酒店使用的带有特殊标记的塑料袋。将沾有血液或体液且需要特殊处理的洗衣物品放入这些袋子中，以运输到 OPL。

22. 臭氧系统（洗衣）[Ozone system（laundry）]：一种处理衣物的方法，该方法利用臭氧化的冷水而不是热水来清洁和消毒衣物。

23. 材料安全数据表（Material Safety Data Sheets，简称 MSDS）：关于化学品或有毒物质的潜在危险和最佳处理方法的书面陈述。酒店使用的化学品或有毒物质的制造商通常会同时向买方提供 MSDS，MSDS 必须张贴或提供在一个便于实际处理该产品的人获取的地方。

第9章　维护与水电管理

本章内容

本章概述

酒店客人对他们的酒店住宿有一些必须满足的期望。其中包括一些基本项目，如洗澡和淋浴有充足的热水，客房的照明设施能正常工作，以及酒店的公共空间和客房的舒适温度等。酒店员工则希望他们工作所需的工具和设备安全且状况良好。此外，酒店的业主也有期望——除其他事项外，他们还期望酒店建筑物及其内容物能得到正确的修理和维护，以保护其投资价值。酒店的维护部门可以满足和实现上述所有这些期望，甚至更多。

在某些酒店，维护部门被称为维修工程部门（或工程维修部门）。因此，维护部门的负责人通常也被称为总工程师。无论部门的名称如何，总工程师和部门工作人员均应负责妥善维护酒店的建筑物和场地。

一个运行良好的维护部门通过为客人提供尽可能好的体验来协助酒店的销售工作，因为它的工作涉及建筑的外观和内部功能。这使得销售与市场营销团队更容易销售客房。在本章中，你将了解维护部门的主要职责，以及它是如何与酒店前厅部、客房部和餐饮部互动的。

总工程师及其工作人员负责酒店的常规维护，包括诸如草坪护理、往游泳池添加适当的化学品之类的工作。除了常规维护外，每位负责维护的总工程师或经理还应制定有效的预防性维护计划。实施这些措施是为了延长酒店设施和设备的寿命，并确保其最高运营效率。让部门随时准备好应对任何可能需要的紧急维护也很重要。在本章中，你将学习常规维护、预防性维护和紧急维护的相关知识。

在大多数情况下，酒店的总工程师也有责任帮助酒店的总经理监督和管理公用设施的使用情况。如果对水、气、电等公用设施的管理不善，并且利用这些资源的设备没有得到妥善的维护，那么酒店的运营成本必将高于必要的水平，最终导致酒店的利润将低于应有的水平。在本章中，你还将了解维护部门如何有效地监督这一重要问题。

教学目标

- 确定分配给住宿设施维护部门的职责范围。
- 解释在专业管理的酒店中进行常规维护的重要性。
- 解释在专业管理的酒店中进行预防性维护的重要性。
- 解释在专业管理的酒店中进行紧急维护的重要性。
- 描述正确管理和控制住宿设施中公共设施消耗所需的过程。

9.1 维护的作用

每家酒店都有各种有价值的**资产**[1]。

这些资产包括酒店员工、银行现金、客户群和酒店的声誉。酒店的场地、建筑物和设备则构成了酒店最明显的、通常也是最昂贵的资产，直接影响酒店其他资产的价值。客人对酒店的设施的看法会影响其盈利能力。因此，对于酒店管理者来说，通过对酒店设施进行必要的维护来保护其有形资产是很重要的。

当酒店的建筑、设备和场地得到适当维护时，客人在入住期间将更有可能获得积极的体验，而酒店增加销售的能力也将得到加强。这是维护部门的主要工作。如果客人遭遇停车位坑洼、水龙头漏水、灯泡烧坏、加热/冷却能力差或热水供应不足之类的不良设施体验，对酒店的不满就会增加，酒店的销售潜力就会降低。当然，除了使客人满意之外，有效的维护部门还将实现其他许多重要目标，包括：

- 保护和提高建筑物和场地的财务价值。
- 支持酒店其他部门的工作。
- 确保与维护工作相关的品牌标准得到遵守。
- 控制维护和维修成本。
- 控制能源使用。
- 最大限度地减少客人对设施的投诉。
- 提高酒店员工的自豪感和士气。

如果维护部门能有效地进行**预防性维护**[2]、**常规维护**[3]和**紧急维护**[4]，并适当地管理酒店的公共设施使用，则可以实现这些目标。

9.1.1 责任范围

酒店维护部门的员工全面负责设施的维护（维修），但也负责选定的**工程**[5]任务，必要时还负责特定的翻新改造任务。

这三个不同的工作范畴有时会发生重叠。为了了解维护部门的完整职能，我们将分别讨论其工程、维护和翻新活动。

（1）工程

一些酒店经营者互换使用“工程”和“维护”这两个术语，因此，在某些酒店公司中，负责酒店维护的部门很可能被称为“维护”或“工程”，在某些情况下，也可能是两个术语的组合，然而，“工程”作为一种建筑专业，与“维护”是不同的。

建筑专业中的“工程”是指应用物理、化学和数学知识来设计和操作建筑物，为客人和员工提供舒适环境。例如，在一个必须装有空调的酒店大堂区域，建筑工程师计算出适当冷却所需的空调空气量，应考虑的因素包括外部空气的温度和湿度、所需的大堂温度、空调空气进入大堂的温度，以及空气进入大堂后的运动情况。根据这些计算，最终确定大堂冷却所需的空调设备的尺寸，以及向该区域输送冷空气的通风口和风扇的最佳数量和位置。平衡这些功能并对空调或供暖能力做出正确决定所需的工程知识是非常重要的。

工程设计不当的设施易导致设备动力不足或过大，加剧建筑物老化，能源消耗过多，以及运营成本超出必要水平。在大多数情况下，酒店维护部门的负责人不会实际参与设计建筑物的 HVAC 系统[6]，但必须对它们以及建筑物的电力、水和废弃物处理系统的工程技术非常熟悉。

在小型酒店中，整个维护部门可能只有一名专职（甚至是兼职）维护人员。大型酒店则可能雇用数十名维护和工程人员。但是，无论规模如何，酒店都会面临一些需要解决的工程问题，因为提供安全舒适的环境是一个持续进行的过程，必须不断进行管理。

(2) 维护

顾名思义，“维护”这个术语的含义是指维护酒店的有形资产。有人说，维护成本就像税收一样，如果第一年没有支付，那么第二年就一定免不了，而且还是罚款！

酒店的维修成本通常与酒店的“年龄”有关。随着建筑物的老化，其维护成本通常会增加。但即使是全新的酒店，也需要 POM[7]（酒店运作和维护）成本的支出。这些成本包括员工的工资和福利、零部件更换、合同服务和能源成本等。

维护部门应该在分配给它的预算范围内，以最有效的方式维护酒店财产。要做到这一点，酒店维护必须做到：

计划。从定期更换供暖和制冷设备中的空气过滤器，到签订修剪树木的合同，维护部门需要执行的任务太多，以至于有时很容易忽略一些活动。有效的维护部经理通常也是一位细心的管理员，他会检查酒店的每台设备和所需的活动，然后计划应该做什么，什么时候完成以及由谁来执行。

实施。有些维护部经理清楚他们的物业应该做什么，并有完成所有规定任务的良好愿望，但却没有去实施。这可能是因为缺乏经过适当培训的员工、预算不足、缺乏管理技能、工具不足，或是低估执行某项任务所需的时间等。所有这些因素都会对该部门实现其目标的能力产生不利影响。

许多优秀的检查表和建议活动都是为维护部门开发的。几乎每一个特许经营商都会向其加盟商免费提供此类检查表，因为系统中的每一家酒店都尽可能地代表品牌，这符合特许经营商的最佳利益。

然而，检查表和建议的活动如果没有得到适当的执行，就不会产生一个可接受的维护计划。因此，在评估一个维护部门时，重要的因素不是它是否为酒店规划了一个可接受的维护计划，而是它有效实施或执行计划的程度。

记录。记录是一项非常重要的维护职能。除非维护人员知道上次执行这些任务的时间，否则无法正确规划常规的、预定的维护任务。例如，如果维护计划要求每 6 个月对热水泵进行一次润滑，则必须保留最后一次对水泵进行润滑的书面记录。同样，如果更换了客房的水龙头，也应保留相关更换记录，以便维护部门能够评估所使用的水龙头的质量（使用寿命），并利用任何适用于替换零件的保修计划。

在许多情况下，如消防系统、电梯和其他与安全有关的设备，当地的法律法规可能要求将系统维护记录存档或公开展示。但是，即使没有地方法规的要求，维护部门所有领域的优秀记录也是部门整体效率的良好指标。

建筑物的维护成本与其原始设计、规模及其所包含的设施紧密相关。例如，提供餐饮服务和宴会设施，以及游泳池、健身室的酒店，将比没有这些设施的有限服务酒店负担更高昂的维护成本。同样，高层建筑有必须维护的电梯系统，而单层酒店则不需要；和那些面积较小的度假酒店相比，面积庞大的度假村设施需要更多的景观护理。

建造酒店所使用的材料和施工技术也会影响其 POM 成本。一家外墙必须喷漆的酒店将承担外墙喷漆费用，而砖石结构的酒店则不会。能源成本也同样受此影响。例如，用良好的绝缘材料和制作精良的窗户建造的酒店，自然会比未采用这种方式建造的酒店的能源成本低。

酒店建造者指定安装的饰面和室内设备会对长期的 POM 成本产生巨大影响。耐用的饰面和高质量、长寿命的设备的建造/购买成本可能会更昂贵，但长远来看，则会降低运营和维护成本。

（3）翻新

即使采用最佳的维护计划，酒店建筑也会随着使用而逐渐磨损，必须进行翻新才能与较新的物业竞争。酒店建筑物有一个可预测的使用寿命，直接影响其维护和翻新需求。

表 9.1 详细列明了酒店建筑物的典型寿命。可以看出，随着建筑物的老化，维护的挑战性也在增加。

表 9.1　酒店建筑物使用寿命

建筑物年限	建筑特点和要求
1～3 年	维护成本低
4～6 年	维护费用增加
7～8 年	需要翻新；发生平均维护费用
9～15 年	需要进行小规模翻新和整修
16～20 年	需要进行大规模翻新和整修
>20 年	需要修复；产生高昂的维护费用

由于每家酒店都将在某个时候需要翻新和整修，因此业主必须采取措施，为翻新储备资金。业主一般可通过建立 **FF&E 储备金**[8]来做到这一点。

一般来说，FF&E 储备金来自酒店总销售收入的 1%～5%。如果未预留诸如此类的指定资金，则酒店可能无法进行必要的小规模翻新、大规模翻新或**修复**[9]。

表 9.2 列出了在规划酒店的短期和长期翻新计划时必须考虑的具体项目。

表 9.2 酒店翻新和更换时应考虑的部分项目

	小规模翻新	大规模翻新
客房	窗帘、床单	床架、床垫
	灯具、灯罩	壁灯
	地毯	PVC 墙纸
	软体家具	**非软体家具**[10]
	水龙头	水槽、台面
	床垫	电视机
餐饮区	地毯、椅子、重新装潢的展台	装饰性照明
	桌面装饰	桌子
	餐具	服务设备、墙布
公共空间	台灯、大厅家具	顶灯
	大堂地毯	走廊地毯
	大堂墙布	走廊 PVC 墙纸
	会议室	洗手间

在大多数酒店中，修缮和小规模翻新实际上是一个持续的过程。大规模翻新应每 6～10 年进行一次，与此相关的成本通常很高。施工期间可能会产生额外的清洁费用。此外，几乎不可避免的是，来宾服务将被中断，导致客人对服务不满意，并使原本可以产生收益的服务范围外的收入减少。

修复是指酒店进行大规模翻新，墙壁经常被重新布置，客房和公共空间被完全重新配置，机械系统被更现代的系统所取代。典型的酒店每 20～25 年进行一次修复。对酒店管理层、维护部门和客人来说，修复过程是一个充满挑战的时期。但是，如果在需要时不进行修复，酒店的创收潜力就将下降。

9.1.2 互动

维护部门的工作会对客人、酒店的经理甚至一线员工产生影响。就部门而言，维护部与前厅部和客房部的互动最多。在全服务酒店，餐饮部门也会定期与维护部门互动。

(1) 前厅部

维护部门以多种方式与前厅部门互动。其中最重要的是：

提供房间状态的更新。当一个房间或其物品被损坏而无法出售给其他客人时，维护部门会将其置于故障状态，然后通知前厅人员有关该客房的状态，包括客房将在多长时间内无法出租，以及最有可能恢复服务的日期。

响应客人服务请求。入住酒店房间的客人会向维护部门提出各种请求，包括调整电视的接收、更换灯泡、调整室内供暖或制冷（HVAC）装置，以及有关管道的投诉等。有此类需求或疑虑的客人通常会致电前厅部，前厅服务员必须及时将服务请求转达给维护人员。

沟通有关酒店具体状况的信息。如果酒店进行的常规维护可能导致正常的建筑功能或对客服务中断，例如，当必须关闭游泳池以重新铺设表面时，或必须临时停水以进行管道维修时，或当停电中断了整个酒店的电力服务时，维护部门均必须告知前厅部门有关维修或服务中断的状态，以及它将如何影响酒店的客人和员工，以便确保前厅的良好运转。

维护部门与前厅部门之间的其他互动还可以包括协助满足客人对会议室的需求，维护或修理前厅设备和家具，并与前厅部经理仔细协调客房的维护计划，以尽量减少对客人的干扰以及对酒店收入的负面影响。

(2) 客房部

对客房进行小修是所有维护部门的主要责任。由于客房部负责清洁客房，因此其工作人员在确定维修问题的主次并将其报告给维护部门方面发挥了关键作用。当这两个部门合作无间时，诸如梳妆台和抽屉上的手柄松动，墙壁上的 PVC 墙纸撕裂，以及水龙头漏水等小问题，都能被迅速发现并修复。

(3) 餐饮部

酒店的餐饮部门可能很小（如在许多有限服务酒店中），也可能非常大（如在会议或度假酒店中），但无论哪种情况，维护部门的员工都可以对诸如厨房烹饪设备、冰箱和冰柜、洗碗设备以及制冰机之类的设备进行常规维护。常用物品如餐厅和会议室的桌椅等的维护，也可由维护人员完成。

9.2　维护管理

建筑物的维护工作在其设计、工程和建造完成后就开始了。有了训练有素的员工，维护任务可以被有效地计划和实施，以最大限度地延长财产的使用寿命，同时尽可能降低运营成本。酒店的维护管理是一个可以通过各种方式来研究的过程，其中一个有用的方法是将维护工作区分为常规性、预防性或紧急情况来对待。

在每一种方法中，为部门配备适当技能的员工都是至关重要的。

9.2.1　人员配备

维护人员的才能对酒店的盈利运营至关重要。因为客人对酒店质量的印象很大程度上取决于维护部门的工作。在客人看来，维护人员的素质及其工作质量将代表整个酒店的质量。当维护工作做得不好或根本没有进行维护时，其后果就会迅速显示出来。解决此潜在问题的方法在于选择一位优秀的经理来领导维护部门。在大多数酒店中，还需要配备一位训练有素的部门助理。

(1) 总工程师

在酒店行业中，维护部门的负责人可以有各种头衔。使用最广泛的头衔是**总工程师**[11]和**维护主管**[12]。无论头衔如何，担任此职务的人都是酒店最重要部门之一的负责人。

在小型酒店中，总工程师可能会在维护工作中扮演一个非常亲力亲为的角色，包括亲自执行维护和修理任务。但在员工数更多的大型酒店中，总工程师通常担任管理职务，包括计划工作、组织员工、指导和评估员工的工作，以及控制 POM 预算。无论酒店的规模如何，总工程师必须组织有序，注重细节，并且是管理团队的合作成员。

(2) 维护助手

除总工程师外，维护部门还可以雇用一名或多名在以下领域具有不同程度技能的人员：

- 工程。
- 机械。
- 水暖。
- 电力。
- 木工。
- 水处理（用于泳池和水疗中心）。
- 园林绿化。
- 地面维护。

每个酒店的特定需求决定了所需维护人员的实际技能、构成和数量，要找到一个精通酒店所需的全部技术维护领域的人才是很难的。因此，当必要的技能或人力需求超出内部员工的能力时，总工程师有时必须与总经理协商，决定将工作**外包**[13]。能够合理确定工作任务最好由内部人员或外包人员来完成，是一位优秀的总工程师的特征。

工作日记：一天的工作 9.1

情况：

“电话一直响个不停。我已经致电维护部门，特德说他们正在调查。”前厅部经理丹妮·佩利告诉酒店总经理林赛·诺埃尔。

“它”完全中断了用于向酒店提供电视接收信号的卫星系统。现在，该酒店的按次点播计费功能已关闭，提供给客人的免费频道也不可用。客人们纷纷致电前厅服务台，投诉或要求维修客户内的电视机。

“我们现在该怎么办？”丹妮问。

林赛用对讲机与总工程师特德取得联系，得到一个坏消息：卫星接收确实出现了故障。酒店的设备没有问题，但由于该地区的暴雨，卫星服务提供商遇到了设备故障。负责人刚刚和他们通了电话，报告了这个问题，他们估计修复时间为 2～24 小时。在这期间，客房里的电视信号无法恢复。

回应：

有时酒店会遇到自身无法控制的维护或设施问题。在这种情况下，管理层要做的最重要的事情是将问题明确告知客人和相关的酒店员工，让他们随时了解预计维修时间的变化，并做好经由管理层批准的房价调整或提供其他补偿的准备。

在小型酒店，比较合适的方式是分别致电每间客房。在配备齐全的大型酒店中，较好的解决方案是激活每间客房里的电话留言灯，并录下留言解释相关问题。

9.2.2　常规维护

在管理酒店的常规维护任务时，总工程师通常只是指导那些设施的例行维护工作。例如，在入口处或停车场周围种有草坪和植物花坛的酒店，通常需要定期剪草和修边，并根据需要拔除杂草和更换叶子，以保持花坛的视觉完整性。如果不做这项工作，酒店的外观吸引力就会受到损害。至于清洁室内窗户，清理停车场的垃圾，以及在下雪天铲雪，都是常规维护的额外例子，通常情况下，只需要对员工进行简单培训即可充分完成。

总工程师通常是决定应在内部执行日常维护工作还是聘请外部供应商来执行此工作的人。无论决定如何，一位工作卓有成效的总工程师必须同时关注酒店的外部和内部。

(1) 外部维护

在酒店的外部，诸如草坪护理、景观维护、庭院护理，以及扫叶、除雪等任务，都是重要的工作。同样重要的是注意细致维护酒店建筑物本身，包括常规的屋顶检查和维修，窗户清洁和窗户密封条检查，以及对建筑物外部饰面的保养和油漆（如果需要）等任务。

酒店的位置在很大程度上决定了日常外部维护必须考虑的项目——显而易见，佛罗里达州迈阿密地区的度假酒店的外部维护需求与伊利诺伊州芝加哥市中心的高层酒店的外部维护需求是不同的。但是，无论环境如何，对酒店外观进行适当维护，都可以提升酒店的吸引力，降低运营成本，并最终提高建筑物的价值。维护部门必须确保正确、及时地进行常规的外部维护。

（2）内部维护

总工程师还必须监督酒店内部的常规维护。常规性的内部维护任务包括室内植物的养护，室内窗户的清洗（如果未分配给客房服务部门），以及在某些情况下进行地板和地毯的保养和清洁。

还有一项几乎总是分配给维护部门的重要任务，那就是更换灯泡。无论其类型如何，灯泡总是会烧坏的，那就必须更换。在某些情况下，单个灯泡烧坏后会立即更换。也就是说，维护部门对灯泡实行**按需更换**[14]方案。

酒店更换灯泡的成本包括两个部分，即灯泡本身的成本和更换灯泡所需的劳动力成本。因此，在某些特殊情况下，如酒店的天花板很高，需要使用特殊的电梯或梯子，则酒店可以实施一个**全面更换**[15]计划，定期更换所有灯泡，甚至包括那些并未烧坏的灯泡。

使用这种方法虽然会需要丢弃一些有剩余寿命的灯泡或灯管，但可以大大降低更换灯泡的劳动力成本，从而降低酒店的更换灯泡的总成本。

另一种形式的常规内部维护任务涉及客房和公共空间内的物品。当这些物品出现故障、磨损或破损而需要维修或更换时，必须定期进行处理。例如，客房服务员可能会发现并报告客房内的一条椅子腿断了，或浴缸排水缓慢。同样，前厅服务员可能会报告说，有客人投诉电视接收信号不好，或马桶不能正常冲水。当类似事件发生时，维护部门就会接到**工作单**[16]或维修请求。图 9.1 是一份工作单的样本。

在一个管理良好的酒店里，任何员工只要看到有问题的地方，就可以启动工作单。工作单是预先编号的多份表格，根据总经理喜欢的副本数量，分别用以通知维护部、前厅部、客房服务部以及其他可能需要知道维护请求何时开始及完成的人。在一些酒店里，空白的工作单被放置在客房里，供客人提交。在某些情况下，这些请求可以通过酒店的室内电视系统发起。

无论其原始来源如何，一旦维修部门收到工作单，就会对其进行审核并确定优先级。例如，表明客房锁无法使用的工作单将优先于解决另一个客房内的挂图歪斜的工作单。维护员工完成工作单上要求的任务后，通知相应部门，与所做工作有关的信息被仔细保存。在一个运作良好的部门中，总工程师会把每一间客房的更换和维修记录存档。

一些总经理根据工作单的完成速度来评估维护部门的工作效率。虽然及时完成维护请求不应成为评判维护部门工作的唯一因素，但它是衡量有效性和效率的一个重要指标。如果未及时（或根本没有）完成工作单，维护部门就会在酒店员工和客人的眼中失去信誉。优秀的总工程师会监控工作单的优先级和完成速度，并于必要时采取纠正措施。

最佳睡眠酒店工作单

工单号：（预先分配）________　发起人：________

日期：________　时间：________　房间或位置：________

观察到的问题：________

____

____

收到日期：________　分配给：________

维修完成日期：________　用时：________

机电工评论：________

____

____

总工程师评论：________

____

____

图 9.1　工作单示例

知识拓展：绿色住宿！

与客房部一样，酒店的维护部门需购买并使用各种化学品来完成其工作，包括通用清洁剂、工业脱脂剂、地毯清洁剂、地板整理剂/密封剂和地板整理剥离剂等产品。如果处理不当，这些化学物质会对环境和使用者构成重大威胁。多数情况下，这些化学品以浓缩形式出售，使用前必须进行分装。因此，必须仔细维护和校准所使用的分装设备，以确保使用者的安全，并尽量减少清洁产品对环境的影响。

真正的绿色环保需要的不仅仅是购买环保产品，还需要正确的员工实践。因此，那些致力于环保运营的酒店经营者还必须致力于积极的“绿色实践”员工培训计划。这在酒店的维护部门中尤其重要——当然，酒店的其他部门也是如此。

9.2.3　预防性维护

当不执行常规维护或响应工作指令时，维护部门还有许多其他与维护相关的任务要执行。实际上，许多酒店经营者认为，酒店中的最重要的维护任务是执行 PM（**预防性维护**）计划[17]。

一个有效的 PM 计划可通过减少以下方面为酒店节省成本：

- 长期维护成本（由于设备的使用寿命延长）。
- 替换零件的成本（由于可以有计划地购买零件）。
- 劳动力成本（由于 PM 可以在其他空闲时间执行）。
- 由于客人不满意而导致的客房调整和补贴金额（因为减少了客人的不便）。
- 紧急维护的费用（由于其发生频率降低）。

除了节省成本外，一个好的 PM 计划还可以减少宾客的投诉，减轻销售人员的工作负担，增强酒店的吸引力和功能，并提振员工士气。

PM 计划的时间表可以来自不同的渠道。设备供应商通常会对其产品的维护活动提出建议，特许经营商可能会强制要求制定 PM 计划，而当地的法令可能会要求进行特定的 PM 活动（如锅炉设备或热水器检查）。最重要的是，总工程师的技能、经验以及对酒店需求的了解决定了 PM 计划的时间表。

大多数 PM 活动涉及基本的检查、更换、清洁和润滑。PM 通常不被认为是一个维修项目，也不应该被看作是一个维修项目。因为维修必须在需要时完成，而 PM 活动则应在计划的基础上进行。

一些总工程师设计的 PM 计划被分割成每天、每周、每月、每半年和每年要进行的活动。也有一些人是将酒店划分为主要区域（如餐饮服务和洗衣房），然后再据此制定具体区域的 PM 计划的。无论是哪种情况，PM 计划都应确定要做什么，何时做，以及如何做。它还应该提供一种简便的方法来记录活动的完成情况。

图 9.2 是酒店洗衣区的烘干机每日、每月和每年的 PM 任务清单的示例。

酒店的总工程师必须制订一个书面的、完整的 PM 计划。酒店的所有设备，包括炉子、空调、热水设备和电梯，都必须有单独的 PM 计划。此外，维护部门还必须为以下领域创建特定的 PM 计划：

- 公共空间。
- 客房。
- 餐饮服务区。
- 洗衣房。
- 其他设备。

公共空间。公共空间的 PM 计划非常重要，但开发起来相对简单。大厅、走廊和会议区等公共空间的 PM 计划应包括窗户、HVAC 装置、家具、灯光、电梯和地毯等对象。实际上，地毯护理是其中最具挑战性的一项，其职责通常由客户服务部门和维护部门共同承担，由客房服务部门负责较小的（现场）清洁问题，维护部门则负责长期的地毯保养。

对公共空间的外观进行良好的维护的重要性是显而易见的，因为它们在很大程度上影响着客人对整个酒店的看法。专业的酒店经营者深知，良好的第一印象对于确保客人的满意入住有很大帮助。

PM活动：洗衣区烘干机

每日一次

- □ 清洁棉绒收集器
- □ 用温和的清洁剂擦拭内壁
- □ 清洁并擦干烘干机外壳

每月一次

- □ 用真空吸尘器清理烘干机内部（上下两层）
- □ 检查并拧紧将烘干机固定在地面上的螺栓（如有必要）
- □ 检查所有电气连接
- □ 检查风扇皮带的磨损情况；必要时更换
- □ 润滑活动部件

每年一次

- □ 检查皮带轮是否对齐
- □ 必要时调整旋转篮
- □ 润滑电机轴承
- □ 必要时润滑滚筒轴承

图9.2　洗衣房烘干机的PM任务清单示例

客房。酒店的客房可能是最重要的，当然也是范围最广的PM区域。尽管如此，一些总工程师仍未实施积极的客房PM计划。客房PM计划对酒店的销售工作、留住客人的能力以及维持资产的货币价值至关重要。事实上，对于一个总工程师来说，很少有比客房PM计划更值得关注的事情。

一个有效的PM计划需要对照着客房**PM检查表**[18]中的每个项目，每季度或更频繁地对客房进行检查。

为所有PM区域制订检查表，是为了更好地帮助维护人员进行检查。表9.3为最佳睡眠酒店的客房PM检查表，可作为该类检查表的示例。

注意，表9.3中的大量检查项目是可以针对每个单独的酒店量身定做的。例如，有客房微波炉和冰箱的酒店可以将这些项目添加到客房PM检查表中。如果一些客房有漩涡式浴缸，也可以将其包括在内。总工程师有责任为客房制定一个详细的PM检查表和检查计划，并确保检查按计划进行。这样一来，客房质量投诉将被大大减少，长期维护成本也将降低——因为小问题将在它们变成大问题之前被及时发现和处理。

表 9.3 客房 PM 检查表示例

日期：________________ 客房号：________________

区域	项目	评分				区域	项目	评分			
已检查	已检查	1	2	3	4	已检查	已检查	1	2	3	4
入口处	门牌号码					浴室	门饰				
门	外部装修						门锁				
	内部装修						天花板状况				
	窥视孔						顶置风扇				
	闭门器						马桶操作				
	门闩						马桶填缝剂				
	锁/锁板						浴缸分流嘴				
	疏散/消防安全计划						浴缸瓷砖/灌浆				
	店主法律框架						浴缸塞				
	铰链						花洒头				
壁橱	货架稳定						窗帘杆固定				
	衣钩						安全杆安全				
	衣帽杆						防滑表面				
	地毯						水槽水龙头				
	行李架						水槽塞				
	PVC 墙纸/墙						管道				
	壁橱门饰面						曝气机				
	壁橱门操作						厕纸架				
	壁橱门镜						毛巾架				
固定装置，灯/灯泡	进门灯						镜子				
	壁橱灯						乙烯基墙面/墙				
	摇摆灯						地砖/灌浆				
	梳妆台灯						电话				
	台灯						吹风机				
	柱灯						GFI 插头可使用				
	浴室灯					窗帘	窗帘钩				
	烟雾探测器						窗帘杆				
	自动喷水灭火器头						帷幔				
							窗帘杆和托架				

（续上表）

区域	项目	评分				区域	项目	评分			
已检查	已检查	1	2	3	4	已检查	已检查	1	2	3	4
卧室	入口处天花板					暖通空调	冷凝盘				
	房间天花板						接线				
	床头柜					电视/广播	图像质量				
	床头柜抽屉						旋转				
	梳妆台						锁定				
	梳妆台抽屉						音量				
	床头板						遥控				
	书桌						机柜状况				
	书桌椅						连接数				
	软垫椅						视频游戏控制				
	床架					电话	1 号线				
	床垫（状态）						2 号线				
	床垫（翻转）						千斤顶安全				
	镜子					连接	内部装修				
	艺术品					门	外部装修				
	PVC 墙纸						框架				
	电器开关						门挡				
暖通空调	过滤器已更换						锁操作				
	风扇						门把手				
	发动机						铰链				
	控制装置					其他					

检查员姓名缩写：＿＿＿＿＿＿＿＿＿＿＿　　最佳睡眠酒店，20XX

餐饮服务。在餐饮服务方面有三个主要的 PM 关注点。首先是后厨设备。厨房里的烤箱、灶台、煎锅、油炸锅和其他设备经常被使用，当然必须适当维护。洗碗机、油炸锅和对流烤箱等专用设备可能需要技术人员拥有经专门培训的 PM 专业知识。如果是这样，相应的维护任务应由总工程师或餐饮总监选择合适的外包供应商，并安排其工作。在任何情况下，每件厨房设备以及所有机械酒吧设备都应包括在 PM 计划中。

餐饮服务领域的第二个 PM 关注点是客人使用的就餐和休闲空间，包括椅子、桌面和底座。餐桌的平整度算得上是个让客人们倍感困扰的 PM 问题。在一家专业管理的酒店里，不应出现餐桌摇摇晃晃的情况，或以异物（如折叠的纸巾等）垫在餐桌下使其平整。此外，餐饮服务区的 PM 计划还必须包括所有的固定座位、卡座、自助沙拉或自助餐区、照明装置以及客人结账处理设备。

餐饮服务领域的第三个 PM 关注点，是一个有时会被忽视的问题，它包括会议室及相关设备，如灯具、桌子、椅子和墙面装饰等。此外，餐饮服务区的 PM 计划还必须包括运输车和酒店拥有的任何视听设备，如挂图架、电视、高射投影仪、计算机投影装置和扬声器电话等。在那些已确定由维护部门（而非餐饮部门的宴会区）负责视听相关设备的酒店中，此区域的设备也应纳入其工作范畴。

洗衣房。洗衣房里的洗衣机、烘干机、折叠设备、供水管道、排水管、照明装置和温度控制装置等都需要 PM 计划。由于存在火灾隐患，烘干机是其中特别重要的问题。烘干机滚筒的温度可能非常高，自然干燥过程中堆积的棉绒需要维护部门以及客房管理员工保持警惕。绒毛收集器应至少每天清理一次（或更频繁），并应每周进行彻底检查。

很多情况下，向酒店供应洗衣化学品的公司也同时会维护用于将化学品分配到洗衣机中的设备，但这并不意味着维护部门不需要承担相关责任。如果化学品使用量过高，很可能是由于该供应商调整了设备，过度分配化学品，以图销售更多产品。由于这个原因，并且由于化学品分配器维护不当可能会导致洗衣质量不合格，甚至损坏布草和毛巾，因此，即使供应商已承担一定的维护责任，维护部门也应将化学分配器的维护作为洗衣房 PM 计划的重要组成部分。

其他领域和设备。制定 PM 计划时需要关注的其他方面还包括游泳池和水疗中心、前厅服务台设备、客房电子锁、外部门锁、机动车（如礼宾车），以及酒店内的运输设备，包括客房推车和行李车等。

高质量的 PM 维护计划广泛涉及酒店的大量设备和区域。一位优秀的总工程师会制定、维护和记录一个有效而全面的 PM 计划，以减少维护成本和提高酒店形象。

9.2.4　紧急维护

实施精心设计的、积极的常规维护和预防性维护的最有力的理由，是能够管理和减少维护成本。尽管总工程师和维护人员在常规维护和预防性维护方面做出了最大努力，但酒店有时仍需进行紧急维护。紧急维护事件通常被定义为以下情况：

- 意外的；
- 有可能对酒店收入产生负面影响的；
- 需要立即关注以减少危险或损坏的；
- 需要以高价购买劳动力和零件的。

例如，假设酒店内一间空置客房的水管半夜发生爆裂。不久后，入住该客房下面一层的客人打电话给前厅服务台，投诉有水从天花板上流入他们的客房。显然，这是需要紧急维护的。如果不立即处理，则后续可能导致必须对管道以及泄漏点周围的天花板和墙壁进行大规模维修。

酒店经理可能会遇到各种情况，需要维护部门立即给予关注。其中包括：

• 客房里无暖气或空调。在极端寒冷或炎热的天气里，当控制空气温度的暖通空调设备因机械故障而无法工作时，即为紧急情况。

• 客房断电。酒店中，保险丝熔断的情况是相当常见的，**GFI 插座**[19]被烧毁的情况更是常见。尽管这些设备很容易重置，但多数客人都不知道应如何处理，只能往前厅服务台拨打紧急停电电话，要求维修人员来重置插座。

• 燃气泄漏或煤气味逸散。这是非常严重的情况，因为电气设备或电子产品（例如手机）产生的火花会点燃空气中的气体。在已知燃气泄漏的情况下，需立即关闭阀门、断电。如果有紧急情况，还应联系酒店的天然气供应商。

• 室内浸水。发生这种紧急情况时需采取的措施包括：切断泄漏源的水闸，然后进行相应的管道维修。此类维修通常必须迅速进行，以免损坏家具、地板材料和其他客房或酒店的公共区域。

• 厕所停水。这种情况极为常见，但尤需及时进行维护。客人可能会容忍水槽或浴缸的排水缓慢，但马桶停水这种紧急情况则完全不在此列。因此，为了避免出现包括漏水在内的进一步问题，必须立即解决这种紧急情况。

虽然与维修有关的小紧急情况通常不会引起酒店总经理的注意，但总工程师应在有必要时通知总经理或其他适当的酒店管理人员，以保护客人的健康和酒店的声誉。

紧急维护的成本很高昂，有时需要授权维修人员或外部维修人员加班进行。此外，在紧急维护时，本来可以通过常规渠道购买的所需部件可能需要从非常规渠道快速获得（且以高价）。虽然无法避免所有的紧急维护情况，但有效的常规和 PM 计划仍然可以降低需要紧急维护的次数以及维护总成本。

9.3　水电管理

公用事业管理是酒店整体运营的重要组成部分。酒店的公用事业成本包括水和污水、燃气、电力或其他用于建筑物供暖和制冷的化学燃料，以及在某些情况下购买蒸汽或冷冻水的费用。有积极节能计划的酒店发现，实施这些计划不仅环保，还能节省资金。

20 世纪 70 年代初期的能源危机期间，曾经被公众和大多数酒店经营者认为是理所当然的能源相关费用变得非常重要且代价高昂。后来，这些成本在一定程度上有所下降。当公用事业的成本相对较低时，很少有公众，包括酒店经营者，会采取强有力的措施来节约资源和实施**能源管理**[20]计划。只有当能源成本居高不下时，管理人员对这些成本的意识才会增强。无论如何，每一位酒店经理，以及每一位酒店员工，都应该始终践行高效的能源管理。

重要的是要记住，在大多数情况下，无论入住率如何，都会产生照明、供暖和酒店设备运营的水电费用。虽然酒店入住率的提高确实会导致公用事业成本的一些增量（例如，更高的客房销售会导致洗澡用水量的增加)，但酒店总的公用事业成本中多达 80% 的成本实际上是固定的。尽管一家酒店的原始设计、建造及其建筑物的年龄都会大大影响其能源使用，但影响最大的当属消耗能源的设备的定期维护和**校准**[21]。

根据酒店位置的不同，能源成本可能占酒店总运营成本的 3% ～ 15%。此外，由于能源是一种宝贵的资源，作为酒店业负责任的成员，所有酒店经营者都应致力于节约能源。正因为如此，我们不难理解为什么一个有效的维护部门必须非常关注能源节约和水电成本控制。

9.3.1 电力

电力是酒店所使用的最常见且通常也是最昂贵的能源。为了有效起见，酒店的电力来源必须可靠，并且维护部门必须以安全的方式维护酒店的电气系统。尽管有些酒店有**备用发电机**[22]可在停电的紧急情况下使用，但大多数酒店都依靠一个或多个本地电力供应商来供电。

在一些地方，电费占酒店总公用事业费用的 50% 以上（有时甚至高达 80%），控制电力消耗对于有意降低水电费的酒店经营者来说确实是值得的。

电力在酒店中无处不在。它为管理计算机供电，运行消防安全系统，使食品在冷冻箱和冰箱中保持低温，并为安全系统供电（仅举几例）。但是，在考虑酒店的总耗电量时，电力的两个最重要的用途（以及总工程师必须最谨慎地管理）与照明和 HVAC 系统有关。

（1）照明

酒店的照明对于提高吸引力、宾客舒适度、工人的效率和财产的安全至关重要。照明有时被称为照度，且以**英尺烛光**[23]为测量光照水平的单位。

一般来说，英尺烛光的数量越大，照度就越高。酒店在不同位置需要不同程度的照明，并且所使用的灯具和灯泡的类型在为每种酒店环境产生最合适的光线方面起着很大的作用。

人工照明的产生是为了补充自然（太阳）光。自然光具有成本效益，如果使用得当，可以通过限制所需的人工照明量来降低公用事业成本。当必须补充照明时，酒店可以从两种基本照明方式中进行选择。第一种是**白炽灯**[24]。

提到白炽灯时，大多数人都会想到家里使用的老式灯泡。白炽灯泡的使用寿命相对较短（2000 小时或更短），因此必须经常更换。它们的效率很低，因为每瓦仅产生 15 ～ 20 流明。也就是说，一个 100 瓦的灯泡仅能产生 1500 ～ 2000 流明。然而，白炽灯仍广受欢迎，这是因为它们易于安装，易于移动，购买便宜并且具有即时启动和重新启动的特性。可以以将光线聚集在一个区域中的方式来制造白炽灯泡（这些被称为聚光灯或泛光灯）。

如果传统的白炽灯不能最好地满足特定的照明需求，酒店可以**放电灯**[25]作为第二选择。

放电灯不能直接通电运行，必须使用**镇流器**[26]。

放电灯比白炽灯寿命更长（5000 ～ 25000 小时），效率更高（每瓦 40 ～ 80 流明）。这种类型的灯最常见的是荧光灯，它经常被用于需要高光照度和低运行成本的地方。如果一个放电灯停止工作，则意味着可能需要更换其灯泡或镇流器。

停车场或安全照明也常使用放电灯。在这样的情况下，钠灯是一个很好的选择，因为它们每瓦可产生 200 流明，且使用寿命极长，但购买和安装这些灯的成本也比荧光灯高。

20 世纪 80 年代末，被称为 CFL[27] 的紧凑型荧光灯在许多酒店开始流行。这些灯的设计结合了传统荧光灯的能源效率和长寿命，以及白炽灯的便利和无镇流器操作。对于许多应用来说，它们提供了一种操作上的简省和便利的完美结合。

节能灯越来越受欢迎，因为它们具有这样的特点：

高效节能。节能灯的能耗约为传统白炽灯泡的四分之一。例如，一个 26 瓦的节能灯产生的光量与传统的 100 瓦白炽灯泡相同。

性价比高。由于节能灯的能耗仅为白炽灯泡的四分之一，因此使用它们的酒店可以节省电费。此外，虽然节能灯的购买价格高于白炽灯，但使用寿命要长约 10 倍。

环保。电厂发电也会产生污染。由于节能灯要产生与白炽灯相同数量的光，所需使用的电力更少，因此产生的污染量自然就更低。

在选择照明设备时，酒店可以从众多灯具、灯泡中进行挑选，但无论如何，适当的类型、灯光的颜色以及运营成本都是必须考虑在内的。在任何情况下，照明维护（包括灯管维修、灯泡更换和灯具清洁等）都必须是酒店 PM 计划的组成部分。

（2）暖通空调

另一个重要的电力用户是酒店的暖通空调系统（即 HVAC 系统）。暖气、通风和空调在酒店的维护计划中通常被一并考虑，因为它们都利用了酒店的恒温器、**风管**[28] 和**空气处理装置**[29] 系统。

一个正常运行的 HVAC 系统会将空气以理想的温度输送到酒店的各个客房。酒店 HVAC 系统的运行效率以及由此带来的建筑物的舒适度受多种因素影响，其中包括：

- 室内空气的原始温度。
- 送入房间的空气温度。
- 输送时空气的相对湿度。
- 房间里的空气流动。
- 房间的吸热面。

HVAC 系统可能非常简单，也可能非常复杂，但是所有系统均由负责加热和冷却的组件组成。

加热组件：虽然酒店的所有加热组件都可以用电操作，但通常情况并非如此。用电加热，特别是在寒冷的气候下，通常是不划算的。因此，酒店可以在建筑物的某些部分使用天然气、液化石油气（LPG）、蒸汽或燃油来加热，而使用电来进行小范围的加热。

在大多数酒店，热水供暖的成本仅次于空气供暖。酒店需要一个有效的炉（或热泵系统）来加热空气，一个尺寸合适的锅炉来加热水。无论采用哪种热源，由电力驱动的风扇都会将炉子产生的暖气输送到建筑物的适当部位。同样，电力通常还会为泵提供动力，来输送热水器产生的热水。这两个加热组件的维护可能很复杂，但是总工程师必须以安全且符合成本效益的方式维护它们，并根据制造商的建议和当地的建筑规范要求执行校准和维护任务。

冷却组件：正如酒店必须加热空气和水一样，在大多数情况下，它也必须冷却空气和水。运行空气冷却或空调系统的主要成本与用电有关。基本上，在一个空调系统中，电力操作的设备从空气或水中提取热量，然后利用剩余的冷却空气或水从建筑物中吸收并除去更多的热量。冷却系统的有效性取决于几个因素，包括：

- 待冷却空间的原始空气温度和湿度。
- 从 HVAC 系统进入室内的冷空气的温度和湿度。
- 进入房间的冷空气数量。
- 空调设备的运行效率。

一些冷却系统被设计为产生少量非常冷的空气，然后将其泵入或吹入房间以降低其温度，而其他系统则提供大量的空气，这些空气虽然不那么冷，但由于数量较多，所以具有相同的房间冷却效果。

冷却系统提供特定温度和数量的冷空气或水的能力决定了冷却系统的整体效率。很多时候，尤其是在炎热潮湿的天气中，对酒店冷却系统的要求很高。维护部门维护制冷设备以减少客人的不适（以及随之而来的投诉）的能力，是酒店成功的关键。在经常需要使用空调的气候条件下，对制冷设备进行有效的常规维护和 PM 维护是总工程师工作的重要组成部分。

9.3.2 天然气

在一些天然气丰富且具有成本效益的地理区域中，酒店使用天然气为客房加热水，并为洗衣区的烘干机供电。许多酒店的 HVAC 系统中还使用天然气直接或间接为客房和公共空间提供热量。

有趣的是，绝大多数厨师在做饭时更喜欢使用天然气，因为它产生热量快，并且可以即时控制温度。用天然气烹饪也很经济，所耗费用大约是使用电灶的一半。尽管天然气炉灶的价格可能会比电炉灶高一些，但这些耐用的烹饪设备能为酒店节省能源并提供多年的可靠服务。许多新型天然气烹饪设备使用电子火花点火装置，而不是连续燃烧的指示灯，与使用后者的装置相比，可节省多达 30% 的能源成本。

只要管理得当，天然气是一种极其安全的能源。如果酒店使用任何类型的天然气设备，则每台燃气热水器、炉或其他设备都应有专门设计的 PM 计划，以使运行成本最小化，确保安全，最大限度地提高设备的效率。这一点尤其重要，因为天然气的可燃性要求设备无论何时均应避免泄漏气体。此外，还要注意必须持续且仔细地监控使燃烧过程效率最大化所需的氧气和燃料混合物的校准情况。

9.3.3　水

积极管理酒店的用水量是非常具有成本效益的，因为它有三个方面的回报：

- 减少购买的水量。
- 减少酒店需支付的污水处理费用。
- 降低热水成本，因为所需提供的热水量减少。

如果维护部门仔细监控酒店所有区域的用水量，就可以大大降低用水成本。下面列出了酒店可以开展的一些活动，以帮助减少与水相关的成本。在总工程师的领导上，酒店员工应共同努力，开展每一项节水活动，以提高酒店的利润，且不对客人的满意度产生负面影响。

客房

- 将所有客房水龙头的检查列入 PM 检查表。
- 月检查马桶冲水阀，必要时更换。
- 考虑安装节水型淋浴喷头。
- 研究环保措施，以便在节水过程中争取客人的帮助。

公共空间

- 将所有公共厕所水龙头的检查列入 PM 检查表中。
- 在男厕所的小便池中安装自动冲洗阀。
- 在可行的情况下，降低公共厕所的热水温度。
- 每天检查游泳池和水疗中心的水位，以及水泵的运行情况。

洗衣房

- 作为 PM 计划的一部分，每月检查所有洗衣机上的水配件。
- 对染色的毛巾和布草进行预先浸泡处理，而非重复洗涤。
- 在保证毛毯和床单清洁的前提下，尽可能使用最低的热水洗涤设置。

餐饮服务区

- 仅应食客要求提供水。
- 仅在需要时使用洗碗机。
- 使用喷雾器（而非水龙头）来预冲洗需要机洗的碗碟等餐具。
- 使用化学消毒剂而非过热的水对锅碗瓢盆进行消毒。
- 在烹饪或储存之前，使用喷雾器（而非水龙头）冲洗/清洗农产品。

室外

- 每天检查洒水系统是否有漏水和错误的喷洒方向等问题。
- 仅在非常需要时才使用喷灌系统，勿过度浇水。
- 尽量减少使用喷水进行清洁（例如车道和停车场），根据需要清扫并定点清洁这些区域。

9.3.4　废弃物管理

酒店会产生大量的固体废弃物（垃圾）。废弃物的来源包括包装材料（如纸箱、板条箱，和用于运输酒店用品的袋子等），厨房垃圾，客房垃圾，甚至是酒店美化环境产生的庭院垃圾。越来越多的酒店认识到过多的废弃物和粗劣的废物处理方法对环境是有害的，是对自然资源的不当利用。此外，由于垃圾填埋场越来越少，固体废弃物的处理成本也在上升。正因为如此，酒店鼓励向其运送产品的制造商实行**源头减耗**[30]，并积极实施创造性的计划来减少酒店自身产生的固体废弃物。

源头减耗包括在产品和包装的制造或分销过程中减少材料和能源的使用量。由于它能在废弃物开始产生之前就将其停止，所以源头减耗是环境保护部门的首要任务。

源头减耗与回收利用不同。回收利用是指收集已经使用过的材料并将其制成其他产品。回收利用是从产品的使用寿命结束时开始的，而源头减耗则是在产品及其包装设计时进行的。

源头减耗和回收利用是互补的。如果二者能结合起来，那对于防止固体废弃物产生和节约资源就有着重大影响。源头减耗可节约原材料和能源资源。那些较小的包装和浓缩产品，如洗涤剂和其他清洁剂，通常所需使用的材料更少，需要的能源运输也更少。此外，源头减耗的清洁产品需占用的存储空间也更少、更容易使用。回收利用、尽量减少废弃物的产生和更明智的采购，都有助于降低废弃物处理的成本，并应尽可能地实施。

除了改善维护工作和控制成本外，有效的废弃物管理还意味着保持内部和外部垃圾清除区域的清洁，并在最大程度上保持酒店的吸引力。这可以通过适当的卫生程序以及用栅栏或其他美观的材料围蔽住垃圾清除区域来实现。

垃圾清理区如果维护不善，则不止不雅观，还会吸引昆虫、啮齿动物和其他食腐动物。总工程师应按 PM 计划对这些区域的栅栏或其他周围环境，以及垃圾清除区域的卫生质量作定期检查。

工作日记：一天的工作 9.2

情况：

酒店的财务总监塔玛拉抱怨："本月的入住率与去年同期大致相同，但水费却比去年同期高了 40%！"

维护主管特雷尔仔细看了看来自当地自来水公司的账单，摇摇头道："我也不知道是怎么回事。账单金额上涨那么多，一定有什么不对劲！"

"特雷尔，"酒店总经理杰克继续说，"你得弄清楚原因。这确实影响了我们的利润！"

回应：

公用事业成本的意外增加总是不受欢迎的。在上述案例中，水费的大幅上涨表明，要么是物业的水管破裂，要么是设备有缺陷（例如，制冰机或带水冷电机的设备出现故障），导致用水量过大。当然，也可能是发生了大量的小面积浪费（例如，多个马桶的水泄漏到了溢流阀中）。

当然，也有可能是测量酒店用水量的水表出现了故障。但在任何情况下，维护主管都有责任系统地识别和消除这些潜在的浪费水源的隐患，及其对酒店利润的"消耗"作用。

关键词汇

1. **资产**（Asset）：一个组织所拥有的资源，包括现金、应收账款、库存、商誉、家具、固定装置、设备、建筑物和房地产等。

2. **预防性维护**（Preventive maintenance）：旨在最大限度地减少维护成本并延长设备寿命的维护活动。

3. **常规维护**（Routine maintenance）：必须持续不断地进行的维护活动。

4. **紧急维护**（Emergency maintenance）：为应对紧急状况而进行的维护活动。

5. **工程**（Engineering）：设计和运营建筑物以确保安全舒适的氛围。

6. **HVAC 系统**（heating，ventilating，and air-conditioning，简称 HVAC）："供暖、通风和空调"系统的行业简称。

7. **POM**（Property operation and maintenance，简称 POM）："酒店运作和维护"的缩写。该术语取自《酒店统一会计制度》，是指利润表中详细说明维护部门运营成本的部分。

8. **FF&E 储备金**（Furniture，Fixture，and Equipment Reserve）：指今天业主为酒店未来的"家具、固定装置和设备"更换需求而预留的资金。

9. **修复**（Restoration）：将较旧的酒店建筑物恢复其原始状态，或比原来更好的状态。

10. **非软体家具**（Case Goods）：非软体家具，例如客房梳妆台、桌子、茶几和书桌等。

11. **总工程师**（Chief engineer）：负责管理酒店维护部门的员工。有时也称为"维修主管"。

12. **维护主管**（Maintenance chief）：负责管理酒店维护部门的员工。有时也称为"总工程师"。

13. **外包**（Outsource）：从外部供应商那里获取劳动力或零件。通常这样做是为了降低成本或获得专业技术。

14. **按需更换**（Replace as needed）：零件或设备的更换计划。该计划会延迟安装新零件，直到原零件出现故障或接近失效为止。例如，大多数总工程师会在制冷压缩机或水泵的维护中使用按需更换的计划。

15. **全面更换**（Total replacement）：根据预定的时间表安装新的或替代的部件或设备的更换计划。例如，大多数总工程师会使用全面更换的方法来维护高层建筑外部标志的灯泡。

16. **工作单**（Work order）：用于启动和记录维护请求的表格。也称为"维护请求"。

17. **PM（预防性维护）计划**（Preventive maintenance program）：一个具体的检查和活动计划，旨在最大限度地减少与维护相关的成本，并通过在小问题变成大问题之前做好预防工作，延长设备的使用寿命。

18. **PM 检查表**（Preventive maintenance Checklist）：为确定对一个房间、区域或设备

进行 PM 检查时应检查的所有关键区域而开发的工具。

19. **GFI 插座**（Ground Fault Interrupter outlet）："接地故障中断器插座"的简称。这种特殊的电源插座的设计，旨在在故障对建筑物的布线系统造成重大损坏之前中断电源（通过"跳闸"或"爆炸"）。这些插座通常安装在酒店客房的浴室或梳妆台区域，那里的高电压使用（例如高瓦数的吹风机）或高湿度易导致电力中断。

20. **能源管理**（Energy management）：旨在控制和减少能源使用的特定工程，维护和设施设计政策和活动。

21. **校准**（Calibration）：调整设备以使其效率和运营效率最大化。

22. **备用发电机**（Back-up generator）：用于现场限量发电的设备；在断电时或在酒店遇到普通供电商的供电不足时使用。

23. **英尺烛光**（Foot-candle）：照度单位。描述的是在平方英尺上通过的光通量，即一英尺烛光等于每平方英尺一流明。

24. **白炽灯**（Incandescent lamp）：灯泡内的灯丝被电流加热而产生光的一种灯。

25. **放电灯**（Electric discharge lamp）：通过使电流通过充满特殊气体组合的空间而产生光的一种灯。例如荧光灯、汞蒸气、金属卤化物和钠灯。

26. **镇流器**（Ballast）：放电灯中用于启动、停止和控制电流的装置。

27. **CFL**（Compact Fluorescent Light）："紧凑型荧光灯"的缩写。一种替代性光源，比白炽灯耗能更少，使用寿命更长。

28. **风管**（Duct）：通常由金属板制成的通道，可将新鲜、寒冷或温暖的空气引导至建筑物的各个部分。

29. **空气处理装置**（Air handler）：使空气通过管道进入通风口所需的风扇和机械系统。

30. **源头减耗**（Source reduction）：产品制造商努力设计和运输产品，以尽量减少由于将产品运送到酒店而产生的包装废物。

第10章 有限服务酒店的餐饮管理

本章内容

10.1 有限服务酒店的餐饮服务
10.2 有限服务酒店的餐饮管理
10.3 会议服务的餐饮管理

本章概述

本章讨论了传统上由有限服务酒店提供的餐饮服务和会议空间的替代方案。这个话题很重要，因为它表明了有限服务酒店与全服务酒店之间的重大区别。今天，有限服务酒店品牌提供的食品和饮料产品的数量和质量不断扩大，以便尽量为品牌争取竞争优势。

如前所知，“有限服务”一词历来指的是食品服务和会议空间的可用性非常有限。相比之下，“全服务酒店”指的则是具有更完善的食品服务以及通常更宽敞的会议空间的酒店。但是，如今越来越多的有限服务酒店拥有相当广泛的产品供应，而全服务酒店提供的产品反而较少。

有限服务酒店部门提供的餐饮服务范围差异很大。一些酒店提供豪华的自助热早餐，其中包括定制食品。其他酒店仅提供最基本的欧陆式早餐，其菜单包括咖啡、果汁、烤面包，以及松饼或面包圈。

分配给餐饮区的空间可以从数百平方米（或更多）到仅几平方米不等。一些有限服务酒店甚至还将其公共空间和餐饮服务推销给节日聚会、家庭聚会和其他活动，与当地的全服务酒店直接竞争。

协调一个有效的有限服务酒店的餐饮服务项目需要真正的人才。就像全服务酒店或任何其他食品生产经营者一样，有限服务酒店的管理者也往往运用相同的基本原则来管理他们的餐饮服务业务。他们必须从规划菜单开始，然后依次列明所需的菜单项目。所有产品必须购买、接收和储存。必须设定和维护好服务区，以便为客人提供服务，并在用餐时间结束后及时清洁。

许多客人是根据他们可获得的免费餐饮服务的可用性、种类和质量来决定是否选择某家酒店。因此，在计划和提供餐饮服务时，现有及潜在客人的愿望和需求是非常重要的考虑因素。

在大多数酒店中，一些客人会是回头客，很了解酒店所提供的餐饮服务。其他客人可能曾经访问过同一品牌的酒店，因此对酒店的餐饮服务工作也有一定的了解。但是，也有一些客人对该品牌及其所提供的相关服务没有任何经验。在这种情况下，重要的是要充分告知客人关于大堂餐饮服务的细节，包括营业时间和产品类型。这可以在他们办理入住手续时进行，也可以通过在客房和公共区域提供信息的方式进行。

有限服务酒店通常是举办小型团体会议的最佳选择。有些酒店在规划时就考虑到了这一市场，故有现成的空间可供小型会议使用。其他情况下，管理者则必须创造性地寻找可使有限的可用空间能满足小型团体会议需求的办法。有些酒店积极寻求小型会议业务，有些酒店目前正拥有会议业务而无需另行拓展，还有一些酒店主动性较差，只是被动接受找上门来的会议业务。同样，有些酒店不为入住酒店的团体提供餐饮服务，有些则帮助会议筹办者从外部获得餐饮服务，还有一些酒店提供菜单和现场服务，以满足会议团体的需求。

广泛的餐饮服务和会议业务是有限服务领域中相对较新的特点，而营销和运营这些项目的最佳管理方法仍在不断发展完善，但其中有一点是肯定的：许多旅行者喜欢有限服务酒店提供的餐饮服务和会议选择。在有限服务市场中，毫无疑问，特许经营者和独立运营商都将继续计划和实施各种办法，以提供持续的高质量餐饮服务和会议选择来保持酒店的竞争力。

教学目标

- 探索有限服务酒店提供的早餐选择范围。
- 研究有限服务酒店提供的额外的（非早餐）食品和饮料服务。
- 讨论在实施高质量和低成本的酒店大堂餐饮服务时的重要管理问题。
- 解释告知客人有关大堂餐饮服务的可用性并提供有吸引力的服务和餐饮区以供其享用的重要性。
- 审查管理小型团体会议的备选方案，包括为与会者提供餐饮服务。

10.1 有限服务酒店的餐饮服务

在本书中，我们将有限服务酒店称为不向客人提供广泛餐饮服务选择的住宿酒店。例如，与全服务酒店不同，有限服务酒店的客人无法获得**点餐**[1]或由酒店员工提供的客房服务。

正如本章后面将要讨论到的那样，就可容纳的客人数量和可供会议参与者选择的餐饮服务类型而言，有限服务酒店提供的宴会和会议设施通常不多。另一个区别是，有限服务酒店的管理者通常不向大众推销其餐饮服务，而全服务酒店则常常依赖当地居民光顾其餐厅。

一些全服务酒店还提供场外餐饮服务（大多数有限服务酒店则无），且全服务酒店的经理人会积极出售含（或不含）各种餐饮服务和宴会的会议。相比之下，拥有会议空间的有限服务酒店可能只面向小型团体推销会议业务，且通常仅提供最低限度的餐饮服务作为所售酒店会议套餐的一部分。

历史上，全服务酒店通常是在其大堂区域附近的餐厅中提供餐饮服务的。一些酒店，特别是拥有**中庭**[2]或其他较大的开放式大堂区域的大型酒店，可能会在非独立房间的公共空间里提供自选餐饮服务。大型全服务酒店可能也设有小型零售区，出售咖啡、糕点和三明治，甚至在大堂区还设置有提供酒精饮料的酒吧。

与全服务酒店相比，有限服务酒店通常提供早餐，并在其相对较小的大堂/用餐区进行。某些酒店还可能每天晚些时候在这些区域供酒精饮料和其他食品。

许多有限服务酒店提供设计新颖的多功能空间，有吸引人的桌椅，可用于多次和多种用途的饮食消费。在大多数情况下，公共区域附近将设有一个小厨房，服务台、储物柜以及其他用于餐饮服务的空间和设备，则设计成颇具吸引力的形式，融入大厅环境中。

由于这些酒店中的餐饮服务通常是在大堂提供的，因此在住宿业中形成了一个新术语：**大堂餐饮服务**[3]。

表10.1 回顾了有限服务和全服务酒店提供的最常见的餐饮服务项目。随着时间的推移，以及大堂餐饮服务的发展，有限的餐饮服务（在有限服务酒店中）和广泛的餐饮服务（在全服务酒店中）之间的差异变得越来越模糊。其原因是，这两种类型的酒店都在试图确定其客人的需求，并期望能找到可以经济有效地满足客人需求的方法。

表10.1　有限服务和全服务酒店的餐饮服务项目差异

项目	酒店类型	
	有限服务	全服务
提供点餐服务	否	是
提供客房服务	否	有时
宴会能力	一般，如果有	是
提供酒精饮料	有时	通常
提供场外餐饮服务	否	有时
提供有限餐饮服务的会议	有时	是
提供广泛餐饮服务的会议	否	是
向公众提供餐饮服务	否	是
餐饮服务的地点（餐厅）	通常在大堂	酒店的专用区域
食品准备区/存储区	小	大
为所消费的饮食付款	包含在房费中	除房费外的其他费用

10.1.1　早餐的选择

提到有限服务酒店的餐饮服务时，大多数人想到的都是早餐，因为这些酒店通常在清晨（早餐）时段提供食品和饮料。但实际上，一些有限服务酒店还提供其他类型的餐饮服务，这些将在下文中进行介绍。

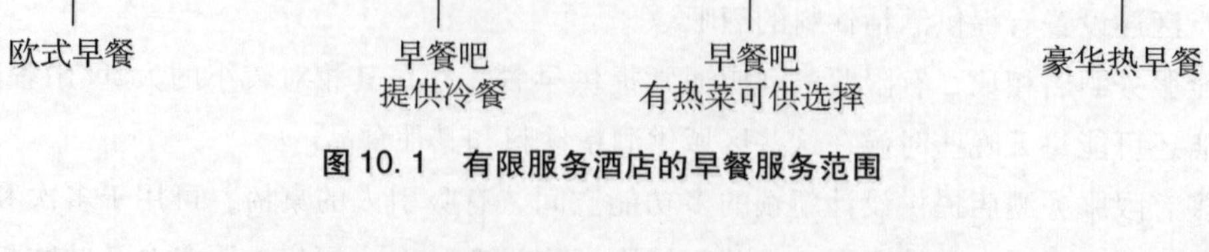

图10.1　有限服务酒店的早餐服务范围

图 10.1 说明了有限服务酒店通常提供的早餐选择范围。

有些酒店只为客人提供非常有限的**欧式早餐**[4]。

最简单的欧式早餐不需要烹饪设备，也不需要准备、存储或服务空间。一台简单的咖啡机和用品（一次性杯子、餐巾纸、搅拌棒、糖/奶油），一壶水或果汁（或果汁机），一些面包和黄油，也许还有些果冻或糕点（从供应商处购买的甜甜圈或甜面包），这就是客人可选择项很少的欧式早餐的要求。

一些酒店通过提供额外的冷食来加强其欧式早餐的供应。例如，提供更多的果汁，更多类型的面包、面包卷和糕点，以及咖啡和牛奶。有时还可以提供酸奶、新鲜水果和各种早餐谷物等。

早餐吧提供热食选择，进一步扩展了可供客人选择的菜单项目。例如，也许可以使用烤面包机来烤面包、百吉饼和准备好的华夫饼，或用预先配好面糊的华夫饼机来制作个人分量杯。请注意，图 10.1 表明一些有限服务酒店也可提供**豪华热早餐**[5]以及多种食品。例如，可能有自助餐，让客人自取鸡蛋、培根、香肠、火腿、土豆和其他物品，这些都是在小厨房里现场准备的。在其他酒店，客人可订购已预先准备好的所需物品，或者也可以定制。

随着早餐食品服务的复杂性增加，对储存、设备、准备和服务空间的数量、所需的劳动时间和餐饮服务员工的技能水平的要求，也随之提高。此外，相关的运营费用也会急剧上升。关于提供哪种类型的餐饮服务的决定是至关重要的，是向潜在客人进行推销的一揽子计划的重要组成部分。例如，在一个正在建造的新酒店或一家正在翻新现有设施的酒店中，提供适度的欧式早餐或豪华热早餐所需的空间和设备是有着巨大差异的。如果不使用这些空间，或者排除以后需要的空间，都会产生重大的财务后果。同样，寻找房费价值的客人会对他们所支付的早餐选项的价值做出个人判断。重要的是，在修建新酒店或对原有的酒店进行重大改造时，要把餐饮服务需求的设计考虑在内。

尽管“有限服务”被广泛用于表示住宿业中没有广泛餐饮服务能力的那些酒店，但是这类型酒店中的许多业主和管理者并不喜欢该名称。他们指出，他们为客人提供的服务并不局限于客人登记、房间住宿、清洁、安全或其他非餐饮服务设施，事实上，他们提供的服务与全服务酒店同行是一样的。许多业主更喜欢用“精选服务”这个词来表示他们确实提供了“精选”且高质量的服务。

对于所有规模或类别的酒店来说，始终如一地提供满足客人期望的服务水平，是整个行业的标准。从这个意义上说，有限服务的酒店实际上是为那些不需要或不希望有大量的现场食品、饮料或会议选择的客人提供了“精选的全面服务”。

10.1.2　其他的餐饮服务

除了提供早餐外，越来越多的有限服务酒店为客人提供更多样化的食物和饮料选择。这些可以包括：

• **全天热饮服务**。大堂的“自助”饮料站可以每天 24 小时提供煮好的咖啡、茶水以及所需的用品。

• **酒精饮料和小吃**。在规定的时间段内（例如，下午 5:00～6:00），酒店可以邀请其客人参加特别的**经理招待会**[6]。此活动通常在有限服务酒店的大堂或早餐区举行，由一位或多位酒店经理主持。除葡萄酒和啤酒外，酒店还可能提供鸡尾酒和免费食物，包括开胃菜、小吃和**手抓食品**[7]。此项活动的目的是为管理人员提供迎接客人的机会。但是，在某些酒店中，只有负责提供免费食品和饮料的酒店工作人员才会主持招待会。

• **与会议相关的餐饮服务**。一些有限服务酒店有可供小型团体使用的会议空间，可以提供从简单的茶歇到全餐的餐饮服务。

• **特殊活动的餐饮服务**。一些有足够食物准备和服务空间的有限服务酒店可向小型私人聚会（如婚宴和周年纪念日）和公共活动（如除夕或狂欢节聚会）等提供其设施。与全服务酒店一样，这些活动的费用通常与客房租金打包在一起。

10.2 有限服务酒店的餐饮管理

图 10.2 概述了有限服务酒店中管理人员规划和提供早餐的过程。

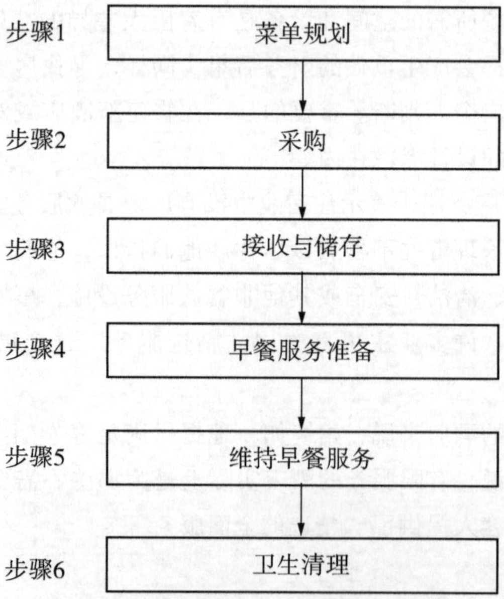

图 10.2 有限服务酒店的早餐管理

要想了解这个过程，首先要仔细研究第一步：菜单规划。

10.2.1　菜单规划

早餐菜单上应提供哪些项目？图 10.3 列出了必须解决的几个关键因素。

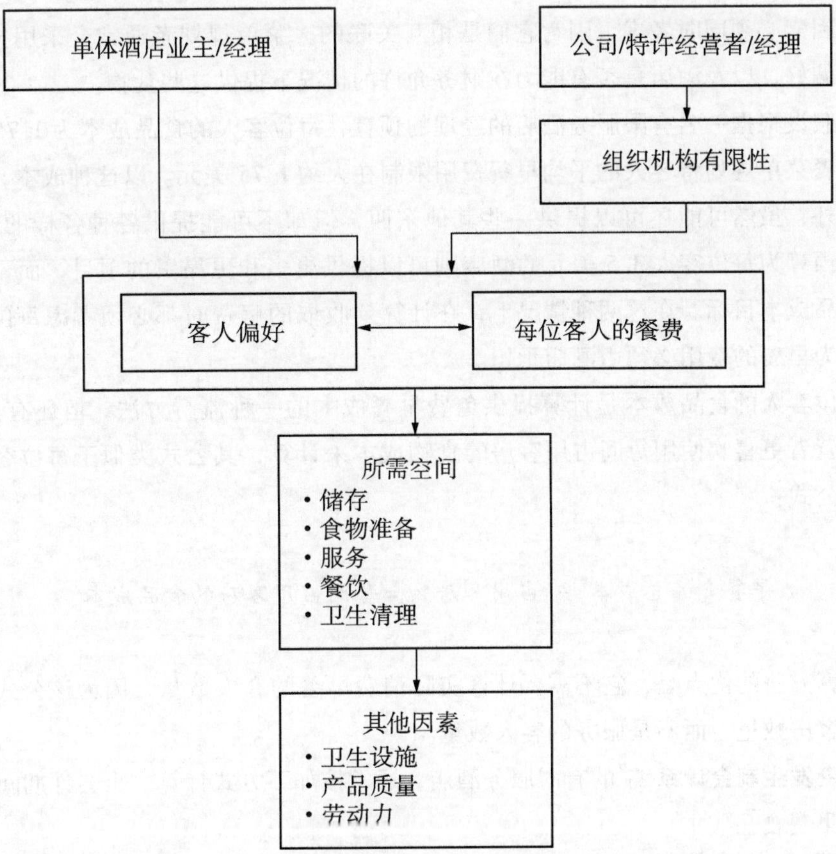

图 10.3　有限服务酒店管理者的菜单规划关键因素

单体酒店的业主和管理者可以自行决定向客人提供的服务。公司酒店（由一个多单元酒店组织拥有的酒店）和特许经营的酒店通常会对菜单的规划者施加限制。在连锁酒店中，菜单规划要符合品牌标准，这也体现了访问连锁酒店旗下不同酒店的客人的期望。

也可以建立标准来指定所供应的确切食品，例如酸奶、鲜橙汁或肉桂卷，甚至是特定品牌的食品。例如，在美国，这可能包括凯洛格（Kellogg）早餐麦片或斯马克（Smucker）果酱等品牌。也有许多酒店会提供星巴克咖啡，并标示其供应情况。总之，多种类型的具有较高知名度的品牌产品的供应，使客人能够分辨出酒店的餐饮服务与所提供的品牌所代表的质量，对酒店产生积极影响。

公司和加盟店的附属酒店也将规定早餐时间，这反过来将影响提供优质服务和产品所需的设备和人员。

特许经营商的代表将在视察期间审查酒店的食品服务操作。食品服务和餐饮区域是否符合要求的标准、清洁度和整体吸引力，都是特许经营商评估的重要方面。

如图 10.3 所示，管理者在规划早餐菜单时必须考虑两个重要因素：客人的偏好；**每位客人的食品成本**[8]。

这两个因素必须同时考虑，因为它们是相互关联的。菜单规划者通常会采用排除法，即考虑客人的偏好，以及酒店是否有能力在财务允许的情况下提供这些食物。

例如，假设根据一名有限服务酒店的经理的预算，每位客人的食品成本为 1.75 美元。也就是说，早餐菜单规划将客人的平均早餐费用限制在大约 1.75 美元。以这种成本，除了适度的欧式早餐外，虽然可能还可以提供一些其他东西，但却不可能提供各种各样的昂贵早餐。相比之下，预算为每位客人 3.5 美元的酒店则可以提供更多和更昂贵的项目，而不会超出每位客人的食品成本目标。在这两种情况下，在计算要收取的房费时都必须考虑每位客人的食品成本，因为早餐的费用必须由酒店承担。

确定每位客人的食品成本是计算提供免费早餐成本的一种流行方法，但还有其他方法。有些酒店经营者更喜欢使用每间占用客房的食物成本来计算，其公式类似于每位客人的食品成本的计算公式：

早餐食品总成本 ÷ 占用客房数 = 每间占用客房的食品成本

这种计算方法的优点是，它不需要计算实际消费早餐的客人数量，因为该公式的关键在于所占用的客房数量，而不是服务的客人数量。

采用**权责发生制会计系统**[9]的有限服务酒店，通常按如下方式计算一个会计期间（通常是一个月）的早餐食品成本：

食品初始库存
+食品购买
−食品期末库存
———————
食品成本

采用**现金会计系统**[10]的酒店在确定食品成本时，考虑的是在一个会计期间（通常是一个月）内，为食品、用品和相关早餐项目支付的金额。

图 10.4 表明，规划菜单时，存储、食物准备和就餐所需的空间是另一个重要的考虑因素。新修建的酒店如果纳入了有限的食品服务操作所需的空间，那么在酒店内的位置和所需的面积方面就可以实现理想的设计。相比之下，现有的酒店如果不是在设计时并未考虑广泛的早餐服务，后续就会面临巨大的挑战。根据所提供的早餐类型，食物储存、准备和卫生清

理所需的空间可能与客人服务区所需的空间相当，甚至更大。客人座位也需要额外的空间，其范围可以从“任何可摆放桌子和椅子的地方”到经过深思熟虑的、功能齐全且富有吸引力的大堂空间。

有限服务酒店早餐所需的存储空间比每天提供三餐自选食品的全服务酒店所需的空间要少得多，但仍必须设置有冷藏空间（储存牛奶、黄油和其他乳制品），冷冻空间（如果需要提供冷冻果汁、华夫饼和其他面包/糕点等）和干燥存储空间。装有一次性盘子、餐具、杯子（玻璃杯）、餐巾纸以及相关物品的箱子是非常笨重的。此外，还需要为咖啡机、小冰桶、水槽（许多地方的卫生部门要求在所有食品准备区都接通水源），以及那些不宜留在大厅的服务物品，如水壶、烤面包机和服务托盘等留出适当空间。某些情况下，早餐区服务台的上方或下方可提供可锁式存储空间。

专为小型商务会议设计的有限服务酒店可能会专门辟有一个用于早餐服务的单独房间，早餐时间结束、卫生清理完成后，还可用作会议空间。也有一些酒店则将大堂空间用于服务和就餐，相邻的房间可用于额外的早餐服务（如果该空间未预留用于会议）和早餐服务结束后举行的会议。

图 10.4 表明，有限服务酒店在规划早餐菜单时还必须考虑其他因素。餐饮服务经理身负诸多责任。他们雇用和培训员工，确定菜单上应该包含哪些内容，计算食谱的成本，购买食物并评估厨房工作的有效性。所有这些工作都很重要，但最重要的莫过于只提供安全的食物，以保护客人和员工的健康。所以，卫生问题至关重要。在使用前和使用期间，需要有设备来确保易腐物品（例如乳制品等）始终保持在适当的温度下；可重复使用的水壶、托盘、钳子和其他物品必须每次使用后进行适当的清洗、漂洗和消毒；准备食物时以及客人使用后的垃圾必须迅速地从大堂区移除并妥善维护，直到统一处理。

餐饮服务经理必须确保没有人因食用自家厨房生产的食品而受到伤害，这说起来容易，但每年都有成千上万的食源性疾病相关病例报告。食源性疾病是指由于食用了被病菌、化学品或玻璃、金属屑等物理危害物污染的食物而引起的疾病。

食源性疾病的最佳预防措施之一是在适当温度下储存食物。储存食品的温度建议为：

冷藏食品的储存：≤5 摄氏度；

冷冻食品的储存：≤ -18 摄氏度；

干燥食品的储存：10～21 摄氏度。

对食品有害的细菌在餐饮服务管理者所说的“温度危险区”（指 5～57 摄氏度的温度范围）内生长得最好。专业的餐饮服务管理者会尽一切努力减少潜在危险食品在此温度范围内的时间。食品暴露在温度危险区（包括接收、储存、准备、生产和保存）的总时间应少于 4 小时。应特别注意的是，这 4 小时包括产品到达酒店厨房的时间——可见只从专业食品供应商那里购买产品是很重要的。

产品质量是规划菜单时要考虑的另一个重要因素。此前我们已经提过，许多早餐产品都是按品牌购买的，以帮助确保质量。此外，诸如新鲜水果、烘焙食品和其他非品牌产品也必须从有信誉的供应商处购买。

即使是在几乎不需要准备食物的情况下，劳动力也是另一个不可忽视的因素。招聘和选择早餐服务员通常并不难，因为这些工作几乎不需要经验，而且也只需要最低限度的烹饪技能。有些申请人可能希望找到一份清晨时分的兼职工作，以便自由支配一天内的其他时间。许多酒店会专门利用兼职员工来负责早餐服务工作，也有一些则把工作任务结合起来，这样一名工作人员就可以早上充当餐饮服务人员，然后又在另一个部门完成其他班次的工作。

小规模酒店可以由夜间审计员或前厅服务员提供餐饮服务。服务结束后，会有一名餐饮服务员来维护服务区域并进行清理。然而，不管员工安排如何，餐饮服务员必须有责任心，以客人为中心，能够快速工作，且能同时执行多项任务。

在有限服务酒店中，菜单规划的责任通常由总经理承担，他必须设法达到特许经营者的标准，取悦客人并控制预算。重要的是要认识到，是否有免费早餐是许多客人选择酒店的一个重要因素。菜单规划者必须认真尝试并确定客人喜欢什么，不喜欢什么，作为正在进行的菜单评估和改进过程的一部分。尽管特许经营品牌及其早餐要求是全国性乃至国际性的，但许多客人的饮食偏爱却是有区域性的，因此，在决定早餐菜单上的内容时，必须充分考虑这些客人的偏爱。

10.2.2 采购

菜单规划完成后，所需要的食物即可确定并购买。属于多单元组织的有限服务酒店可以通过使用**集中采购**[11]系统来集合其购买需求。例如，假设单体酒店业主或特许经营商在同一地区拥有数家酒店，那么在其早餐菜单上提供的项目通常是相同的，或至少大部分相同。这些业主可以将所有酒店的采购需求合并在一起，然后选择供应商在指定的时间段（例如6个月）内向所有参与活动的酒店提供乳制品、食品或一次性用品等。这么做可以大大节省成本，因为随着订购数量的增加，供应商经常会以较低的单价报价。

也有一些酒店选择不从批发供应商处采购。相反，它们更愿意从大型零售商店或有零售店的食品批发商那里购买，这些商店出售大型的“商业”产品。例如，戈登食品服务公司（Gordon’s Food Service，简称GFS）是美国中西部几个州的酒店、餐馆和机构采购者的食品和其他产品的大型供应商，它也有零售网点，向进入其门店的顾客提供批量销售的产品。

管理人员必须确定应购买多少数量的食品和用品。为此，有限服务酒店可以利用**标准库存系统**[12]来帮助管理许多必需物品的采购。

特别容易腐烂的产品，如新鲜面包和糕点，通常必须每天订购。其他物品，如乳制品和新鲜水果，可能每周要订购几次。还有一些其他物品，如干麦片和冷冻产品，可能会每月订购几次，这取决于可用的库存空间和管理者愿意为库存投入的资金数额。

标准库存系统不适用于易腐食品。新鲜糕点和乳制品等项目的采购数量通常与预测的入住率而非标准库存水平有关，这是因为随着更多客房的售出，就需要购买更多上述物品，而当酒店的入住客人数量减少时，应购买的产品数量也就减少了。

关于所订购食品的正确数量，经理们经常面临两项采购挑战。首先，如果许多预订时间较短或未预约的客人突至，则原本的低销售预测可能就会演变成繁忙的早餐。在这种情况下，酒店员工可能就有必要以高于计划的价格从当地零售或批发商店购买产品。其次，可能很难掌握客人的偏好，而且这些偏好几乎每天都在变化。例如，如果酒店原本在某个特定的周末预留了许多客房供青少年运动队使用，则可能需要消耗更多的甜味麦片和糕点，因为年轻的入住者可能会喜欢这些早餐食物。

由于分析了相对于入住率的食品使用率，经理们可以开始准确地确定标准数量和定期购买的数量。这样做对控制食品成本是必要的。如果产品必须被丢弃，那浪费的钱对客人和物业都没有好处。通过有效的采购和食品处理而节省下来的资金，可用于购买更多或质量更好的产品，同时为客人提供更好的早餐价值。反过来，这也可以为酒店带来具有竞争力的营销优势。

10.2.3　接收与储存

购买产品后，**接收**[13]和储存过程就变得很重要。如果经理是从零售或批发商店那里采购产品的，则几乎没有接收问题，那些所采购的物品可以简单地运送到酒店并存放。但是，如果是由供应商将产品送到酒店，则必须执行特殊程序。

通常情况下，当订单被送达时，不会有餐饮服务员工在场。在这种情况下，必须为收货做出其他安排。收货工作应该由前厅服务员（可能很忙）还是总经理（可能没空）来做？每个酒店都必须用最适合自己的方法来解决这个问题。然而，在任何情况下，负责收货的员工都应接受适当的培训，至少要做到以下四点：

- 通过清点和阅读标签，确认**送货发票**[14]上注明的货品和数量是否正确，并已交付给酒店。
- 在送货发票上签字。
- 将已收到的物品移至适当的储存区。
- 保留已签名的送货发票，并将其转交给负责会计记账的员工。

有些接收到的产品可能是昂贵的，容易被盗；有些产品容易发生质量下降或变质的情况。因此，迅速将产品转移到适当的锁定存储区域就很重要。如果要保持库存水平，就需要有人根据入库产品的数量来更新库存记录。

我们以下面这个“谁吃了甜甜圈”的故事为例，来说明酒店接收与储存产品的必要性：

甜甜圈和其他新鲜糕点每天被送到许多有限服务酒店供早餐使用，通常在餐饮服务人员开始工作之前到达。这些物品将由餐饮服务人员、前厅服务员、夜间审计员或其他负责人员妥善接收，然后将其迅速移至安全的存储区域。如果不这样做，那么员工和其他非客人就有机会享用免费早餐。

粗心大意的经理可能会这么想："谁会在乎几个甜甜圈?"实际上，经理应该非常在意!为什么？如果每个甜甜圈的成本为25美分，而每天有10个甜甜圈被不适当地消费掉，那么一个拥有10%税前净收入的酒店每天必须产生25美元的利润，才能获得购买甜甜圈所需的2.5美元。即：

10个甜甜圈×0.25美元=2.50美元

2.50美元÷10%(利润)=25.00美元(收入)

如果这种消费每天都在继续，那么酒店每年就需要9125美元的收入（每天25美元×每年365天）来支付这些未入账的甜甜圈的费用。继续我们的例子，如果该酒店的ADR是65美元，它将需要租出去140个房间（9125美元的收入÷65.00美元的ADR=140个房间），只是为了补偿本来不需要购买的甜甜圈的费用。

没有一家酒店或任何其他企业能够负担得起每年将超过9000美元的收入扔在浪费的费用上。事实上，在细节非常重要的酒店业里，如果不注意控制，那么甜甜圈费用和其他各项费用都会迅速增加。

10.2.4 早餐服务准备

即使是为酒店客人准备相对简单的早餐，也需要花费大量的精力。不太可能全部或是大多数的酒店客人都想在服务开始的那一刻享用早餐。实际上，餐饮服务开始时，可能只有极少数客人到场。但是，无论是第一位客人，还是晚些时候吃早餐，所有客人都应能拥有同等的食品选择。换句话说，当服务开始时，所有要提供的食品都应该已齐备。先准备好咖啡，然后才开始为晚些时候到达的客人准备早餐服务是不合适的。酒店管理者必须仔细考虑好准备早餐所需要的时间，根据客人的需求确定最合理的服务开始和结束时间，然后相应地安排劳动力。

提供早餐的酒店将需要一名或多名餐饮服务人员的努力来准备和维持早餐服务。在酒店经理的控制下，餐饮服务员的表现至少受到以下三个因素的影响：

- **适当的培训**。培训对餐饮服务员和其他酒店员工一样重要。培训内容应包括食品和供应物品的位置，如何操作咖啡机和其他设备，以及垃圾箱装满后应将其放在哪里等。
- **制定工作任务清单**。就像厨师需要食谱一样，餐饮服务人员也可以使用"食谱"或清单来表明在准备早餐、服务客人和进行清洁活动时要完成的任务。应明确规定任务的执行顺序。
- **服务图**。图示"什么在哪里"对有效设置服务区非常有帮助。图10.4展示了一种示例性的大厅餐饮服务设置，可用于培训新的餐饮服务员，并提醒有经验的员工注意菜单上各类物品在服务线上的正确位置。

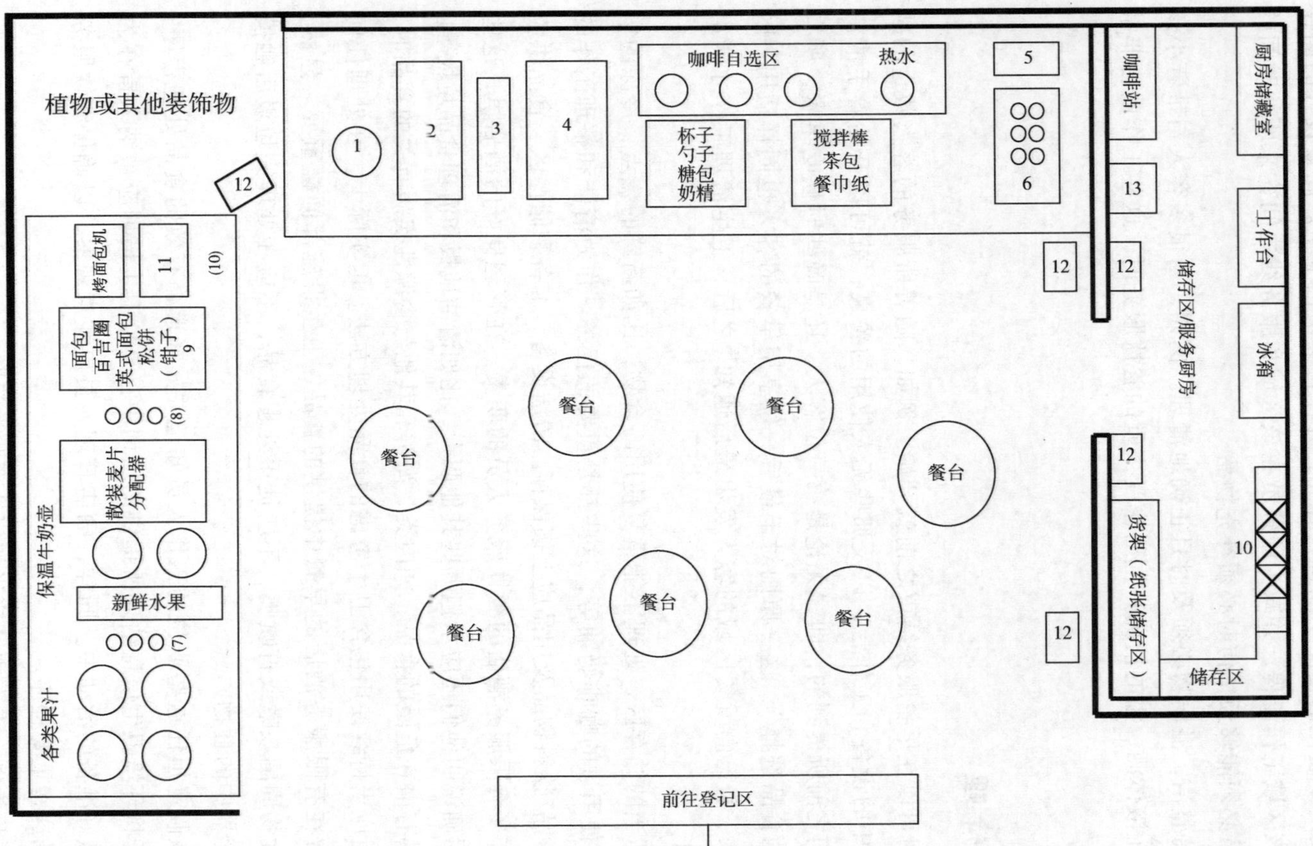

图示

(1) 华夫饼机
(2) 两层架子：下面是预先配好的华夫饼糊；上面是糖浆
(3) 一次性餐具架（刀、叉、勺）；一次性盘子
(4) 有盖托盘：松饼和糕点；钳子（上面的一次性盘子）
(5) 客用托盘
(6) 一次性杯子/盖子
(7) 一次性果汁杯
(8) 一次性麦片碗
(9) 有盖托盘：面包、百吉饼、英式松饼；钳子（上面的一次性盘子）
(10) 一次性盘子
(11) 预先配好的黄油、果冻、奶油奶酪
(12) 废物篓
(13) 制冰机

图10.4　显示各菜单项目位置的大厅餐饮服务布局范例

10.2.5 维持早餐服务

在服务期间，需要对早餐区的食品不断进行补充，并保持其清洁卫生。高效设计的储存区和服务厨房是加快该区域工作流程，并减少服务员在该区域和服务线之间往来所耗时间的重要的第一步。服务员必须能够预估何时必须补充物品。

服务区域必须保持整洁，溢出物必须及时且正确地清理。例如，当很多客人与带着小孩的家庭（他们容易发生液体洒、溢的情况）同时享受大堂的餐饮服务时，这些工作就会非常困难。

10.2.6 卫生清理

卫生清理工作有时可以在早餐服务结束之前就开始。例如，随着所服务的客人数量的减少，储存区/服务厨房中的设备和工作台，以及那些无人使用的餐桌，就可以开始着手清洁了。但是，请回顾我们之前所提到的，即“无论是第一位客人，还是晚些时候吃早餐，所有客人都应能拥有同等的食品选择”，这一原则对于最后一位享用早餐的客人也同样适用。因此，直到指定时间到来、且已向就餐区域的客人发出**最后通知**[15]之后，卫生清理工作才能集中于“拆除”服务线上。

把所有食品移至适当的储存区，处理不能重复使用的食物，比如新鲜的糕点，冷冻的华夫饼（已解冻），以及使用过的咖啡奶油等，这些都是重要的任务。作为清洁和整理工作的一部分，服务设备和食品/饮料物品及用品应上锁保存。清洁设备、准备和储存区、食品供应柜台和大堂桌椅，是许多有限服务酒店的餐饮服务人员的职责。在管理良好的酒店里，这些员工的工作描述将会明确说明他们还应承担哪些其他职责，比如清洁地板和清理食品垃圾等。

当一个人在处理具有潜在危险的食品，如肉类、海鲜和其他与食源性疾病有关的食品时，一般都会很清醒地知道应当持续使用包含卫生考虑的食品处理方法。但实际上，在处理任何食品时，包括那些通常在有限服务酒店的早餐中提供的食品，卫生设施都同样重要。显然，餐饮服务人员不应在食物周围咳嗽或打喷嚏，不应徒手处理食品，不应在处理完垃圾后触摸任何食物（包括单独容器中的食物）。

酒店经理是否应该假定担任这些职位的工作人员知道并始终遵循有效的食品处理程序？不！管理者是否有责任将环境卫生信息纳入所提供的培训中？是！卫生培训应被纳入旨在为餐饮服务人员的工作做好准备的活动中。同样，酒店管理人员应注意观察，以确保餐饮服务人员在工作中始终遵循这些重要程序。

我们以食品服务托盘为例，看看酒店应当如何处理此类问题：

有些客人喜欢从餐饮服务区领取早餐食品，然后带到他们的房间。如果没有可用的用餐空间，此类客人的人数可能会增加。因此，对于酒店管理者来说，为满足这些客人的需求而需配备一定的食品服务托盘，这似乎是合乎逻辑的。

但是，也有些管理者认为，提供托盘会鼓励过量的食物消耗、浪费，以及将食物带出酒店供以后食用。因此，这些酒店可能不会提供食品服务托盘。

第三类酒店管理者则既认识到需要满足客人的需求，同时也意识到上述问题。他们对此的解决方案是：备好托盘，但一般放在不易发现的地方，并在繁忙的用餐时段提供使用。

要决定哪种方法最能取悦客人，同时又具有成本效益，并没有简单的方法。虽然很可能有些客人会利用这个财产，但绝大多数人不会。不幸的是，过高的成本必须由所有客人分摊，所以管理者有责任尽最大努力将这些成本降到最低。

知识拓展：绿色住宿！

对于那些在有限服务酒店中执行食品规划的酒店经营者来说，以下绿色做法（通常由餐饮老板使用）可以对酒店的利润和环境产生重大而积极的影响。

1. 回收利用：纸张、纸板、塑料、玻璃和铝都是常见的包装或食品制备材料，很容易回收。回收利用有助于保护环境，减少酒店的废物处理成本。

2. 关闭电源：定期关闭不必要的内部和外部照明、计算机、POS 系统、冷藏展示柜、抽油烟机通风口和咖啡机，可以节省金钱和能源。在很少使用的食品和饮料储存区增加运动探测器来降低照明成本，可以节省更多。

3. 清理：正确维护餐饮服务设备，可降低其运营成本。定期清除压缩机上的灰尘，给设备上油和进行校准，并经常检查制冷和烹饪设备的密封和垫圈的紧固程度，可减少能源消耗，延长设备的使用寿命，并减少碳排放。

4. 购买本地产品：尽可能多地从本地农民和加工商那里购买食品和饮料产品，可降低包装和运输成本，提高为客人提供的产品的新鲜度，并有助于支持当地经济。

5. 教育和培训：向餐饮服务员工告知和培训酒店所开展的全部节能工作。一旦员工清楚地知道自己应该做什么时，他们就会愿意参与到可持续发展的努力中来。

工作日记：一天的工作 10.1

情况：

“每次客人抱怨我们的免费早餐时，我都希望我们的经理会在这里。”Seaside Inn Lodge（海滨旅馆）的前厅服务员凯撒正在和朋友罗玛罗聊天，后者是这家拥有 65 间客房的有限服务酒店的客房服务员。

凯撒说：“抱怨的客人真不少，客人评论卡上的留言也一样。我跟经理交谈过，他应该已经意识到了这个问题。但在我看来，他虽然担心，但他更关心的只是成本、成本、成本！所以他打算提供大量廉价食品来解决这个问题。”

罗玛罗说：“是的，这是个问题，但是，毕竟食物是免费的，而且有很多。我们酒店的房价已经低于这个地区的其他大多数酒店了，所以如果我是老板，我可能会做同样的决定：尝试提供大量食物，以吸引回头客。”

凯撒摇头："我不这么认为。如果我是老板，我会把房费提高一到两美元，然后把这些额外的钱都用来购买质量更好的食物。"

回应：

许多客人选择有限服务酒店的部分原因是它提供的免费餐饮服务。客人希望能享受这种便利，这是他们评估酒店价值的重要因素。在上述案例中，简单地提供大量客人不喜欢的食物（经理的策略），或向客人收取更多费用作为改善餐饮服务的第一步（凯撒的建议），都可能是无效的策略。

要确定客人对餐饮服务的内容满意与否，经理及其员工可以通过服务期间对客人进行观察并与其交谈来实现，也可以仔细分析访客评论卡或其他反馈系统。如果他们调整策略，花更少的钱购买客人不想要的东西，而花更多的钱购买客人喜欢的东西，就有可能在无需提高房价的情况下更好地满足客人的需求。

10.3 会议服务的餐饮管理

早餐是几乎所有有限服务酒店普遍提供的一种餐饮服务。有些有限服务酒店也会提供更多选择。在大多数情况下，这些额外服务均可以归为以下类别之一：

- 经理接待会。
- 免费晚餐。
- 会议和特别活动。

由于它们的重要性，我们将研究这些扩展选项中的每一项对客人的影响和对管理的挑战。

10.3.1 经理接待会

许多有限服务酒店和一些全服务酒店会在经理接待会上为客人提供酒精饮料。这些活动通常有非常明确的开始和结束时间。例如，某酒店定于下午5～7点举办经理接待会，在这段时间内，一般会提供免费饮料，有时还提供小点心或开胃菜。

经理接待会很受客人欢迎，但也可能导致与负责任的酒水服务有关的挑战。这是因为在一些经理接待会上提供的酒精饮料是以"自助"的方式提供的。在这种情况下，客人过度饮酒的可能性是真实存在的。

重要的是，酒店管理者必须认识到，由于第三方（酒水商店）责任的法律规定，即使在"自己动手"的安排下，酒店也要对提供给客人的酒精量负责。经验丰富的酒店经营者都深知在经理接待会期间实施服务政策的重要性，这些政策会认真控制和防止客人过度饮酒。

10.3.2　免费晚餐

那些提供免费晚餐的酒店所面临的挑战与提供早餐的酒店是相同的。几乎在任何情况下，免费晚餐都会采用与早餐相类似的自助餐提供方式。在大多数情况下，免费晚餐的提供，是使用与早餐服务相同的食物展示和用餐空间。

如果酒店选择为客人提供完整晚餐，很大原因是认为这种便利可以吸引大量希望能与他人进行社交活动的客人，或者试图节省外出用餐费用的客人。如果酒店为客人提供免费的早餐和晚餐，则能为旅行者节省的费用就非常可观了。

10.3.3　会议和特别活动

有限服务酒店管理人员提供举办会议和特殊活动（例如晚餐、聚会或婚礼等）的机会因其管理的设施而异。例如，一些有限服务型酒店设计有一个大堂或非大堂的餐饮区，以及另外一个可用于会议的区域。其他有限服务酒店则拥有一个多功能区，既可用于小型会议，也可用于作为特别活动举行的小型聚会。

(1) 小型会议业务

一些有限服务酒店会积极争取小型会议业务，包括需要部分或全部与会者租用客房的外地团体，以及需要租用少量（如果有的话）客房的本地团体。例如，为庆祝当地某居民的生日、婚礼或周年纪念而举行的会议，即属此例。

提及对团体进行营销，人们可能就会想到那些动辄吸引数百甚至数千人参加的大会、会议和活动。但事实上，一般的商业会议往往平均人数不及 25 人。许多有限服务酒店可满足这种规模的会议需求。在许多地区，50 人及以下的小型婚礼或其他聚会非常普遍，有限服务酒店每年可以举办大量这样的小型会议/活动。

小型会议的市场是巨大的。除了商业团体，许多其他基于社区的组织也正在寻找一个只需数小时、一天甚至更长时间的会议场所。预订了好几间客房的家庭有时也会将会议室作为白天的聚会场所——这个空间的可用性可能成为家庭选择该酒店的一个因素。有限服务酒店和其他类型的酒店如果能够接触到上述这些团体，并出色地满足其会议需求，就可以建立一个可循环再生的业务，最终甚至可能发展到占酒店总收入基础的一个重要比例。

酒店的营销团队可以通过当地商会以及其他社区团体或联系人来确定潜在的会议客户。酒店的广告信息可以传播给现有的客人，还可以在社区出版物/印刷品上刊登广告。经过培训的前厅服务员会将所有要求了解酒店（作为会议地点）信息的来电转给相关人员，如果该人员不在，还应设法从来电者那里获得回电号码。

(2) 小型会议管理

在某些有限服务酒店，可通过联系前厅代理来预订可用的会议空间。这些酒店的前厅代理必须接受有关销售和预订会议空间的程序的培训。此外，他们还必须了解团体会议业务的重要性，并且在必要时必须与酒店内负责销售酒店会议空间的工作人员联系，以便后者跟进相关业务。在较大型的有限服务酒店中，一般设有指定的销售办事处来负责销售和预订会议空间。但在小型酒店，总经理很可能就是负责为会议和活动策划者提供服务的人员。

许多有限服务酒店制定了会议室收费政策，该政策与所产生的收入有关。例如，如果某会议团体同时租用了指定数量的客房，则会议室费用可能会减少甚至取消。在其他情况下，酒店会向每位与会者收取一定的费用，该费用通常包括会议室、视听设备租赁以及茶点或便餐。其他酒店可能会对会议空间收取固定费用。与客房的房价一样，会议空间的价格通常是可以协商的，主要是取决于申请时对会议空间的要求。

很多情况下，会议筹办者可能需要视听设备来实现图像投影，播放视频剪辑，或者仅仅是确保所有与会者都能清晰地听到其他人的发言。因此，一些酒店会提供演讲台、干擦板等，也许还有一个高射投影仪和麦克风，费用不高或免费。会议主办方会根据需要自带或租用其他设备。有时这些设备是由酒店租用的，费用按成本或**加价**[16]转给客人。有些酒店会向会议筹办者提供一份该地区具有相关业务的公司的清单，以便他们就视听设备的租赁与对方联系。

(3) 小型会议餐饮服务

当会议在有限服务酒店举办时，对餐饮服务的需求可能从简单到非常复杂不等。例如，一个在有限服务酒店举办短期会议的团体，只要求在会议期间提供饮用水即可。其他情况下，有些会议筹办者可能要求酒店提供一份或多份正餐，也有些会议的与会者会离开酒店外出用餐，仅要求酒店在会议期间提供饮料服务。

图 10.5 说明了有限服务酒店在为酒店内举办的会议提供餐饮服务方面所起的各种作用。

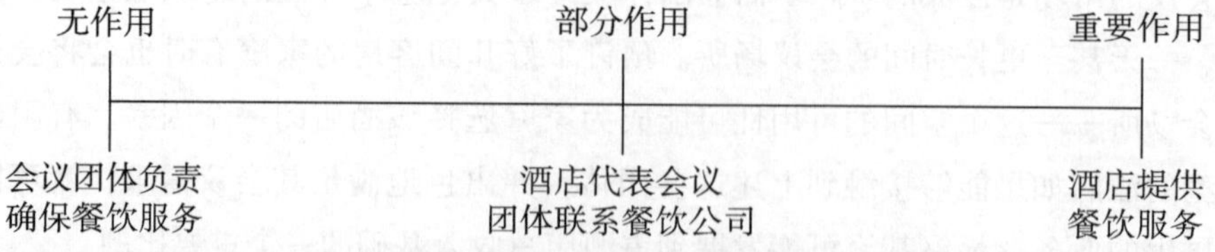

注：酒店的作用可能会因会议团体而异，有些酒店会向会议筹办者提供所有这些选择。

图 10.5 有限服务酒店在会议餐饮服务中的作用

当你查看该图时，请注意，有些有限服务酒店在提供餐饮服务方面并不起什么作用，但允许会议团体自带茶歇或餐点。会议筹办者可以自行与潜在的餐饮业者联系，或者酒店可以向会议团体提供该地区餐饮业者的名单。

如果允许使用外部餐饮服务，则酒店经理必须与当地卫生部门联系，确保餐饮服务商符合向公众提供食品的所有法律要求，这一点很重要。同样，如果与会人员或外部餐饮服务商带来的食物引发食源性疾病，则应联系酒店的律师以确定酒店的责任范围（如果有）。

图 10.5 还表明，有限服务酒店本身也可以为团体会议提供餐饮服务。一些酒店经理会准备好菜单，列明可以提供的食品和饮料的种类，将其提交给会议筹办者。酒店的会议销售人员也可以帮助潜在客户策划其他可利用酒店内的有限设施制作出来的菜单项目。

酒店早餐菜单上的某些食品（例如糕点、百吉饼、果汁和咖啡等）可用于上午的茶歇。其他不需要大量现场准备的食品（例如点心、饼干和新鲜水果）也可以由酒店的餐饮服务人员为与会者准备。

基于有限服务酒店的环境，有创意的菜单策划者可以提供午餐，包括拌沙拉、三明治熟食盘（例如火腿片、火鸡肉、烤牛肉、调味品包和奶酪，以及各种面包和馒头），以及烤甜点和各种冷热饮品。这些物品可以在当地购买，无需大量的现场准备即可提供给与会者。同样，菜单策划者还可以计划在酒店的设备和空间范围允许的情况下制作并提供晚餐。

如果有限服务酒店恰好与某家餐馆距离非常近，酒店管理者很可能会选择与餐厅合作，以解决与会者的用餐需求。

在这种情况下，酒店经营者可以与餐馆经理作出安排，使与会人员能够预订餐馆的用餐服务。有些餐馆甚至设有小型包间，与会者便可以边吃饭，边继续讨论。在某些情况下，酒店可能会因为提供这种额外业务而从餐馆处得到一笔介绍费。

你应该清楚，在许多情况下，有限服务酒店可供选择的会议和特别活动并不仅限于此。有创造性的有限服务酒店经理可以且应仔细评估其酒店举办现场会议并从中获利的能力。

为什么某些有限服务酒店明明有可用的会议室，却不积极地将其推销给需要空间的潜在会议团体？对于某些酒店来说，这是不必要的，因为它们的会议空间经常被预订，不需要协调一致的销售努力。

其他酒店经常收到来自当地会议和旅游局、商会或其他组织的转介。如果一个酒店没有专职销售人员，则其经理通常会把他们的重点放在最有利可图的领域的收入上：客房租金。

积极寻求小型会议业务的小型酒店可能比大型住宿酒店更具有竞争优势，原因有以下几点。首先，小型会议的筹办者可能正在寻找较小的空间，并且可能更倾向于考虑小型酒店而非大型酒店。其次，许多大型酒店积极开展大型团体的业务，对小型团体的营销并不那么积极。最后，有限服务酒店可以承诺减少后勤问题，如停车场，酒店内易于找到的会议室，以及在会议室门外配备有酒店人员（前厅服务人员）等，这些都是对小型团体会议筹办者来说非常有吸引的设施。

工作日记：一天的工作 10.2

情况：

在卡森维尔这个以文理学院而闻名的小镇上，国庆节（7月4日，美国国庆日）的那一周总是很冷清。今年的国庆节是星期二，镇上一家拥有65间客房的有限服务酒店已经整整一周都几乎没有生意了。

这个时候，总经理莱拉尼意外地接到一位会议筹办者打来的电话，想要预订该周周三到周六的75%的客房。唯一的问题是：酒店的10人会议室恐怕无法容纳下这群人。当然，也有一个选择，就是使用通常用来提供免费早餐吧的大房间。

莱拉尼认为："实在是太不可思议了。一次性预订出3/4的客房，再加上我们的正常业务，结果在这个通常是一年中最惨淡的一周里，我们居然做到了客满！"

但是，问题来了：对于将要入住的、不属于本次会议团体的10～15个客房的客人，该怎么办？如果原来用于提供免费早餐吧的大房间被挪用，那么酒店就没有空间为这一部分客人提供早餐了。这样一来，如果他们要求预订或路过询问房价时，酒店是否应该告知他们已客满？还是以优惠价格出售客房并说明那一周无早餐提供？或者还有什么其他办法可应对这一情况？

回应：

如果莱拉尼经营的是特许经营酒店，则其特许经营商一定会要求她为所有客人提供免费早餐。然而，酒店经营者以其创造力著称。在上述案例中，为少数几个客房（非与会者）提供早餐替代品的能力可能使莱拉尼将这一周从无利可图转变为有利可图。

除了她目前的想法外，将原有的10人会议室甚至是空置的客房变成"私人"早餐区也是一种选择，当然，也可以向那些不参加会议的客人提供客房服务托盘。

作为最后的选择，她可能会发现，联系一家当地餐馆，为所有非会议客人安排购买早餐，可能是所有方法中最具创意、最具成本效益的解决方案！

关键词汇

1. 点餐（菜单）[A la carte（menu）]：一个单独列出其菜肴并逐项定价的菜单。

2. 中庭（Atrium）：一些酒店用于登记、大堂、零售和餐饮服务等用途的大型开放式中央空间。

3. 大堂餐饮服务（Lobby food services）：在有限服务酒店的中庭或大堂区域提供的餐饮服务。

4. 欧式早餐（Continental Breakfast）：简单的早餐，包括果汁或水果、咖啡、烤面包或其他糕点。

5. 豪华热早餐（Deluxe Hot Breakfast）：有限服务酒店提供的有热食选择的早餐。

6. 经理招待会（Manager's reception）：有限服务酒店中，通常在午后或傍晚时分为客人提供免费食品和饮料的时间。

7. 手抓食品（Finger foods）：小型三明治、咸味小吃、蔬菜薄片、奶酪丁以及其他不需要餐具或其他服务项目即可食用的食品。

8. 每位客人的食品成本（有限服务酒店）[Food Cost Per Guest（limited-service hotels）]：每位客人所享用早餐的平均成本。计算如下：早餐总食品成本 ÷ 服务的客人数量 = 每位客人的食品成本。

9. 权责发生制会计系统（Accrual Accounting System）：一种会计系统，用于将产生的费用与所产生的收入进行匹配。在权责发生制中，收入按现金收入及未来现金收入——债权的发生来确认；费用按现金支出及未来现金支出——债务的发生进行确认，而不是以现金的收入与支付来确认收入费用。按照权责发生制原则（即以权利和责任的发生来决定收入和费用归属期），凡是本期已经实现收入和已经发生或应当负担的费用，不论其款项是否已经收付，都应作为当期的收入和费用处理；凡是不属于当期的收入和费用，即使款项已经在当期收付，都不应作为当期的收入和费用。在权责发生制中，收入被认为是在提供产品/服务时获得的，而不是在收到为其支付的钱时获得的。当产品、劳动力和其他成本被消耗以产生收入时，就会产生费用，而不是在支付时才产生费用。

10. 现金会计系统（Cash Accounting System）：一种会计系统，认为收入是在收到时获得的，费用是在支付时发生的。

11. 集中采购（Centralized purchasing）：一种采购系统。在这个系统中，参与的酒店制定共同的采购要求，并合并其采购数量。供应商经常随着采购物品数量的增加而降低每个采购单位（例如每磅或每加仑）的价格。

12. 标准库存系统（Par inventory system）：一种根据库存中特定数量产品的要求来管理采购和库存水平的系统。例如，如果建立了 5 箱一次性咖啡杯的标准，那么每当购买咖啡杯时，就会订购使库存水平恢复到5箱的必要数量。

13. 接收（食品服务）［Receiving（food service）］：所购产品的所有权从卖方（供应商）转移到酒店方的时间点。

14. 送货发票（Delivery invoice）：供应商在产品交付时出具的单据，提供信息以确定应付给供应商的金额。这些信息包括产品名称、数量和价格，并且必须由酒店代表签字以确认产品已经交付。

15. 最后通知（Last-call）：给予客人的通知，即服务将在指定时间结束。例如，酒店酒吧的客人可能会在服务停止前20分钟被通知必须下最后的饮料订单，而享用大堂早餐服务的客人可能会被告知服务将在10分钟后结束。

16. 加价（Mark-up）：酒店向旅客或团体收取的加在供应商费用上的费用，以补偿酒店额外增加的费用。

第 11 章　全服务酒店的餐饮管理

本章内容

本章概述

全服务酒店向入住酒店的客人以及社区居民或访问酒店的其他人提供餐饮产品及服务。会议团体以及其他需要餐饮服务的团体也可以在这些酒店享用点餐服务或宴会餐。因此，这些酒店的管理者在规划其餐饮产品时，必须尽量满足不同客人的多样化需求。

酒店餐饮部门的组织结构通常取决于它所产生的收入。规模较小的酒店可能设有餐饮经理，管理负责食品生产和餐饮服务的员工的工作。但随着部门规模的扩大，就有必要设立专门职位（如专门的餐厅厨师、客房服务经理、饮料经理和宴会经理等）。

食品管理过程始于菜单规划工作，规划时重点关注客人想要购买什么，以及经营中可以盈利的产品。菜单规划完成后，接着就是采购、接收、储存、发放和生产食物。最后，必须实际为客人提供膳食。

全服务酒店通常会有一个或多个用餐区（例如休闲咖啡店和更正式的餐厅）。此外，还可以经营其他零售店，例如泳池小吃店，提供咖啡的大堂小卖部以及各种饮料网点，以满足酒店客人的需求。许多全服务酒店还提供客房服务，这是有限服务酒店通常无法提供的独特的餐饮服务。这是因为这一服务类型较为复杂，必须解决各种各样的菜单规划因素、经营问题以及与客人相关的问题，才能有效地管理这种独特的餐饮服务操作。

在大多数社区，全服务酒店会为客人提供最广泛的宴会设施，其宴会厅既有可容纳 50 人以下的小空间，也有可容纳数千人的大型会议设施。只要酒店管理者能有效地管理宴会业务，就会有很大的盈利机会。与其他类型的餐饮服务业务一样，管理上首先要考虑的是确切服务对象的菜单规划。

一次成功的宴会活动往往是努力工作和协调合作的结果。宴会活动订单和宴会合同这两项工具将有助于减少酒店不同部门的经理之间以及与客人之间的误解。当然，与宴会有关的其他事项，包括在活动期间提供酒精饮料等问题，也是非常重要的。这些问题都将在本章中一一讨论。

通过本章，你会了解到全服务酒店的餐饮运营要比有限服务酒店复杂得多，其餐饮部经理必须具有酒店业务专业知识、客户关系技巧和丰富的餐饮经验，而餐饮业务的盈利能力正是这些经理们努力的直接结果。

教学目标

- 展示小型酒店餐饮业务的组织结构。
- 展示大型全服务酒店餐饮业务的组织结构。
- 考察酒店经营者在规划餐饮产品时如何评估客人的需求。

- 审查与采购、接收、储存、发放和生产食品和饮料产品有关的重要操作程序。
- 介绍与在酒店内提供点餐、客房服务和宴会有关的管理问题。

11.1 全服务酒店的餐饮产品

全服务酒店为入住酒店的旅客和其他人（包括当地社区的居民）提供点餐和其他餐饮服务（第 10 章中提到的“点餐”一词，是指菜单上单独定价的项目）。至于究竟提供什么，很大程度上取决于酒店的位置和目标。例如，酒店是否试图吸引附近公路上的休闲或商务旅游自驾者？酒店是否位于一个城市的商业区？酒店是否承接大量的会议业务？酒店是一个度假村或度假物业吗？总之，无论在什么情况下，酒店提供的餐饮服务都必须根据其营销对象的餐饮需求进行规划。

许多全服务酒店的部分收入还来自当地社区居民，他们与酒店客人享受着相同的就餐选择。例如，农村社区的居民可以在位于社区附近的高速公路出口上享受酒店提供的超值餐饮。大城市的居民可能喜欢在为高级商务和休闲旅客提供服务的酒店的餐厅里庆祝特殊日子。对于酒店的餐饮服务管理者来说，如何识别他们的客人，了解并持续满足其需求，是一项挑战。如果他们做不到这一点，那么其他有竞争力的餐饮服务从业者，包括传统餐馆，将取代他们为客人提供产品和服务。

图 11.1 说明了全服务酒店通常向客人提供的餐饮服务类型。

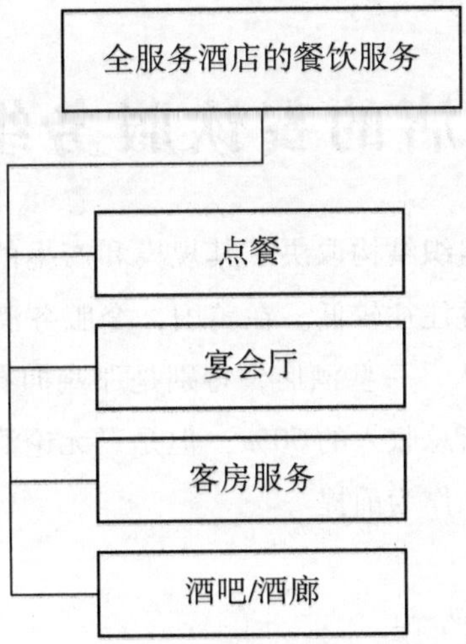

图 11.1　全服务酒店提供的餐饮服务

(1) 点菜餐厅

根据其规模，一个全服务酒店可以有一个或多个点餐的选择。例如，一个小型酒店可能有一个咖啡和糕点摊位或一个单独的餐厅。大型酒店则可能有几个主题餐厅和其他休闲用餐选择。酒店大堂或游泳池区或酒店周围的其他地方也可提供一个或多个快捷服务网点。

(2) 宴会厅

许多酒店为在会议团体客人和其他庆祝特殊场合的客人提供**宴会**[1]功能。

(3) 客房服务

一些酒店向客房提供餐饮产品。这种类型的餐饮服务是住宿物业所独有的。

(4) 酒吧和酒廊

一些酒店在点餐餐厅附近设有酒吧或酒廊。在某些情况下，酒吧和酒廊的客人也可能就在这些区域订购食品。有些酒店的点餐菜单上的项目都可以在酒吧或酒廊内享用，而在其他酒店则可能提供单独的、且项目有限的酒吧菜单。

除了面向客人的餐饮业务外，一些超大型的全服务酒店还为员工提供餐饮服务。大型酒店可能会雇用数百甚至数千名员工。员工自助餐厅有时可供员工使用，并提供低廉甚至免费的餐点。

11.2 全服务酒店的餐饮服务组织

全服务酒店中餐饮业务的组织结构取决于其规模和产生的收入。与收益较高的同类酒店相比，小型酒店的餐饮服务收益往往较低。在美国，全服务酒店平均可从餐饮销售中获得占酒店总收入的25%或更多的收入。一些酒店，特别是那些拥有大量会议/聚会/宴会业务的酒店，其餐饮收入更是可接近酒店总收入的50%。但是，无论酒店的规模如何，其餐饮业务的组织结构都必须以支持其创收工作为前提。

11.2.1 小型酒店

图11.2说明了一个小型酒店是如何组织餐饮业务的。酒店总经理监督餐饮部经理，后者则管理着负责食品生产（厨师长）、餐厅服务（餐厅和宴会厅经理）以及饮料生产和服务（首席调酒师）的人员的工作。

在规模较小的全服务酒店，管理职能通常集中在几个职位上。例如，餐饮部经理可能承担食品和饮料的采购，与部门运营有关的一些会计和控制活动，以及宴会的运营管理等职责。在拥有较大餐饮部门的酒店中，上述专门任务中的每一项，都会由指定的工作人员负责执行。

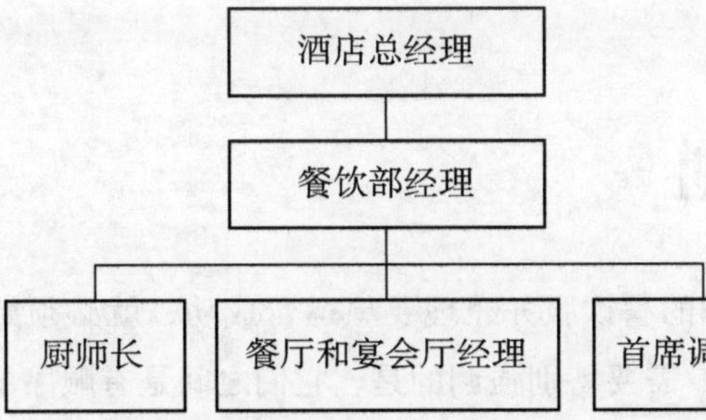

图 11.2　小型酒店餐饮服务管理职位的组织结构

11.2.2　大型酒店

随着酒店餐饮服务业务的扩大，需要更多的管理职位。如图 11.3 所示。

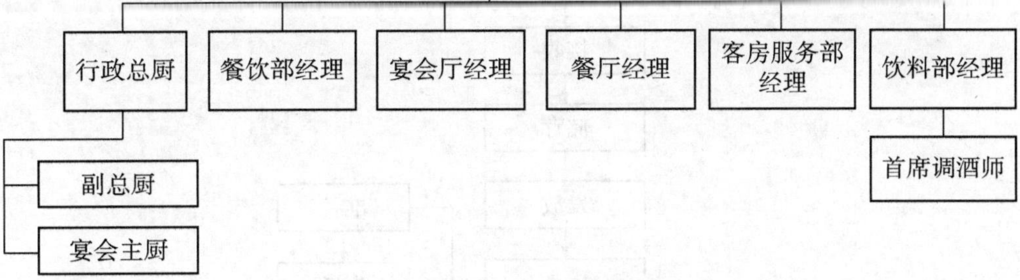

图 11.3　大型酒店餐饮服务管理职位的组织结构

请注意，在一家大型酒店中，图 11.2 中所示的餐饮部经理的职位，现在被称为“餐饮部运营总监”。担任该职位者负责监督行政总厨的工作，而后者又负责监督副总厨（负责点餐和客房服务的食物生产）和宴会主厨（负责为团体活动生产食物）的工作。餐饮部运营总监还需指导餐饮部经理（负责与客户互动并销售团体活动）和宴会厅经理（负责宴会的布置/拆卸和宴会服务）的工作。餐饮部运营总监的其他**直辖报告人**[2]还有餐厅经理（负责点餐餐厅的服务)、客房服务部经理和饮料部经理（负责各饮料店的首席调酒师)。

大型酒店的餐饮部运营总监还可以得到人力资源（包括招聘、选拔、培训、薪酬/福利管理，以及与就业有关的不断扩大的法律问题的解释/实施)、集中采购和会计/财务管理等方面的专业人员的技术协助。

11.3 菜单规划

如果酒店或其他类型组织的餐饮服务经理要想运营成功，就必须始终关注几个重要的过程。这些过程如图 11.4 所示。需要特别强调的是，它们之间是有顺序的，而且根据许多行业专家的意见，清单上的第一个环节，即菜单规划，是最重要的。因为在他们看来，“一切从菜单开始!”

菜单必须提供客人想要购买的物品。管理者必须利用营销原则来了解客人会买什么，以及客人会支付什么价格，这样才能有效地将他们的业务与竞争对手区分开来。换句话说，一份有效的菜单是以客人为中心的。关于**菜单规划**[3]的话题，已经有人专门出版过一本书来详细讨论。

菜单规划的两个最重要的考虑因素，一是客人（他们想要什么并愿意支付的价格)，二是可用来提供始终符合既定质量标准的菜单项目的资源。

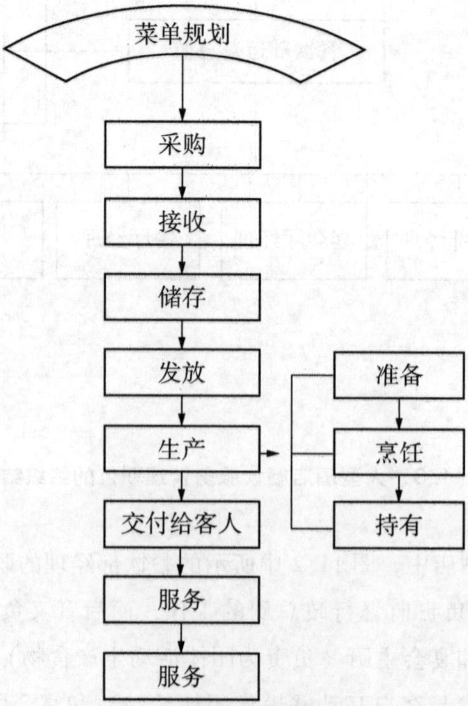

图 11.4 餐饮服务流程概述

11.3.1 关注客人

在规划菜单时，客人是最重要的考虑因素，知道他们会点什么菜至关重要。规划菜单时应考虑哪些与客人相关的因素？图 11.5 帮助回答了这个问题。

图 11.5 列出了菜单规划时必须考虑的许多与客人相关的因素。

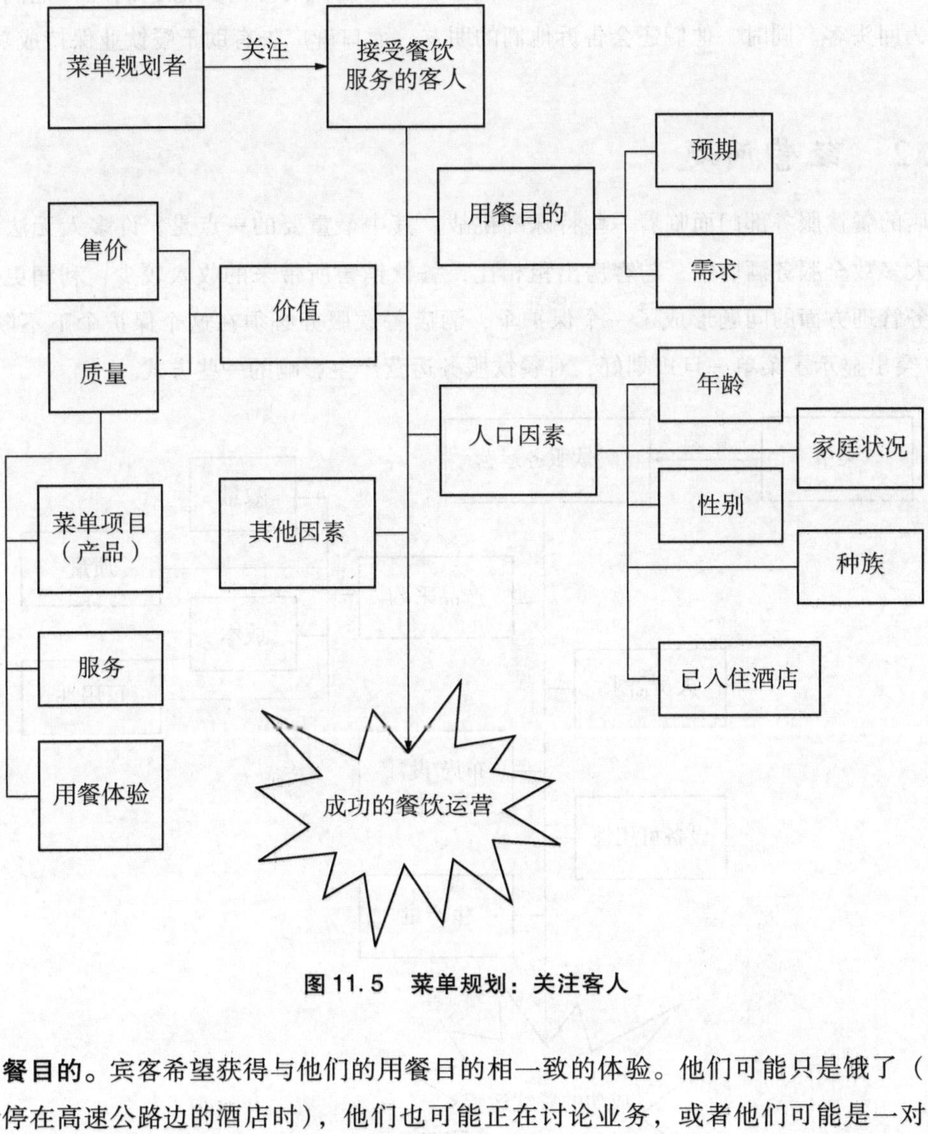

图 11.5 菜单规划：关注客人

用餐目的。宾客希望获得与他们的用餐目的相一致的体验。他们可能只是饿了（例如当旅行者停在高速公路边的酒店时），他们也可能正在讨论业务，或者他们可能是一对夫妇或一个为了庆祝特殊日子而前往高档酒店的餐厅的家庭。

价值[4]。价值的概念涉及客人对菜单项目销售价格的看法，这与菜单的质量、服务和用餐体验有关。客人想要获得与他们所支付的价格相符的东西；他们不希望有受骗的感觉，而且，越来越多的客人会愿意为获得更高质量的用餐体验而支付更多的钱。

人口因素[5]。客人的年龄、婚姻状况、性别、种族和职业等因素可能会影响菜单项目的偏好。回答好“谁会来我们酒店的餐厅?”这个问题，将有助于规划菜单。

其他因素。诸如收入、受教育程度和财富之类的社会因素可能会影响客人的需求。其他因素，包括客人的生活方式，甚至其个性（例如，他们喜欢尝试“新”食品的程度）等，都可能影响到菜单规划的决策。

每个菜单规划者的目标都是提供令客人满意的食物。只有令客人感到满意，他们才更有可能成为回头客。同时，他们还会告诉他们的朋友，而口碑广告有助于餐饮业保持成功。

11.3.2　经营问题

酒店的餐饮服务部门面临着一些特殊的挑战。其中最重要的一点是，许多人无法获得盈利。在大多数全服务酒店中，与客房出租相比，餐饮销售所带来的收入较少，利润更低。因此，财务管理方面的问题形成了一个保护伞，酒店餐饮服务必须在这个保护伞下不断运作。图 11.6 突出显示了菜单一旦规划好，对餐饮服务运营产生影响的一些方式。

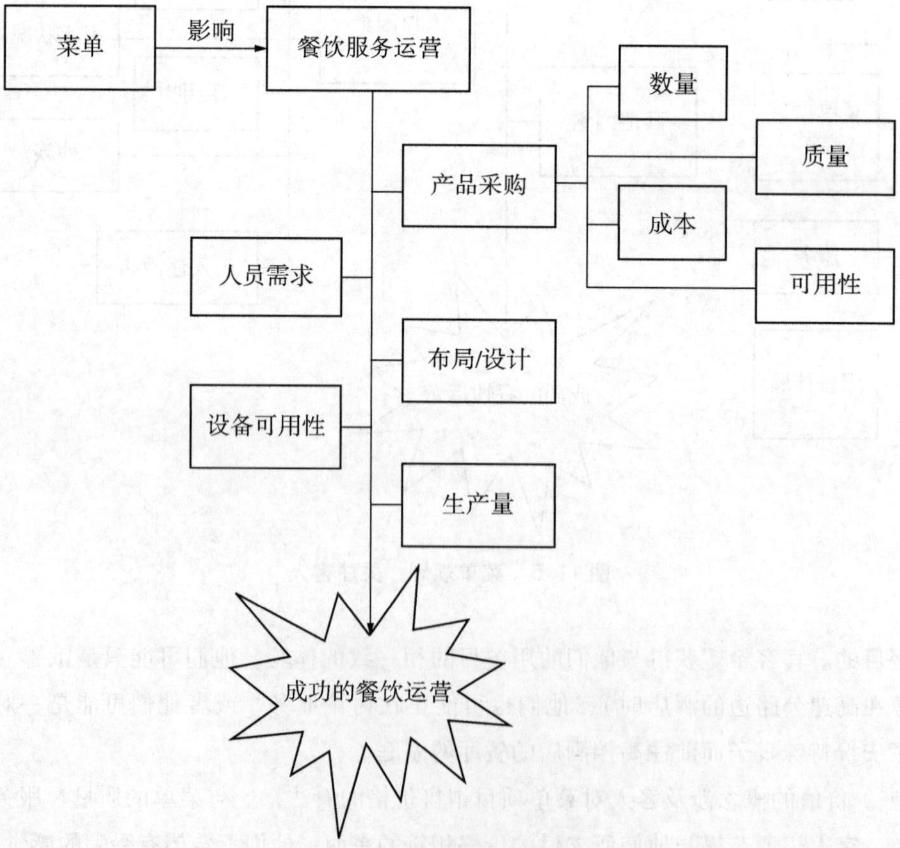

图 11.6　菜单规划和操作

这些方面包括：

• **产品采购**。制作菜单上全部菜品所需的所有食材，都必须以合适的价格、数量和质量持续供应。否则，客人可能会因为没有获得所需物品而感到失望，或是在需要生产替代菜单项时出现严重的运营中断。

• **人员需求**。必须有训练有素的工作人员来制作和提供菜单上的项目。例如，一个在酒店的咖啡店里工作的服务员，与在高档酒店餐厅里准备火锅的服务员相比，所需的经验和技能水平是不同的。

• **布局/设计**。如果菜单上指定了一个自助沙拉吧，则必须有足够的空间供服务柜台使用，以容纳客人在沙拉吧周围活动。如果菜单中包含新鲜出炉的面包，则需要为现场烘烤或放置专门的烘烤设备（如醒发器和烤箱）提供必要的空间。

• **设备可用性**。如果菜单中包含油炸食品和烧烤食品，则根据预期的业务量，需要使用油炸锅和烧烤架。此外，还必须考虑设备所需的空间和消防安全法规所要求的充分通风条件。

• **生产量**。要准备的菜单项目的数量必须与设备的可用性相匹配。例如，如果厨房里只有一个烤箱，那就很难生产大量的烤制开胃菜、主菜、甜点和面包等。因此，菜单策划者必须注意，确定菜单项目的数量时，不能超过现有烤箱的生产能力。

11.3.3　菜单设计也很重要

大多数人都熟悉那种在餐厅里递给客人的实体菜单。在酒店里，实体菜单可以包括一张放置在宴会座位上的餐位卡，或者是自助餐线上每个自助菜盆旁边的标识。

大多数酒店餐厅，无论是高档的还是休闲的，以及大多数客房服务业务都向客人提供菜单。传统上，提供菜单的目的仅是告知客人有关可用项目的信息。但是，如今，菜单可以成为强有力的内部销售工具。它们可以精心设计，以鼓励客人选择受那些欢迎的物品。

菜单应有吸引力，干净且易于阅读。

11.4　餐饮服务控制点

规划好菜单后，必须有效管理其他流程，以帮助酒店的餐饮运营获得成功。图 11.4 显示了菜单规划后必须实施的流程。

11.4.1　采购

规划好菜单后，根据菜单上的项目制作食物所需的**配料**[6]，也就很明确了。

所有配料必须按照有效的采购程序进行采购。图 11.7 列出了餐饮服务采购过程中的五个特别关注点。

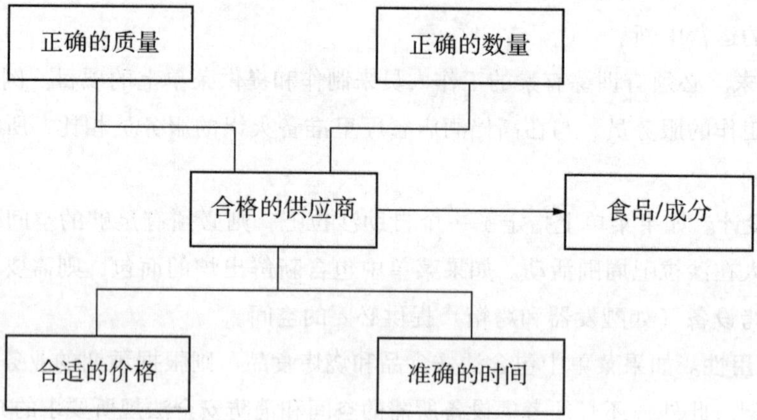

图 11.7 五个采购过程特殊关注点

质量。在采购餐饮项目的配料时，质量可能是最重要的问题。采购者必须考虑这些物品的预期用途，越接近适合其预期用途的，其质量就越合适。

例如，酒吧可能需要鲜红色的酒浸樱桃作为饮品的装饰物，而厨房则可能也需要它来做水果明胶沙拉。酒吧需要的是带柄的完整樱桃（价格相对较高），因为它看上去很有吸引力。而制作水果明胶沙拉，则最好将樱桃切成两半或切碎（成本相对较低）。在大多数情况下，只有首先了解产品的用途，才能更好地确定其质量。

数量。另一个采购关注点与所需物品的数量有关。如果采购产品过多，则可能产生下述情况：本来可以用于其他用途的资金就会被占用在库存上；一些产品的质量在储存过程中可能会下降；必须有足够的空间来存放多余的库存；损坏、盗窃的几率会增加。

相反，当可用产品太少时，可能会出现**缺货**[7]。客人可能会因为没有所需的菜单项目而感到失望，一旦必须生产替代项，就会出现经营方面的问题。

价格。当一种食材或配料的价格提供了好的价值时，价格就是合适的。明智的购买者意识到，他们从供应商那里购买的不仅仅是产品，还获得了产品信息和服务。这三个因素（产品质量、信息和服务）的感知价值最能影响购买决策。

时间。还必须考虑准确的产品交付时间。如果是第二天宴会中需要使用的配料，供应商虽然提供了大量优惠但要下周才能交付，那就仍然毫无意义（价值）。通常能在准确时间内获得合适产品的采购者应首先查看其流程，以确定是否存在内部问题。如果没有，那么很显然，他们应该另行选择能够及时交付所需产品的供应商。

供应商。合格的供应商应始终以合适的价格在准确的时间交付质量和数量均正确的产品。一些餐饮服务经理喜欢只有几个供应商，认为这样可以省去不少文书工作，也能加强与供应商的关系。其他经理则认为与更多供应商进行互动，对经营更为有利。无论采用哪种方法，都不能忽视专业采购（包括供应商选择和采购）的重要性。

11.4.2　接收、存储和发放

产品采购后，紧接着必须接收、存储并发放到生产区域。接收是指产品被实际交付到操作中。储存是将产品保存在一个有适当温度、湿度和产品轮换的安全空间中，直到它们被使用。发放是指将产品从储存区转移到生产场所。食品和饮料产品的接收、储存和发放程序是基本相似的。这些产品在使用前必须加以保护，以便可以以最低的成本和最高的质量生产菜单上的产品。

11.4.3　生产

生产是为消费准备产品的过程。它涉及在厨房工作的厨师和在酒吧工作的调酒师。

有效的食品或饮料生产需要使用**标准化配方**[8]，以表明配料的类型和数量、制备方法和分量工具，以及生产说明。

有些菜单项目可以从头开始生产[9]，而另一些则可以**便利食品**[10]的形式购买。

在许多情况下，应进行**制作或购买分析**[11]，以确定哪些项目应从头制作，哪些应作为便利食品购买。

与饮料相比，食品的生产通常需要更精细和广泛的制备技能。一份菜单可以提供一系列需要不同程度准备技能的项目。例如：

- 必须烤制的汉堡饼或必须成形后再烤制的汉堡饼。
- 需要清洗、预先制备（清洗、切割和切碎）和烹调各种食材的组合菜肴。
- 精心制作的酱汁，需要有制备酱汁的经验，而酱汁本身就是另一个菜单项目的配料（**连锁配方**[12]）。
- 菜单项可以单独制作（例如单块烤牛排），也可以分批制作（例如大量汤）。

11.4.4　服务

当酒店设有餐厅时，厨师准备的食物将转交给员工，然后由他们为客人服务。调酒师准备饮料，也可能生产饮料，然后将其转交给实际为客人提供服务的其他员工。将产品从生产环节转移给服务人员的过程被称为**上菜**[13]。然后，服务人员将食品和饮料产品提供客人，这个过程称为**服务**[14]。上菜和服务程序都必须经过专业的规划和执行。

食品和饮料服务系统必须经过有效设计，以尽量减少服务瓶颈——这些瓶颈会降低食品质量（例如冷食）并延长顾客等待时间（例如，当许多含酒精的冰淇淋饮料制备缓慢时，就会阻碍其他饮料的生产）。向客人提供产品的速度和方式非常重要，因为当客人评估其整体餐饮服务体验时，感知到的服务质量与产品质量是同样重要的。

11.5 点菜就餐

点餐服务允许客人在酒店的餐厅里订购他们想要的特定菜单项目并付费。这些餐点通常在指定的用餐区提供，如餐厅、泳池小吃店或咖啡店。在点餐业务中，为客人准备和提供服务包括许多活动，其中一些最重要的活动包括上菜准备和服务程序。

11.5.1 上菜准备

食物被准备好后，可以以各种方式供应，包括：

- 美式（盘式）服务。在这种上菜方式中，食物在厨房里被预先分配在餐具（如盘子或碗）上，然后被端给坐在用餐区的桌子旁的客人。
- 传统法式服务。在这种上菜方式中，菜单上的菜品是在客人的餐桌上准备和烹制的，如经典的凯撒沙拉或燃烧的黛安牛排。
- 俄式（拼盘）服务。在这种上菜方式中，食物被放在厨房的餐具上，由服务员送到客人的餐桌上，然后再由服务员将食物逐一分发到客人的盘子里。
- 英式（家庭）服务。在这种方式中，食物由服务员用放在客人餐桌上的餐具送上，这样他们可以互相传递食物。
- 自助餐（自助服务）。在这种流行的服务方式中，客人自己动手取各种食物，这些食物已经摆放好，方便客人取用。
- 柜台（酒吧）服务。在酒店中，这种上菜方式在酒吧和酒廊最为普遍。客人在柜台后向服务人员点餐，服务人员会准备好并向坐在吧台前的客人提供菜单上的物品。

可以在同一餐中结合各种上菜方式。例如，凯撒沙拉可能是在餐桌边准备的（法式服务），而主菜则可能是在厨房预先装盘的（美式服务）。

11.5.2 服务程序

为正确地提供食物，员工须进行各种活动，包括：

- 确保桌子、椅子和隔间的干净、安全和稳固。
- 检查以确保桌布（如果使用）放置正确，并且干净、无烫伤、无破洞和无撕裂。
- 确保**餐具摆放**[15]符合酒店的标准（请参见图 11.8 中的示例）。请注意，餐具的摆放方式通常是这样的：客人先使用外面的餐具，然后是中心位置的餐具。在查看图 11.8 时，还要注意叉子的安排。客人将首先享用鱼肉，然后是主菜。由于示例图是根据正式的欧式餐来绘制的，所以沙拉是在主菜之后（而不是之前）上的，因而沙拉叉放在最靠近餐具中心的位置。

- 确认玻璃器皿、餐具或其他服务器皿上没有水渍或指印。

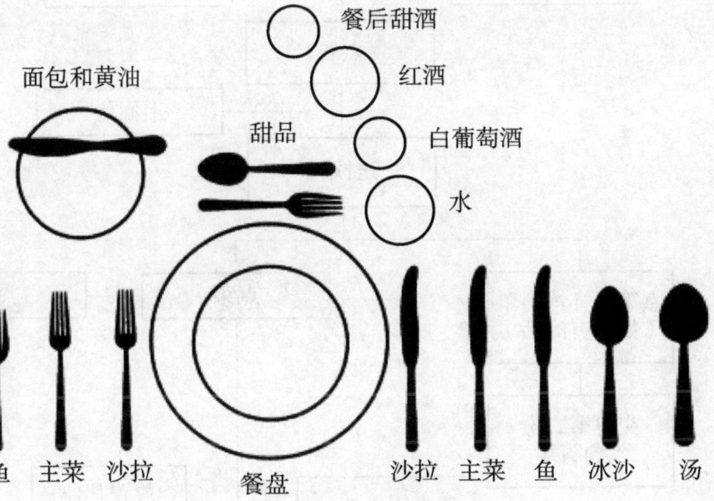

图 11.8　高档餐厅的餐具摆放示例

服务准备工作不仅限于检查宾客用餐区，服务人员自身的准备同样重要。正因为如此，许多餐饮服务经理在服务开始前都会强制要求员工**排队**[16]集合。

每日排队时培训的主题通常包括：

- 具体的**服务区域**[17]分配。
- 每日特色菜。
- 新菜单项目的介绍（包括品尝新项目的机会）。
- 根据预订和其他信息对当班的业务量进行估算。
- 关于解决服务相关问题等主题的小型培训课程。

随着用餐过程的发展，服务员与客人之间的互动涉及许多步骤。这些步骤如图 11.9 所示。

服务的第一个步骤是明确的，接下来的几个步骤可能就未必如此了。重要的是，在客人入座后，服务员应尽快接近餐桌（步骤 1）。

热情好客和真诚的问候很重要。（“您好，欢迎来到弗农餐厅。很高兴您的到来，我们将努力为您的到访留下深刻印象。”）眼神接触、自信的态度和真正的好客精神在与客人的最初接触中很有帮助。

服务顺序中的步骤 2 将因酒店而异。客人入座时，领班人员可能会向他们提供菜单，而服务生则会在服务员到达餐桌前为他们送上水。介绍菜单时，服务员还可以提及菜单所列内容外的所有特色菜。

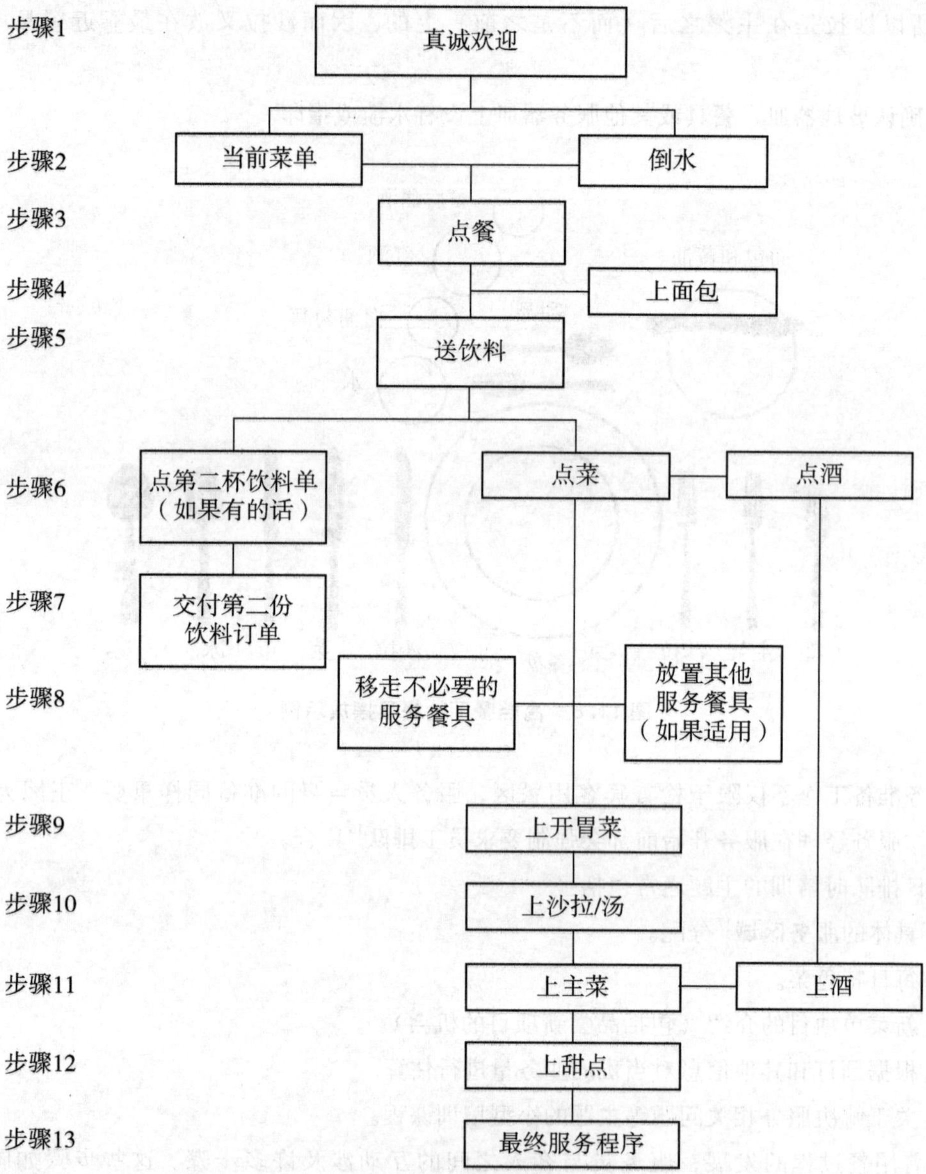

图 11.9　服务顺序

可以点一杯饮料（步骤3），并在之后将面包（如果有的话）送上桌（步骤4）。应使用托盘将饮料订单（以及其他所有物品）送到餐桌上。如果可能的话，服务员应以右手将饮料从客人的右侧送上。服务员接单或送单时，请勿将服务托盘放在客人的餐桌上。

送完饮料后（步骤5），当服务员返回餐桌时，有三项活动变得很重要（步骤6）：

- 接受第二份饮料订单（如果适用）。
- 接受食物订单。
- 点酒单。

在接单时，服务员应该：

• 彻底了解并提出问题。例如，如果客人点的是牛排，服务员必须询问所需的熟度。如果客人点的是烤土豆，则应询问他们喜欢的配料。

• 复述订单以确保准确性。

• 回应客人的需求。例如，如果他们显得很匆忙，可建议他们选择可以快速准备和供应的食物。

• 在每位客人点完餐后，将菜单放回适当的存放位置。

在接受食品/酒类订单后，如果适用的话，可以交付第二轮饮料订单。在步骤 7 和步骤 8 中，服务员应移除不需要的物品，例如，如果没有订购葡萄酒，则应移除预设的酒杯。在已知订单后，将需要使用的其他物品摆放到餐桌上。这些物品可能包括特殊的刀具（如果订购了牛排）和特殊调味品，如搭配海鲜食用的塔塔酱。

步骤 9 ～ 12 说明了供应开胃菜、沙拉/汤、葡萄酒和甜点的顺序。在这些步骤中，对细节的关注是非常重要的，比如是否有客人需要更多的水或其他饮料，是否有一件餐具掉在地上而需要更换，或者是否有人对调味品有异议？

步骤 13 指出了最终服务程序的重要性。这些包括：

• 出示账单。

• 协助客人付款。

• 用一句真诚的“感谢光临；很高兴为您服务；欢迎再次光临！”来结束用餐体验。

在一个管理良好的用餐区，类似“谁点的意大利面”这样的问题，是一个永远不需要问，也不应该问的问题。服务区域内应使用编号系统，以便服务员知道是谁点了意大利面。餐厅中的每张餐桌都应被分配一个编号，并且每张餐桌的座位也应编号。这样一来，就再也不会发生“谁点的意大利面”式的问题，因为在客人点餐时，服务员会在点餐台上写下或输入与点餐客人相对应的餐桌和座位号。

工作日记：一天的工作 11.1

情况：

“到底是谁的工作?”山景酒店的巴克利烧烤餐厅里，服务员弗朗西斯沮丧地问餐厅经理路易斯。

弗朗西斯继续说：“今晚我们很忙，我正在尽我所能为客人提供服务。我很高兴在我到达餐桌前客人已经有菜单和水了，这显然有助于加快服务速度，但是，更多时候，我不得不浪费时间去拿菜单和准备水杯带到餐桌上，因为我不知道自己到达时客人是否已经有这些东西了。如果他们有的话，我就会显得很傻，而且我必须把多余的杯子送回服务台，然后再下订单。这样一来，我非但没有节省时间，反而浪费时间了，而这些时间本来可以更好地用在更有成效的工作上。”

回应：

弗朗西斯对这个问题的看法是正确的。按正常的流程，领班人员应向客人提供菜单，并由服务生送上水。但是，如果未对员工进行适当的培训，那么情况就未必能如流程所规定的那样进行。路易斯可以这样回应这一问题："我们下班后再讨论这个问题吧，那样我们会有更充裕的时间解决好它。现在，我会尽量帮忙，这样你和其他员工就不必浪费无谓的时间了。"

在上述案例中，弗朗西斯进行了合理的投诉，并通过与主管路易斯的讨论做出了正确的决定。接下来，路易斯应把与餐饮服务人员见面并确定每个人的工作职责作为优先事项。一旦确定了这一点，再辅以有效的培训计划，就可以帮助实施既定的流程。

知识拓展：绿色住宿！

成为一个绿色食品经营者的真正含义是什么？对绿色餐饮服务的关注主要集中在可持续的食品选择、减少包装废弃物和强调食品采购的本地化上。这些都很重要，但全服务酒店的经营者还必须以节水和节能的方式管理其餐饮服务运营。有趣的是，在过去十年中，餐馆老板和消费者对水的看法发生了很大变化。

对于那些在全服务酒店经营食品项目的酒店经营者来说，餐饮业主普遍采用的以下绿色做法可以对酒店的利润和环境产生重大而积极的影响。

1. 关注"瓶装水"。从2000年到2010年的十年间，瓶装水的消费量激增。但是，越来越多的消费者意识到，这一需求造就了数百万个废旧塑料瓶，导致了日益增长的环境成本。因此，在全国各地的酒店会议室中，客人开始要求酒店不提供瓶装水。在此问题及其他绿色实践问题上有强烈意识的环保会议筹办者，提醒酒店经营者要关注消费者对可接受的绿色实践的看法趋势。

2. 关注"节水"。水是地球上最重要的有限资源。一般而言，餐饮服务企业在节水方面做得不够好。节约用水的做法以及高效的卫生洁具和设备每年可为酒店行业节省数百万美元。厨房用水设备、曝气器、预冲洗喷水阀、小便池和马桶等，通过现代设计，都是可以产生巨大节约的领域。

3. 用LED照明替换白炽灯。用LED或紧凑型荧光灯（CFL）代替传统的白炽灯可以为酒店带来巨大的节约，它们不仅降低了照明成本，还减少了更换烧坏的灯泡所需的人工成本。

4. 检查标签。在美国，购买并使用经过环保署（EPA）测试并显示其能源之星标签的电器、电子产品和设备，是降低能源成本的一个好方法。能源之星标签是1992年根据美国政府的计划创建的。此后，加拿大、日本、新西兰和欧盟的制造商纷纷开始采用它。一般来说，带有"能源之星"标签的设备运行时比联邦标准要求的能耗低20%～30%。

5. 从农场到餐桌。这是一种将食物从种植或生产地区运输到消费地区、降低对环境的影响的方式。尽量减少从农场到餐桌的时间，不仅可以减少对环境的影响，而且有助于确保食材的质量。对于许多餐饮经营者来说，承诺（尽可能）购买其经营范围150英里范围内的烘焙食品、新鲜农产品，甚至肉类，是认识到“从农场到餐桌”这一概念的重要性的一种方式。

11.6 酒店客房用餐服务

许多全服务酒店提供客房服务。客房服务是酒店术语，它描述了将菜单上的物品送到客房的整个过程。有些酒店提供24/7（即每天24小时，每周7天）的客房服务。各种类型的客人都可以使用客房服务，如想要快捷早餐的商务旅客，想要在客房套房开会期间享用午餐的小团体，想要安静地享受浪漫晚餐的情侣，等等。

大型酒店通常雇用一名客房服务部经理，全面负责这一专门为客人提供的服务。在这样的酒店里，客房服务人员可以在专门为客房服务订单设计的单独的食物准备区域中工作。此外，在这些酒店中，将菜单上的物品送到客房可能是一些员工的全职工作。

在规模较小的酒店，餐饮部经理通常会计划由制作餐厅膳食的厨师来制作客房服务项目里的食物，且通常由餐厅服务员将其送至客房。

11.6.1 盈利能力

客人们注意到客房服务菜单上看似昂贵的价格，有时会认为酒店从客房服务中赚取了很多利润。事实上，情况通常并非如此。

如果客房服务不能为酒店带来利润，那为什么还要提供？有几个答案。首先，它是为宾客提供的服务，有些宾客可能会根据其可用性选择酒店。在这类客人中，有乘坐深夜航班抵达的，也有希望在客房内举行小型商务会议时得到餐饮服务的。

其次，提供客房服务（尤其是24/7服务）可以显著增加宾客对酒店的独特性的关注度。最后，一些酒店评级机构，如美国汽车协会（AAA），只对提供客房服务的酒店给予最高评级。

为什么客房服务经常亏损？首先，高额的劳动力成本是一个原因。其次，将食物从厨房运送到客房区需要大量时间。此外，购买设备所产生的资本成本，如送餐车和加热设备，可能是巨大的。如果将运输物品的电梯、储存客房服务车和为送货做准备的集结区以及类似的费用进行分配，支出甚至会更多。最后，玻璃杯、茶杯、餐具和服务用品等物品也会增加客房服务成本。

待清洁的客房服务物品需要送回厨房区域，但这往往会衍生出其他问题。例如，“由谁负责将脏餐具送回餐饮区？”不幸的是，在等待解决这些问题的时间内，脏托盘在酒店的走廊上将不得不逗留更长的时间，且一些服务用品（更换成本高）也可能会被盗。

在某些酒店，客房服务部门还可以为**招待套房**[18]和其他团体活动提供客房内的餐饮服务。在会议酒店中，供应商和参展商可能会邀请客户到酒店客房参加其**举办的活动**[19]。当这些服务由客房服务人员而非宴会服务人员提供时，客房服务盈利的可能性就会增加。

11.6.2 菜单规划

在规划客房服务菜单时，需特别关注一些重要问题。与其他任何餐饮服务一样，质量很关键。客房服务菜单应该只提供那些可以从食品制备区运输较长距离而不会降低其质量的食物。多数客人认为客房服务的价格高昂，所以希望食品质量足够高，才能证明其价格的合理性。不过，一些普遍受欢迎的食物（例如煎蛋和炸薯条）往往并不是理想的客房服务菜单项目，因为当它们在运送到客房的过程中，无法长时间保持在适当温度，极可能出现质量问题。

酒店的餐饮部经理可以通过对各种物品进行采样来轻松检查酒店餐厅或宴会环境中的食物质量。但是，客房服务部经理对客房服务中的产品接触较少。多方了解客人的反馈意见是检验质量要求是否得到一致满足的一个重要途径。

有创意的酒店经营者都知道，客房服务菜单还可用以销售其他酒店产品和服务。例如，客房服务早餐菜单可以表明，酒店餐厅的周日早午餐非常受欢迎，因此，客房服务早餐菜单可以邀请客人电话咨询餐厅的每日晚餐特价，让客人们有兴趣提前考虑其晚餐计划。

位于机场和其他吸引国际旅客的旅游区附近的酒店，面临着另一种客房服务挑战：语言障碍。一位不讲英语的客人独自住在客房里，而房间里的菜单全部使用英语，显然，客人点菜时就会遇到很大的困难。用酒店的国际客人最常用的语言来完成菜单项目描述和图片等替代方案，是一种解决办法。如果有最低订购费用、强制性小费政策或对客房订购的其他要求，应在菜单上明确指出，或由订餐员说明。

11.6.3 经营问题

训练有素的客房服务员是很有必要的，无论这是个全职职位还是仅作为诸多工作职责中的一部分。沟通问题在客房服务中出现得太频繁了，如果员工无法克服并完成完整的订单流程，极易招致客人的不满。因此，在点菜餐厅中服务员通常会询问用餐客人的问题，客房服务员也应能提出。例如：

- 您的牛排需要几分熟？
- 您的烤土豆需要配上酸奶油吗？
- 您需要来杯葡萄酒佐餐吗？今晚的特选葡萄酒和您的主菜很相配，而且物有所值！

在任何食品服务操作中，纠正错误都是很困难的。不过，在餐厅里，一个不准确的订单有时是可以很快得以纠正的。例如，如果搭配炸薯条食用的番茄酱被遗漏了，服务员可以立即补上。可是，如果类似事件发生在客房服务中，那么返回厨房补充番茄酱，无疑就需要相当长的时间。在这种情况下，客人是应面对着不断冷却的食物等待番茄酱，还是应该在没有番茄酱的情况下食用炸薯条？可想而知，无论采用哪种方式，都可能导致客人不满，且此种负面印象还将延续到酒店的其他体验中。同时，必须在此工作任务上花费更多时间的服务员无法再为其他客人提供服务，使得这些客人因为等待客房服务订单的时间增加而抱怨不已。因此，一个小问题的出现会产生连锁反应，影响更多的客人对其整个住宿体验的看法。

在客房服务中，**暗示性销售**[20]的机会是很多的。如果将那些因不了解或未考虑到而原本并未订购的项目告知客人，如开胃菜或甜点，那么客房服务的**客人平均账单**[21]就会增加。

客房服务订单（如点餐业务中的订单）被输入业务**销售点（POS）系统**[22]后，可以在屏幕上查看，或将其打印出来，交给客房服务厨师。当订单被传送到客房时，也会有一份订单副本给服务员。

在任何情况下，客房服务员都必须仔细核实已经装盘并放在客房推车上送达的食物是否的确为客人所订购的物品。

带有专门为客房服务设计的软件应用程序的 POS 系统极大地改善了客房服务订单的接收。系统通常会显示客房号和登记在该客房的客人的姓名，并从该客房下订单。使用客人的名字是一种有效的销售策略，并且对于接单员而言，这样做变得容易了。下订单时，这些系统会提供相关信息，询问是否允许客人将购买的餐食记入他们的房间对账单，还是必须在送餐时支付餐费。

11.6.4　客房内服务

从客人的角度来看，客房服务并不因餐饮订单到达客房而结束。实际上，客人订购的菜单项目的交付仅仅是开始。客房服务员必须接受有关以下服务程序的充分培训：

- 向客人询问应将客房服务餐放置于何处。
- 说明取回客房服务项目的程序。
- 出示客人账单并确保签名或付款。
- 打开葡萄酒。
- 询问客人是否需要其他未送达的物品。
- 展示真诚的待客态度（而不是急于提供其他客房服务）。

管理人员必须不断评估如何改善酒店的客房服务。在这项工作中，客人的反馈是至关重要的。有时，用于评估整个酒店的一般住客评分表中会包含与客房服务有关的部分，此外还可以使用与客房服务同时提供的特定评估表。

客房服务经理应随机要求客人提供反馈意见，并由酒店总经理进行审查。当结果令人满意时，应认可并奖励相关人员。如果遇到问题，则总经理应与餐饮部门的员工合作，共同解决问题。当然，持续跟进也是很重要的，以确保不会再次发生相同问题或与之相关的其他问题。

工作日记：一天的工作 11.2

情况：

某酒店总经理武吉先生正在主持每周召开的执行委员会例会，会议主题与新实施的屏幕反馈系统生成的来宾数据有关，该系统分别评估了客房部、餐厅和前厅部的表现。一些部门负责人表示满意（或至少是松了一口气!），因为在所有评估项目中，客人的评论得分均为90%——“积极”。“看来我们做得很好，没有关于任何东西的一致投诉。”餐饮部总监说。

但是，武吉先生有不同看法。“是的，90%的客人认为我们做得很好。但是，在每个客人都肯定我们做得很好之前，我们不应该自我满足。我们现在的情况与满分之间的差异代表着我们的改进空间。”

“我们来看看客房服务。”武吉先生说，“上周，我们共收到两起关于冷食的投诉，其中一位客人抱怨订单未完整送达。另外，巡视客房楼层时，我还亲自动手把滞留在走廊上的客房服务托盘搬回厨房。”

“是的，不少客房服务员也提及，他们不得不更频繁地打电话给厨房，要求他们取走前一天晚上和早餐留下的客房服务托盘。”行政管家附和。

餐饮部总监一下子显得颇为被动起来：“确实，每个服务岗位都缺少人手。我们刚刚招聘了一些人，现在正在培训，希望不久可以胜任餐厅和客房服务工作。至于目前，我们需要各位的帮助来解决这些问题。”

回应：

在上述案例中，武吉先生强调，即使在客人评论分数相对较高的时候，仍有机会进一步改善运营，这是正确的。执行委员会会议提供了一个极好的机会来讨论影响多个部门的问题，但是，餐饮部总监应该在意识到问题后立即与受影响的部门负责人探讨服务人员的配置问题，而不是待问题提交到执行委员会会议才发表意见。

武吉先生应该讨论所有部门主管及其员工之间的沟通、团队精神和合作问题。他还应该促进讨论，并在各部门之间就如何解决冷餐投诉和未归还客房服务托盘的问题达成一致意见。

11.7 宴会业务

酒店餐饮销售人员所销售的各种类型和规模的宴会活动，是酒店餐饮部门与餐饮业其他同行相区别的一个重要因素。宴会的业务量有助于确定该业务是由食品生产和服务人员负责，还是使用具有专门宴会职责的员工。

酒店的销售与市场营销人员通常负责开展宴会业务，并就特定宴会活动进行合同谈判。但是，承诺的产品和服务的交付，则由餐饮部门负责。

拥有大量会议业务的酒店一般都有特殊的宴会需求。大型酒店通常设有单独的会议服务部门，为打算入住酒店的团体策划和协调所有活动（包括与餐饮有关的活动）。无论是由餐饮部总监负责宴会功能的小型酒店的总经理，还是拥有专职宴会经理的大型酒店的总经理，都具有一些共同特征：他们都必须知道并了解宴会功能如何运作，如何对其进行评估，以及如何利用宴会更好地提高酒店的盈利能力和满足客人的相关需求。

11.7.1　营利能力

与酒店的餐厅（饭厅）业务相比，宴会业务通常更有利可图，原因如下：

• 宴会经常被用来庆祝特殊事件。这就提供了销售更昂贵的菜单项目的机会，因此，它的**贡献利润率**[23]更高。

• 需提供的餐饮数量是事先已知的；实际上，还有正式的**保证**[24]。另外，活动的开始和结束时间也是已知的。这使得生产和服务的劳动力更容易安排，且减少了点餐餐厅中经常发生的劳动力需求的“高峰和谷底”现象。最后，在宴会中，食品生产过剩及后续浪费的可能性均较小。

• 宴会策划者经常能够借机出售**招待酒吧**[25]或**现金吧台**[26]，以增加对需要酒精饮料的客人的销售。

• 除了销售食品和饮料产品外，还有机会出租宴会厅。

• 服务员喜欢从事宴会活动，因为通常情况下，强制性服务费会增加他们的收入。

总之，宴会业务是非常理想的业务类型，酒店管理者应尽一切可能在社区的宴会业务中获得更为可观的市场份额。

11.7.2　菜单规划

在策划宴会菜单时，影响酒店餐厅制定菜单的大多数因素在这里也同样很重要。这些因素包括：

• 客人的喜好。
• 始终如一地生产出所需质量的菜肴的能力。
• 生产菜单项目所需配料的可用性。
• 具有适当技能的生产/服务人员。
• 设备、布局或设施设计问题。
• 营养问题。
• 卫生条件。
• 最高产量能力。
• 以所收取的销售价格产生所需利润水平的能力。

除了这些问题之外，还可能存在与宴会菜单有关的其他问题。菜单规划者必须确信所提供菜品能以适当的数量、适当的质量水平，并在规定的时间内完成。在策划宴会菜单时，“顾客永远是对的”这句老话必须适当调整。如果没有按照预期的标准交货，受到批评的将是酒店，而不是宴会预订者。例如，假设宴会预计者希望为数百名客人提供火烧主菜、餐桌旁现场制作的凯撒沙拉和手工制作的糕点。这些项目都属于劳动密集型的，需要大量的专业服务才能提供。如果酒店的销售与市场营销人员同意按上述方式来销售宴会活动，他们就会陷入两难局面。如果酒店接受了这项业务，却并未有效地提供所承诺的宴会活动，将会招致客人的不满。但如果不能说服宴会预订方选择更实用的菜单，这项业务就可能丢失。综合而言，如果不能按照高质量的标准交付宴会服务，则拒绝这种宴会业务很可能才是最符合酒店的最佳短期和长期利益的。

为了确保提供给客人的菜单项目是酒店可以随时制作的，考虑到酒店的生产限制和盈利目标，许多酒店都预先制定了宴会菜单。这些菜单是与潜在客户进行谈判的绝佳起点。这些菜单通常无需更改即可使用，但有时也可以进行一些小范围的变更，如用特定的蔬菜或甜点替代宴会菜单上所列的蔬菜或甜点。

在其他情况下，需要专门为一个特殊事件设计菜单。与酒店的行政主厨合作，一个能力卓越的宴会策划者可以开发出同时符合客人期望和酒店财务要求的菜单。相反，如果销售人员和餐饮部门之间缺乏密切合作，就很容易在向客人提供/不提供什么的问题上发生冲突。

11.7.3 宴会活动单和合同

宴会策划涉及许多细节，因此大多数酒店都会使用**宴会清单（BEO）**[27]。表 11.1 为一个 BEO 样本，它总结了宴会的细节，并有助于预防酒店员工与活动赞助商之间发生沟通问题。

BEO 中的信息描述了将要举行的宴会的具体细节。在某些情况下，它被用来构成酒店与宴会购买者之间的法律合同的基础。但是，在其他情况下，也可以使用单独的文档。无论哪种情况，都最好有一份清楚表明以下内容的书面合同：

- 保证的时间。必须收到出席保证书（客人人数）的日期。
- 取消政策。应包括如果取消宴会合同所需支付的费用说明。例如，如果在活动预定日期前 60 天或以上取消合同，则可能收取预期账单的 50% 作为取消费；如果在活动预定日期前 60 天内取消合同，则可能收取 100% 的费用。
- 担保减免政策。例如，如果最终担保额低于最初担保额的特定百分比，可能会按人头收取额外费用。
- 账单。有关客人付款金额和时间表的信息将在协议部分中说明。

表 11.1　宴会清单（BEO）样本

宴会日期：	宴会清单（BEO）#：
机构名称：	
寄付账单地址：	商务电话#：
	商务传真#：
联系人姓名：	商务邮件：
客户主管：	场地租用：（$）
出席人数：（）人	
酒水服务	**场地布置**
☐全服务　☐有限服务　☐招待会酒水服务 ☐非招待会酒水服务	☐课室式　＊☐剧院式 ☐其他：________ ☐见下方图表
☐调酒师服务　（　）吧台 ☐现金吧台　（　）收银台	所需设施（物品）：
☐优质品牌酒水　☐点叫品牌酒水　☐自有品牌酒水	☐注册台/椅：________ ☐废纸篓 ☐画架
（　）单杯　（　）酒吧套餐 （　）开放时间	☐平台：☐站立式　☐桌面式 ☐平板电脑/铅笔/水笔/薄荷糖 ☐水/玻璃杯
时间：　客房号：	
吧台营业/打烊时间说明： 营业时间：________AM/PM 打烊时间：________AM/PM	图表：
午餐/晚餐配酒 ________搭配主菜，________服务员 时间：　地点：	
其他说明：	**布草：** ☐白色　☐其他：________ **台裙：**
菜单	
________底盘　________水杯 ________柠檬叶奶油花	**餐巾：** ☐白色　☐其他：________
☐开场　☐祷告 ☐餐前无任何仪式	**音乐：**

（续上表）

头盘时间在：________上午/下午 进餐时间在：________上午/下午	**音响/视听设备**
	☐麦克风：__________ ☐幻灯放映机：__________ ☐高射投影仪：__________ ☐录像机/显示屏：__________ ☐混音器______频道 ☐音频视频 ☐电子白板/马克笔 ☐屏幕 ☐图板/平板电脑/录音带/电子笔☐液晶显示投影仪
	衣帽间
	☐有接待 ☐现金：________ （ ）随员 （ ）衣帽架
酒水单	**泊车服务**
	☐接待泊车 ☐现金：________ 每辆车收费：$ __________
	账单（支付方式）
	押金：$ __________

11.7.4 宴会服务的其他问题

宴会厅的设置、服务方式和酒精饮料的收费，是酒店宴会管理人员需特别关注的其他问题。

(1) 宴会厅设置

酒店的宴会厅（也称为**多功能厅**[28]）必须由酒店的工作人员进行设置，以反映将要举行的活动的类型和目的。例如，商务研讨会所需的房间设置与正式的婚宴有很大不同。

在大多数情况下，宴会厅的设置是一项简单的活动。分配给宴会的空间通常是在预订宴会活动时确定的，并在适当的时候按照规定进行设置。宴会厅的设置涉及许多细节：房间的大小（通常由预期的客人数量决定，当地的消防安全法规或条例也可能影响这一决定）；桌子的类型（如圆形、方形或长方形）和尺寸；每张桌子的座位数；过道、舞池、主桌、接待/自助餐线或其他用途所需的空间……这些将影响宴会厅设置的问题都应在 BEO 上一一注明。如果同一天内必须在同一空间中执行不同功能，或者同一空间在举办完一个大型晚宴活动后又紧接着承办了次日的大型早餐活动，时间安排就会变得非常关键。

(2) 宴会服务方式

宴会活动涉及向客人提供食品和饮料产品的众多方式。这些服务方式（美式、法式、俄式、英式和自助餐）中的大多数都适用于餐厅服务，本章前面已经讨论过。另有一种有时在宴会上使用的服务方式，被称为“管家服务”：例如，开胃菜和预先倒好的香槟酒可以由服务人员为站立式招待会上的客人巡回递送。一般来说，在一次宴会活动中，常常会使用一种以上的服务方式。

服务方式可以将优雅和高成本的宴会与价格相对较低的宴会区分开来。例如，可以为坐在**主桌**[29]的客人提供餐桌边现场制作的凯撒沙拉，而其他餐桌上的客人则提供预先制作并分盘的凯撒沙拉。另外，汤类蔬菜可以为每位客人分装好后再端上桌（美式服务），服务人员可以将肉汤从壶中倒入每个客人的碗里（改良的俄式服务），等等，这些都是使宴会服务方式显得更为优雅的简单方法。

(3) 酒精饮料的收费

许多宴会都提供酒精饮料。例如，活动开始前的招待会，活动期间的酒水服务以及用餐期间和结束后的饮料服务。宴会提供了更多机会来销售**点叫品牌饮料**[30]或**优质品牌饮料**[31]，以补充或替代酒店的**自有品牌饮料**[32]。

宴会上销售的饮料有几种常见的收费和定价方式。它们可以在现金吧台按杯销售，需要饮料的客人自行付费。许多活动也提供招待酒吧（即开放式酒吧），由主人支付全部或部分宴会订单的饮料费用。

还有一些活动将现金吧台和招待酒吧结合起来，向客人发放免费饮料券以购买其他饮料。也有一些饮料在特定时间段内是免费的（例如晚餐前），其他时间客人可在现金台自行购买。

饮料收费的方式有多种：

- 个人饮料费用。出售每杯饮料时都收取现金，或者对售出的每种饮料的数量进行手动或电子计数，并在活动结束时按照商定的每杯饮料的价格向宴会主人收费。
- 按瓶计费。通常在开放式酒吧中使用，按消费/打开的瓶子收费。通常情况下，每开一瓶即按商定的价格全额收费，且不允许客人把开过的瓶子带离酒店。
- 按人收费。这种方法是按活动出席人数来收取特定的饮料费用。用于担保的客人数量（此前已讨论过）可以成为按人收费的基础。对于参加活动的未成年人，将按人数扣除，因为他们不会消费酒精饮料。
- 按小时收费。这种方法是指以小时为单位向宴会主人收取特定的饮料服务的费用。为了确定每小时的收费标准，酒店必须确定到场的客人数量（保证金可用于调节未成年人的数量），然后估计活动中每小时每位客人消费的饮料数量。

宴会活动期间，一些酒店可能会对客人带入酒店的酒精饮料收取**开瓶费**[33]，尽管这常常被客人误解，但如果外购饮料被带入活动现场，酒店确实会产生费用：饮料必须供应（涉及人工成本），酒吧/用餐区必须清洁，易破损的杯子必须使用和清洗，搅拌棒、鸡尾酒餐巾、适当的装饰品（如果需要）和其他用品也仍然是必要的。

关键词汇

1. **宴会（Banquet）**：在酒店私人预订的多功能厅举行的美食活动。

2. **直辖报告人（Direct report）**：直接受主管监督的雇员。例如，副总厨是行政总厨的直辖报告人。

3. **菜单规划（Menu planning）**：确定哪些食物和饮料项目既最能让客人满意，同时也能满足既定成本目标的过程。

4. **价值（餐饮服务）［Value（foodserivce）］**：相对于菜单项目的质量、服务和就餐体验而言，客人对菜单项目的售价的看法。

5. **人口因素（Demographic Factors）**：诸如年龄、婚姻状况、性别、种族和职业等特征，有助于描述或将一个人归类为一个群体的成员。

6. **配料（Ingredients）**：食品或饮料配方中的各个组成部分。例如，面粉和糖是糕点中的配料。

7. **缺货（Stockout）**：生产所需的食品/饮料在现场无法获得时出现的情况。

8. **标准化配方（Standardized recipe）**：有关如何准备食品或饮料的书面说明。它列出了每种成分的数量、制备技术、分量以及生产人员需要的其他信息，以确保总是以相同方式制备所需某种食品或饮料。

9. **从头开始（食品生产）［Scratch（food production）］**：使用基本配料制作待售的物品。例如，可以用新鲜蔬菜、肉类和其他配料现场制成蔬菜通心粉汤。

10. **便利食品（Convenience food）**："内置"有劳动力的食品或饮料产品，否则必须在现场添加。例如，蔬菜通心粉汤可以冷冻或罐装形式预先制成。

11. **制作或购买分析（Make or Buy Analysis）**：在从头开始生产和便利食品替代品中考虑质量、成本和其他因素的过程，以确定哪种形式是最适合的操作。

12. **连锁配方（Chained recipe）**：某项产品的配方，例如调味酱本身就是另一种配方的成分（如意面菜肴中使用的番茄酱）。

13. **上菜（Serving）**：将准备好的食品或饮料从生产人员转移给服务人员的过程。

14. **服务（食品和饮料）［Service（food and beverage）］**：将食品和饮料产品从服务人员手中转移到客人手中的过程。

15. **餐具摆放（Place setting）**：为一位客人在餐桌上摆放盘子、杯子、刀、叉、匙（扁平餐具）和其他服务用品。

16. **排队（培训）［Line-up（training）］**：在工作前进行的简短的信息培训。

17. **服务区域（Server station）**：餐厅的一个区域，所有的餐桌和空间都被分配给一个特定的服务员。

18. 招待套房（Hospitality suite）：供应商在会议期间租用的客房，为被邀请的客人提供免费的食物和饮料。

19. 举办的活动（Hosted event）：为受邀客人免费提供的活动，其费用由活动赞助商承担。例如举办婚礼的酒吧可以为参加婚礼的客人提供免费饮料，企业赞助商可以在招待套房里举办招待会。

20. 暗示性销售（Suggestive selling）：由点菜员（在客房服务业务中）或服务员（在点餐业务中）提供的信息，鼓励客人购买额外的或价格较高的物品，否则他们可能不会点这些物品。这通常也被称为“追加销售”。

21. 客人平均账单（Guest check average）：客人在客房服务或餐厅订单上的平均消费金额。客人平均账单的计算公式是：总收入 ÷ 服务客人总数 = 客人平均账单。

22. 销售点（POS）系统［Point of Sale（POS）system］：一种计算机系统，可记录客人的餐饮购买和付款信息。

23. 贡献利润率（Contribution Margin）：在支付了用于产生销售的食品成本后，食品销售的剩余收入金额。

24. 保证（Guarantee）：关于宴会活动中提供的餐饮数量的合同协议。活动的赞助商同意为所服务的客人数或保证金（以较高者为准）付费。

25. 招待酒吧（Hosted Bar）：一种在宴会活动的全部或部分时间内，由活动主办方支付饮料费用的饮料服务方式。也称为“开放式酒吧”。

26. 现金吧台（Cash Bar）：一种在宴会活动中由需要饮料的客人自行支付费用的饮料服务方式。

27. 宴会清单（Banquet Event Order，简称 BEO）：销售和餐饮服务人员用来详细说明宴会活动所有要求的一种表格。该表格上汇总了客户提供的所有信息，是客户与酒店之间所签订的正式合同的基础。

28. 多功能厅（Function room）：指定的酒店空间，可容纳不同类型的特殊活动。

29. 主桌（Head table）：宴会活动中为指定客人保留的特殊座位。

30. 点叫品牌饮料（Call brand beverages）：按人名命名（例如尊尼获加金牌威士忌）并出售的高价高质酒精饮料，而不是仅按酒类（如苏格兰威士忌）出售。

31. 优质品牌饮料（Premium brand beverages）：一般来说价格最高、质量最好的饮料，例如尊尼获加黑苏格兰威士忌。

32. 自有品牌饮料（House brand beverages）：按类型（如苏格兰威士忌）而不是按品牌出售的含酒精饮料，这些饮料在不要求点叫品牌饮料或优质品牌饮料的情况下使用。

33. 开瓶费（Corkage fee）：当客人将一瓶酒（例如特殊的葡萄酒）带到宴会厅或酒店餐厅消费时收取的费用。

第12章　酒店会计管理

本章内容

本章概述

一家经营中的酒店会产生大量的财务数据。每一笔客房、食品、饮料和其他酒店产品和服务的销售都必须被记录。无论用什么词来定义，它都是酒店的销售、收入或收益，因此客人的支付款项和信息必须被收集和保护起来，同样，酒店的运营费用也必须被仔细记录、监测和管理。正确的会计处理涉及对酒店所有财务活动的准确记录的维护。

在大型酒店中，通常由一名财务主任来负责会计工作。在这样的酒店里，财务主任可能与大量的工作人员一起工作。但在小型酒店中，酒店的总经理可能会履行财务主任的所有职责。无论哪种情况，酒店都会建立起一个集中式或分散式会计系统。本章中，我们将了解这两种系统，并用“控制员”一词来指代负责监督酒店会计职能的个人。

会计职能实际上始于预算编制。一家酒店必须能够估算它将带来的资金量（收入）以及它必须花费的金额（支出）来运作。预算有三种基本类型：长期预算、年度预算和月度预算。本章将分别对每种预算类型进行讨论。

在一家酒店里，从客人那里收取的购买房间和其他服务的费用必须仔细核算。这项工作必须每天进行，因为许多客人只在酒店住一晚。因此，每天早晨客人离开时，酒店必须准备好每位客人的正确账单（对开），以便向该客人出示。此外，经营零售店的酒店，如餐厅、酒廊、宴会设施、高尔夫球场和礼品店等，必须对其日常销售进行核算。酒店的所有收款区域都必须保护这些资金免受可能的盗窃。在本章中，我们将了解酒店如何收集和保护其收入。

在第 4 章（住宿服务管理与管理者）中，我们已经了解“控制”是管理的四大职能的基础。因此，控制员的主要工作是帮助控制开支，也就不足为奇了。这一职能是通过仔细管理酒店的采购、收货和账单支付流程来实现的。

最后，酒店的财务业绩不仅对管理酒店的人很重要，对酒店外的许多个人和团体也很重要，其中可能包括酒店的业主、投资者、股东、贷款方或政府税务部门，他们都有赖于准确、及时的会计信息来对酒店作出明智的财务决策。在本章中，我们将了解到为酒店外部（以及内部）人员准备的三种最重要的财务文件：利润表、资产负债表和现金流量表。

教学目标

- 解释集中式和分散式酒店会计系统的区别。
- 说明酒店如何利用长期、年度和月度预算来管理其收入和支出。
- 描述用于管理酒店收入的控制措施。
- 描述用于管理酒店支出的控制措施。
- 解释如何使用利润表、资产负债表和现金流量表来报告酒店的财务状况。

12.1 酒店会计系统

专业的酒店管理人员都清楚，他们要为酒店的财务成功负责。会计只是衡量一个酒店或任何组织的财务业绩的方法。要想发挥作用，一个有效的会计系统必须允许仔细记录、汇总和分析所发生的每一笔财务交易。当一个会计系统运行良好时，酒店经营者可以利用它所生成的财务信息来作出良好的管理决策。反之，如果系统运行不良，决策就会受到影响，因为它是基于不准确或不完整的信息。

在酒店中，**控制员**[1]是负责监督会计和簿记功能的个人。

尽管会计和簿记相似，但簿记的目的主要是记录和汇总财务数据。会计包括开发收集和报告财务信息的系统，分析这些信息，并提出与财务有关的建议以协助管理决策。在很多方面，即使执行这一职能的人不是**注册会计师**[2]，控制员也可以被认为是酒店的现场会计师。

在某些情况下，酒店的财务记录必须经过注册会计师的审查和批准，然后业主、投资者、债权人、政府机构和其他利益相关方才会接受其准确性。在大型酒店中，控制员可能是注册会计师，但在小型酒店，更可能是由非注册会计师的个人承担记账和会计职能。

对某些酒店来说，低估注册会计师的重要性是错误的；然而，如果认为只有获得注册会计师资格的人才能成为有效的控制者，也同样大错特错。因为现在的会计系统可以分为集中式和分散式两种。

12.1.1 集中式会计系统

在**集中式会计系统**[3]中，酒店的财务数据通过计算机（例如，通过电子邮件、网络和 Web 页面发布）传输到中枢，在那里统一记录，然后由管理人员进行分析，或与来自其他酒店的数据结合起来进行分析。

为了说明在集中式会计系统下运行的酒店的情况，我们来看看一个例子。假设你在美国东南部拥有 5 家酒店，办公室则设在中西部。如果你想每天了解这 5 家酒店前一天的综合收入，那么这些酒店就必须将它们前一天的销售收入报告上来。为了方便起见，你会把 5 家酒店的销售收入加起来，得出所有酒店的当天总销售额。集中核算在经营多家酒店并希望合并财务数据或将公司会计系统的成本分摊到多家酒店的公司中最为普遍。

如果一家酒店是由同一公司拥有或管理的若干家小型酒店之一，那它很可能就会采用集中式会计系统来运作。如果这样，则通常很可能由公司（而非其中任何一家酒店）聘用一位注册会计师来进行数据分析。在一个核心位置聘用一位训练有素的注册会计师，通常比在多家企业里同时雇用多名注册会计师更具成本效益。

12.1.2 分散式会计系统

在**分散式会计系统**[4]中，总经理（小型酒店）或控制员（大型酒店）必须在准备酒店的财务文件方面发挥更大的作用。

如果总经理和控制员都不是注册会计师，那么酒店业主可能每年都须聘请注册会计师来审查酒店财务主管的工作，并就其编制的财务报表的可靠性提出专业意见。这一审查过程被称为**审计**[5]。

在某些情况下，对酒店会计实务的审计被视为与个人收入所得税审计一样令人生畏。但情况不应该是这样的。对酒店会计所进行的审计不过是例行公事，因为酒店的房晚（即酒店的主要可销售产品）是一种极易变质的商品（未售出的房晚会在每天的午夜消失），无法以正常方式持有和控制。此外，对酒店客人的正常服务包括各种各样的交易，其中涉及的现金数额相当大。

几乎在每一种情况下，审计都能发现财务报告和控制中可以改进的地方。这是意料之中的事，不应成为担心的理由。如果履行酒店会计职能的员工都是致力于追求卓越的专业人士，那么审计就是一个可供成长和改进的绝佳机会。由于需要建立和维持健全的会计系统，因此对酒店记录进行频繁且详细的审计是至关重要的。

在本文中，我们将研究一个分散式会计系统，以说明在现代酒店中发生的所有簿记和会计功能。对于酒店经营者来说，了解专业管理的酒店所需的预算编制、收入和支出控制以及财务报告程序是至关重要的。

12.2 预算

就像个人会根据他们赚钱的多少来作出购买和消费决定一样，酒店也必须估计自己能产生多少收入，产生这些收入需要多少成本，以及额外的资金（如果有的话）应如何花费或投资。因此，专业管理的酒店都会对其收入（收益）、支出和利润进行预算。

一些酒店经营者认为预算编制过程是困难和耗时的。事实并非如此。如果准备得当，预算可以为酒店管理者提供指导，并为其他对酒店未来财务业绩感兴趣的人士提供重要信息。它是有效管理酒店的重要工具。

在商业背景下，预算远不止是一个现金资源的支出计划。事实上，它是一个利用各种资源（包括现金、工具、材料，以及劳动力），以最有效的方式经营酒店的计划。预算编制有时被描述为酒店整体商业战略的财务表达。如果考虑到“商业战略”旨在预测酒店的发展方向、如何实现目标、将花费多少成本，以及如果战略成功实施会带来怎样的利润结果时，这是有道理的。然而，一个完善的预算所能起的作用远不止预测收入和支出。如果使用得当，预算是发展内部控制的一个重要手段，也是对控制员这个角色来说至关重要的另一项职能。

酒店经理会制定预算并密切监控，在必要时进行修改，以求实现其预期效果。但也有些控制员/总经理团队在制定预算方面做得不好，因为他们认为这个过程太耗时了。制定一个动态预算确实需要时间，但是好的预算可以在许多方面为酒店提供帮助，包括：

- 使管理层能够预期并为未来的业务状况作准备。
- 提供一个沟通渠道，将酒店的目标传递给所有经营单位。
- 鼓励参与预算编制的部门经理建立自己的经营目标，评估技术和工具。
- 为酒店的管理人员提供对未来支出水平的合理估计，并作为确定未来房价和其他定价结构的工具。
- 帮助财务总监和总经理定期对酒店及其财务目标的进展进行自我评估。
- 为酒店业主估算其可能的投资收益。

在酒店业中，经营预算通常有三种类型：

- 长期预算。
- 年度预算。
- 月度预算。

我们将对此逐一讨论。

12.2.1　长期预算

长期预算是指包含一个相对较长的时间段，一般为 2～5 年，有时甚至更长。在大型酒店中，总经理会在控制员的帮助下根据酒店各运营单位的意见编制预算。

显然，在这样的长期展望下，这些预算可能会因不可预见的情况和市场力量而发生变化，但它们对于长期规划、债务融资和再融资的考量、**资本支出**[6]的安排等，是很有用的。

12.2.2　年度预算

通常情况下，编制酒店的年度预算会耗费大量的时间。这是因为在大型、多单位的酒店公司中，年度预算必须由各个酒店分别编制后提交给集团办公室审查并进行修改，以确保它们符合酒店公司的整体财务目标。这个预算制定过程最早可以在每年的 6 月或 7 月开始，为下一年度做准备。

顾名思义，年度预算是根据日历年度制定的。因此，与长期预算相比，它们提供的详细信息更多，且因受制于不可预见的事件而出现波动的情况较少。为使预算有效，年度预算必须基于以下因素：管理层对市场状况的最佳预计，销售与市场营销团队的工作及其年度营销计划的有效性，可能在该地区开业的新酒店，可能关闭的现有酒店，以及任何其他可能合理影响酒店总收入的经济因素。

12.2.3 月度预算

月度预算是年度预算的自然组成部分。实际上，许多酒店经理在制定年度预算时首先要制定12个月的预算。你可能会问，为什么一个拥有完善的年度预算的酒店要关注准确的月度预算。关于月度预算的重要性，我们可以以滑雪场附近一家酒店的年收入和支出为例进行说明。在冬季的每个月，这家酒店的收入和支出可能都会远远超过年度收入和支出预算的十二分之一。同样地，夏季月份的收入和支出将远远低于年度预算的十二分之一。如果这家**季节性酒店**[7]要有效地实现年度目标，则每个月的预算都需格外谨慎。

许多酒店的年销售额会根据一年中的不同时期而出现一些变化。因此，月度预算是一个很好的管理工具，可以帮助确定酒店是否正在朝着年度预算中制定的总体目标取得进展。

虽然完整的酒店经营预算的制定超出了本章的范围，但有必要了解的是，酒店会计职能的一个重要部分就是编制和监测长期、年度和月度预算，列出酒店的预计收入、支出和利润。

工作日记：一天的工作12.1

情况：

"这个酒店品牌很好，只是位置不如我们方便。不知道它开业对我们明年的入住率和ADR会有什么影响?"霍姆斯特德套房酒店的老板凯文·古斯塔夫森对其经理佩吉说。

凯文和佩吉正在为编制酒店来年的年度经营预算估算收入。今年是个好年头——这家拥有100间客房的酒店实现了70%的入住率，每间客房的ADR略高于78美元。其结果是，每年酒店客房收入接近300万美元。但凯文和佩吉都清楚，问题和挑战在于，一个新的竞争对手正计划于2月1日开设一家拥有80间客房的特许经营酒店，距离他们酒店只有四分之一英里！虽然不是一家全套房酒店，但这个新的竞争者将提供新建的大房间，每间客房都有高速互联网接入，并匹配有行销良好的常客计划。

回应：

在编制年度经营预算时，凯文和佩吉对超出其控制范围的事件的影响予以充分关注，是非常明智的。新酒店的开业，其他酒店的关闭，经济状况，以及酒店的销售与市场营销计划的有效性，都是编制酒店的长期、年度和月度预算时必须考虑的因素。其他需要考虑的因素还包括计划中的酒店升级，特许人的营销工作以及当地旅游部门的努力。

12.3 收入控制

酒店建立一个有效的会计系统的最重要原因之一是为了保障其收入。当客人进行购买时，客人支付给酒店的款项必须被记录、收集起来，并安全地保存，直到将其存入酒店的银行账户为止。然而，在此之前，需要确认客人的消费金额是否正确。一个有效的酒店会计系统包括必要的操作控制，以确保客人（和酒店）不会被酒店员工欺骗。这些控制也有助于确保客人不欺骗酒店。此外，一个有效的系统将包括以下程序：处理在酒店内收取的现金，向酒店提供信用额度的客人开具账单，以及向他们收取款项。

12.3.1　运营控制

酒店控制员每天均须确认前一天的销售记录是否准确。我们在第 6 章已经了解到，前一天的酒店销售是由夜间审计员制表的，一天的"结束"时间（因此也是第二天的开始）并不固定，而以夜审员结束（关闭）夜审的时间为准。因此，控制员应检查夜间审计的准确性，并确保夜间审计员没有欺骗酒店。这两个业务目标是通过准确制作**经理（销售）日报**[8]来完成的。

该日报是根据 PMS 每晚提供的数据编制的（请参阅第 6 章）。在某些情况下，PMS 可能实际上已产生了日报的初稿甚至最终版本。控制员利用 PMS 产生的夜间数据进行各种工作，其中之一就是准备日报。

经理日报上应包含的信息包括：

房间

- 可供销售的客房数。
- 已售出的客房数。
- 客房总收入。
- 入住率。
- ADR。
- RevPAR。
- 总经理需要的其他客房收入信息。

食品和饮料

- 餐厅销售额。
- 酒吧/酒廊销售额。
- 会议室租金。
- 宴会销售额。
- 总经理需要的其他餐饮收入信息。

其他收入

- 电话收入。
- 客房内点播电影收入。

- 取消预订的账单。
- 酒店特有的其他收入类别（例如水疗、度假村或高尔夫费用等）。

虽然该报告被称为日报，意味着它只包含一天的信息，但大多数控制员都会通过同时包含每月的累积数据总数，以及上一年同一天的单个和累积数据来增加这份日报的价值。可以以类似于图 12.1 的方式设计一个用 Excel 电子表格制作的中型酒店每天一页的经理日报。

经理日报

最佳睡眠酒店				20××年1月15日
	今日	截至目前	去年今日	去年至今
空置客房	285	4275	285	4275
被占用客房	191	3035	180	
入住率	67%	71%	63%	70%
ADR	$105.20	$103.98	$98.99	$100.20
RevPar	$70.50	$73.82	$62.52	$70.57
客房收入	$20093.20	$315579.30	$17818.20	$301702.20
食品和饮料				
宴会	$4550.00	$68250.00	$ –0	$71250.00
会议室收入	$1250.00	$18750.00	$150.00	$19850.00
A/V 租赁	$140.00	$2240.00	$75.00	$2500.00
餐厅	$650.00	$8450.00	$710.00	$10650.00
餐饮收入总额	$6590.00	$97690.00	$935.00	$104250.00
电话收入				
本地电话	$85.00	$1105.00	$79.50	$1033.50
长途电话	$210.00	$2730.00	$185.00	$2220.00
其他收入				
礼品商店	$231.25	$2312.50	$221.00	$2210.00
客房内点播电影	$185.00	$2035.00	$78.00	$1850.00
客用洗衣房	$71.50	$858.00	$61.50	$738.00
取消预订收入	$198.50	$2580.50	$520.00	$3200.00
每日收入总额	$27664.45	$424890.30	$19898.20	$417203.70

图 12.1 经理日报示例

经理想要的细节越多，经理的日报就越有深度。一些管理者喜欢在他们的日常信息中详细说明所销售的客房类型、已预订的数量、现金超额还是短缺，或是任何其他类型的信息，以便了解酒店的日常业务。当控制员制作日报时，由于使用了 PMS 系统来生成报告的某些部分甚至全部，工作就变得非常容易。

控制员的运营控制职责的另一部分是记录和核实夜间审计员的报告。这份由夜间审计员和 PMS 系统生成的报告将为管理层提供前一天业务的完整且详细的明细表。夜间审计报告通常长达 10 页或更多，可用于核实信用卡费用、库存现金、销售总额、详细的客房收入统计以及**津贴和调整**[9]额。

如果控制员正确地制作了夜间审计报告，就可以提供有关客房销售的大量信息。例如，充分了解任何一天产生的销售收入和 RevPAR 所需的 PMS 提供的信息，包括与 ADR、售出的客房和市场细分等有关的信息。图 12.2 详细说明了可以提供的关于入住酒店的客人的全面信息。这些信息对酒店的几个运营领域具有重要意义。

经理室收入详细报告

最佳睡眠酒店　　　　20××年 1 月 15 日

空置客房　285

已售客房　191

入住率　67.0%

	情况 1（285 间空置客房）			情况 2（285 间空置客房）		
市场分类	**已售客房**	**ADR**	**收入总额**	**已售客房**	**ADR**	**收入总额**
散客						
企业	25	119	$2975.00	75	119	$8925.00
休闲	25	139	$3475.00	5	139	$695.00
政府机构	0	0	$0.00	15	75	$1125.00
散客总数	50		$6450.00	95		$10745.00
团体客人						
企业	5	105	$525.00	60	105	$6300.00
休闲	40	118	$4720.00	6	118	$708.00
政府机构	5	78	$390.00	30	78	$2340.00
团体客人总数	50		$5635.00	96		$9348.00
旅游客人	91	88	$8008.00	0		0
客人总数	191		$20093.00	191		$20093.00
ADR			$105.20			$105.20
RevPar			$70.50			$70.50

图 12.2　两种不同的客人资料/相同的 RevPar

可以看出，在这种情况下，酒店客人的构成会有很大不同。在情况 1 中，入住酒店的主要是旅游客人（91 间客房）和休闲旅客（40 间客房）。在情况 2 中，暂停的商务旅客占入住客人的最大比例（75 间客房），其次是团体住宿的公司旅客（60 间客房）。控制员分析夜间审计报告的原因有几个。其中最重要的两条是信息和准确性。为了理解信息的重要性，请再次解读图 12.2 中的数据。

假设最佳睡眠酒店的管理层从过去的记录中了解到，酒店出售的休闲或旅游客房平均可容纳 2.2 人，而出售的每间公司客房平均容纳 1.1 人。而且，显然，这两个群体对酒店的餐厅和娱乐设施的要求将大不相同，所需的客房清洁服务也将大相径庭。考虑到所有被占用的客房，第一种情况下的**客房数**[10]可能是第二种情况的近两倍。

正因为如此，管理层不仅要知道酒店已售出多少客房，以及当天的 RevPAR，还要知道这些客房卖给了什么类型的客户。控制员的作用是持续提供这些信息。

控制员应每天向酒店管理层提供前一天的以下信息（夜间审计）：

- 可用的客房总数。
- 占用的客房总数。
- 被占用客房的客人类型。
- 入住率。
- 总收入（销售）情况。
- ADR。
- 按客人类型划分的 ADR。
- RevPAR。

在上述数据的基础上，还可以添加管理层要求的任何额外的决策室统计数据或信息。控制员应具备会计系统，以核实所提供的所有业务信息的准确性，并应准备**签收**[11]夜间审计的准确性。

12.3.2 现金控制

因为控制员的职位名称源自“控制”一词，因此控制员最重要的职能之一就是内部控制系统的开发和维护也就不足为奇了。酒店和餐厅通常有大量现金、产品和设备，如果不仔细控制，就会成为客人或雇员欺诈活动的对象。一个好的控制员会仔细制定旨在保护酒店资产（包括现金）的政策和程序。

任何经常向客人收取现金的企业都必须开发一个系统保护这一重要资产。酒店也不例外。不熟悉酒店业的人们经常将“现金”视为货币（硬币和钞票）。在当今的酒店环境中，除货币外，现金资产还包括信用卡和借记卡费用，以及个人和商业支票。这些资产因盗窃、欺诈或粗心大意而丢失的可能性始终存在。控制员、总经理和每个现金处理区域的部门主管的职责是制定和执行一个检查、制衡和控制的系统，以确保这些重要资产的安全。

在许多酒店，除了前厅之外，其他不少区域也收取现金。餐厅、酒吧、酒廊、停车场、自动售货区和礼品店，只是酒店中经常处理现金销售的几个典型例子。在上述这些地点，至少有一个人担任收银员。晚班的调酒师很可能兼任收银员，同样，负责为软饮料自动售货机补货的人员在从机器中取出现金时也临时充当收银员。即使自动售货机由外部实体提供服务，发生盗窃事件也会对酒店有所影响，因为支付给酒店的佣金是基于机器产生的收入的百分比。

在酒店，现金资产面临的内部威胁比外部威胁的风险更大。虽然非雇员抢劫的可能性始终存在，但对酒店现金资产安全的更大威胁是雇员盗窃或欺诈的可能性。

任何时候收银员负责收款，都有几个方面存在潜在的员工盗窃或欺诈。例如，收银员可能会记录一笔销售，从客人那里收取款项，但私自截留现金。或者收银员可能根本不记录销售情况，直接截留现金。

收银员用来欺诈客人或酒店的方法多种多样，并且在很大程度上取决于所进行的销售类型。不诚实的酒保从酒店食品和饮料部门窃取的方法与不诚实的前厅服务员所使用的方法不同。无论是哪种情况，管理层都必须具有适当的系统来核实销售金额和它们产生的现金收据。因此，一个有效的、经验丰富的控制员在设计和建立这些系统方面是非常宝贵的。

虽然收银员盗窃现金（货币）的行为相当简单，但他们有时也会欺骗使用信用卡付款的客人。这些也必须加以防范。一些常见的与信用卡有关的欺诈客人的手法包括：

• 从客人的信用卡中收取未购买物品的费用，然后从现金抽屉中取出相当于错误收费的现金。

• 在客人离开后改变信用卡费用的总额，或印上额外的信用卡费用，并从现金抽屉中取出与欺诈性多收费用相等的现金。

• 恶意增加合理的收费，使总额高于应收金额，目的是截留多收取的那部分费用。当然，这一行为也可能在现金销售中出现。

• 对现金销售的产品或服务收取高于授权价格的费用，但仅记录授权价格，而截留多收的费用。

• 将客人的信用卡号码提供或出售给酒店外未经授权的个人。

控制员的收入控制计划必须在每个现金处理领域和每个班次中都有体现。例如，一名从下午 5 点到凌晨 2 点工作并兼任收银员的调酒师可能在这段时间内记录了 1000 美元的饮料销售额。如果该数字准确无误，且在处理零钱方面没有错误，则收银机中的货币、支票和银行手续费应该等于 1000 美元，当然还要加上轮班开始时收银机中的现金数额。

在这个例子中，如果调酒师的抽屉里的现金少于 1000 美元，再加上轮班移交的金额，则被称为**现金短缺**[12]；如果抽屉里的现金多于 1000 美元，再加上轮班移交的金额，就被称为**现金超额**[13]。

现金短缺和超额均应由控制员进行监控，如果出现这些情况，应立即提请相关管理者注意，以便采取纠正措施。收银员很少直接从现金抽屉中窃取大量金钱，因为这种行为很容易被发现，但管理层仍应将每天监测现金超额和短缺作为一项政策。一些经验不足的管理者认为，只有现金短缺，而不是超额，才需要进行调查。事实并非如此。持续的现金超额和短缺可能是员工偷窃或粗心的表现，必须进行调查。

一个不诚实的收银员有时能够避免现金短缺，但仍然能够欺骗酒店。例如，如果收银机有一个无效（擦除）键，那么不诚实的收银员就可以输入一个销售金额并收取该金额，待客人离开后将该销售作废。这样一来，总销售额就与当班结束时现金抽屉里的金额持平了。如果收银员随后销毁了与这次销售有关的记录，收银机的总销售数额和现金抽屉就会平衡。为了防止这种情况，管理层应该坚持所有的收银机作废都要由主管执行，或至少要由管理层单独授权。此外，由于当今的计算机化收银设备会记录收银员作废的数量、人员和时间，则这些控制措施也应受到监督。

酒店收银员盗窃的另一种方法涉及操纵降价或赠送的房间或产品。例如，假设在最佳睡眠酒店，销售与市场营销团队制作并分发了大量的客人优惠券，可为客人的夜间住宿提供50%的折扣。如果前台收银员能拿到这些优惠券，就有可能向没有优惠券的客人收取全额费用，然后将优惠券放入现金抽屉，同时取出与优惠券价值相等的销售收入。或者，收银员在客人付账后宣布该客房是免费的。在这种情况下，前厅服务员会修改 PMS 系统中的记录，以表明该客房免费，然后从现金抽屉中取出与免费客房等值的收入。

这类欺诈行为可以通过禁止收银员接触酒店发放的未兑换的现金优惠券，以及要求管理层特别授权免费客房来防止。虽然上面介绍的情况并未列出所有可能的收入盗窃和欺诈方法，但从这个讨论中应该可以看出，管理者必须拥有一个完整的收入安全系统，以确保酒店销售的服务和产品所产生的全部销售收入都能进入酒店的银行账户。

定期评估酒店的现金控制系统是非常重要的。这包括对以下各项的全面评估：

- 收银员培训计划。
- 收入记录系统和程序。
- 现金超额和短缺的监测策略。
- 对不遵守规定程序的员工实施纪律处分的程序。

盗窃现金对某些收银员来说极具诱惑力。如今，尽管先进的现金管理系统比以往任何时候都更容易检测出收银员的盗窃行为，但一个有效的控制系统对于该过程仍然至关重要。

12.3.3 津贴和调整

在酒店中，控制津贴和调整的问题与现金控制有关。回想一下，津贴或调整是由于账单错误或酒店销售的产品或服务的重大缺陷而导致的客人账单的减少。例如，一位客人在离开时抱怨房间的空调声音太大，无法入睡，根据酒店政策，他可能会收到一笔特定金额的账单补贴（调整）。该客人将支付扣除补贴后的余额，而收银员的现金抽屉也将保持平衡，因为该笔津贴将被记录以解释收入的减少。同样，一位客人入住后，在夜间审计时被开出了 99 美元/晚的房费，但事实上，其所在的公司之前协商的房费是 79 美元/晚，当这一错误被发现后，客人的账单将被调整 20 美元。控制员每天生成一份由酒店经理或雇员创建的任何津贴或调整凭证的详细清单，其重要性是显而易见的。

凭证之所以重要，是因为它们有助于平衡实际收取的收入和以前向客人收取的款项。但是，从酒店运营经理的角度来看，凭证也很重要，因为它可以识别出酒店服务、流程和程序中必须解决、纠正和改进的缺陷。图 12.3 显示了一家典型酒店所使用的津贴和调整表。

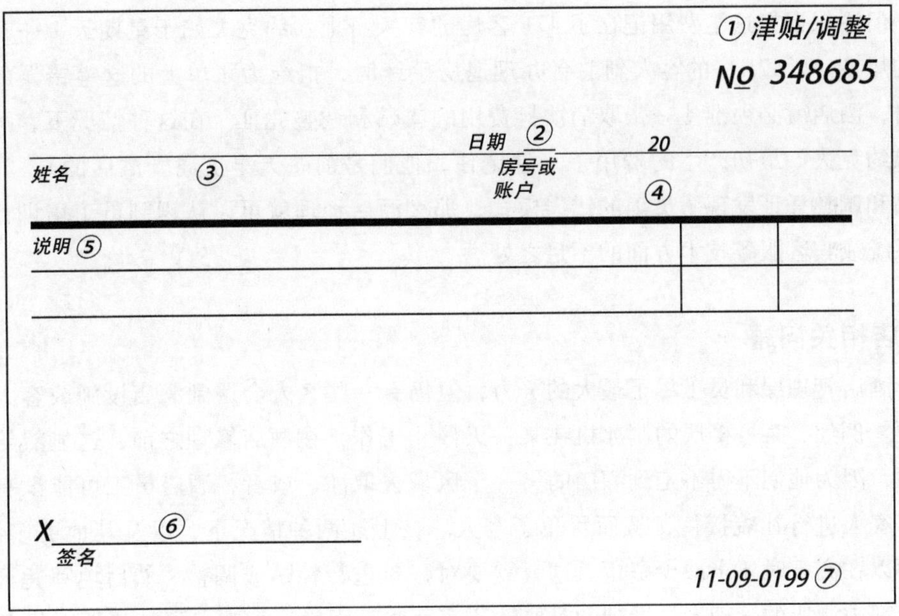
① 津贴/调整
No 348685
日期 ② 20
姓名 ③
房号或账户 ④
说明 ⑤
X ⑥
签名
11-09-0199 ⑦

图 12.3　津贴和调整凭证

请注意，该表格具有：

①一个用于控制的序列号。

②一个用于填写凭证使用日期的空格。

③一个用于填写为其进行调整的客人姓名的空格。

④一个用于填写客人的识别房号或账户的空格。

⑤一个用于填写对需要调整的事件或情况进行解释的空格。

⑥一处用于填写签发调整的雇员的姓名缩写或签名的空格。

⑦一个用于重新排序的识别号码。

在小型酒店中，这些凭证中的每一个都将被制成表格，并由控制员或总经理审查是否准确。在较大的酒店中，凭证上的信息可能会以电子方式合并，并将其所包含的信息摘要传递给前厅部经理或负责监督会计系统这方面的员工。

如果你知道有三种基本情况可能导致津贴和调整凭证的完成时，定期审查这些津贴和调整凭证的重要性就显而易见了。

(1) 员工错误收费

尽管经过了适当的培训，员工有时仍会在向客人收取费用的数额上犯错。这个问题的范围包括从向客人收取错误的住宿费用，到向客人 A 收取客人 B 实际使用的服务费用。当发现错误时，必须及时调整客人 A 的账单以反映正确的费用。例如，假设周六晚上住在 417 客房的约克夫妇在酒店的酒廊分别喝了一杯酒。他们在客人账单上签字，把饮料费用记在他们的房间里，但酒保误把这笔费用记在了 471 客房的客人身上。约克夫妇于星期天上午退房。在接下来的星期一，471 房的客人到前台办理退房手续时，拒绝为账单上的这笔错误的费用付款。这时，酒店就必须准备一张取消饮料费用的津贴和调整凭证。在这种情况下，可能已经无法收取约克夫妇最初产生的费用了（请记住，他们是前一天早上离开酒店的）。如果通过审查津贴和调整凭证发现了员工的错误模式，那么酒店经理就可以认识到员工培训计划、现金销售系统或宾客服务技术方面的不足之处。

(2) 酒店相关问题

尽管酒店管理层和员工尽了最大的努力，但仍有一些客人会遇到酒店设施或客人服务方面的问题。例如，某一楼层的制冰机在某一天停止工作，在酒店修理之前，这显然给客人带来了不便，因为他们不得不走到酒店的另一个区域去取冰。或者，酒店员工可能没有像期望的那样对客人进行礼貌接待，从而冒犯了客人。在上述两种情况下，以及其他更多情况下，客人都可以在离开时要求减少费用。这就需要对账单进行补贴或调整，然后填写凭证。这种凭证每天都被酒店的管理人员看到的重要性不言而喻。因为这意味着可能需要对设备检查项目、客人服务培训或其他各种领域进行改变，在这些领域中，管理层的干预对纠正反复出现的问题至关重要。

(3) 与客人有关的问题

在某些情况下，是其他客人（而不是酒店）的存在导致某位客人在酒店中有不愉快的经历。从隔壁客房中的过度噪声到公共场所中某些客人的喧闹行为等，这些投诉都会使一些客人觉得应该为自己的不愉快经历获得补偿。如果酒店工作人员（前厅代理、前厅部经理或**值班经理**[14]）认为有必要调整客人的账单，就会填写相应的津贴和调整凭证。

当然，酒店的总经理希望每天都能了解到所有这些事件，并及时采取纠正措施，以便：

a. 消除客人干扰的根源。

b. 对受影响的客人进行适当的补偿。

c. 审查并重新培训员工关于所有与客人骚扰有关的政策。

受影响的客人很可能会向总经理、酒店业主或特许经营品牌机构投诉。如果管理层对酒店的问题一无所知，就无法采取纠正措施。为此，控制员应每天与相关管理人员分享津贴和调整凭证信息。

使用以下公式，可每月跟踪津贴和调整的总金额与客房总收入的比率：

$$\frac{\text{每月津贴与调整总额}}{\text{客房总收入}} = \text{客房津贴和调整百分比（\%）}$$

这个百分比将根据酒店的年龄、员工的素质和培训计划，甚至是通常服务的客人的类型而变化。最常见的百分比是占客房总收入的 0%～3%。

12.3.4　应收账款控制

在某些情况下，酒店的实际客户将是一个公司或组织，而不是个别客人。例如，如果一家大型保险公司聘用了 50 名员工，并安排在一家酒店举行年度员工培训会议，那么该公司就会预订 50 间所需的客房，并同意支付相关费用。在这种情况下，保险公司会要求酒店将培训期间产生的所有客房费用的账单寄给它。如果酒店同意这样做，那就意味着它同意将房间赊销给保险公司。

当酒店选择向客人提供信贷时，它就会创建一个直接账单账户，然后在客人发生费用时，定期准备一张发票，并将其寄给客人。这种直接向客人寄发票的方式可以在客人产生费用的当天、每个月的月底、每季度或任何双方同意的时间进行。当酒店向客人提供信贷时，这些客人欠酒店的未付费用的总金额被称为酒店的**应收账款（AR）**[15]。

有许多原因，包括客人的偏好，都可能决定酒店是否向某些客人提供信贷。一般情况下，控制员的工作是确定：

- 哪些客人可以信用购买商品和服务？
- 将执行哪些付款条件？
- 客人可以支付的最高金额是多少？
- 客人将如何及时收到他们账单？
- 欠酒店的总金额是多少？欠款的时间有多长？

销售与市场营销团队与控制员之间经常就客人的信用度进行辩论。在大多数情况下，销售与市场营销人员会鼓励控制员提供信贷以完成销售，而控制员则通常持更保守的观点，建议酒店拒绝或限制提供给同一潜在客人的信贷金额。一个好的控制员应与总经理合作建立一个信贷政策，使选择与酒店开展业务的客人数量最大化，同时使酒店产生无法收回的应收账款的风险最小化。

为了帮助确定哪些客人应该可以使用信用购买，客人将直接填写一份信用卡付款申请，由控制员或适当的工作人员审查，然后批准或转交给总经理进行最终批复或拒绝。图 12.4 是一个直接账单申请的例子。

最佳睡眠酒店

直接账单申请

日期：__________ 身份证号：__________

公司/机构：__________

司/部：__________

邮寄地址：__________

街道 房号

____

市 省 邮编

____

（区号）电话号码 （区号）传真号码

账单地址：__________

（如果与上面不同） *（请注意：发票收件人姓名）*

____

街道（邮政信箱） 房号

____

市 省 邮编

有权授权人名单（来电预约）：

1. __________ __________
   全名 *职称*
2. __________ __________
   全名 *职称*
3. __________ __________
   全名 *职称*

请圈出雇员被授权收取的费用（圈出所有适用的内容）：

□仅限房费和税费 □电话 □餐厅账单

□所有费用 □电影 □宴会/会议费

信用证明：

1. __________
   酒店名称
   ____
   电话
2. __________
   酒店名称
   ____
   电话

（续上图）

3. ____

其他

____

电话

公司银行：

银行名称：______________________　账户类型：______________________

账户号码：____

完成这份申请至少需要三个信用证明人和至少一家公司银行。其中至少有两个推荐人必须是酒店的推荐人，而第三个推荐人可以是与您有过账目往来的公司。

如果由于某些原因，申请书无法完成所要求的信息，请联系最佳睡眠酒店的应收账款部门。

请允许至少15 天的时间来进行适当的处理和批准。

申请必须在任何直接账单发生之前得到批准。我们将通过邮件与您联系，以便了解您的批准情况。

通过签署本文件，本人允许上述债权人和银行向最佳睡眠酒店提供所有必要的信息，以便适当处理和批准本申请。本人明白，所有累积的费用将在每次授权活动/住宿结束后提交给会计部门。本人还理解，付款应在发票日期后的 30 天内完成。本人还明白，本人的公司有责任保持授权人员名单的更新和现行，以避免不正当或未经授权使用该直接付款账户，并可通过向最佳睡眠酒店的应收账款部门申请授权/身份变更表来实现。

申请人签名：______________________　**日期：**______________________

以下仅供公司使用：

财务总监的建议____

____

____

____

批准单位签名：______________________　**日期：**______________________

图 12.4　直接账单申请

为了了解酒店向客户组织提供信贷的原因，我们来看看一家中等规模的道路建设公司的总裁雷·多普森的案例。雷的公司获得了一份国家合同，在最佳睡眠酒店附近修建两英里的新高速公路。这项大工程将持续数月之久，需调动数十名工人，星期一至星期四晚上都需在工地附近住宿。由于工人的住宿费用将由建筑公司承担，因此，雷面临着以下两种选择：

(a) 允许工人自己选择入住的酒店，然后报销其住宿费用；(b) 与一家酒店协商，将所有的住宿业务放在该酒店，然后要求该酒店直接向公司开具所有住宿费用的账单。显然，选择第二种方案符合酒店和 Dopson Construction 的最大利益。如果建筑公司被授予直接结算资格，其记账工作将被简化，而且建筑公司还能与酒店谈判以获得更好的每晚房价，因为它可以保证预订的房晚数。酒店也能从有保障的业务和简化的账单中受益。其他希望从 Dopson Construction 获得业务的酒店也可能会通过向公司提供直接账单地位和谈判价格来竞争。

在确定将延长信用期后，财务主任办公室有责任及时向客人收取费用。监控应收账款并使酒店管理人员了解其状况也是控制者的工作。这是通过编制**应收账款账龄**[16]报告来实现的。

图 12.5 为一个未偿还应收账款为 10 万美元的酒店应收账款账龄报告的示例。图 12.5 显示，该酒店的 10 万美元应收账款可以分成四个不同的时间段。应收账款总额的一半（5 万美元）是在 30 天或更短的时间内收到账单的客人欠酒店的，而 5%（5000 美元）是超过 90 天的客人所欠的。一般来说，随着应收账款账龄的增加，其被收回的可能性就会降低。另外，随着 90 天或以上的应收账款的总比例增加，这些应收账款被收回的可能性也会降低。

最佳睡眠酒店：应收账款账龄报告　　202×年 1 月

应收账款总额：$ 100000.00

	逾期天数			
	<30	30～59	60～89	>90
	$ 50000			
		$ 30000		
			$ 15000	
				$ 5000
总额	$ 50000	$ 30000	$ 15000	$ 5000
占总额的百分比	50%	30%	15%	5%

图 12.5　应收账款账龄报告

随着应收账款账龄的增长，一个有效的控制者会与客人联系，以了解是否有账单、文件或其他一些问题拖延了对酒店的付款。在严重逾期时，客人的直接账单地位可能会被取消，酒店将进行收款工作，并**注销**[17]任何被认为是无法收回款项的账户。

扩大信贷和收取应收账款是酒店收入控制系统的重要组成部分。以下为任何控制员的应收账款管理系统中均应具备的 10 个关键要素：

- 所有被允许享有直接账单特权的客户均有一份正确填写并获得批准的直接账单申请书存档。

- 所有直接账单都在客人离开后三天内处理并邮寄。
- 所有直接账单客户都有两个档案（纸质或电子文件）。一个档案包含未付款的发票，另一个包含已付款的发票。
- 客人对其应收账款余额的付款记录，并将支票复印件装订在应收账户的前面。
- 应收账款账龄报告每月编制一次。
- 应收账款账龄报告上酒店的应收余额应与向客人收取的未收款总额相符。
- 每月与销售与市场营销团队举行一次信用会议，以沟通当前的信用政策。
- 对于超过规定付款期限的直接账单客人，将拒绝提供额外的信用额度。
- 将严重逾期的账户交给收款律师处理。
- 注销（如果有）应经管理层批准并记录。

12.4 费用控制

控制员的职责是确保酒店支付其账单并保持准确的记录。通常情况下，负责酒店内某一特定区域的个人将做出该区域的采购决定。例如，前厅部经理可以决定在哪里购买前厅使用的电子钥匙卡并下订单。钥匙卡供应商将把钥匙卡连同付款发票一起寄到酒店。钥匙卡的付款和付款记录将由控制员负责。因此，控制员在酒店用品的采购和接收以及酒店**应付账款**（AP）[18]的整体管理方面发挥着作用。

12.4.1 采购与收货

也许控制员在采购和收货过程中所能发挥的最重要的作用是确保只向供应商支付实际收到的货物和服务。在某些情况下，这个过程相对容易。例如，当咖啡供应商交付咖啡时，计算交付的箱数并核实交付的产品与订购的产品是否一致、价格与协议是否一致，这是一个简单的过程。但在其他情况下，核实过程则会比较困难一些。

例如，一张草坪服务发票可能包括草坪修剪、修边和化学除草的费用。所完成工作的质量（修剪和修边）以及确认工作已完成（化学除草）都必须由酒店授权的工作人进行核实。显然，如果服务已完成，就应支付发票。但是，如果所有的服务都没有执行，或者没有按照约定的质量水平完成，则应扣留付款。因此，控制员应该只支付那些已预先授权的价格，并以酒店和供应商同意的方式向酒店授权的货物和服务的供应商付款。

在支付应付账款发票之前，控制员应建立一个系统，核实销售条款、供应商所报的产品价格以及酒店收到的产品清单，以便与供应商的实际发票进行核对。当酒店购买服务时，它必须有一个支付系统来确认酒店管理团队的成员已经：

- 做好预先授权要完成的工作。

- 确认要做的工作的费用。
- 核实工作已于付款之前圆满完成。

12.4.2 应付账款

正如酒店会以信用的方式向一些客人销售商品一样，许多供应商和服务公司也以信贷方式向酒店提供商品和服务，酒店根据事先确定的信用条款向这些供应商开具账单。例如，一个乳制品供应商每天向酒店运送鲜奶。很明显，每月向该供应商支付30次牛奶产品的费用是没有意义的，所以通常情况下，酒店会为这样的供应商建立信用度，然后每周、每两周或每月向酒店发送一张发票。酒店使用的商品和服务的费用，以及供应商开出了发票但酒店尚未支付的费用，便构成了酒店的应付账款。

建立有效的应付账款管理系统的控制员要关注四个主要方面。这些是：

适当金额的支付。无论技能和经验水平如何，员工在支付发票时都难免偶尔犯错，其中最为司空见惯的错误当数数据输入，除非控制员已经建立了可靠的程序，以确保仅按实际应付款项支付合法发票。在一个管理良好的酒店，发票和发票付款至少应有两个人负责检查。为将发票号码与酒店支票号码相匹配而开发的软件在这个过程中是非常有用的，此类软件被用来帮助确保应付账款与应付发票的实际金额相对应。

及时付款。除了支付正确的金额外，一个合格的控制员还应知道在适当时候支付每张发票。有些酒店因迅速及时地支付发票而在其供应商中享有良好的声誉。这当然很好，但更重要的是要知道，努力保持酒店现金账户中的现金也意义非凡。一个合格的控制员应与供应商保持良好关系，其中大多数是当地企业，例如水管工、电工和食品供应商，他们对于酒店的持续成功很重要。

付账慢的酒店，其供应商的服务响应也很可能“缓慢”。事实上，及时支付发票对许多为酒店提供商品和服务的小企业来说非常重要，如果酒店有按时付款的声誉，往往可以为自己获得更好的采购价格和交货条件。如果酒店能及时付款，某些供应商还会为酒店提供可低于全额发票付款（按时付款折扣）的选择。如果在特定时间段内支付账单，某些供应商通常会提供发票价格的1%～5%的折扣。一般来说，一个有效的控制员应抓住一切机会，尽可能利用供应商提供的上述折扣，通过专业的应付账款流程管理，建立积极的供应商关系并降低成本。

适当维护支付记录。虽然确保每张应付账款发票只支付一次似乎很简单，但实际上并非如此。需要仔细注意细节，以确保发票得到正确支付和记录。一个有效的控制员可创建一个系统，使支付给供应商的总额与其提交的发票总额一致，而不会出现多付或少付的情况。

将付款总额分配给适当的部门或区域。对于控制员来说，支付酒店的账单很重要，但是了解酒店哪个区域产生了某项支出也同样重要。例如，总经理想知道某月或某年有多少钱花在了管道维修上。要做到这一点，控制员显然必须记录维护部门在上述时间段内花了多少钱用于管道零部件和人工。为此，控制员可使用**编码**[19]系统，将实际费用分配给酒店内各预定区域。

再比如，维护部门需要知道本部门一个月内的总支出。表 12.1 中的支出明细表清楚地显示出 1 月份内维护部门的钱花在了哪些地方，以及哪些地方超出了预算。管理支出报告的控制员将为每个支出子类别分配一个代码，然后记录该类别内的一切支出情况。请注意，表格中每个支出子类别的制定，都是为了帮助管理人员更好地了解酒店的总运营和维护支出情况。

控制员会与参与采购过程的员工合作，将酒店的支出编码为正确的支出类别，以便对其进行准确分析。部门支出类别可以由单个酒店或经营多家酒店的酒店公司制定。但是，在所有情况下，控制员的作用都是确保这个支出编码系统能正常运作。

表 12.1　最佳睡眠酒店：1 月份的酒店运营和维护支出明细表

	实际	预算
薪资及相关		
总工程师	$ 4444	$ 4444
工程师助理	8450	9000
福利分配	3520	3700
薪资总额	**16414**	**17144**
费用		
电脑设备	425	500
设备租赁	1000	0
机电设备	2520	2000
电梯	600	580
电梯维修	200	0
工程用品	250	300
地板	0	250
家具	0	1000
地面	850	250
暖通空调	2800	3000
厨房设备	150	500
洗衣设备	0	400
灯泡	250	200
维修合同	2500	2500
操作耗材	185	300
绘画与装饰	270	500

（续上表）

	实际	预算
停车场	1000	200
害虫防治	350	500
植物及室内装饰	280	300
水暖	1585	500
制冷和空调	1500	1600
告示牌维修	0	0
除雪	1000	1000
游泳池	3500	3000
旅游与娱乐	1600	1000
电话	150	200
清除垃圾	450	425
制作	280	300
总费用	$ 23695	$ 21275
总支出、维修及保养费用	$ 40109	$ 38419

知识拓展：绿色住宿！

一些酒店经营者注意到了经营部门方面的绿色环保问题，但对控制员办公室等区域却考虑得较少。事实上，办公环境为绿色节能提供了许多绝佳的机会。为了环境保护和节约成本，酒店经营者可以尝试以下绿色办公技巧：

1. 在整个办公室使用再生纸产品。对废纸进行分类，并送到当地的回收中心。

2. 清理文件时，请使用碎纸机，并将碎纸放入纸张回收容器中。

3. 重新填充或回收墨盒。如果可能，请购买激光打印机。它们使用较少的碳粉，也不消耗墨水。

4. 使用可生物降解的垃圾袋。这笔小小的支出对于地球来说是值得的。

5. 仅在电池供电的设备中使用充电电池。普通电池会进入垃圾填埋场并污染地面。

6. 关闭显示器。不使用显示器时将其关闭，即可将电脑所需的能源减少三分之二。

7. 将所有电子设备插在电源插座上，并在离开办公室前将其关闭。

8. 将电脑设置为在短暂的休息时间后自动进入睡眠状态。这可以减少70%的能源使用。

9. 不使用时请拔掉充电器的插头。即使未连接到设备，手机充电器仍会继续充电，在设备实际插入时，使用的电量可达到95%。

10. 对传真机进行编程，使其不会为每份传真自动打印出确认报告。当然，最好使用传真调制解调器（电子传真）代替常规的传真机。

这些只是一些绿色办公技巧。只要有一点创新和创造力，控制员办公室就可以实施多种方法来实现绿色环保并节省资金。

工作日记：一天的工作 12.2

情况：

"我知道你签了字，但我还是不放心处理这张付款单，我需要更多的证明。"拥有65 间客房的最佳睡眠酒店的总经理凯西·瓦尔多将负责为酒店除雪和停车场撒盐的 Pittsburg Plow 公司的发票递给了罗恩（维护部门的负责人，确保酒店的停车场在冬季时不被冰雪覆盖是他的职责之一）。这张发票是为停车场 12 月份的 5 次撒盐业务而开具的，现在是 1 月，罗恩提交了他所收到的 Pittsburg Plow 公司 12 月份的服务发票。

这张发票上简单地写着："最佳睡眠酒店：12 月的撒盐除雪服务：5 次 × $ 180.00 = 应付总额 $ 900.00。"

"你怎么确定有 5 次，而不是 3 次 4 次，甚至是只有 1 次？"凯西问罗恩，"他们什么时候来的？"

"我并不确定，毕竟我不是 24 小时都在这里，而且他们有时会在半夜来。但我确实记得上个月至少在这里看到过一两次撒盐车。"罗恩回答。

回应：

凯西在处理这张发票之前想要更多的信息是正确的。该酒店似乎没有那种可以核实它是否已收到发票上所提及的服务并予以记录的会计系统。

必须实施一套可靠的服务核查系统，以保护酒店免受供应商在诸如撒盐、铲雪、草坪护理、植物施肥和洗窗等服务上开具的欺诈性账单。这些工作可能以一种方式完成，或者有时不容易确认。

执行这些系统可以很简单，例如让供应商在非工作时间在前厅签到，或是要求供应商在工作开始或完成时与指定的酒店工作人员进行电话联系。但是，在任何情况下，如果对服务是否真正执行并不清楚，那么向供应商支付服务费用是不可接受的。

在上述案例中，总经理、维护主管和酒店的供应商 Pittsburg Plow 公司应共同努力，制定一个系统来核实所完成工作的质量和数量，然后由指定的酒店工作人员在该工作的付款（发票）上签字确认。如果 Pittsburg Plow 公司不能做到这一点，则应该选择一个新的供应商。

12.5 财务报表

除了编制预算、保障收入和管理支出外，酒店的控制员还负责准备或提供信息，以编制称为**财务报表**[20]的会计文件，提供酒店财务状况的概览。

这些财务数据必须准确反映企业的真实财务状况，这一点很重要。如果酒店的财务报表夸大了其经济状况，则可能会误导潜在的购买者，认为这家酒店的价值高于它的实际估值，从而可能会为收购酒店支付过高的费用。同样，潜在的贷方也可能会认为酒店有能力偿还贷款，但事实上酒店是做不到这一点的。

反之，如果酒店的财务报表不正确地低估了酒店的价值或经济实力，则其业主在准备出售时可能就无法获得他们想要的销售价格。此外，即使酒店的真实财务状况表明它可以轻松偿还所获得的任何贷款，贷方也可能不会向该酒店贷款。

商业会计是一个动态的专业领域，不断地被从事该领域的人修订和完善。与几乎所有的专业领域一样，对于如何最好地完成会计工作，可能存在着许多意见分歧。为了确保所有会计人员编制准确的财务报表，以及企业中的其他人能够轻松阅读和理解它，会计人员遵循着一套**公认会计原则（简称 GAAP）**[21]。

作为酒店的会计，控制员也必须遵循 GAAP。即使酒店控制员的作用只是向集中式会计系统或酒店聘请的 C. P. A. 提供财务信息，这些信息也必须公平、准确地反映出酒店的真实财务状况。虽然酒店业没有经历过像安然、世通公司和其他在 21 世纪头十年备受关注的大事件那样的公然财务欺诈，但这些公司的经验及其对其财务人员造成的后果，都说明了诚实报告财务信息的重要性。

当财务主管协助编制预算，试图预测酒店未来的财务表现时，准确性和诚实性就非常重要了。除了预算之外，还有三份关键的财务文件可用于查看酒店过去的成绩和当前的财务状况。这些文件应每月编制一次，它们分别为：

- 利润表。
- 资产负债表。
- 现金流量表（SCF）。

12. 5. 1 利润表

利润表有多种名称。从技术上讲，它被称为“收入和支出表”，有时它更被简单地称为**利润表**[22]或损益表。

正确编制的利润表列出了酒店所有创收领域（如餐饮、会议场所、电话费和电影租赁）的收入（销售收入），经营酒店所需的所有费用，GOP，以及特定时间段的**固定费用**[23]。这个特定时间段通常是一个月、一个**会计季度**[24]或一年。

全面讨论利润表的编制和分析超出了本文的范围。但是，重要的是要知道，一个称职的控制员将在酒店业主和总经理认为对酒店的适当管理有帮助的时间范围内，产生一个准确的利润表。

表 12. 2 列出了酒店利润表上常见的信息类型以及控制员用来编制这些信息的格式。

表 12.2 利润表信息

本期实际		
		营业额
	减	直接营业费用
	等于	部门的营业收入
	减	间接费用
	等于	净收入（GOP）
	减	固定费用
	等于	税前收入

借助表 12.2 所示的信息，酒店的业主和管理者可以评估并确定以下类型问题的答案：

- 酒店在这段时间内的表现如何？
- 与其绩效评估（预算）相比，酒店的表现如何？
- 哪些地方的预估与实际业绩相差甚大？
- 与去年同期相比，酒店的表现如何？
- 与上一时期相比，哪里发生了重大财务变化？

不难看出，提供酒店利润表信息的财务总监将为酒店运营者带来重要的好处。

12.5.2 资产负债表

利润表告诉总经理当月或其他汇总的会计期间是否盈利，而资产负债表则提供了一个关于酒店整体财务状况的即时报表。资产负债表经常被描述为酒店财务健康状况的“快照”，这个比喻很好，因为资产负债表反映了酒店在编制文件当天的财务状况。它不能说明酒店在以前的会计期间有多大的盈利能力，或者在未来可能有多大的盈利能力，但它可以与之前或之后的快照进行比较，以确定酒店财务状况的变化。

资产负债表的格式实际上相当简单。首先，它列出了酒店的资产（酒店拥有的东西），然后是负债（酒店欠下的东西），最后是资产与负债之间的差额（业主的权益）。

酒店拥有的资产通常包括现金、别人欠它的钱（应收账款）、库存物品的价值（食品、饮料、清洁用品、床单等）和**预付费用**[25]等项目。

资产负债表的资产部分还列出了酒店的财产和设备（固定资产）的价值，减去任何累计折旧。第 2 章中我们已经了解到，折旧反映了资产损耗后价值的减少。

资产负债表的负债部分包括流动负债和长期负债，前者通常被定义为将在一年内偿还的债务，后者则是将在未来 12 个月以上的时间段内偿还的债务。因此，例如，一张在资产负债表编制之日到期且应支付的乳制品发票将被视为流动负债。相比之下，酒店 20 年抵押贷款的剩余还款额，将在同一日期被归类为长期负债。

酒店拥有的东西（资产）和它所欠的东西（负债）之间的差额代表了业主在酒店的权益。表 12.3 是最佳睡眠酒店的资产负债表样本。

表 12.3 最佳睡眠酒店 20xx 年 1 月 1 日的简化资产负债表

资产		
现金	$ 75000	
应收账款	50000	
库存	25000	
预付费用	10000	
资产总额		$ 160000
财产和设备	$ 7000000	
（扣除累计折旧）	500000	
财产和设备净值		6500000
资产总额		$ 6660000
负债和所有者权益		
流动负债		
应付账款	$ 75000	
应付工资	25000	
流动负债总额	$ 100000	
长期负债		
应付抵押贷款	$ 6300000	
负债总额		$ 6400000
所有者权益		260000
负债和所有者权益总额		$ 6660000

资产负债表所呈现的信息是很重要的，它应像利润表一样经常、及时地编制。当一个特定的时间段（如本年度末）与一个较早的时间段（如上一年度末）进行比较时，资产负债表尤其有用。资产负债表的“时间点”视角使其成为管理层分析酒店整体财务状况的有用工具。

尽管关于这个问题的文章似乎很少，但必须认识到资产负债表可能有很大的局限性，特别是在酒店业。关于资产负债表的局限性的完整讨论可以在任何基本的会计文本中找到。其中最重要的是，资产负债表上所列的资产并没有考虑到实际运营酒店的员工的相对价值或价值。

酒店公司喜欢说人（他们的员工）是他们最重要的资产，但是经验丰富、训练有素的员工的价值并未在资产负债表上量化。为了阐明这个非常重要的概念，假设你是一家酒店的总经理，正在考虑为你的销售与市场营销团队支出 1000 美元。你可以用这 1000 美元更换销售人员使用的一台已老化的电脑，或者让团队成员参加为期一天的培训课程，学习更多关于 Microsoft Word 和 Excel 等办公软件的知识——酒店用这些软件来制作销售合同和客人发票。

如果你购买电脑，资产负债表上的资产（财产和设备）的价值将会增加，但如果你选择通过选择培训课程来对员工进行“投资”，则这种增加不会出现，尽管培训课程（而非一台电脑）可能会对酒店的销售与市场营销团队的有效性、效率、准确性和“价值”产生更大的影响。经验丰富的酒店经营者在审查资产负债表时，应能既认识到它的价值，也认识到它的局限性。

12.5.3　现金流量表

控制员制作或帮助制作酒店的利润表和资产负债表。前者详细说明了酒店在特定时期的财务表现，而后者则显示了酒店在某个时间点的财务状况。这两份文件对管理层非常有用，但还有第三份同样重要的财务摘要，应该由酒店的会计人员制作。这个摘要就是现金流量表。

现金流量表为以下类型的问题提供了答案，而这些问题是利润表或资产负债表所不能回答的：

- 在会计期间，酒店运营提供了多少现金？
- 在此期间，酒店用于建筑改造方面的支出水平是多少？
- 在此期间，酒店增加（或减少）了多少长期债务？
- 在不久的将来，酒店的现金是否足够，还是需要短期借贷？

在酒店业中，“现金为王”。精明的酒店经营者都知道，这不仅对酒店的盈利至关重要，而且对酒店维持其**偿付能力**[26]也很重要。

现金流量表显示了酒店的经营、投资和融资活动对现金的影响。我们可以用一个简单的例子来阐明现金流量表的重要性。假设一家酒店的利润表显示该月的销售收入为 20 万美元，当月的利润（税前收入）为 5 万美元。一切看起来都很好，直到人们意识到，上述销售额中有 10 万美元是向酒店提供信贷的客人赚取的。因此，尽管利润表可能显示酒店当月赚了 5 万美元，但其实这笔钱尚未存入酒店的银行账户，不能用来帮助偿还酒店的债务（事实上，酒店已经被要求提供 5 万美元现金或信贷来支持酒店的运营，直到从客人那里收回 10 万美元）。由此可见，盈利很重要，但同样重要的是知道酒店的银行账户和应收账款中有多少现金。

除信贷销售外，总经理还必须了解酒店自身的短期和长期现金需求，才能保持其偿付能力。由于酒店的现金状况至关重要，所以应该像编制利润表和资产负债表一样，经常性编制详细说明这种状况的现金流量表。实际上，在美国，自 1988 年以来，负责制定会计规则的组织——财务会计标准委员会（FASB）就一直要求当财务报表发布给外部用户时，除资产负债表和利润表外，还必须包括现金流量表。

关键词汇

1．**控制员（Controller）**：负责记录、分类和汇总酒店业务交易的个人。在某些酒店中，此职位称为财务主管。

2．**注册会计师（Certified Public Accountant，简称 C. P. A.）**：由美国注册会计师协会指定的、在会计领域有能力的个人。

3．**集中式会计系统（Centralized accounting）**：一个财务管理系统，该系统从各个酒店收集会计数据，然后在一个不同的（中央）站点对数据进行合并和分析。

4．**分散式会计系统（Decentralized accounting）**：一种财务管理系统，该系统从单个酒店站点收集会计数据并在同一站点对数据进行合并和分析。

5．**审计（Audit）**：对财务记录的独立核查。

6．**资本支出（Capital expenditures）**：购买酒店运营所需的设备、土地、建筑物或其他资产。

7．**季节性酒店（Seasonal hotel）**：根据一年中的不同时间（季节），其收支情况相差巨大的酒店。例如滑雪场、海滩、主题公园、某些旅游区、运动场馆等附近的酒店。

8．**经理（销售）日报［Manager's daily（sales report）］**：对前一天的客房、餐饮和其他销售情况进行总结的报告。经理日报可以包括酒店总经理要求的其他酒店运营统计数据。有时简称为“日报”。

9．**津贴和调整（Allowances and adjustments）**：由于正确记录销售的错误或为了满足遭遇财产缺陷的客人，而减少记入客人的销售收入。

10．**客房数（House count）**：在给定一天中实际入住酒店的客人数量的估计值。

11．**签收（Sign-off）**：核实或批准业务信息的准确性。例如：“拉尔森女士，您能签收昨晚的审计吗?”

12．**现金短缺（Short）**：收银员的现金抽屉中的现金少于正式销售记录加上轮班移交金额之和的情况。因此，一个收银员的现金抽屉中的钱如果比销售记录和轮班移交金额两者相加的总额少 10 美元，就被说成是现金短缺 10 美元。

13．**现金超额（Over）**：收银员的现金抽屉中的现金高于正式销售记录加上轮班移交金额之和的情况。因此，一个收银员的现金抽屉中的钱如果比销售记录和轮班移交金额两者相加的总额多 10 美元，就被说成是现金超额 10 美元。

14．**值班经理（Manager on Duty，简称 MOD）**：酒店中负责在 MOD 期间做出所需管理决定的个人。

15．**应收账款（Accounts receivable，简称 AR）**：由于赊销而欠酒店的钱。

16．**应收账款账龄（Accounts receivable aging）**：确定因赊销而欠下酒店资金的平均时间长度的过程。

17．注销（Write-off）：酒店管理层认为无法收取的客人直接账单，因此从酒店的应收账款总额中扣除。

18．应付账款（Accounts payable，简称 AP）：酒店欠下供应商的所有发票的总和，用于酒店的信贷采购。也称为“AP”。

19．编码（Coding）：将已发生的费用分配给预先确定的成本中心或类别的过程。

20．财务报表（Financial statements）：酒店会计信息的财务摘要。也称为酒店的“财务状况”。

21．公认会计原则（Generally Accepted Accounting Principles，简称 GAAP）：所有会计人员在编制财务报表时使用的技术、方法和程序。

22．利润表（Profit and Loss statement，简称 P&L）：利润表记录特定时间段内酒店的总收入和支出。与收支表或收益表相同。

23．固定费用（Fixed charges）：购买和占用酒店所产生的费用。其中包括租金、财产税、保险、利息以及折旧和摊销。

24．会计季度（Fiscal quarter）：构成公司经营年度的 12 个月，按顺序划分为 4 个会计季度，每 3 个月为一季。例如，1 月、2 月和 3 月将构成 1 月 1 日开始、12 月 31 日结束的运营年度的第一个会计季度。

25．预付费用（Prepaid expenses）：为在项目实际支出发生的会计期间之前购买的项目所做的支出。

26．偿付能力（Solvency）：酒店偿还其到期债务的能力。

第 13 章　安全管理

本章内容

本章概述

酒店客人依靠酒店来维持一个尽可能安全的环境。但是，客人并不是唯一关心安全问题的人。员工指望酒店提供安全的工作条件，让他们能够在没有不必要风险的情况下开展工作。酒店业主希望其管理人员制定出能够保护酒店资产和将业主的法律责任降至最低的措施和程序。此外，还有各级政府机构负责监督酒店的安全相关工作。

酒店业致力于安全工作。为了实现这一目标，它依靠各种以安全为导向的内部工具，包括可重新编码的锁、警报系统、监控系统和应急预案，这些都可以用来减少安全和保障风险。在本章中，你将了解到所有这些内容。你还将了解外部资源，如当地执法人员和酒店的保险公司等，是如何帮助酒店实现安全保障的。

根据位置和提供的服务，某些酒店会遇到独特的安全和保障问题，包括在游泳池区域、水疗中心、运动区，以及很多情况下在停车场保护客人。尽管酒店经营者不能绝对保证客人的安全，但他们有责任在保护客人的福利方面给予合理的照顾。本章中，你将了解酒店如何满足合理注意的标准。

对酒店资产安全的威胁可能来自内部和外部。为了充分保护资产，必须制订方案来防范这两种类型的威胁。本章中，你将了解到如何减少因不诚实的客人和员工而蒙受损失的机会。在某些情况下，一些安全和保障威胁是酒店的某些特定部门所特有的。例如，在前厅部，现金经常会随手存放，必须加以保护，而客房部必须控制员工和客人对房间用品和家具的盗窃行为。本章详细研究了前厅部、客房部、餐饮部、销售与市场营销部以及维修和工程部的重要而具体的安全问题。

即使是在管理最完善的酒店，发生安全或安保危机的风险也是真实存在的，所有酒店员工都必须知道如何应对。本章中，你将了解当酒店面临或经历严重的安全或安保威胁时，酒店的危机管理计划如何帮助解决可能出现的许多问题。

教学目标

- 强调确保酒店客人和员工安全的重要性。
- 确定各种可用的内部和外部资源，以帮助酒店经营者实现其安全和保障目标。
- 描述酒店行业特有的安全威胁。
- 强调财产安全的重要性。
- 确定威胁酒店安全的内部、外部和特定区域。

13.1　酒店安全的重要性

无论酒店规模大小，其所有员工都必须关注**安全**[1]和**安保**[2]问题。

关注客人的人身及财产安全不仅仅是良好的商业行为，也是酒店所有权的法律责任，并成为每位酒店员工的重要责任。酒店的雇员和其他到访的非客人也有要求其健康和福祉得到管理层保护的合法权利。

13.1.1　客户和员工安全的法律责任

从旅行之初，酒店客人就理所当然地关注自身的安全，尤其是睡觉时。酒店老板和经营者通过努力为旅行者提供一个安全的避风港来回应这些关切。除了酒店管理者的良好意愿外，还有一些具体的法律要求那些酒店经营者为旅行者提供一个安全的环境，但是，这些法律并不要求酒店对客人在住宿期间可能发生的所有事情完全负责。

例如，客人可能在浴缸中滑倒。如果确定酒店在提供和维护浴缸的方式上已采取了**合理注意**[3]，那么酒店将不对由此造成的任何伤害负责。

但是，假设该酒店购买的浴缸是众所周知的在潮湿后表面会变得特别易滑的那一款，已经有许多客人曾在这种浴缸中滑倒，且管理层也知道这些情况。此外，假设酒店的特许经营商在检查酒店时曾多次建议酒店业主在浴缸表面安装防滑材料，以减少客人受伤的机会。如果面对上述这些信息，酒店业主仍拒绝安装防滑表面，那么一旦提起诉讼，酒店方面就极可能需在某种程度上对客人的摔倒承担责任（请参阅第 2 章）。

在美国，作为酒店经营者，重要的是要记住，合理注意的法律标准意味着你必须以与其他理性的行为人（即合理的酒店经营者）相同的谨慎程度来经营你的酒店。例如，如果酒店方已经知道或应该知道客人的安全受到威胁，有理由认定酒店方会立即消除威胁或明确告知客人，因为不这样做的话，将表明酒店方并没有合理注意客人的安全。

如果对客人安全的威胁导致了损失或伤害，并且确定酒店未就该威胁采取合理注意，则酒店可能要对由此造成的损失或伤害承担全部或部分责任。一旦酒店被认定对客人或雇员的损失或伤害负有责任，很可能就必须承担该责任的费用。例如，假设酒店经理知道某客房门上的锁有缺陷，但未及时授权维修。随后，一位客人入住该客房，并遭到一名通过有缺陷锁的门非法进入客房的袭击者的抢劫和攻击。在这种情况下，客人聘请的律师要求酒店方对此进行**损害赔偿**[4]的成功率极高。在这个假设案件中，损害赔偿可能包括**补偿性损害赔偿**[5]，甚至是**惩罚性损害赔偿**[6]。

这些损害赔偿可能会导致酒店不得不向受伤的客人支付巨额资金——但如果客房的锁被及时修复，这些费用原本是可以避免的。

值得注意的是，酒店经营者并不仅仅是为了避免支付损害赔偿才妥善维护酒店的安全。

对客人安全的关注不仅仅是一种良好的商业行为，也是正确的做法。客人的安全是每个酒店员工工作的重要组成部分，而酒店经理的工作是确保员工以及客人在酒店内的安全。

13.1.2 酒店对旅客安全的责任

你已经了解到，如果酒店没有尽到合理注意义务，就必须对客人（和雇员）受伤的结果承担法律责任。为了证明已做到合理注意，酒店必须解决三个主要问题。这些是：

- 酒店的设施。
- 酒店的员工。
- 酒店执行的政策和程序。

这些都对过夜旅客以及在酒店工作或参观酒店的人的安全和保障起着重要作用。

(1) 设施

每家酒店在不同的位置和环境中为客人提供不同的产品和服务，但是它们都应尽可能安全。这并不意味着意外不会发生，而是说酒店的管理人员和员工应制定并维护一个积极的**威胁分析**[7]程序。

威胁分析程序是一种有组织的程序，通过该程序可以对酒店设施可能存在的危险进行评估。例如，有停车场的酒店应定期检查停车场的照明灯，以查看其是否工作正常。如果发现它们不能正常工作，则可能构成安全隐患，必须尽快维修。

在某些情况下，可能无法完全消除安全风险。在这种情况下，根据合理注意原则，必须将相关风险告知客人。例如，大多数观察家都会同意，在没有救生员在场的情况下进入酒店的游泳池是存在安全隐患的。但是，大多数酒店在游泳池开放供客人使用时，并没有雇用专职救生员。

在这种情况下，必须将已知的风险（没有救生员）告知客人。可以制作告示牌来传达风险，张贴在泳池区域的显眼位置，可能的措辞包括：

- 游泳者风险自负。
- 无救生员当值。
- 仅限成人游泳者。
- 儿童必须在成人的监督下入水游泳。
- 16 岁以下儿童必须由成人监护。
- 禁止奔跑或跳水。

请注意，这些声明均旨在告知游泳者在没有救生员在场的情况下游泳的相关风险。通常情况下，如果在酒店泳池开放的大部分时间内无救生员在场，则酒店的**保险公司**[8]会提供或建议使用直白的警告性语言来告知游泳者他们需面对的安全风险。

在威胁分析计划中可以采取的其他步骤是，禁止客人和其他人可能对安全构成威胁的行为。例如，一家酒店可以制定并执行一项政策，禁止在游泳池区域使用玻璃制品（玻璃瓶或玻璃杯）。这样做是为了消除在人们可能赤脚的泳池区域内，破碎而几乎看不见的玻璃碎片可能带来的安全威胁。

总之，酒店的每个设施都有其自身的安全问题，但是，有效的威胁分析程序里有三个步骤，可以帮助证明酒店已致力于采取合理注意措施来保护客人免受伤害。这三个步骤包括：

- 识别并消除已知的安全威胁。
- 告知客人任何剩余的安全威胁。
- 禁止已知会造成安全威胁的行为。

(2) 员工培训

要想最大限度地消除对客人及其财产安全的威胁，需要酒店每位员工的努力。较大型的酒店可能会有专职的安全和保障总监及部门员工，他们会定期巡视酒店的场地，进行安全和保障检查，并指导酒店的安全计划。其他酒店则可能与私人安保公司签约以提供安保服务，或者雇用值班警察来协助酒店的安全工作。但是，即便是在最小型的有限服务酒店里，也需要对所有员工进行安全和安保方法方面的培训。

培训员工以保护客人和自己，并协助酒店的安全工作是一个持续的过程。确认员工的安全培训需求的一种方法是考虑全体员工所需的培训和仅针对特定部门成员必需的培训。例如，教导所有员工及时报告在酒店停车场闲逛的任何未经授权或可疑的人，这是适当的，而有关食品安全处理的培训则仅适用于餐饮部门的员工。

特定的酒店或酒店公司会制订并实施许多详细的安全培训计划。此外，在美国，酒店和旅馆协会的教育研究所（E. I.）还开发并不断更新与安全和保障有关的优秀培训材料，并将这些材料以非常合理的价格提供给酒店。

在大多数有限服务酒店中，安全与安保并不是一个完全独立的部门。相反，安全和保障计划由每个酒店相关部门各自管理，并由总经理或指定的**安全和保障委员会**[9]监督。

许多酒店发现，建立一个有效的安全和保障委员会比设立单独的部门更为可取，因为部门间委员会的运作强化了这样的信息：客人的安全和酒店的安保是每一位经理、主管和员工的责任。

无论酒店的安全和安保工作的规模或组织结构如何，员工培训都是任何有效计划的关键组成部分。

管理人员并不是唯一关心酒店员工安全的人。以美国为例，1970年，美国联邦政府就通过了《职业安全与健康法》，在劳工部内创建了职业安全与健康管理局（Occupational Safety and Health Administration，简称OSHA）。

《职业安全与健康法》的目的是实现安全和健康的工作条件。OSHA在维护工人权利方面一直非常积极，它们与州一级的合作伙伴一起，在全国200多个办事处中拥有2000多名检查员以及其他歧视—投诉调查员、工程师、医生、教育工作者、标准编写者以及其他技术和支持人员。这些工作人员建立并执行保护性标准，并通过技术援助和咨询项目为雇主和雇员提供帮助。

法律要求所有酒店都必须遵守 OSHA 规定的安全规范、设备规格和员工沟通程序。此外，OSHA 的要求还要求雇主：

• 遵守 OSHA 的安全与健康标准，为员工提供安全的工作场所。

• 为工人提供符合 OSHA 健康和安全规范的所需工具和设备。

• 为操作有潜在危险的设备的员工制订培训计划。

• 任何导致死亡或令三名（或以上）员工住院的工作现场事故，应立即（8 小时内）向 OSHA 报告。

• 维护“OSHA 300”表格（与工作有关的伤害或疾病的现场记录），并将其保存 5 年以备检查。

• 在酒店内显眼处张贴 OSHA 关于员工权利和安全的公告。

• 向所有员工提供材料安全数据表（MSDS），提供他们在工作期间可能处理的危险化学品的信息（请参阅第 8 章）。

• 为可能接触血液或其他体液的员工提供免费的乙肝疫苗接种。

OSHA 检验员拥有检查酒店、查看酒店是否符合其规定的法律授权。OSHA 成立之初，很少有企业将其视为员工安全工作方面的合作伙伴。如今，精明的酒店经营者认识到，遵守 OSHA 标准可减少事故，降低保险费用，并使员工更加健康。

在美国，除了 OSHA 之外，酒店经营者可能会发现，还有一些关于员工安全的州和地方法律也必须遵守。在某些情况下，州或地方政府机构可能共同负责执行与雇员和客人安全有关的问题。例如，在大多数城市，当地的消防部门将负责确保灭火系统到位和运行。

(3) 政策和程序

对酒店而言，最适合自己的具体安全和保障政策/程序将根据其规模、位置、实际布局和所提供的客人设施而有所不同。然而，在任何情况下，书面政策和程序都有助于告知所有酒店员工，在应对安全和保障威胁时应该注意什么。虽然文本或法律手册可以确定标准化政策和程序的重要性，但每家酒店仍必须考虑其自身的具体威胁、关注和解决方案。这些解决方案应以书面形式正式确定，并获得员工的一致支持，才能大大有助于表明酒店始终如一地提供了合理注意。

工作日记：一天的工作 13.1

情况：

酒店里，一位去泳池区补充毛巾的服务员前来向前厅部经理汇报：“泳池里有很多孩子，但只有一个成年人在泳池边。”酒店所有员工都接受过培训，要报告任何可能被视为危险的活动，而这位服务员表现得很好。

由于无法离开无人值守的前厅区域，前厅部经理给总经理 J. D. 打电话请求帮助。

J. D. 迅速来到泳池区了解情况。客人很奇怪："怎么了？我在酒店租了一个房间来举办我儿子的 11 岁生日派对。这些是他的朋友。难道我们入住这个酒店，不能邀请朋友来参观吗？"

J. D. 快速统计了一下，一共有超过 25 个孩子参加了游泳池派对，却只有一个成年人：那个为了这次派对预订了单人卧室的父亲。

回应：

在这个案例中，设施、员工、政策和程序都必须在酒店如何应对安全威胁中发挥作用。儿童应能够在成人的监督下使用酒店的游泳池，但是，在本案例中，大多数有理智的人都会怀疑一个成年人是否能有效地监督 25 个以上的孩子。因此，尽管 J. D. 的首要责任是满足客人的需求，但在这种情况下，保护儿童和酒店的责任更为重大。也就是说，如果没有其他成年人在场协助监督，即便可能导致客人的不满，J. D. 也必须果断采取行动消除这一安全威胁，将那群孩子从泳池带走，以确保所有人的安全。

未来，J. D. 应制定一项书面政策（如果目前没有的话），针对入住客人的朋友及其是否允许他们使用（或不使用）酒店游泳设施的问题，以及一个合理的成人/儿童监督比例。这一政策应由酒店全体员工统一执行。

13.2　安全管理的资源

幸运的是，酒店经营者在致力于创造安全和有保障的住宿环境时，有许多资源可供他们使用。在本节中，我们将研究其中一些最重要的资源。

13.2.1　内部资源

内部安全和保障系统在住宿业中发展迅速。酒店经营者可利用的最重要的内部工具包括：

- 可重新编码锁。
- 警报系统。
- 监控系统。
- 应急预案。

这些工具的正确选择和使用取决于各个酒店的安全和保障需求。

(1) 可重新编码锁

酒店购买和使用**可重新编码锁系统**[10]曾经是一次非常重要的事件，以至于酒店会向潜在的客人推销使用这种锁具。如今，可重新编码锁已成为行业标准，任何酒店都不能没有它们。

今天使用的大多数可重新编码锁系统都是独立的，也就是说，不需要连接到中央电脑或PMS系统。除危及生命的紧急情况外，只有发给客人或酒店员工的标准磁卡才能打开锁。这意味着酒店的整个客房安全系统是由编程到各个锁中的软件控制的，而这些锁则是由发卡电脑编码的**钥匙卡**[11]激活的。

钥匙卡具有时间敏感性，通常可以提前12个月发行。因此，可以在确认预订后向个人或团体发送房间钥匙以加快登记速度。

在可重新编码锁系统中，每个锁都包含一个读卡器和电子锁控制模块，与一个电动锁机构相连接，使用标准AA碱性电池或无线信号即可激活该锁。当电池需要更换时，一个只有工作人员才能看到的警告灯会发出警告。当客人第一次插入钥匙卡（或在基于射频或无线电的系统中输入密码）时，锁将立即被重新编码，从而取消前一位住客的进入授权。这种钥匙卡可以向同一个客人发放多张。除了客房和外门之外，可重新编码锁还可以用来限制客人进入指定的区域，如特殊的电梯楼层、游泳池、水疗中心、健身室以及预留的早餐或酒吧区。它们还可以限制员工进入酒店内的指定存储区域。

管理可重新编码锁系统的个人所面临的安全和保障挑战是确保前厅服务员不会向未做正确的客房登记的个人发放钥匙。例如，假设有这样一种情况（非常常见）：一位客人走到前厅服务员面前说："我的房间钥匙放错了。能否请你再给我一把？"在一家对可重新编码锁的管理进行了合理注意的酒店里，回应客人的酒店工作人员必须：

- 受过培训，仅向已确认的登记客人发放重复的钥匙。
- 维护一个准确的数据系统，以识别已登记的客人及其分配的客房号。

由于客房必须定期清洁和维护，管理层会向需要的酒店员工发放万能钥匙卡。有了可重新编码锁系统，可在特定时间段内保存锁中使用的所有钥匙卡的电子记录。因此，如果有需要，管理层可以确定谁曾于何时使用钥匙卡开锁。使用可重新编码锁，不仅可以减少客人在房间里被前一天晚上入住同一客房的人所伤害的可能性，而且还有助于减少员工在客房偷窃事件的发生率。

(2) 警报系统

酒店业使用多种类型的警报器，有有声的，也有无声的。但无论是有声还是无声的警报装置，通常都由电气连接、光电光束、地震探测器、红外光束、磁性触点或无线射频（RF）信号组成，一旦激活就会产生警报。

警报可以分为**内部警报**[12]或**接触式警报**[13]。

内部警报通常被设计为对犯罪或恶作剧活动的一种威慑。例如，酒店防火门上的警告蜂鸣器通常只在防火门被使用的情况下用来通知酒店工作人员。同样，酒类储藏室门上的警报器可用以通知经理或餐饮部总监。反之，在发生武装抢劫时或之后，由前厅服务员启动的警报器则很可能会直接连接到当地的警察部门，以便立即联系他们。

一些可能受到内部警报保护的重要区域包括：

- 存储区域。
- 酒店设施，如游泳池、水疗中心和健身区。
- 酒店场地及其周边地区。

一些更有可能受到接触式警报保护的重要区域包括：

- 前厅。
- 餐饮收银台。
- 控制员的办公室。

酒店火灾警报器的重要性是不言而喻的，很多酒店都将这些设备分别连接至内部警报器和接触式警报器。请记住，火灾发生时，酒店员工、客人和消防部门都需要第一时间意识到这一危险。因此，客房内的热量或烟雾探测器应启动内部警报，使房内的客人和前厅的工作人员都听到，并应由相应的酒店员工立即进行检查。相比之下，在公共区域启动的火灾警报可能会自动联系和召唤消防员，因为该警报器是直接连接到当地消防部门的。

负责此项工作的酒店员工应定期并经常检查所有警报器是否正常运行。这是很有必要的，因为一个警报系统不能正常工作的酒店很难证明它为保障员工和客人的安全采取了合理注意措施。一个有效和全面的警报系统是每个酒店完整的安全和保障工作中的宝贵工具。

(3) 监控系统

如果实施得当，电子监控可以在酒店的安全和保障计划中发挥重要作用。监控通常以下列两种方法之一进行。

第一种方法是简单地记录酒店某个区域内的活动。因此，例如，一家酒店可以设置一个数码相机，记录酒类储藏室外的活动。如果储藏室在某个晚上被闯入，就会有闯入记录，这对于识别小偷很有用。监控系统最常用于记录前厅、出入口附近、停车场和收银员附近的活动。

另一种方法是使用**闭路电视（CCTV）**[14]作为工具。闭路电视在酒店中的潜在用途是多方面的。例如，闭路电视可用于一个多入口酒店，管理层希望监控每个入口外的活动。为了达到最佳效果，必须监控闭路电视系统。监视器通常放置在中心位置，由指定的员工查看，该员工经过培训，能够对监视器上看到的活动作出适当的反应。例如，如果一个外部入口的监控器显示有人试图闯入，根据培训，该员工可召集当地警察。一些使用闭路电视的酒店还在被监控的区域设置了对讲机，从而提高了员工监控系统的效率，使其有可能与在监控区域观察到的任何人交谈。

实际上，当摄像头无法运行或监视器无法进行持续监控时，一些酒店管理人员会试图营造出已安装闭路电视系统的假象。这样做通常是为了节省闭路电视系统的运营成本。理由是，仅仅是摄像头的存在就能阻止犯罪分子，因为他们不会意识到自己实际上没有被监控到。但是，法院和陪审团认为，这种方法无法确定酒店已提供合理注意，因为受害者可能会错误地认为自己的情况正在被监控中，并基于这种想法采取行动。而事实上监控系统并未正常运行，就不可能有救援到来。因此，希望运行不受监控的闭路电视的酒店管理人员在实施这种方法之前，应咨询其保险公司和法律顾问。

（4）应急预案

尽管酒店员工尽了最大努力，安全和保安方面的紧急情况还是会发生。事情一旦发生，酒店必须准备好作出适当的反应。**应急预案**[15]是关注安全和保障工作的管理人员可用的最佳工具。在不可预见的紧急情况下，只有在实际事件发生之前，才可能作出适当的反应。但是，如果危机可预见（例如严重的暴风雨或老化的电力），那么酒店必须准备好采取的一些行动就会非常相似，甚至相同。

简单地说，应急预案就是确定对酒店安全和保障的潜在威胁，以及酒店对该威胁的计划反应。例如，位于森林茂密地区附近的酒店的应急预案应包括在森林火灾发生时实施的疏散计划。一家位于大西洋沿岸的酒店的应急预案，则应包括在飓风来临时疏散酒店客人的方法。

大多数酒店的应急预案中都包含对以下事件的应对措施：

- 火灾。
- 水灾。
- 停电。
- 严重的恶劣天气（例如飓风、暴风雪、龙卷风等）。
- 抢劫。
- 客人或员工的死亡或受伤。
- 媒体的负面报道。

在上述所有情况下，酒店的管理层和员工都需要迅速作出反应。应急预案为他们做好了准备。之所以能够实现，是因为许多危机具有相似的特征，这些特征可以在某种程度上通过预先计划加以控制。这些特征包括：

- 极其重要。
- 对正常业务的干扰。
- 有可能造成人类痛苦。
- 财产损失。
- 经济损失。
- 有可能受到媒体的监督。
- 威胁到企业的声誉或健康。

应急预案必须是书面文件。这很重要，因为它必须准确确定在危机时期管理层和员工的期望。此外，如果酒店因危机而被起诉，则书面的应急预案可以帮助证明它在面对危机前已尽到了合理注意的义务。

应急预案应尽量简单易行，因为它往往只会在高度紧张的时候实施。对出现的每种危机，明确制订的应急预案都应包括：

- 危机类型。
- 危机发生时应告知谁（包括电话号码等）。
- 发生危机时应采取的措施（以及应由谁进行）。
- 危机结束后应将危机的结果或影响告知谁。

应急预案应由酒店的高层管理人员制订，并酌情征求其他员工的意见。保险公司和当地消防/警察部门的代表也可以提供有用的信息。大型酒店通常有一个安全部门，其人员将参与实施应急预案。小型有限服务酒店的管理人员必须将这些责任作为其工作的一个组成部分。然而，无论酒店规模大小，都必须制订计划，说明对于每一种可以合理预期的紧急情况，到底必须做什么，以及应该由谁负责做。

管理层应经常审查应急预案，并与员工共享，以便他们知道在紧急情况下该怎么做。在可行的情况下，酒店应对该预案进行演练。通过这些做法，有力地证明他们对确保酒店及酒店所有人的安全和保障的承诺。

13.2.2 外部资源

并非只有酒店经营者在努力为客人提供安全保障，当地执法官员也负责维护个人安全和社区安全——他们是酒店经营者的天然盟友。此外，保险公司对酒店业主和员工的安全和保障工作也兴趣浓厚。上述两种资源对酒店经营者来说是现成的，应尽可能地加以利用。

(1) 地方执法部门

酒店员工可以而且应该接受良好的培训，但如果酒店经理与当地执法部门的专业人员建立并保持良好的关系，他们的安全和保障工作将得到极大改善。酒店总经理应亲自认识酒店所在地区负责执法工作的人员。当地执法人员可以为酒店管理者提供建议和协助，甚至还可以为酒店员工提供免费的安全和保障培训。此外，他们还可以向酒店经营者提供建议，告诉他们将不守规矩的客人驱逐出酒店时应采取的最佳程序和流程——即使是管理最完善的酒店，这种情况也是偶有发生的。

在许多社区中，总经理可以向当地警察要求进行财产安全检查，以确定酒店可以采取哪些具体步骤来减少安全和保障威胁以及改善措施。好的管理人员会经常与当地警方会面，因为他们是信息和援助的重要来源。

(2) 财产保险

经营任何业务都有风险，酒店也不例外。因此酒店往往会通过购买保险来寻求对风险的保护。这样做在财务上意义重大。某些类型的保险可能是法律要求的（例如**工伤赔偿**[16]），其他则是酒店的贷方要求的（当酒店是贷款所购的情况下），以保护他们的经济利益。

在评估风险时，以及在向企业出售保险之前，保险公司会预测风险可能导致的实际损失或损害的平均次数，然后确定损失的平均货币价值，以便最终确定用于防止损失的**保费**[17]（费用）。

这些费用必须足够低，以吸引那些想要购买保险的人，但同时也要足够高，以支持保险人可能发生的损失数量。

与安全和保障相关的事件导致的**索赔**[18]（潜在损失）、工伤和诉讼数量越少，保险公司必须赔偿被保险人的损失的风险就越小。

当索赔很少时，收取的保险费就会降低。因此，最大限度地减少损失的发生，符合酒店（因为它们想尽量减少应支付的保险费）和保险公司（因为它们想避免支付索赔）的最佳利益。正因为如此，保险公司应该与酒店经营者合作，找到可减少事故和其他潜在损失或损害来源的方法。正如酒店的管理人员应该了解并与当地执法人员合作一样，他们也应定期咨询保险公司，以确定可以采取的政策、程序和行动，通过改善酒店的安全和保障来减少潜在的索赔。

13.3 特殊领域的安全管理

每个企业都有独特的安全和保障威胁，酒店也不例外。这些威胁往往需要酒店的员工格外小心或努力应对。对于许多酒店来说，这些特别关注的领域中，最重要的有四个：游泳池、水疗中心、健身设施和停车场。

13.3.1 游泳池

尽管酒店游泳池通常仅被一小部分酒店客人使用，但它们却非常受欢迎。一直以来，在有关理想服务的民意调查中，旅行者始终将游泳池的存在排在影响他们选择酒店的设施清单的前列。但是，由于意外滑倒、跳水甚至溺水而导致的潜在法律责任，要求负责照管泳池区域的员工在执行泳池安全程序时要格外警惕。

要避免泳池区完全不发生事故是不可能的，但可以将事故发生的几率降到最低。图 13.1 列出了影响游泳池安全和法律责任的 10 个关键做法。应该每月与受影响的员工一起审查这些做法，以确保持续遵守。

大多数酒店的游泳池都没有雇用全职救生员。如果有，则救生员必须了解有效的监视、救援程序以及所保护设施的具体技术。当团体（尤其是儿童）使用游泳池时，则无论是否提供救生员，团体负责人都有责任提供监督。

如果不提供救生员服务，则应告知该团体没有救生员值班，并且其成员在水中、水上和周围活动时，团体负责人必须提供严格有效的监视和监督。在使用游泳池时，酒店应向团体负责人提供具体的监督和安全指导。这可以通过口头方式或书面的《泳池规则》情况说明书来实现。酒店的工作人员应不断评估在水中、水上和周围的客人数量，以确定需要多少成人才能确保团体成员的安全。

1. 公示泳池的开放时间，并仅在这些时段向客人开放泳池。
2. 清楚并准确地在泳池的两侧和两端标记泳池深度（以公制和英尺/英寸为单位）。
3. 确保泳池和泳池区域有适当照明，并定期检查和维护所有电气组件，以符合当地的电气法规。
4. 安装自动关闭和自动上锁的大门，以防有人擅自进入泳池区域。如果可能，请在泳池的入口使用可重新编码锁。
5. 在泳池开放的任何时候，都要配备适当的救生设备并易于取用，且至少有一名拥有心肺复苏术（CPR）证书的员工在岗。
6. 只允许登记入住的客人和特别授权的其他人使用游泳池。
7. 联系酒店的保险公司，确定必要的泳池警告标志的数量、位置和内容。
8. 张贴所有泳池政策和信息标志，并确保随时执行这些政策。
9. 在泳池区提供紧急电话，根据酒店保险公司的习惯，该电话可直接拨打到前台或 911。
10. 仔细记录所有与泳池维护、地方法规遵守和运营政策执行相关的活动。

图 13.1　游泳池安全守则

13.3.2　水疗

拥有公共区域水疗、按摩池或热水浴池的酒店面临特殊的安全和赔偿责任问题。虽然水疗很受欢迎，但对幼儿、老人、醉酒者和服用特殊药物的人来说，可能会有危险。和游泳池一样，尽管可能无法杜绝所有可能发生的事故，但图 13.2 中列出的做法可以最大限度地保障客人的安全，并最大限度地降低酒店的法律责任。管理层应每月与员工一起审查这些做法，以确保遵守。

1. 每天检查水疗中心排水口盖并记录检查情况。
2. 张贴所有水疗政策标志。
3. 安装温度计并经常检查水疗温度，一一记录读数。建议温度范围不超过 102 ～ 105 华氏度（38.9～40.6 摄氏度）。
4. 以客人容易读取的方式显示水疗温度。
5. 清楚并准确地标明水疗中心的深度（以公制尺寸和英尺/英寸为单位）。
6. 使用水疗中心时请勿饮酒。
7. 在水疗中心周围安装防滑地板，并提供进出楼梯/梯子。
8. 禁止儿童和非酒店客人使用水疗中心。
9. 在水疗区提供紧急电话，根据酒店保险公司的习惯，该电话可以直接拨打到前台或 911。
10. 仔细记录所有与水疗中心维护、地方法规遵守和运营政策执行相关的活动。

图 13.2　水疗中心安全守则

13.3.3 健身设施

许多酒店为客人提供健身中心或健身室。这些区域通常包含各种类型和种类的健身器材。在大多数情况下，这些区域的工作人员不是由酒店全职负责的。然而，这些房间确实需要定期关注。酒店员工应该捡起可能乱扔在地板上的危险物品（如毛巾和重物），并应检查健身器材是否出现故障或损坏，拆除或立即维修任何损坏或不安全的机器。

保险公司提供的统计数据表明，跑步机是迄今为止健身室中最危险的器械。即使是经验丰富的用户，也可能在跑步机上打滑、绊倒或失去平衡。从跑步机上摔下来会造成严重的身体伤害，包括断肢、脑震荡和其他严重伤害。而且，事故并不是唯一的安全隐患，设备可以轻松传播细菌和其他病菌。因此，经营健身设施的酒店经营者必须尽最大努力创造一个安全的健身环境。要做到这一点，方法之一就是使用张贴的标志。

标志的作用是不断提醒人们注意锻炼设施的内在危险。一般来说，标志可以分为四种类型：

- 制度标志。标明涉及设施使用的规则和条例的标志。
- 警示标志。标明设施的某一区域或某一设备中具体风险的标志。
- 方向指示标志。指示入口、出口、消防疏散计划和其他安全信息的标志。
- 紧急标志。指示各种应急物品的摆放位置，如灭火器、急救箱、电话等。

健身室（以及其他对安全交流很重要的地方）的标志应使用坚固耐用的材料制成。标志的大小应能在至少5～10英尺以外的地方看清，且应用明亮的颜色印刷，以吸引人的注意力（白色背景和彩色字母的标志是最好的）；应放在离地面4～6英尺的高处，以便于观看。电脑打印的标志和手写的标志可以作为临时或紧急的交流工具，但在大多数情况下应避免使用。

13.3.4 停车区

许多酒店都有供客人停放车辆的地方。虽然酒店不为停放在其停车场的车辆投保，但仍有责任为使用该停车场的车辆和客人提供合理的保护。图 13.3 列出了影响停车区安全的 10 项主要措施。应每月对这些措施进行审查，以确保遵守。

1. 每天检查停车场照明。立即安排更换烧坏的灯。
2. 每天检查停车场地面，如有危及客人安全的情况，应立即安排修补路面。在恶劣天气下，应保持路面无冰雪覆盖。
3. 确保停车场的条纹和方向指示牌容易看到，以免发生行人/车辆事故。
4. 在停车场张贴显眼的标志，提醒客人不要将贵重物品留在车内。
5. 如果提供代客泊车服务，请记录所有受雇驾驶员的培训情况。
6. 要求客人在办理入住手续时通过车牌号或车标/颜色来识别其车辆。
7. 保持停车场周围的景观修剪整齐，以避免出现危险区域，为可能威胁客人安全或财产安全的人提供藏身之处。
8. 如果可能，请安排当地执法人员定期和频繁地在停车场内进行巡逻。
9. 安排酒店工作人员每天白天和晚上进行交叉巡逻。
10. 使用经理的每日日志记录停车场维护程序。

图 13.3　停车场安全守则

酒店的值班经理（MOD）应以此为其日常职责的一部分，对停车区进行巡视——这也是酒店整体安全和保障计划的一部分。这种巡视也应该被记录下来。表 13.1 是一个与酒店停车区有关的经理值班检查表的例子。

表 13.1　值班经理停车区检查表

最佳睡眠酒店

执行人：

检查日期：________________　检查时间：________________

为了确保检查的完整性，本表应按各检查项的先后顺序完成。

根据情况，必须在各检查项右侧的“是”或“否”栏中打勾。如果选择“否”，请在“备注”部分指出问题所在。如果提交的是工作单，请在“备注”部分注明工作单编号。

项目	是	否	备注
室外停车场照明良好。	□	□	
室外停车场没有垃圾和杂物。	□	□	
涂装的条纹容易看到，且状况良好。	□	□	
指示牌张贴在显眼的位置。	□	□	
不定期地对停车场进行巡视。	□	□	
除主入口外，所有入口的大门在晚上 8 点后都是锁着的。	□	□	
紧急呼叫箱位于整个停车场，并正常运行。	□	□	
闭路电视动作正常，并向保安发送清晰的图像。	□	□	
注意到帮派或流浪者，并向警方报告。	□	□	
检查汽车的停留时间（注意用篷布覆盖或灰尘过多的汽车）。	□	□	

（续上表）

项目	是	否	备注
保安人员了解长期停留的汽车。	□	□	
有正确比例的残疾人停车位，并有明确的标志。	□	□	
草地和树丛维护良好。	□	□	
灌木和植物被定期修剪，并远离入口门。	□	□	
人行道照明良好。	□	□	
人行道没有绊脚的危险。	□	□	
外部入口处没有垃圾和杂物。	□	□	
所有通向内部的外部门都是关闭且上锁的，可刷卡进入。	□	□	
每个入口处的钥匙读卡器都能正常工作。	□	□	
所有的入口处都有良好的照明。	□	□	
所有出入口都有安全保障。	□	□	
每个入口处的指示牌都符合残障人士的使用要求。	□	□	
室外有符合轮椅行驶要求的坡道。	□	□	
其他：	□	□	
其他：	□	□	
其他：	□	□	

尽管酒店在安全方面做出了最大的努力，但事故还是会发生。当事故发生时，必须准备一份**事故报告**[19]，以记录“谁、什么、何时、何地、如何”以及酒店对事故或伤害的反应。表 13.2 是一个酒店事故报告的示例。

表 13.2 酒店事故报告

事故报告

最佳睡眠酒店

投诉人

姓名______________________________

地址________________ 城市__________ 州__________ 邮编__________

家庭电话____________ 商务电话__________ E-mail ______________

事故类型

受伤________ 盗窃________ 意外事故________ 财产损失________ 其他________

伤害情况

是否给予急救？ 是____ 否____ 拒绝急救？ 是____ 否____

是否呼叫急救中心？ 是____ 否____ 是否被送去急救？ 是____ 否____

伤害类型______________________________________

（续上表）

事件的细节

____

____

____

____

____

____

（如有必要，请写在背面）

财产和价值

损坏/丢失的物品	估计价值
____________	____________
____________	____________

（如有必要，请写在背面）

房间闯入（仅在适用情况下）

房号__________　进入者__________　证明人__________

房间是否被闯入?　是____ 否____　时间

房门是否已锁?　是____ 否____　门上是否有锁链?　是____ 否____

警方对该事件的反应

警员：__________　盾牌__________　报告__________

是否已逮捕?　是____ 否____　是否出示传票?　是____ 否____　是否发出警告?是____ 否____

事件的目击者

1. 姓名：__________　电话：__________
   地址：__________　城市__________　州__________
2. 姓名：__________　电话：__________
   地址：__________　城市__________　州__________

备注：____

____

____

报告编写人：　日期：

每当客人或员工发生事故或受伤（与安全有关的事件），以及发生财产损失或损坏（与安全有关的事件）时，都应编写事故记录。酒店应保留的其他与安全相关文件的例子包括安全和保障委员会的会议记录、与安全问题有关的一般员工会议记录、与安全和保障有关的员工培训记录，以及员工参加的安全研讨会或获得的证书。

13.4 财产安全的保护

正如你在本章前面所了解的那样，与安全有关的计划旨在使人免受伤害，而与安全有关的工作则旨在保护财产免受盗窃或损坏的威胁。人的安全总是比财产的安全更重要。然而，优秀的酒店经营者知道，他们必须运用合理的判断，建立有效的方案，以保护客人的个人资产以及酒店本身的资产。

对资产安全的威胁可能来自酒店内部的个人（内部威胁）或酒店外部（外部威胁）。在这两种情况下，这些人都试图窃取或损坏本应属于酒店住客、员工或业主的财产。酒店经营者设计、实施和监控安全计划，以最大限度地减少对资产安全的内部和外部威胁。此外，酒店经营者必须了解酒店各个部门存在的对资产安全的独特和具体的威胁。虽然不可能消除所有潜在的财产损失或损害，但了解有关住宿业中对安全的特定威胁的知识，以及实施为减少这些威胁的影响而开展的活动，可以帮助酒店经营者展示法律要求他们表现出的合理注意的证据。

13.4.1 内部威胁

有时员工会偷窃客人或酒店拥有的资产。当有证据明确表明员工参与了此类活动时，管理层的回应应该是适当的，并且最重要的是，应保持一致。酒店的员工手册中通常都有一句警示语，警告全体员工，如有盗窃将被解雇。当盗窃或损失的财产涉及大量金钱时，酒店可对雇员提出刑事指控。无论使用哪种方法，都应将其同等地应用于所有员工和各个级别。

如果不注意平等对待原则，会发生什么情况？例如，当参与犯罪活动的主管或经理被抓，但随后被允许辞职，而在同一家酒店里，被抓到参与同样活动的小时工则被解雇或被起诉。这就将使酒店极易受到歧视或不公平劳动行为的指控，而酒店很难对此进行辩护。此外，它还向酒店员工传递了一个关于管理层对盗窃行为的看法的混乱信息。

如果酒店希望向员工传递这样一个信息：所有类型的盗窃案都会得到迅速和一致的处理，那么它就必须像对待非员工的威胁一样认真对待财产安全的内部威胁。酒店一般会面临两种基本类型的内部资产威胁：与现金有关的威胁和与其他资产有关的威胁。

（1）对现金的威胁

只要提及员工盗窃，酒店经营者想到的多半是员工偷钱。**挪用公款**[20]是酒店的一个潜在问题，但使用旨在防止这种情况的程序和政策，可以最大限度地减少挪用公款的可能性。

出于对员工盗窃行为的关注，一些酒店会要求那些有可能挪用资金的员工必须提供**担保**[21]。

员工可以通过多种方式骗取雇主的现金，管理者必须在成本和收入控制系统方面保持最新状态。基于可靠控制原则的良好财务控制对于减少员工的盗窃行为大有帮助。与收银员岗位相关的控制尤为重要，因为收银员可以通过多种方式进行欺诈。与收银员相关的典型**欺诈**[22]方法包括：

- 向客人收取未购买物品的费用，然后截留多收的费用。
- 在客人离开后更改信用卡费用总额，或留下额外的信用卡费用并将现金差额据为已有。
- 有意增加合理的收费，以创造一个高于应收金额的数额，意欲截留超额部分费用。
- 在给客人找零时故意少找，然后从现金抽屉中取出差额零钱据为己有。
- 将合法销售作为错误注销，截留合法销售的现金数额。
- 对酒店商品或服务收取高于应收的价格，然后以应收价格记录该笔销售，同时截留多收的费用。

除了会影响酒店或酒店客人的收银员盗窃行为外，员工还可以通过支付酒店账单的方式窃取应收账款领域的现金，或者通过欺诈的方式将原本用于酒店的资金转移给挪用公款的员工。防止酒店资金被盗的责任由控制员（或总经理）和参与现金处理的每个酒店部门负责人承担。

(2) 对其他资产的威胁

现金并不是员工可以窃取的唯一酒店资产。实际上，员工可以非法获取的资产的数量和类型都很多。负责酒店资产安全的人员通常会发现，制订旨在保护最容易遭受员工盗窃的三种非现金资产的计划很有帮助。这三个损失领域包括时间、公司财产和服务的窃取。

将时间视为酒店资产似乎很奇怪，但它却是员工最容易占用的资产。员工的工资通常都是按小时、周或月支付的，也就是说，实际上，酒店是在用一种资产（现金）交换另一种资产（员工的时间）。当员工领取了酒店的薪资却并未向酒店付出双方约定的工作时间时，酒店就会蒙受损失。窃取时间的行为包括员工以欺诈的方式填写考勤表或打卡。在一些大型酒店，特别是那些监管薄弱的酒店，员工会因为离开一段时间而导致本应完成的工作没有完成。

防止员工窃取时间的最佳方法是对考勤卡进行严格控制。为了在这方面有所帮助，酒店越来越多地发放员工个人刷卡，以减少“好友打卡”的机会，即一位员工欺骗性地帮助另一位员工签到（打卡）的做法。

在考虑如何减少涉及缺乏生产力的员工盗窃的计划时，管理人员必须保持警惕。这一工作颇具挑战性，尤其是在大型酒店中，但是，良好的监督，以及在每天审查的时间表上为每位员工制定实际的工作量，有助于提高酒店发现此类盗窃行为的能力。

就像有些客人的行为一样，公司财产也会通过员工的偷盗行为流失。事实上，员工很清楚管理层忽略了哪些本应该得到很好保护的资产。从食品储存区的食品到客房服务部的拉链洗衣袋，员工经常可以发现酒店的实物资产中有他们可以私下取用的物品，这就使得它们很容易成为员工的窃取对象。防止公司财产被盗的最佳方法包括：

- 在雇用员工之前仔细筛选。
- 通过使用有效的可重新编码锁、库存系统和其他安全措施来减少被盗的机会。
- 告知经理和员工对盗窃行为的处罚。
- 以类似的方式处理所有被证实的同类盗窃案。

即使有最好的控制措施，也不可能完全消除酒店内所有员工的盗窃行为。对于不诚实的员工来说，在对酒店物质资源的接触过程中，有太多的机会可资利用了。要想减少这一现象的发生，必须进行有效的员工筛查，创造一个不鼓励偷窃的环境，并坚持对已知的偷窃案件进行惩戒，对有偷窃行为的员工进行解雇或起诉。

有些员工偷窃公司财产，有些则偷窃酒店提供的服务，后者比前者更为隐蔽、难以觉察。例如，假设一个前厅部主管在深夜工作时，每天花一个小时或更多的时间给他外地的女朋友打长途电话。这种对酒店资产的不当使用将导致酒店在当月产生超过必要的长途电话费，且出现前面所提及的时间盗窃情况。除非酒店有人监控每个办公电话分机号码产生的长途电话账单，否则这种偷窃情况极可能不会被发现。客房内的电影和游戏、电话费、打印、复印和传真服务等，都是容易被员工盗窃的服务。必须采取适当的管理控制措施，以最大限度地减少酒店服务损失的机会。

13.4.2 外部威胁

由于酒店是全天候开放的，因此无论白天还是晚上，它们都容易受到资产威胁的影响。客人或非客人都可能构成这些威胁。与保护资产不受员工威胁一样，酒店经营者在保护酒店资产免受非员工的非法活动影响时，必须了解并防范那些对现金和非现金资产的威胁。

(1) 对现金的威胁

几乎所有的酒店都会在酒店内保留一些现金，再加上许多酒店的布局为小偷提供了乘车快速逃离的机会，所以酒店工作人员有时会遭遇武装或非武装的劫匪。防止此类抢劫的最好办法是酒店全体员工与当地执法人员紧密合作，确定并尽量减少盗贼抢劫酒店的机会。

酒店经营者必须明白，劫案发生时，重要的不是保护现金资产，而是保护员工！一旦发生抢劫事件，相关的酒店工作人员应该服从劫匪的要求，勿采取任何可能被劫匪认为是试图阻止犯罪的行动，以免危及其生命。当然，可以培训员工仔细观察劫匪的行为，以便事后能回忆其身体特征，如身高、体重、头发的颜色和长度、眼睛的颜色、胡子、文身、口音或其他可识别的特征。在抢劫过程中，遵从劫匪的要求和观察劫匪应是员工唯一关心的问题。

为了帮助抓捕劫匪，许多酒店会在收银员的现金抽屉里安装一个接触式报警系统。当预定的钞票或钞票包从现金抽屉中取出时，该警报就会被激活。警报器的线路是用来联系当地受过训练的执法人员，以应对正在进行的抢劫。如果没有此类警报器，则被抢劫的员工应在最安全的时候联系当地的执法人员以及酒店应急预案中所提到的其他人员。

(2) 对其他资产的威胁

不仅劫匪会从酒店偷东西，有些客人也会。事实上，对于酒店的非现金资产，来自客人的威胁要比劫匪大得多，因为大多数情况下，客人的目标不是现金，而是酒店销售的产品和服务。每位经验丰富的酒店经理都有一个“你不会相信”的故事，那就是客人从酒店非法拿走（或试图拿走!）重要资产。从家具、电视机、艺术品到毛巾、睡袍、床单和客房内的时钟、收音机等小物品，客人的盗窃行为每年给酒店带来数百万美元的资产损失。

然而，现实情况是，大多数客人的盗窃行为往往仅仅被视为一种商业成本。例如，指责客人偷了一个木制衣架，然后试图向客人收取该物品的费用，这没有什么意义。

一些酒店会在客房内放置小牌子，向客人出售那些经常消失的物品。有些经理人为了阻止偷窃，还会在客房标志的措辞中暗示，客房服务员将对客房物品的任何损失承担经济责任。无论管理者是使用这些客房标志（本文作者均不建议采用）还是其他不太引人注目的方法，酒店的客人和访客都是对资产安全的重大威胁。因此，采取旨在减少盗窃的预防措施是良好的商业惯例。为此，有安全意识的酒店经营者应当：

- 使用锁定式衣架将所有艺术品挂在大厅和客房中。
- 避免将贵重的装饰品和摆件放在客人可以轻易拿走的地方。
- 培训客房服务员，如果客房间内有毛巾或其他物品丢失，应及时提醒管理层。
- 将电视机和室内电脑牢固地固定在客房家具上。
- 培训所有员工对酒店财产的损失保持警惕，并报告他们遇到的任何可疑活动。

重要的是要记住，客人对服务的盗窃就像对实物资产的盗窃一样容易发生，必须采取适当的控制措施来防止此类事件的发生。就像几乎所有的零售商店都会因顾客偷窃而蒙受损失一样，酒店也会因客人偷窃而蒙受损失。然而，零售商店和酒店必须努力通过实施旨在减少此类损失的政策和程序来减少盗窃造成的损失。

13.4.3 特定区域的威胁

对酒店资产的威胁可能发生在任何时间和任何部门。但是，某些部门由于其运作的性质，会受到特定的安全威胁，酒店经营者应该特别注意。这些部门包括前厅部、客房部、餐饮部、销售与市场营销部以及维护部。

(1) 前厅部

除了抢劫或员工盗窃对现金构成的威胁外，前厅部最大的关注点是欺诈性出售客房。假设这样的一个情况：一位夜间审计员为深夜抵达的客人登记入住酒店。客人表示只需要住上几个小时的客房，以便在继续旅行之前好好睡上一觉。夜审员在办理入住手续时收取了客人的现金付款，但后来又在当天的客房收入中减少了相同金额，理由是客人对房间不满意，提前离开，现金已退还客人。很明显，这种情况是极有可能发生的。另一种可能是客人在抵达时显示的时间很短，夜审员骗取了酒店一晚的客房收入。

另一种情况是，假设一个前厅服务员只是把空置客房的钥匙给了一个朋友或亲戚，而没有从这个人那里收取任何客房收入。当然，该房间必须在第二天由客房服务员打扫。在这种情况下，酒店实际上被骗走了应有的客房收入。因此，酒店管理者必须有一套系统，每天将清洁过的客房与实际售出的客房进行比较，以尽量减少前厅服务员欺诈的机会。

（2）客房部

客房部经理必须注意两个截然不同的安全问题。首先是盗窃客房清洁用品，例如室内便利设施、毛巾和床单。当然，这样的盗窃行为既可能是客人所为，也可能是员工所为。虽然几乎不可能阻止所有的小型设施和客房物品的盗窃案，但应建立适当的控制和系统以检测并应对此类重大盗窃事件。

第二个更为敏感的客房管理问题涉及客房服务员或其他员工从客房盗窃。尽管建议最好使用安全保管箱，但客人外出旅行时，仍往往会将贵重物品存放在自己的房间里。

如果客人声称他或她的房间被盗，管理者必须考虑四种可能的情况：

- 客人犯了一个无心之过，报告的失窃物品其实只是被放错了地方。
- 客人试图欺骗酒店，该物品并没有被盗。
- 盗窃行为确实发生了，但是是由酒店的另一位客人所为。
- 酒店员工实施了盗窃行为。

显然，在这种情况下，酒店的管理层必须非常小心。经询问后，如果管理层认为确实发生了盗窃案，则最好的办法是将事件报告给受过培训的当地执法人员，以调查犯罪。

（3）餐饮部

由于食品和饮料几乎每个人都可以使用，所以它们是盗窃的常见目标。客人可能会拿走银器和玻璃器皿作为住宿的纪念品，而员工也可能偷取同样的物品为己所用。更重要的是，为餐饮部门采购产品的员工可能会通过接受供应商的回扣来欺骗酒店，或购买然后偷窃本应用于酒店的餐饮项目的物品。在发展系统和程序以减少这种类型的欺诈威胁方面，酒店经理必须保持高度警惕。

（4）销售与市场营销部

销售与市场营销人员经常要防止不择手段的人针对酒店的欺诈行为。这种行为多数表现为外部人员向酒店收取事实上并未提供或要求的营销服务费用。这类骗局往往是这样的：销售与市场营销部门通过邮件或传真收到一张看似正式的发票。根据发票，酒店因被列入针对某一特定群体（如政府雇员）的酒店目录而欠下钱款，必须及时付款以避免被从目录中删除。但事实上，这个目录根本不存在。对方寄希望于酒店能够不经调查就支付发票。这种骗局和其他类似性质的骗局很常见，对应付账款系统控制不力的酒店极可能成为它们的牺牲品。

将销售与市场营销人员本身视为欺诈的来源似乎很不寻常，但是，由于其与客户互动的性质，确实存在对资产安全的威胁。其中一些威胁是以费用账户的违规行为的方式出现的，比如虚报旅行里程、招待客户或销售旅行，会导致销售人员的费用账户支出被夸大，从而导致他们的报销金额过高。为了解决这些潜在问题，酒店必须有一个良好的检查和平衡系统，要求记录销售费用并对报销进行例行审计。

(5) 维护部

维护部门常会遇到的问题是丢失小型但昂贵的手动工具和耗材。酒店维护部门通常所使用的物品类型与员工和客人在自己家中进行修理时所使用的物品是相同的，因此，如果不仔细控制，便携式手提钻、电锯、扳手等很容易丢失。

虽然看来这似乎是一个容易解决的问题，但实际上，每月清点像钳子或螺丝刀这样的小型手工工具是很耗时的，而且经常不做。在这种情况下，那些心怀不轨的员工会拿走小物品而不用太担心被发现。此外，在用餐或其他休息时间留在酒店工作场所的工具，如果未采取安全措施，也可能会被客人或酒店里的其他人偷走。为了防止这些问题的发生，小型手动工具应该每月清点一次，以确定是否有损失。此外，由于盗窃的诱惑力和损失的可能性太大，手工工具不应留在酒店的公共区域无人看管。虽然可能会给部门带来不便，但如果定期盘点表明工具被盗是一个严重的问题，则维护部门的负责人应考虑要求对所有工具实施**领取/归还制度**[23]。

知识拓展：绿色住宿！

全球最大的连锁酒店定期举行会议，讨论有关可持续旅游、安全、酒店设计和发展的国际指导原则。雅高、卡尔森、四季、希尔顿、洲际、万豪、瑞吉、喜达屋、泰姬酒店等，都积极支持这些指导原则的制定。

人们越来越认识到，酒店业应该成为这一努力的领导者。实际上，根据可持续发展的原则来设计和运营酒店的理由是非常充分的。除了保护环境和避免资源浪费之外，企业也越来越认识到，一个更具可持续性的方法意味着更长期、更有利可图的商业环境。

总部设在伦敦的国际旅游合作组织（简称 ITP，网址：www. tourismpartnership. org）是一个由旅行和旅游行业的领先公司组成的会员组织，其目标是为酒店、旅行和旅游业提供知识和能力，为更负责任的业务开发制定实际的解决方案。

工作日记：一天的工作 13. 2

情况：

星期天凌晨 3 点，电话铃声把最佳睡眠酒店的前厅部经理戴尔 · 帕罗从熟睡中惊醒。

“帕罗先生，”酒店唯一的值班员工兼夜审员 Shingi 说，“219 号房正在举行一场非常吵闹的派对，我已经收到来自他们房间附近许多客人的投诉。”

“你有没有打电话给那个房间，让他们把音量调低?”戴尔问。

“是的，我说了。”Shingi 回答，“晚上 10:00 聚会开始时，我已经给他们打过电话了，凌晨 1:30、2:15 和 2:45，我又分别打电话给他们，告知其他客人的投诉，并要求调低音量。但他们只是停了几分钟，然后就又开始了。我估计他们喝醉了。这可怎么办!”

回应：

实际上，在上述案例中，真正的问题并不是来自 219 房间的噪音。不守规矩的客人在大多数酒店里都是家常便饭。有问题的地方在于，夜审员不知道该怎么处理这种情况，这表明前厅管理人员缺乏培训，或者酒店总经理缺乏指导，也就是说，培训不足是这家酒店的大问题。无论酒店对不守规矩的客人采取什么政策（在客人被要求离开或被当地执法人员护送离开酒店之前的具体警告次数），都应该记录在案，明确告知，然后执行。在酒店强制驱逐政策制定之前，必须考虑到酒店所有客人的舒适和安全，以及“聚会者”被允许的自由度。

13.5 酒店和全球恐怖主义

2001 年的“9·11”事件让酒店经营者和全世界明白了来自恐怖袭击的真实威胁。在全球范围内，酒店日益成为恐怖袭击的目标。酒店成为袭击目标的原因是多种多样的，包括：恐怖分子往往将酒店视为西方文化的富裕和影响力的象征；酒店的客人通常正好代表了恐怖分子想要消灭的那类人，包括外国外交官、商人、有钱的游客和当地精英。

与许多其他潜在的攻击地点（例如外国使馆或军事机构）不同，酒店通常：无人看守；有多个入口；有持续的交通流量，包括酒店客人、员工和派送人员。因此，酒店相对容易进入，不会引起不必要的注意。

由于酒店的图片经常出现在网上，因此在攻击之前很容易确定其实际布局（包括入口、出口和中庭的精确位置）。此外，由于酒店的曝光率较高，当酒店成为袭击目标时，恐怖分子可以得到国际媒体的广泛关注。

一家酒店成为恐怖袭击目标的可能性随着其规模、位置、所有权和象征意义的增长而提高。由于恐怖袭击的威胁是真实存在的，因此所有酒店的管理者都应关注并评估其安全程序，以便在发生故意爆炸、火灾或其他灾难（甚至可能包括使用生物或化学武器）的情况下采取切实可行的步骤来保护生命。那些处于恐怖袭击高风险中的酒店经营者必须特别警惕，虽然不可能防止所有可能的攻击，但酒店经营者可以采取积极措施，将其风险降到最低。这些措施包括：

- 适当维护现有的安全和保障设备/程序。例如，如果监视设备目前正在使用，则应对其进行适当维护，并且有关建筑物疏散程序的信息应成为新员工培训的组成部分。

- 仔细考虑潜在的漏洞。随着恐怖袭击的可能性增加，为解决这一问题而采取的相应预防措施也应增加。
- 控制对财产的非公共区域的访问。
- 根据适用法律对应聘员工进行筛选（背景调查）。
- 管理培训，提供信息以提高对恐怖主义威胁的认识，保持勤奋的重要性，以及做好准备和保持应急预案的必要性。
- 与面临类似威胁的酒店经营者以及可以提供指导的当地执法人员一起，定期组织“最佳应对方式”讨论。

以美国为例，自 2001 年 9 月以来，美国国会已经颁布了许多与国土安全有关的法案。这些法案对酒店业的影响不小，且在联邦甚至州一级通过了更多与酒店有关的涉及消防安全、紧急/危机计划和预防恐怖行为的立法。因此，酒店业的专业人士应时刻关注这些重要领域的发展。

关键词汇

1. **安全（Safety）**：保护个人的身体健康和人身安全。

2. **保障（Security）**：对个人或企业的财产和其他资产的保护。

3. **合理注意（Reasonable care）**：美国法律概念，确定一个理性的行为人在特定情况下会采取的谨慎程度。

4. **损害赔偿（Damages）**：由于责任方的不当行为而造成的损失或费用的实际数额。

5. **补偿性损害赔偿（Compensatory damages）**：旨在补偿受害方实际损失或损害的货币金额。这通常包括医疗费、工资损失等项目。也称为“实际损害”。

6. **惩罚性损害赔偿（Punitive damages）**：为惩罚责任方并为责任方和其他方未来不实施不法行为提供榜样的货币金额。

7. **威胁分析（Threat analysis）**：旨在识别和消除可识别的安全风险的系统程序。

8. **保险公司（Insurer）**：为企业提供保险的实体。

9. **安全和保障委员会（Safety and Security committee）**：一个由酒店经理、主管和兼职员工组成的部门间工作组，负责监督和完善酒店的安全与安保工作。

10. **可重新编码锁系统（Recodable locking system）**：一种酒店客房锁系统，其设计使得客人首次将其“钥匙”（通常是磁卡，但越来越多地使用电子芯片或密码）插入客房锁装置时，锁会立即被重新编码，取消前一位入住客人的进入授权。

11. **钥匙卡（Keycard）**：用于可重新编码锁系统中的磁卡。

12. **内部警报（Internal alarm）**：一种警报系统，如果警报被激活，该系统会通知酒店内某个区域。

13. **接触式警报（Contact alarm）**：一种警报系统，如果警报被激活，该系统会通知（联系）消防或警察部门等外部实体。

14. **闭路电视（Closed-circuit television，简称 CCTV）**：一种监控系统，可实时显示摄像头视野内的活动。由多个摄像头和显示摄像头视野的屏幕组成的闭路电视可对一个地方进行监控。

15. **应急预案（Emergency plan）**：描述酒店针对其可能遇到的安全/安保威胁而预先确定的预期应对措施的文档。

16. **工伤赔偿（Workers’ Compensation）**：一种保险计划，旨在为因工受伤或患病的个人提供帮助。

17. **保费（Premiums）**：为保险支付的费用。

18. **索赔（保险）[Claim（insurance）]**：由于损失、伤害或损害而提出的赔偿要求。

19. **事故报告（Incident report）**：为记录事故、伤害或骚乱的细节以及酒店的反应而准备的文件。

20. 挪用公款（Embezzlement）：雇员盗窃公司的金融资产。

21. 担保［Bond（ing）］：购买保险，以防止雇员偷窃的可能性。

22. 欺诈（Fraud）：故意使用欺骗手段、诡计或其他不诚实的方法来获取他人的金钱或财产。

23. 领取/归还制度（Sign-in/Sign-out Program）：一种制度。根据该制度，员工在负责酒店资产（例如手动工具、电动设备或安全区域钥匙）时，必须在记录其领取（签出）和归还（签入）物品的表格上签名并注明日期，以记录其责任。

第14章　住宿业的职业生涯

本章内容

本章概述

你一直在学习关于住宿业的知识。这可能促使你认为，从事住宿业将是一个很好的选择。你如何规划一个可能持续40年或更长时间的职业？幸运的是，有一些基本原则和程序对评估职业就业选择很有帮助，你将在本章中对其进行了解。

接受你的第一个全职专业职位将非常令人兴奋。你从哪里获得做出这一重要就业决定所需的信息？准雇主有什么顾虑？雇主选择过程中的哪些因素对你来说很重要？我们还将在本章中回答这些问题。

在你获得新的专业职位后，有必要掌握一些重要的工作场所技能。它们是什么？工作的最初几天将是至关重要的，因为你将对你的新雇主形成印象，你所选择的企业也将了解你。此时，你将开始意识到你需要了解一些新知识，并且发现你的学习将永远不会结束。

你想为自己还是为别人工作？你想在这个国家还是在全球范围内工作？我们也将在本章中讨论这些问题。

你的未来将是令人兴奋的。你已经开始为此作准备，毕业后的经历将对你的职业生涯产生重大影响。如果你打算把住宿业作为你的职业归宿，那么本章应该会让你格外感兴趣。让我们开始吧。

教学目标

- 概述初步的职业规划步骤。
- 考察其他类型的住宿业组织的职业。
- 回顾可以帮助你在住宿业中获得首个全职专业职位的策略。
- 解释能帮助你在工作中取得成功的策略。
- 对比国内外酒店职位的职业机会。

14.1 住宿业职业生涯规划

许多人使用日程表来帮助他们保持有条不紊。他们对重要的活动进行优先排序，并关注有截止日期的项目。活动可以被添加、删除或更改，以保持日程表的时效性。虽然未来的一切都不是一成不变的，但日程表规划者总会设法控制或至少影响它。

职业生涯规划在许多方面类似于日程规划。其目的是相同的（保持组织性和管理最后期限）。随着优先级和情况的变化，要对时间表（或职业规划）进行修改，以保持其时效性。

许多因素都会影响该计划，但要不断努力去管理它。认识到职业应该被规划，而不是任其发展，是努力尽一切可能控制自己的职业未来的关键第一步。

14.1.1　职业规划步骤

图 14.1 展示了职业规划过程的概况。

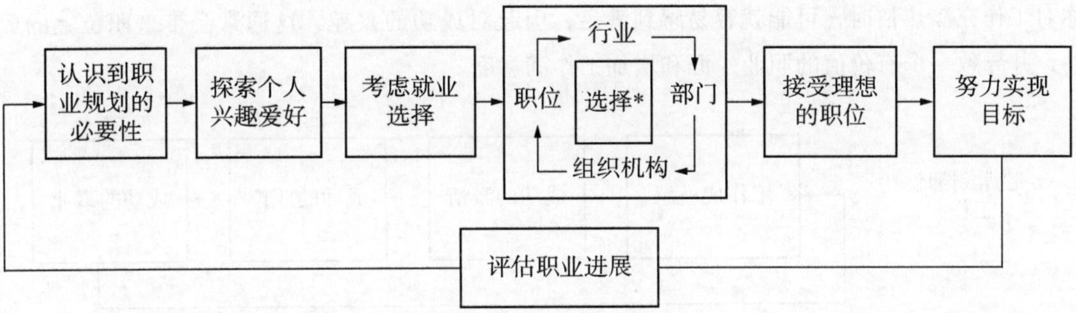

*注意：选择工作领域的过程并不是按顺序进行的（行业→部门→组织→职位），相反，它是同时发生的，人们会按照个人偏好的顺序考虑这些因素。例如，一个人可能首先确定一个职位（总经理），然后再考虑行业、部门和组织。而另一个人可能首先考虑行业（酒店业），然后再考虑组织和职位。

图 14.1　职业规划步骤

认识到职业规划的必要性是图 14.1 指出的第一步。接下来，应该探索你的个人兴趣、技能、价值观，甚至个性。这一分析的结果将推动你的职业规划过程的其余部分。了解尽可能多的就业选择，将有助于你选择自己喜欢的行业（如酒店业）、部门（如住宿或俱乐部管理）、具体组织机构和职位，作为你职业生涯的第一步。在你接受了初始职位后，重要的是要努力工作，实现促使你接受这份工作的目标。

图 14.1 还说明，应不断评估你的职业进展，因为职业规划过程将持续进行，随时会有新机会和选择呈现在你面前。

报名参加酒店管理教育课程是职业规划的重要第一步。你所学的课程、你的实习和你的工作经验都将加强你最初的决定，即选择酒店业作为你的职业家园。之后，你的职业规划重点将转移到有关你所期望的行业领域、组织和职位的问题上。即使你还没有决定在酒店业发展，仍须回答诸如“我想在我的职业生涯中做什么?”或“我希望在哪个行业工作?”这样的问题，而这样做将利用同样的决策过程。

14.1.2　评估个人兴趣

如何才能找到一份你真正喜欢的职业？最好的方法是仔细考虑你喜欢做什么，然后找到一个允许你做你喜欢做的事情的职业。

你能想象专业运动员每天都要练习很多小时，以提高自己在一项不感兴趣的运动上的技能吗？如果不在乎自己的工作，一位厨师每天如何开发新食谱？酒店总经理如何面对许多挑战和机遇作出重要决策？不排除有些运动员、厨师和总经理确实不喜欢自己的工作，但是，他们那些不断在工作中收获自豪和喜悦的同行会更快乐，因为他们会乐于度过生活中这一重要部分的时间。

图 14.2 说明了在工作中找到成就感的影响。看着它，问问自己："我更喜欢哪一种？"当你对工作充满热情时，可能就容易感到满足，引起对成功的兴趣，这通常会带来职位上的成功，并导致一个有价值的职业生涯和增加工作满意度。

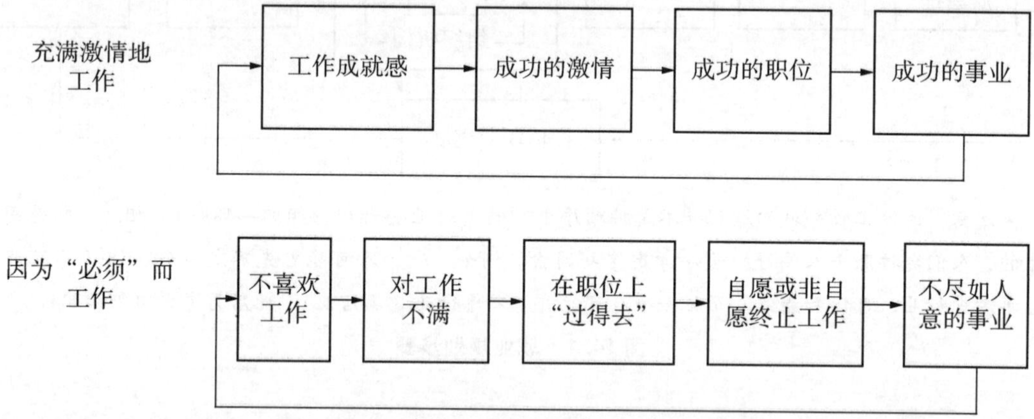

图 14.2　在工作中寻找成就感

这与那些因为"必须"而工作的人的态度形成鲜明对比。如果你对你的工作不感兴趣，甚至更糟糕的是，你确实不喜欢你的工作，那么你就无法在其中找到满足感，因此也就做不好这份工作。你可能会试图只是"过得去"，只满足雇主的最低期望。这种态度不会为你带来成功，而是不尽如人意的职业生涯。这种情况最终可能变成一个恶性循环，导致对工作进一步的不喜欢、不感兴趣，并最终改变你的工作或职业。

我们大多数人将花费大量时间从事工作，因此，找到自己喜欢的职业至关重要。这个过程首先要确定你的个人兴趣。

表 14.1 是一张工作表，可以帮助你开始正式梳理关于个人兴趣的想法。它帮助你列出自己擅长的事情，并考虑哪些技能、优势、知识、价值观和兴趣在过去帮助你做好工作。在规划职业时，强调优势并确定与之相辅相成的个人属性是一种重要的策略。

表14.1 你的个人兴趣是什么?

第1部分

列出那些你擅长的事情（你的优势）：

1. ______________________________
2. ______________________________
3. ______________________________

第2部分

个人属性（特征）	此属性如何帮助你做好工作?
你最大的技能是什么?	
你最大的长处是什么?	
你在什么方面有最丰富的知识?	
你最具有什么才能（天生的能力）?	
你在生活中最看重哪些东西?	
你的兴趣是什么?（你最喜欢做什么?）	

14.2 住宿业职业选择

在酒店管理组织中，有许多类型的职位可供选择。我们在本节中将探讨一些你可能感兴趣的工作机会。

14.2.1 单体酒店还是酒店集团?

在酒店业开始或继续你的职业生涯，是在一个独立的酒店经营者拥有的单体酒店工作，还是在一个拥有或管理许多酒店的酒店集团工作更好? 毫不奇怪，答案是“视情况而定”，因为首先要考虑的是你和你的个人利益。

在本节中，我们将以康蒂娜和埃利斯两人为例，通过研究他们在评估各自想要为之工作的雇主类型时所使用的方法，来说明职业生涯规划过程的各个部分。二者都即将从一个位于大城市郊区的大学完成两年制大学课程，且都对酒店行业感兴趣。从表 14. 2 中可看出，两人都对可能影响其从业决定的因素进行了思考：

表 14. 2　影响从业决定的因素

因素	康蒂娜	埃利斯
• 首选工作地点	当地	任何地方；无偏好
• 额外的酒店管理教育	无（现在没有）	也许
• 良好的在职技术培训	是	是
• 承担日常管理职责	是	否
• 决策时能获得技术帮助	否（希望“负责”）	是（担心错误决定带来的影响）
• 工作灵活性	希望在一个职位上成长	希望“保留选择权”
• 薪酬（工资和福利）	高于平均水平	高于平均水平

让我们研究一下康蒂娜和埃利斯对每个因素的看法，以及他们如何利用个人的观点来帮助他们选定特定类型的酒店雇主。

首选工作地点。可能有人会发现，在康蒂娜所在的大都市地区，有几家酒店是由独立公司和全国性、区域性甚至是当地的合同管理公司经营的。这些企业在该地区是否有职位空缺是很重要的，因为她不想搬家。埃利斯则对自己毕业后的去处没有偏好。他喜欢他的社区，但也有足够的旅行经验，知道全国和世界上有许多地方是他会喜欢生活和工作于其中的。

额外的酒店管理教育。康蒂娜和埃利斯都认识到有必要谙熟第一份工作，然后再探索额外的酒店管理教育的可能性。康蒂娜现在并不希望接受进一步的酒店管理教育，但可能以后会参加一些课程。埃利斯则可能在某个时候对继续教育产生兴趣。他了解传统的**远程学习课程**[1]和基于互联网的替代方法可以实现这种继续教育，但他希望在可以提供**住宿教育计划**[2]的社区中生活和工作。

良好的在职技术培训。康蒂娜和埃利斯都认识到有必要在新岗位上进行良好的技术培训，以补充在正规教育中学到的非常有用和实用的知识。

日常管理职责。康蒂娜希望从事一份涉及客人和员工的日常管理职责的工作。埃利斯认为自己在职业生涯中需要花费数年（或更多）的时间，来逐步承担更多的管理职责。但是，在某些时候，他希望能脱离酒店的日常运作，更多地参与新酒店物业的开发。

获得技术帮助。康蒂娜是一个希望“承担管理责任”的人，知道自己何时需要技术帮助（例如，改进客人的入住流程或客房管理程序）。她希望有一个可以完全负责任的职位，并且也愿意承担这种责任。埃利斯也喜欢做决定。但是，他希望在做出高优先级的决定之前，能从所有可能的渠道获得一切有用的信息。

工作灵活性。康蒂娜希望找到合适的企业，在其中得到晋升，并接受企业提供的更有条理的日常工作。埃利斯则更希望保留自己的选择权。他可能会接受在不同城市的新企业中担任不同职位的挑战。

公平的报酬。康蒂娜和埃利斯都希望根据他们给雇主带来的价值来获得公平的报酬。

让我们综合考虑一下上面对康蒂娜和埃利斯的所作的多方面了解，以评估到底是一个单体酒店还是酒店集团更适合他们。

表 14.3 指出了这些组织中的职位相对于所列因素而存在的一些优缺点。

表 14.3　单体酒店和酒店集团中职位的利弊

因素	单体酒店	酒店集团
• 首选工作地点	单体酒店通常仅位于一个地区。	酒店集团通常在许多地方都设有物业。
• 额外的酒店管理教育	必须确定学费是否为附带福利；如果希望接受住宿教育，酒店必须位于学校/大学校园附近。	大型酒店集团提供继续教育福利；如果需要住宿教育，则可以调岗到学校所在地点。
• 良好的在职技术培训	培训质量取决于酒店制订的方案，也许还取决于是否出现了不可预见的问题，从而减少培训时间。	大型酒店集团具有结构化的培训计划和资源，并且可能能够在面临不同挑战的部门中培训新员工。
• 承担日常管理职责	单体酒店的高层管理职位负有日常经营责任。	高级管理职位通常涉及多部门职责；这些经理监督其他负责特定酒店日常运营的经理的工作。
• 获得技术帮助	单体酒店的经理是“专家”。只有在需要专业知识时，才需要外部（咨询）帮助。	大型酒店集团在许多运营领域均设有总部级专家，可以帮助各个酒店的管理人员。
• 工作灵活性（岗位职责）	在单体酒店工作是指在同一地点和同一幢大楼中工作。	在众多地点和许多类型的酒店物业中工作都是可能的。
• 薪酬（工资和福利）	薪酬（起薪）通常略低于酒店集团。	薪酬（起薪）通常略高于单体酒店。

让我们看看康蒂娜和埃利斯会如何评估表 14.3 中的各项因素。

首选工作地点。在单体酒店工作决定了工作地点。那些希望其工作地点可以地域性移动的人可能更喜欢合同管理公司。

额外的酒店管理教育。学费援助是许多单体酒店和酒店集团都会提供的一项福利。如果希望在校园内接受住宿教育，则单体酒店必须在校园的通勤距离之内。相比之下，一家酒店集团可拥有的选择面就更广一些。

良好的在职技术培训。在一家单体酒店中，初始指导和培训的质量取决于酒店。大多数酒店集团会为新任经理提供结构化的培训和教育机会。

日常管理职责。大多数单体酒店的经理都承担日常运营职责。高级管理人员直接负责或监督管理人员的直接经营问题。酒店集团中的高级管理人员可能会监督各酒店经理，后者又负责各酒店的日常运营活动。

技术帮助。单体酒店经理是该酒店在适用于酒店管理的所有高度专业化和技术领域的专家。相比之下，酒店集团的部门经理通常拥有可提供额外帮助的外部技术专家。

工作灵活性（岗位职责）。与单体酒店的同行相比，酒店集团的经理通常在职位、行业领域和工作地点上更具灵活性。

薪酬（工资和福利）。单体酒店和酒店集团都关注薪酬问题，并将其视为重要的招聘激励措施。因此，初级管理职位的薪酬必须具有竞争力。但是，高层管理人员在酒店集团中往往可以获得更高的报酬，因为按业务量来衡量，他们的职责要比单体酒店中的同行的职责更大。

尽管有许多因素需要考虑，并且在前面的讨论中我们仅注意到了一些最重要的因素，但似乎康蒂娜更希望在一家单体酒店中谋求职位，而埃利斯则可能适合在一家酒店集团中谋求最初的职业岗位。

许多酒店管理专业的学生认为，这个行业之所以令他们感兴趣，是因为他们希望在为人（客人）服务和需要人（员工）为他们服务的组织中工作。然而，重要的是要认识到，酒店经理的工作中有许多部分其实并不直接与人有关，比如与财务规划、法律和法规、保险和风险管理以及技术规划有关的活动。如果与人打交道确实是你选择职业时最优先考虑的因素，那么酒店业的某些职位可能不适合你。

另一种刻板印象涉及对该行业的全面认知。相对于那些被精心设计、布置，以便客人能够充分享受的设施来说（比如酒店餐厅里雅致的白色桌布和精美的餐桌布置，比如富丽堂皇的中庭和大堂的其他布局等），专业酒店经营者的大部分工作其实是在幕后进行的。这些办公室看起来与其他任何企业的办公室并没有什么不同，而且，厨房、洗衣房和其他工作区的环境也通常并不那么有吸引力和诱人。同样，你可能会花上许多时间在走廊、停车场、会议室和其他许多空间上面，因为你必须“通过四处走动来管理”。

酒店业可以是一个伟大的行业，并为喜欢它的人提供有价值的职业选择。如果你在作出就业决定之前已经尽可能多地了解了它，那么你的决定将是不错的决定。

14.2.2 大型或小型酒店公司？

在大型或小型酒店公司中担任管理职位的利弊是什么？

接受大型酒店公司的管理职位的优势包括：

- 晋升和调动的机会更大。甚至有可能调到全球其他地方工作。
- 声誉与知名度更高。大型酒店通常比小型酒店更知名。
- 就业风险较小。许多人认为，在大公司工作更有保障。
- 薪酬和福利较好。大型酒店中的管理人员可能更具有长期赚取更多收入的能力，因为公司内部的晋升机会可能比小型酒店更大。

• 更有法律保护。较大的公司可以为员工提供更大的工作保障，因为它们更遵守书面政策和程序，其中包括对与解雇有关的任意决定进行上诉的权利。

• 培训机会更多。大型酒店公司提供的培训计划通常更具结构性、更有效，并通过专门分配用于培训目的的资金来加强。

接受大型酒店公司的管理职位的缺点包括：

• 对工作的控制力减弱。战略是为整个组织制定的，员工献计献策的机会可能较少。

• 更具隐蔽性。有些人认为他们会变得“迷失”，因为他们只是大型组织中的一员。

• 接触高级管理人员的机会较少。在大型组织中工作时，你可能很少见到最高层管理人员，也可能从未见过公司老板。

虽然大公司在职业方面有真正的优势，但在小型酒店公司担任管理职位也自有好处，例如由个人拥有的单体酒店或在当地或区域范围内经营少量酒店的管理公司。这些优势包括：

• 员工彼此熟悉，容易产生团队合作感，这在大公司可能不太常见。

• 员工承担更多的职责。他们通常对自己的工作有更多的控制权，可以为公司的短期和长期战略做出更大的贡献。

• 小公司中的高层管理人员往往平易近人，并能为所有员工服务。

• 员工可能有更广泛的责任，并较少受到他们的工作头衔或岗位描述的限制。

• 公司范围内的更大参与度。个人更有可能参与到整个组织中去，而非限定在特定部门或财产中。

• 减少官僚主义（规则和限制）。

• 最好的小公司并不永远维持当前的小规模。小型企业提供了一个可以随着企业发展而增长的工作潜力，以及参与企业成长的机会。

小公司内部管理职位的潜在劣势可能包括：

• 有限的福利。许多小企业无法提供与大型企业相同的健康和退休福利。

• 较小的酒店公司能提供的整体培训通常也较少，结构化的培训计划更是相对稀缺。

• 晋升的机会较少。从理论上讲，在小公司中可供个人晋升的职位较少。

酒店业很容易帮助企业家开展新业务并享受其带来的成功。实现个人拥有酒店的能力是令人兴奋的前景，这一点将在本章的后面部分进行全面研究。

14.2.3　特许经营商还是加盟商？

特许经营商提供的就业机会有哪些？正如你已经了解到的，特许经营商通常不经营酒店，但却雇用了许多酒店业专业人士。这些工作通常报酬丰厚，令人兴奋。特许经营商提供的各种就业机会包括以下职位：

特许经营销售。特许经营公司最重要的职位之一是特许经营销售代表。这些人与酒店开发商合作，设法说服对方用他们所代表的品牌名称建造酒店。他们还与现有酒店的业主合作，将这些酒店转换为销售人员代表的品牌。特许经营销售人员可以代表一个或多个特许经营商的酒店品牌，可以监督小到一个州，大到整个国家的区域。另外，由于许多品牌在全球范围内都有特许经营权，因此存在国际销售职位的机会。

现场支持。每个特许经营商都为其加盟商提供咨询支持。特许经营服务总监（FSD）在各个酒店层面代表特许经营商，并作为现场销售和运营的顾问和帮助者发挥着重要作用。FSD 通常会每月访问指定责任区域内的每个酒店一次或多次。最好的 FSD 致力于其指定区域内的特许经营商的成功，他们知识渊博，能够为经营酒店的人提供真正的服务。

营销服务。酒店业主希望他们的特许经营商在销售酒店客房方面提供帮助。这是特许经营商的营销服务部门的主要责任。从设计和实施全国性的广告，到为个别酒店经营者提供网站设计的建议，在特许经营公司这一领域工作的员工都是富有创造力和才华的营销专家。毫不奇怪，这是特许经营公司收入最高和最引人注目的工作岗位之一。

预订数据管理。管理特许经营公司所需的数据是一项艰巨的任务。拥有数以千计的酒店，提供数百种不同的房间类型和数十种不同的费率结构，仅仅跟踪哪家酒店以什么价格出售哪种客房就是一项复杂的工作。然而，如果要在提供酒店客房销售的许多分销渠道（如互联网、免费呼叫中心和个别物业）上推销客房，就必须完成这项工作，而且要做得好。特许经营商的数据管理部门不可避免地非常庞大，需要注重细节的人才。这些职位通常设在特许经营商的公司总部，可以为职业发展提供绝佳的机会。

培训服务。顶级特许经营商都清楚，聘请训练有素的工作人员在他们的品牌物业工作，符合自己的最大利益。因此，每个特许经营商都会专门设立一个部门负责提供这种培训。这些专业人士以研讨会和专题讨论会的形式设计和提供培训。这些培训会在全国各地举行，以最大限度地扩大参加者的数量。主持特许经营商赞助的研讨会和培训课程的教员，是酒店业最聪明和最外向的人。

温德姆、希尔顿、万豪等大型特许经营商为个人酒店经营者提供了真正的职业发展机会，尽管他们的员工并不管理酒店。虽然只有几家大型特许经营公司，但它们都有全国性的办事处以及区域性的办事处，必须配备熟练的员工。

实际经营加盟酒店的公司的员工会发现，他们得经常与特许经营商的代表互动。在大多数情况下，这些互动是积极的，但即使在酒店业务中，也不可避免地存在特许经营商和其加盟商之间的潜在冲突领域。特许经营商及其员工向酒店经营者提供指导和帮助，但他们不对加盟商的经营成果承担财务责任。有趣的是，这既是寻求在酒店特许经营公司就业的最大优势之一，也是一个缺点。

14.2.4 营利还是非营利？

虽然大多数学生毕业后将在住宿业的私营或营利部门工作，但在非营利部门也有许多与酒店有关的工作。非营利组织的职位传统上比营利组织的职位薪酬低，但因其工作的稳定性和强大的福利待遇，以及所能获得的个人成就感而备受关注。

在美国，哪些类型的非营利组织会雇用酒店管理人？下面的部分清单将帮助你了解为什么受过住宿业培训的个人会被非营利组织高度重视。

会议和旅游局（CVB）。CVB 的目标是促进它所代表的地理区域的旅游业。许多 CVB 职位所需要的技能（例如，良好的口头和书面沟通能力及营销能力）在许多方面与那些高效的酒店经营者所需要的技能是一样的。此外，由于对住宿业运作方式的透彻了解，使这些拥有住宿业工作背景的 CVB 工作人员比其他同行更具优势。

除了从事与营销本地区的服务和景点有关的专业人员外，CVB 还经常雇用活动策划者。这些专业人员为位于该地理区域以外的、有兴趣在当地举办活动的组织的其他活动策划者提供帮助。CVB 的工作人员根据自己对城市或当地的广泛了解提出建议，协助外地的活动策划者进行会议或旅游。

例如，如果会议策划者的活动是以夏威夷为主题的，CVB 雇用的活动策划者能够帮助外地活动策划者与当地专门从事夏威夷食品的餐饮业者、能够提供夏威夷风格装饰品的宴会供应公司取得联系，也许还能找到一个专业的四弦琴演奏者，并就哪些当地酒店或餐馆的内部装饰最适合为活动营造夏威夷式氛围提出建议。

商会。像 CVB 一样，商会寻求促进其地理区域的利益。CVB 促进旅游业发展，而商会则将其区域推广为建立和发展企业的好地方。为此，它们雇用了各种熟练的员工，其中包括对酒店业有深入了解的人员。这些人计划并执行特殊活动，如慈善募捐等，并利用他们的业务技能来帮助当地商业界的其他人繁荣发展。

协会会议筹办者。仅在美国就有超过 35000 个贸易、专业、慈善和其他非营利协会。协会的类别在许多方面决定了其目标，但几乎所有协会都会在地方、地区或全国范围内举行会议。这些会议可能是为了传播信息，提供培训，或者仅仅是为了满足协会成员的社会利益。对于几乎所有的会议，协会的代表都将确保从会议地点的酒店经营者那里获得睡房、会议空间和膳食。显然，对酒店运营方式的充分了解为这些专业的会议筹办者提供了成功完成工作所需的许多工具。

14.3　你的第一个专业职业岗位

假设你已经决定以住宿业为自己的职业归宿，那么，你应该从哪里开始找工作？关于酒店公司的信息来源很多，你可以在其中获取有关潜在雇主的背景信息。此外，你应该了解潜在雇主在招聘求职者时通常会关注的问题，而你自己也可能有一些关心的问题。所有这些，都是本节的主题。

14.3.1 收集信息

你应该尽可能多地获得关于那些你认为是潜在雇主的酒店公司的信息。你可以采取的一些方法包括网络和研究。

网络。有很多方式可以提供有关可能的酒店雇主的信息。你可以尝试与这些人交谈：

- 同学。你的一些同学可能在实习或在校期间为某些酒店公司工作过，以赚取收入。
- 学院成员。学校里教授酒店业相关课程的教师可能有一些联系人（他们自己的网络），可以帮助你找工作。
- 校园招聘人员。酒店公司的代表可能会访问学校，并参加由教育机构主办的**招聘会**[3]。
- 学校校友。你学校的毕业生可能在你感兴趣的公司中担任职务。
- 你的家人和朋友。在许多情况下，这可能是有关潜在雇主的最佳信息来源之一。

研究。你可以使用以下方法帮助自己了解一些信息：

- 互联网。所有酒店组织都有提供其公司信息的网站，这些网站越来越多地设置“就业机会”栏目。专业协会和行业协会也有雇主信息和招聘栏。
- 行业出版物。许多行业杂志都有刊登有关时事、著名组织，以及关于酒店业的相关信息的文章。这些信息可能以纸质或电子形式提供。
- 特定组织的信息。一些公司（尤其是酒店集团公司）有印刷信息，以回顾重要的就业信息。
- 其他书面信息。酒店组织的年度报告、招聘手册和课堂讲义可以帮助你了解潜在雇主。
- 职业中心。一些学院和大学提供资源，帮助学生了解未来的雇主。它们可能有书面信息，也可能汇编了有关过往毕业生所接受的职位的宝贵反馈。

14.3.2 重要问题：准雇主

酒店雇主寻找的是能够“跳出框框”思考问题并拥有灵活技能的管理人员。虽然有些职位需要专门的技能或培训，但几乎所有情况下，雇主青睐的求职者都具备以下条件：

- 有效的沟通技巧。
- 计算机能力。
- 领导力和组织特质。
- 团队合作能力。
- 人际交往能力。
- 个人责任感。
- 解决问题/决策的能力。
- 热情（热情的个性）。

• 专业的形象。

酒店的招聘人员通常会提到酒店管理专业学生在寻找专业职位时应避免的几件事。包括：

• 制作的简历过于详细。

• 在没有尽可能多地了解某个组织的情况下就向其发送简历。

• 不诚实或夸大自己的经验。

• 在未确定是否应将简历发送给公司总部的人力资源官员的情况下，申请属于多单位组织的物业的管理职位。

寻找专业职位时应采取的策略包括：

• 制作一份精心准备的简历，要用能引起潜在雇主兴趣的事实来推销自己。

• 如果可能的话，结识代表着自己感兴趣的组织的招聘人员，向他们问一些问题，并记住招聘人员通常是一个很好的指导者。

• 避免通过猎头公司投递简历。相反，可以考虑直接将简历通过电子邮件发送给负责做出招聘决定的人。

• 练习面试（然后勤加练习！）。

雇主通常会表达他们对知识、技能和能力的整体表现的渴望。他们会提到批判性思维、智慧、常识以及快速且持续学习的意愿。图 14.3 显示了对许多雇主来说非常重要的关键候选人特征的排名。

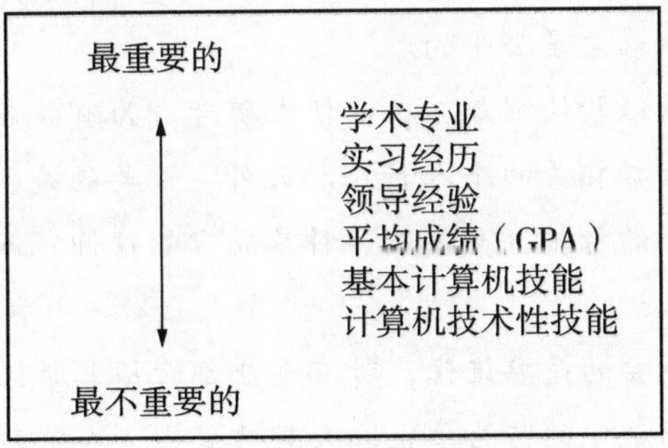

图 14.3　对雇主来说重要的是什么？

应该注意的是，潜在的雇主在回答一般性的调查时（不是针对酒店的调查），提供了图 14.3 中的数据。酒店业内许多人都会同意，一个人的学术专业、领导能力（有效利用人际关系和沟通技巧）以及对技术的基本掌握都非常重要。他们同样同意，平均成绩（GPA）虽然有些重要，但不如上述的其他几个因素重要。

许多学生从管理培训生的身份开始他们的酒店职业生涯。他们在计划好的一系列岗位上轮岗，有序地掌握雇主认为成为合格管理者所必需的一系列技能。他们学习有关每个部门不同职位的职责和任务的基本知识。他们也开始了解组织文化，每个部门与其他部门的关系，以及每个部门的管理挑战和操作程序等。

许多学生在就业前会协商达成协议，规定他们在成功完成管理培训项目后，将在双方都同意的岗位上开始工作。这将是他们职业生涯的开始，将带着他们在酒店里成长。

有些学生，特别是那些已经完成实习或有工作经验的学生，可能不需要参加这种轮岗管理培训，或者缩短培训时间。而且，这些有经验的学生可以更直接、更迅速地进入他们已经获得的管理职位。

工作日记：一天的工作 14.1

情况：

“我不知道……他只是看起来……很有趣……”最佳睡眠酒店的前厅部经理诺埃尔说。

“什么意思？”总经理丹很疑惑。

“好吧，首先是文身的问题。我不太习惯它们。”诺埃尔说。

“我知道你的意思……我也不太清楚这个文身的事情。但你觉得他的个性如何？”丹问。

诺埃尔说：“很不错！而且他的简历看起来非常棒。另外，穿孔也是个问题……我不确定客人们会对他在前台工作产生怎样的反应。”

回应：

个人仪表问题是管理者们面临的最棘手的问题之一。与允许的发型、明显的身体穿孔和文身、个人修饰，甚至与应聘者的宗教活动有关的着装有关的政策和雇用惯例均须仔细执行，以确保它们对未来的雇员和雇主是公平的。

对雇主来说，一个好的经验法则是，在评估求职者成为有效雇员的潜力时，应仅考虑那些与有效完成工作的能力直接相关的个人特征。此外，重要的是要记住，在很多国家，在作出雇用决定时，基于受保护的特征（如性别、种族或宗教信仰）而对潜在的有效雇员进行歧视是不合法的。

作为潜在的求职者，重要的是要记住，所有企业都希望其员工在任何时候都保持专业的形象和行为。潜在员工在面试中的行为举止和表现方式，令人可预见雇主在未来可以期待什么，从而影响其招聘决定。

14.3.3 重要问题：准员工

既然你已经了解了一些可能会引起雇主关注的因素，那么让我们看一下作为一名未来的雇员应该关注的一些问题。

在评估职业选择时，有许多因素需要考虑。表 14.4 给出了一份评估就业选择的清单，其中列出了你在考虑住宿行业的就业选择时应关注的基本问题。

表 14.4　就业选择评估清单

因素	对“我”的重要性			
	非常重要	重要	一般	不重要
一般情况				
你的教育的相关性	□	□	□	□
工作地点	□	□	□	□
身体要求	□	□	□	□
你从事该工作的能力	□	□	□	□
总薪酬	□	□	□	□
你对从事该工作的兴趣	□	□	□	□
组织的未来	□	□	□	□
每日工作时间	□	□	□	□
每周工作时间	□	□	□	□
工作场所环境	□	□	□	□
地点				
生活成本	□	□	□	□
朋友/家人	□	□	□	□
搬家费用	□	□	□	□
娱乐机会	□	□	□	□
旅行要求	□	□	□	□
职务				
责任等级	□	□	□	□
培训质量	□	□	□	□
挑战性	□	□	□	□
有无导师指导	□	□	□	□
晋升	□	□	□	□
将知识/技能转移到其他职位	□	□	□	□
公司				
企业文化	□	□	□	□
声誉	□	□	□	□
使命	□	□	□	□
工作保障	□	□	□	□
管理质量	□	□	□	□
对继续教育的支持	□	□	□	□

（续上表）

因素	对“我”的重要性			
	非常重要	重要	一般	不重要
报酬				
工资	□	□	□	□
奖金	□	□	□	□
健康保险	□	□	□	□
人寿保险	□	□	□	□
假期/节假日	□	□	□	□
病假	□	□	□	□
养老金	□	□	□	□
退休金	□	□	□	□
利润分享	□	□	□	□
加班费	□	□	□	□
股票期权	□	□	□	□
税前账户（健康和儿童保育）	□	□	□	□
搬迁费用	□	□	□	□

14.4 第一个专业职位的成功之路

你的第一个专业职位！在正规教育、兼职工作和实习中度过的岁月现在已经结束。最重要的是，你已经对酒店行业、组织以及你将担任的职位做出了重要决定，开始了你的职业生涯。

接下来是什么？你的余生——其中大部分时间将花在工作上，而且很可能是为不同的雇主工作，担任不同的职位。现在是时候开始考虑你的职业生涯了，你的诸多想法都应该与你的第一份工作有关。在本节中，我们将讨论在你工作的最初几天里对你有帮助的成功策略，以及持续职业发展的必要性。

14.4.1 成功策略

许多酒店管理专业的毕业生在管理培训项目中开始他们的职业生涯。最好的培训计划将明确需要学习的技能，并提供工作描述（请参阅第 5 章），以说明培训结束后，受训人员必须知道并能够在指定岗位上完成的任务。

酒店管理人员，从初级主管到最高组织级别的管理人员，都必须做好自己的工作。虽然他们的具体职责因职位而异，但表 14.5 确定并列举了一些基本管理能力的例子。酒店业是一个以人为本的行业，所以你会看到其中对具有与他人互动、有效沟通和了解组织的能力的人的重视。

表 14.5　在职管理基本能力

胜任能力	例子
• 与他人互动	• 促进员工的工作；与客人互动
• 有效的沟通者	• 写信和备忘录；在公开场合发言；与员工、同事、老板和客人交谈
• 作决定	• 解决问题；创造性地思考；分析替代方案
• 使用技术	• 应用技术来收集/分析信息并与他人交流
• 管理资源	• 最大限度地利用有限的资源来实现目标
• 了解组织	• 了解并使用有关商业、社会和政治体系运作方式的信息
• 利用信息	• 收集、整理和研究有效管理所需的必要数据
• 基本技能	• 读、写、说、听，以及使用数学和科学相关的能力
• 个人素质	• 诚信、时间和自我管理、社交技巧、尊重自己和他人

还要注意对基本管理能力的强调，包括那些与决策、使用技术、管理资源和利用信息有关的能力。此外，管理者还必须具备适当的个人素质。这一点正变得越来越重要，因为经理人更多的是作为团队领导，而不是简单地对别人发号施令。

图 14.4 进一步说明了处理人际关系能力的重要性。请注意，主管需要大量的技术技能，而高层管理人员则需要更多的概念性技能。但是，在任何组织级别中，人际关系技能都是经理人工作中不可或缺的一部分。

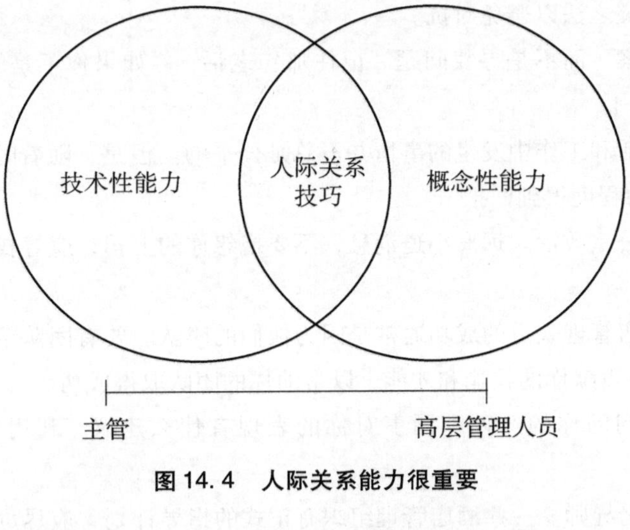

图 14.4　人际关系能力很重要

14.4.2 第一天上班

当你担任第一个全职职位时，要深知，你之所以被雇用，是希望你能为你的雇佣组织增加价值。对公司来说，你所提供的东西应该比它为你的服务所支付的费用更有价值。也就是说，最重要的是你的产出（工作表现），而不是投入（教育和经验年限）。

你可以使用多种策略来帮助你与雇主建立正确的关系。在你的职业生涯中，无论担任什么职位，都应始终如一地采用这些策略：

- 按预期的方式着装。如果有统一的要求，请遵守。记住，干净平整的衣服有助于你表现出专业的态度。管理职位通常要求你必须穿职业装。现在开始投资购买高品质的保守服装，这样你就可以随着时间的推移拥有一个专业的衣柜。
- 建立一个系统，以帮助你记住陌生客人的名字。你可以写下名字，或者使用一个系统来帮助你将名称与其他特征相关联。无论选择哪种方法，记住自己遇到的人的名字的能力都是一个重要的个人特质。
- 观察你自己的上司和公司里其他成功人士。他们有什么共同点？你能从他们身上学到什么来帮助提升自己的表现？如果你很欣赏对方，可以考虑请对方担任你的导师。
- 使用个人时间计划表。在一天结束时，想想你明天需要完成的工作。或者在一天开始的时候，理一理你当天的工作计划。
- 要守时。
- 不要养成例行公事的习惯，确保你总是在做最优先的事情。
- 要保持友好的态度；说“你好”或类似的问候语，以表达对交谈对象的尊重。
- 用一张嘴和两只耳朵，多听少说！
- 当别人获得你的肯定时，要及时称赞他们。
- 练习解决冲突之法以避免对抗。
- 寻找解决方案，而不是寻找问题。记住那句老话：“如果你不是解决方案的一部分，你就是问题的一部分！”
- 请记住，生活和工作中发生的事情并不总是公平的。但是，随着时间的流逝，人们往往会根据自己的努力程度得到回报。
- 不要卷入办公室政治。远离小道消息，不要抱怨你的上司，应寻找机会建立而不是破坏你的组织的声誉。
- 请记住，酒店管理人员的成功通常是因为他们的团队。要有团队精神，对团队成员的成就给予肯定。努力贡献你的技能和才能，以帮助你的团队取得成功。
- 征求反馈。问问你的经理和同事对你的表现有什么建议。利用你收到的任何改进建议。
- 为自己找一名导师。一些酒店管理组织有正式的指导计划，应尽可能参加。如果没有正式的计划，请尝试确定愿意担任你的指导者的人。

- 为特殊项目做志愿者。这将有助于你学习更多的知识，同时向你的上司表明你想尽可能多地学习的态度。

- 要有加班的心理准备。每周工作 50 小时并不罕见，尤其是在担任酒店管理职业的早期。在包括酒店业在内的所有行业中，初级管理职位都需要长时间的、艰苦的工作。

- 认识你所在部门以外的同事。建立人际网络是了解一个组织并促进职业发展的非常有效的策略。

- 思考现在和未来。努力工作以便在你的第一个职位上取得成功，但要认识到，这只是迈向漫长而有价值的职业生涯的第一步。

- 对公司内的职位空缺保持关注。即使你已经仔细考虑过自己的职业，也可能会出现可提供教育和职业发展机会的职位。大多数公司都喜欢**从内部晋升**[4]。注意这些职位的要求，并仔细评估它们的发展潜力。

- 享受工作的乐趣。享受你的工作。

14.4.3 持续的专业发展

你的第一个职位是你职业生涯中的第一步，但是，职业发展活动对你的整个职业生涯都是有价值的。一些酒店管理专业的毕业生可能认为，“我在酒店行业的教育经历已经结束了；我现在需要学习的就是经验”。他们的想法部分是正确的，因为经验的确是一位好老师，但在瞬息万变的酒店业中，如果你想在职业阶梯上有所进步，就必须将继续教育与经验结合起来。

例如，直到 20 世纪 80 年代，受过教育的酒店管理人员中，几乎没人接受过有关互联网的任何知识。然而，当今的酒店管理者必须非常熟悉互联网，熟悉高速互联网接入术语，熟悉为酒店客房、会议室和行政办公室提供可靠的互联网服务所需的技术手段。这些信息，都是酒店经营者们通过阅读和学习获得的。

图 14.5 指出了一些常见的职业发展机会。其中有些是在工作中获得特定职位的经验时出现的，还有一些则是在针对特定主题的集体培训、**轮岗**[5]和**工作扩展**[6]等活动中出现的。

其他专业发展机会来自工作之外的计划。这些包括：

协会赞助的项目。在美国，一些专业协会（如美国酒店与住宿协会、亚裔美国人酒店业主协会和国家餐饮协会等）将会员的专业发展视为高度优先的责任。在国家和州一级的会议上，通过独立的学习和自学的资源，通常可以获得一些项目。

线上教育课程。教育机构经常提供适用于酒店业的管理主题课程，这些课程既可以是一般性的，也可以是为特定组织开发的。越来越多的人可以随时随地在线访问学习。如果你想晋升，那么这些额外的正规教育可能会对你获得高级管理职位有所帮助。

其他课程。营利性公司以及社区性团体（例如地方商会和政府机构）也提供广泛的课

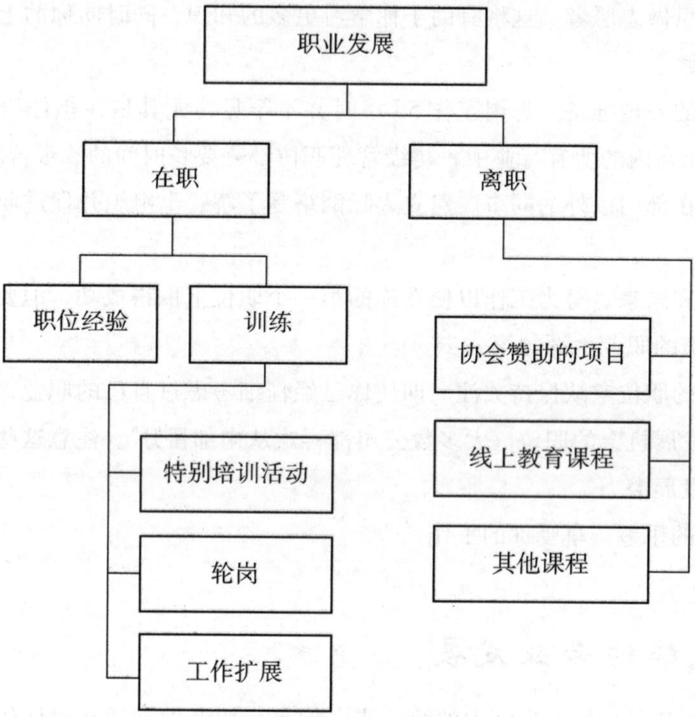

图 14.5 职业发展机会

程。由于酒店管理的实践是**跨学科**[7]的，因此作为职业发展计划的一部分，学习的主题范围非常广泛。

图 14.6 显示了制定职业发展计划的过程：

- 确定学习目标。
- 确定最能帮助你实现学习目标的支持性活动。
- 制定完成学习活动的时间表，获取必要的培训资源（如有），并完成培训（执行计划）。

在这一过程中，如果你保持动力，并排除任何阻碍你前进的障碍，那么成功是最确定的。

如果你计划在“有时间的时候”进行继续教育活动，你是不可能成功的。相反，你必须腾出时间，确定一个优先事项，并分配好你的时间（时间永远是一种宝贵的资源）。一些酒店雇主提供带薪休假或其他财务援助，以帮助其员工完成相关的培训和教育；另一些则没有。无论如何，在你的岗位上做得更好，在你的职业生涯中不断前进的动力，将是你自己职业发展计划的一个重要组成部分。

如果你打算做一个短期职业规划，可以考虑以下建议：

- 想一想在你目前的职位上你可以做得更好的任务。你可能会认识到它们，或者你可能会在绩效评估中收到正式的反馈，以及从你的主管的指导意见中得到非正式的反馈。多了解执行这些任务所需的知识和技能。

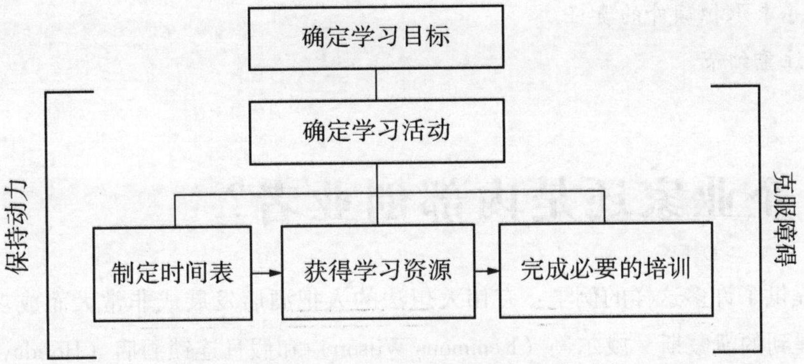

图 14.6　制定职业发展计划

- 如果你有一个导师，他/她可以成为职业发展替代方案的现成来源。
- 尝试客观地评估自己相对于长期职业规划的优缺点。
- 确定自己的兴趣。它们将影响你的职业规划和为实现职业目标而进行的活动。
- 确定职业发展的优先事项。你可以决定首先在有助于晋升的领域发展知识和技能。或者你也可以专注于自己的优势（变得更强）或劣势（把它们提升到与你的其他能力相当的水平）。

工作日记：一天的工作 14.2

情况：

酒店业的招聘人员通常会注意到那些在第一个职位上不成功的新经理人的一些共同特征。其中包括：

- 他们缺乏承诺。
- 他们不善于接受批评。
- 他们缺乏主动性。
- 他们跟进不力。
- 他们缺乏勇气。
- 他们对酒店业务的生活方式有疑议。

回应：

招聘人员还注意到一些成功的新经理人所共有的特征。其中包括：

- 他们有主动性；他们是自我创业者。
- 他们有勇气在正确的时候作出艰难的决定，而不是为了避免冲突而作出简单的决定。
- 他们聪明友好。
- 他们对业务的各个方面都充满热情。
- 他们每天都有进步的动力。

- 他们寻求承担额外的责任。
- 他们注重细节。

14.5 企业家还是内部创业者？

酒店业提供了许多这样的例子：有伟大想法的人把酒店发展成非常大而成功的企业。例如第1章中提到的凯蒙斯－威尔逊（Kemmons Wilson）和假日连锁酒店（Holiday Inns），又如当今万豪酒店集团的前身只是威拉德·万豪（Willard Marriott）开办在华盛顿特区的小餐馆。成功案例的清单很长。不幸的是，也有一些故事，说的是拥有多年酒店业经验和看似伟大想法的人，却最终没有获得成功。

14.5.1 定义

企业家[8]是指承担拥有和经营企业的风险以换取企业可能产生的财务和其他回报的人。相比之下，**内部创业者**[9]是受雇于一个组织的人，其报酬至少有一部分是基于他或她所负责的领域的财务成功。

企业家们开始自己创业。例如，一个人在酒店业工作多年，也积累或获得了购买酒店所需的资本资源。或者，一个人可能在家庭经营的酒店中长大，并有机会接管它。一些创业者在他们的企业满足了其当下的愿望和需求时就会心满意足。其他人则面对挑战，希望了解自己在一家酒店的成功是否可以推广到更多酒店。这样一来，持续的业务增长而不是单一业务的盈利能力就成为目标。

相比之下，企业内部创业的概念可能更难理解。内部创业者是指那些有创业天赋但不想自己创业的人。他们在那些让他们负责企业中某一特定部分的组织中工作时，效果最好。例如担任酒店集团公司里某个酒店的总经理。基于酒店的财务成功的利润分享计划，该总经理可以获得部分报酬。在组织的限制范围内，总经理可以实施旨在减少开支和增加收入的计划。这样一来，他或她就可以直接分享企业成功所产生的利润。

在上述例子中，总经理作为企业内部创业者参与了创收活动。当然，这并不总是必要的。负责客房部、前厅部或安保部的经理也可以作出导致成本降低的决定，他们的报酬至少有一部分取决于他们这样做的能力。

无论是企业家还是内部创业者，他们中的成功人士至少都拥有一个共同点：他们不认为自己的工作是工作。在工作中获得乐趣并期待着自己的工作，这一目标令人钦佩。只要想到人的一生将在职业中所花费的时间，“人生苦短，在工作中享受乐趣！”这句老话就变得有意义了。

享受自己的工作是非常重要的。酒店业的企业家和内部创业者的存在，允许这种情况发生。当你考虑到在享受工作的同时，还可以帮助酒店客人享受他们的旅行体验时，这个行业的职位就变得更有意义。

14.5.2　内部创业者的成功策略

内部创业者使用的风险承担和创新过程与他们的企业家同行类似。一些酒店组织鼓励内部创业，总经理通过授权允许这一现象的发生。鼓励内部创业的企业一般具有四个特征：

- 它们具有切合实际的愿景，并能得到员工的广泛理解。
- 它们招募具有创业天赋和能力的员工。
- 它们强调团队合作。
- 它们奖励成功，且即使不成功，也不会惩罚员工为改善组织而作出的创造性努力。

许多在酒店公司工作的经理人，都有机会像企业家一样思考和行动，成为内部创业者。他们可以：

- 思考改善经营的策略。对诸如“如果这是我的生意，我会怎么做?”之类的问题的思考，可能会提供可实施的方案。
- 从他人那里获得灵感。那些执行具体工作任务的人可能会对某项工作有改进想法。随着这些想法的实施，酒店的员工也可以享受到企业家那样的成就感。
- 拥有自己的想法。内部创业者可以充分解释为什么应该尝试新的东西。他们应该对可能出现、对最初的想法进行修改会有帮助的潜在挑战持开放态度。
- 知道什么时候该做什么。他们认识到何时需要获得批准以及何时可以尝试现有程序。
- 尝试新的想法。以前从未做过或昨天做过却没有成功的事情，并不意味着今天不应该再作一次尝试（特别是如果使用最新的技术）。
- 寻求短期成功。例如，成功的内部创业者深知改变程序以改善特定产品和服务策略的好处。
- 理解组织。他们知道其期望和限制。
- 鼓励公开讨论。他们邀请团队成员（包括同行和酒店内的其他成员）进行讨论。
- 建立支持者联盟。他们寻求具有相似目标的同事的支持。
- 坚持不懈。他们认识到，成功往往与对最初失败的计划的修订相关。
- 认识到团队合作的重要性。他们与其他人共同努力，创造改善的愿景，使其他人可以参与其中并受到启发。
- 让老板了解情况。最好的惊喜就是没有惊喜！在计划改进工作时，能够接触到“全局”想法和信息的上司提供的意见会很有帮助。

总之，成功的内部创业者与成功的企业家一样，具有一些共同的特征：

- 他们被一种更好的做事方式的愿景所驱使，并有意愿实施更好的做事方式。

- 他们考虑风险并评估管理风险的方法。
- 他们始终如一，并意识到有目的地改变需要时间。
- 掌握信息时，他们会进行仔细的分析；没有信息时，他们依赖于受知识和经验影响的直觉。
- 他们是诚实的，能与他人分享好与坏的结果。
- 他们愿意做必要的工作来推进自己的想法。
- 他们与团队分享成功。
- 他们将酒店和客人的最大利益放在决策的首位。
- 他们坚持自己的目标，但对实现目标的最佳策略持现实态度。
- 他们对必须要做的事情有清晰的认知。

14.6　住宿业的国内与全球职位

在天堂里生活和工作！永远温暖的天气，濒临海洋、棕榈树和美丽的风景，以及让你的朋友和家人羡慕的生活方式——这就是你的生活。当你首次想到北太平洋或南太平洋的一个岛屿时，你想到的难道不是这些吗？

现在，再设想一下，无论在遥远的东南亚、南美还是欧洲的某个城市，你都能体验到一份传统的工作及由此带来的个人生活，其中的每一个都与在美国的职场中通常会经历的职业体验截然不同。

如今，全球各地的旅游趋势越来越盛行，在旅行过程中不可避免地需要住宿和餐饮服务。由于人们到处旅行，酒店也需要随处分布，以便为旅游者提供所需的服务和产品。也就是说，酒店业的就业机会遍布全球。异国的职位可能是特别有价值且令人享受的，但也可能带来职业和个人生活上的挫折，因此，在国际酒店行业寻求就业的决定必须审慎考虑而后行。

14.6.1　在异国工作

大型酒店组织拥有并可以在全球范围内经营酒店。因此，越来越普遍的情况是，在一个酒店集团内的晋升，很可能意味着必须外派到全国各地乃至世界其他地区。那么，在决定是否成为外派酒店经理时，应该关注些什么？

任何考虑是否在国外工作的人，都必须考虑以下几点：

政治环境。有些国家幸运地拥有长期、稳定的法律和政治制度，但并非每个地方都如此。在某些国家，政府机构的稳定性要差得多。这就可能导致社会动荡，政府领导层、法律和旅行限制等往往在一夜之间发生剧变，甚至可能造成人身伤害。在这种环境下，出于保护自己和家人这一出发点，大多数人通常会对外派决定作出“不！”的反应。当然，排除这些因素，在许多国家或地区，虽然法律与政治环境等不同，但也确实存在获得职业成功和个人享受的机会。

经济问题。在其他国家经商和生活，成本是个问题。不同的税法对商业决策有着明显的影响，货币**汇率**[10]也会影响业务和个人决策。

例如，如果外派酒店经理的薪酬以具有竞争力的美元支付，那么在一个美元购买力明显高于本国的国家工作时，他们就有优势。

文化环境。生活在一个国家中的人们共享一种由价值观和态度组成的民族文化，这种文化影响着他们的行为，并塑造了他们对重要事物的信念。为了在另一个国家成功地开展工作，建议最好深入了解当地文化并对其保持敏感。

民族文化会对员工如何看待自己的工作和彼此产生重大影响。来自不同国家的人在如何对待彼此、行为、竞争和重视守时（准时参加会议和约会）等方面存在的差异，都是可以显著影响一个人在另一个国家工作和生活的态度和能力的例子。

在具有与其本国相似的民族文化的国家工作的外派人员，与迁移到一个文化更多元化的国家的同行相比，遭受**文化冲击**[11]的可能性较小。例如，原本在美国的一个大城市工作的经理人，后来搬到西欧的一个大城市，可能会比那些外派到非洲国家的一个非常偏远的地方工作的经理人更容易找到家的感觉。

14.6.2　全球作业的成功因素

表 14.6 指出了影响外派管理人员是否成功的关键因素。这是一个自我测试，如果你正在考虑全球派任，可能会对此感兴趣。其中一些（但不是全部）因素很容易评估。

表 14.6　影响外派成功至关重要的因素清单

因素	是	也许（有点）	否
你能够适应变化。	□	□	□
你想在另一个国家生活。	□	□	□
你了解该国的民族文化。	□	□	□
你知道该国的语言。	□	□	□
你拥有成功完成工作所需的知识/技能。	□	□	□
你有必要的人际关系能力来管理与你背景明显不同的员工。	□	□	□
你有在异国工作或生活的经验。	□	□	□
你的家人会支持你接受全球派遣任务并适应异国生活的决定。	□	□	□
你有积极的理由（动机）来影响你对全球派遣任务的兴趣。	□	□	□
你对你将拥有的经历有合理的期望。	□	□	□
你愿意倾听并尝试理解他人的观点。	□	□	□

根据这个表格：

● 一个不善于适应变化的人，更有可能难以适应工作和生活在另一种文化中。

● 一个渴望获得外派职位的人，会比其他仅为了职业发展而接受职位的人更快乐。

● 对东道国的民族文化有一定了解的外派人员会知道他们要做什么；可能会出现较少的意外，影响到他们继续在那里生活/工作的兴趣。

● 与不具备必要的工作知识/技能的人相比，具备成功完成工作所需的知识/技能的人在工作中感受到的压力（以及对工作安全的感受）会更小。

● 与工作中和工作外的人的互动情况是外派职位是否成功的一个重要因素。酒店专业人员不仅在与组织中的同事互动时必须有效，而且在东道国时也要与他们居住地的邻居有效互动。

● 有过在另一个国家工作经验的经理人知道他们面临着什么，他们的积极态度和既往的专业与个人经验都将对他们有所帮助。

● 家庭成员是否有兴趣搬家以及他们对这一决定的普遍支持是影响全球外派任务成功的重要关注点。

● 一个人接受国际任务的动机很重要。我们可以比较一下那些出于个人和职业成长以及“冒险”原因而自愿接受外派的经理，以及另一位被告知这是一个具有良好职业发展前景的经理。

● 对全球任务的期望必须合理。有效的过渡培训可以帮助经理人认识到在另一个国家的工作和生活的真实情况。

● 倾听和尝试理解他人的信念的能力非常重要。外派管理人员很可能会遇到同事、雇员和东道国其他人所表达的与他们有巨大差异的想法。

● 全球酒店管理任务的成功很少（如果有的话）仅仅是出于偶然。许多因素必须到位，才能使一项任务被接受。当这些因素不利于国际外派时，不仅会造成压力和紧张，更糟糕的是会产生非常不愉快的职业或个人经历。

图 14.7 回顾了影响经理人在全球外派中取得成功的因素。

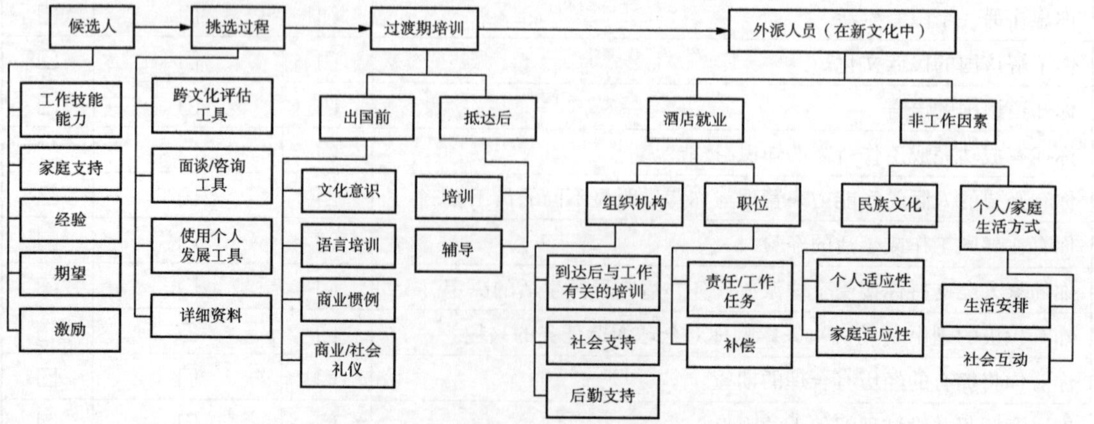

图 14.7　影响全球外派工作成功的因素

请注意，图 14.7 首先是针对候选人的。这里提到的和上面讨论的各类个人关注的类型和因素是重要的考虑因素。甄选过程也是全球外派任务成功的一个重要因素。直到前不久，一些酒店组织在进行国际外派时，仅仅是询问“谁想去?”或是“你确实应该去!”然而，今天，人们普遍采用了一个更有针对性、更正规化的选择过程。

由于外派任务的失败往往是因为员工或其家人难以适应，因此他们的**跨文化适应水平**[12]变得很重要。

可以通过以下方式评估人们对新文化的适应程度：

- 对员工/配偶/家人进行跨文化评估，以评估对于适应来说很重要的态度和属性。
- 进行面谈和咨询，以进一步探索文化适应的潜力。
- 考虑雇主提供的跨文化支持项目的可用性和质量。
- 提供详细信息，以帮助员工了解国际任务并适应东道国的日常生活。

图 14.7 表明，过渡性培训也很重要。被选中执行国际外派任务的员工最好在出发前接受培训。应提供的培训主题包括：

- 文化意识。提醒他们认识到民族文化如何影响工作关系，以及在与来自该文化的员工一起共事时，应如何加强团队合作、提高生产力。
- 语言培训。虽然英语在许多国家被广泛使用（至少在商业领域），但外派人员还必须生活在可能普遍使用另一种语言的社区中，因此他们很可能需要掌握基本的语言流畅度，以享受工作以外的生活。
- 商业惯例。可能需要改变基本的商业惯例，包括有关适用法律、税务问题和所需资源的可用性等信息。
- 商业和社会礼仪协议。其他国家的商业和社会惯例的具体做法各不相同，必须加以学习。

抵达新国家后的过渡性培训是非常有帮助的。这可以在外派经理到达后的几周内进行。经理人及其家人将有机会体验新环境，并与当地公民互动，寻求许多问题的答案。他们在文化意识方面的初步努力可以为培训和咨询打下基础，使他们的国外任务进行得更加愉快和有价值。

在外派人员抵达该国后，有几个因素会影响全球外派任务的成功。这些因素是：

- 酒店就业。这包括酒店组织在外派人员抵达后提供的与工作有关的培训，工作中和工作外的社会支持，以及后勤支持（例如，关于最合适孩子就读的学校的信息）等。职位本身，包括具体的工作职责和报酬都很重要。外派人员的其他福利可能包括延长年假、往返东道国的差旅报销、家庭成员的教育费用报销、往返东道国的搬家费用，以及保险或紧急旅行费用的报销等。
- 非工作因素。外派人员和他们的家人必须尽快适应东道国的文化，个人和家庭生活方式将影响到任务的成功。例如，外派人员的生活安排，包括上下班的交通和众多非工作的社会交往等，都将影响到继续外派的意愿。

无论你在哪里工作，无论你担任什么职位，酒店业都是一个令人兴奋的行业。在整个职业生涯中，努力追求卓越和不断学习的酒店经营者将获得巨大的职业和个人的成功和满足。

关键词汇

1. **远程学习课程（Distance learning courses）**：向偏远地区的学生或受训人员提供的正规教育（培训）课程。

2. **住宿教育计划（Residential education programs）**：在特定地理位置为学生或受训者提供的正规教育（培训）课程。

3. **招聘会（Career fair）**：贸易展类型的活动，允许求职者在一个特定的时间段内与代表多个雇主的招聘人员会面。

4. **从内部晋升（Promote From Within）**：这一概念是指公司向其现有员工提供更高级别的职位，然后再寻找外部候选人来填补现有员工留下的空闲职位。

5. **轮岗（Job rotation）**：将员工调到不同岗位的系统计划，以使他们获得在这些岗位上有效工作所需的知识/技能。

6. **工作扩展（Job enlargement）**：在一个人的职务中加入额外的任务/工作，以提供更多的机会来学习该职位与其他职位的关系的行为。

7. **跨学科（Interdisciplinary）**：在学科之间涉及多个知识领域。例如，基本的商业原则可以应用于许多行业的组织中。

8. **企业（Entrepreneur）**：承担拥有和经营企业的风险，以换取其可能产生的财务和其他回报的人。

9. **内部创业者（Intrapreneur）**：受雇于某个组织的人员，其报酬至少部分基于他/她所负责的领域的财务成功。

10. **汇率（Exchange rate）**：一国货币与另一国货币进行兑换（交易）的比率。

11. **文化冲击（Culture shock）**：当人们访问或生活在另一种不同的文化中时产生的迷失方向、困惑和情绪变化的感觉。

12. **跨文化适应水平（Cross-cultural adaptability）**：一个人能够调整并适应另一种文化的程度。

图书在版编目（CIP）数据

住宿管理基础 /（美）大卫·海耶斯，（美）杰克·奈米尔，（美）艾丽莎·米勒著；李力等编译. — 广州：广东旅游出版社，2022.4

书名原文：FOUNDATIONS OF LODGING MANAGEMENT

ISBN 978-7-5570-2689-9

Ⅰ. ①住… Ⅱ. ①大… ②杰… ③艾… ④李… Ⅲ. ①饭店—经营管理 Ⅳ. ①F719.2

中国版本图书馆 CIP 数据核字（2022）第 049567 号

出 版 人：刘志松
策划编辑：官　顺
责任编辑：林保翠　　俞　莹
封面设计：王燕梅
责任校对：李瑞苑
责任技编：冼志良

住宿管理基础
ZHUSU GUANLI JICHU

广东旅游出版社出版发行
（广东省广州市荔湾区沙面北街 71 号首、二层）
邮编：510130
电话：020-87348243
印刷：广州永祥印务有限公司
地址：广州市天河区柯木塱南路 5 号自编 8-2 号
开本：787 毫米 ×1092 毫米　16 开
字数：500 千字
印张：23
版次：2022 年 4 月第 1 版第 1 次印刷
定价：68.00 元
